expresiones en matemáticas

Dra. Karen C. Fuson y
Dra. Sybilla Beckmann

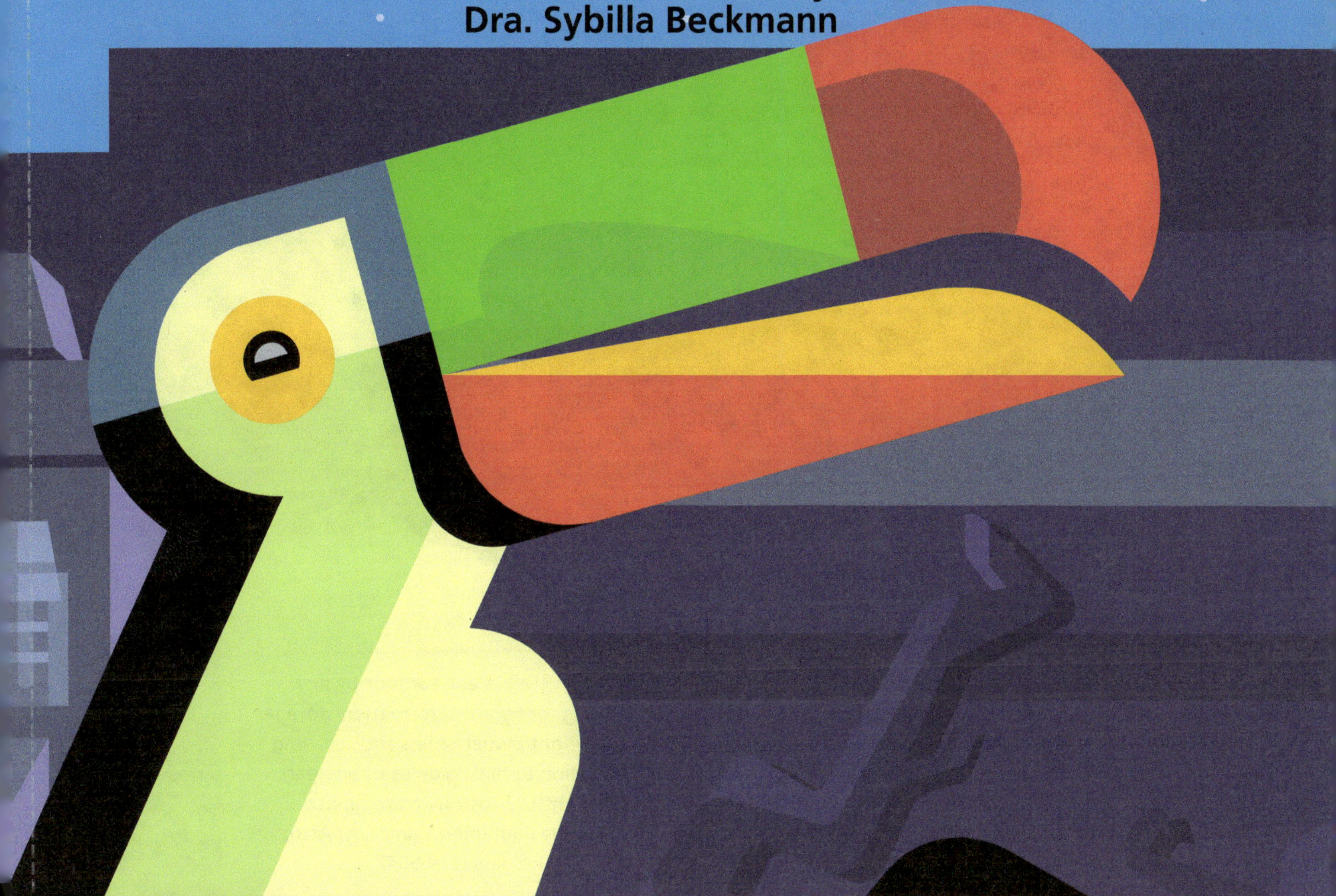

Observa cómo cobra vida el tucán en su bosque tropical a medida que descubres y resuelves retos matemáticos.

Descarga la aplicación *Math Worlds AR* disponible para dispositivos Android o iOs.

Grado 6

Volumen 2

This material is based upon work supported by the
National Science Foundation
under Grant Numbers
ESI-9816320, REC-9806020, and RED-935373.

Any opinions, findings, and conclusions, or recommendations expressed in this material are those of the author and do not necessarily reflect the views of the National Science Foundation.

Printed in the U.S.A.

ISBN 978-1-328-51972-6

1 2 3 4 5 6 7 8 9 10 2331 27 26 25 24 23 22 21 20 19 18

4500711068 A B C D E F G

Unidad 5

Álgebra y teoría numérica

LA GRAN IDEA 1: Escribir, interpretar y analizar expresiones

LA GRAN IDEA 2: Expresiones equivalentes

LA GRAN IDEA 3: Representar y describir relaciones cuantitativas

LA GRAN IDEA 4: Resolver ecuaciones y desigualdades

LA GRAN IDEA 5: Teoría numérica

Unidad 6 Geometría y medición

LA GRAN IDEA 1: Fórmula de volumen para los prismas rectangulares

LA GRAN IDEA 2: Ángulos

Unidad 6 | Geometría y medición (continuación)

LA GRAN IDEA 3: Círculos, cilindros y conos

Unidad 7 Razones y tasas con fracciones, decimales y porcentajes

LA GRAN IDEA 1: Razones, fracciones, tasas unitarias y multiplicación cruzada

LA GRAN IDEA 2: Razones con diagramas de cinta y ecuaciones

LA GRAN IDEA 3: Porcentaje

LA GRAN IDEA 4: Relacionar diferentes unidades de medida

Unidad 8 | Estadística y probabilidad

LA GRAN IDEA 1: Presentar datos

LA GRAN IDEA 2: Resumir los datos: la media, la mediana y la moda

LA GRAN IDEA 3: Describir la variabilidad en los datos

LA GRAN IDEA 4: Probabilidad

Unidad 9

Números racionales y el plano de coordenadas

LA GRAN IDEA 1: Debatir, comparar y hacer gráficas de enteros

LA GRAN IDEA 2: Debatir, comparar y graficar números racionales

Recursos del estudiante

Dear Family:

In our math class, we are studying algebra. We will study:

- algebraic expressions,
- how quantities vary together,
- solving equations,
- solving inequalities,
- writing the prime factorization of a number, and
- finding the greatest common factor and least common multiple of two numbers.

An *algebraic expression* summarizes a calculation in a concise way. For example, we can write the calculation "subtract 3 from a number and then multiply the result by 5" with the algebraic expression $(s - 3) \cdot 5$. The letter s is a *variable* that stands for "a number." We can substitute any number for s and evaluate the expression to get a value.

To help students interpret numerical and algebraic expressions, we relate them to math diagrams that indicate quantities.

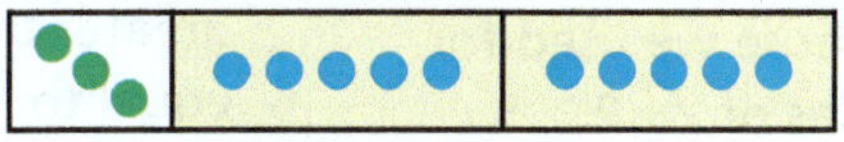

$3 + 2 \cdot 5$

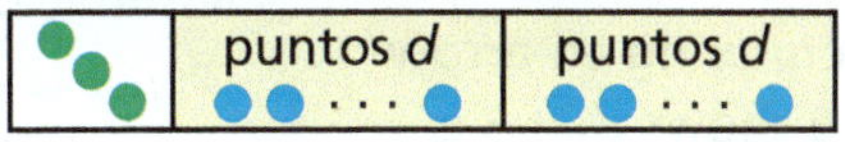

$3 + 2 \cdot d$

In this unit, we will study quantities that *vary together*.
For example:

- The weight of potato salad and its cost vary together.
- The distance a person has walked and the time that has elapsed since the person started walking vary together.

To show how quantities vary together, we will use double number lines, tables, graphs, diagrams, and equations. Here is a double number line that shows distance and time varying together for a person walking at a constant rate of 3 feet per second.

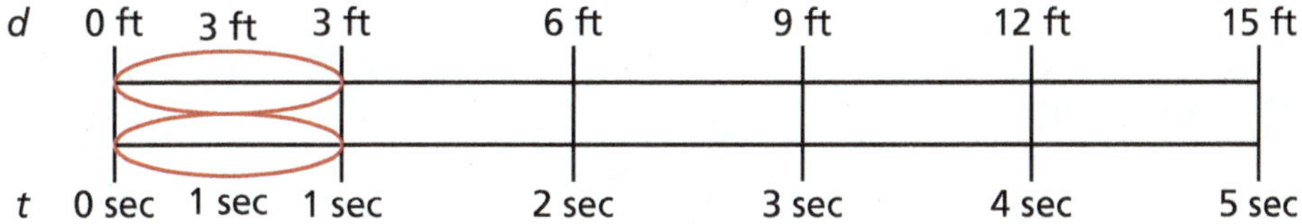

In this unit, your child will also study solving equations. To *solve an equation* means to find the numbers that make the left side of the equation equal to the right side. Students find solutions of equations in several ways.

- They check numbers to see if they make the sides of the equation equal. For example, $x = 12$ is a solution of $7x - 1 = 83$ because $7(12) - 1 = 84 - 1 = 83$.
- They reason about what number makes the two sides of an equation equal. For example, both sides of $14 + 72 = 72 + x$ have an addend of 72. Therefore, the other addends must also be equal. So, $x = 14$.
- They use the inverse operation to write a related equation that is easier to solve. For the addition equation $32 + x = 51$, we can write the related subtraction equation $x = 51 - 32$. Now it is easy to see that $x = 19$.
- They apply the same operation to both sides of an equation to get an equivalent equation with the variable alone on one side. For example, multiplying both sides of $\frac{1}{2}x = 5$ by 2 gives the equation $x = 10$.

Our work with equations will lead to a study of *inequalities*. An inequality is a statement that compares two expressions using one of the symbols shown at the right.

Inequality Symbols

$>$ greater than

$\geq$ greater than or equal to

$<$ less than

$\leq$ less than or equal to

$\neq$ not equal to

We will solve inequalities using methods similar to those we used for solving equations. For instance, adding 2 to both sides of $x - 2 > 3$ gives the result $x > 5$. This means that any number greater than 5 will make a true statement when it is substituted for x in $x - 2 > 3$. Since it is impossible to list all these solutions, we picture them using an arrow on a number line, as shown below. The open dot at 5 shows that 5 is *not* a solution.

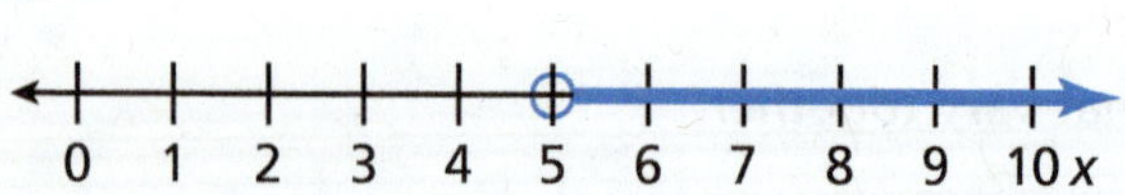

This unit concludes with a study of two types of numbers.

- A *prime number* is a whole number greater than 1 that can be divided evenly only by itself and 1. Examples of prime numbers: 2, 5, 7, 11, 19
- Numbers greater than 1 that are not prime are *composite numbers*. Examples of composite numbers: 4, 9, 12, 15, 21

If you have any questions or comments, please contact me.

Sincerely,
Your child's teacher

Estimada familia:

En la clase de matemáticas estudiaremos álgebra. Aprenderemos acerca de:

- las expresiones algebraicas,
- cómo algunas cantidades varían juntas,
- resolver ecuaciones,
- resolver desigualdades,
- escribir el factor primo de un número, y
- hallar el máximo común divisor y el mínimo común múltiplo de dos números.

Una *expresión algebraica* resume un cálculo de una manera concisa. Por ejemplo, podemos escribir el cálculo "restar 3 de un número y luego, multiplicar el resultado por 5" usando la expresión algebraica $(s - 3) \cdot 5$. La letra s es una *variable* que representa "un número". Podemos sustituir s con cualquier número y resolver la expresión para obtener un valor.

Para ayudar a los estudiantes a interpretar expresiones numéricas y algebraicas, las relacionaremos con diagramas matemáticos.

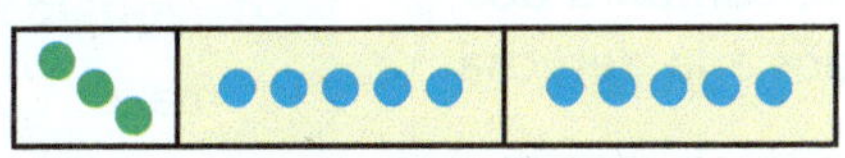

$3 + 2 \cdot 5$

$3 + 2 \cdot d$

En esta unidad, estudiaremos cantidades que *varían juntas*.
Por ejemplo:

- El peso de una ensalada de papas y su costo varían juntos.
- La distancia que una persona camina y el tiempo que transcurre desde que comienza a caminar varían juntos.

Para mostrar cómo varían juntas algunas cantidades, usaremos rectas numéricas dobles, tablas, gráficas, diagramas y ecuaciones. La siguiente es una recta numérica doble que muestra cómo varían juntos la distancia y el tiempo cuando una persona camina a una velocidad constante de 3 pies por segundo.

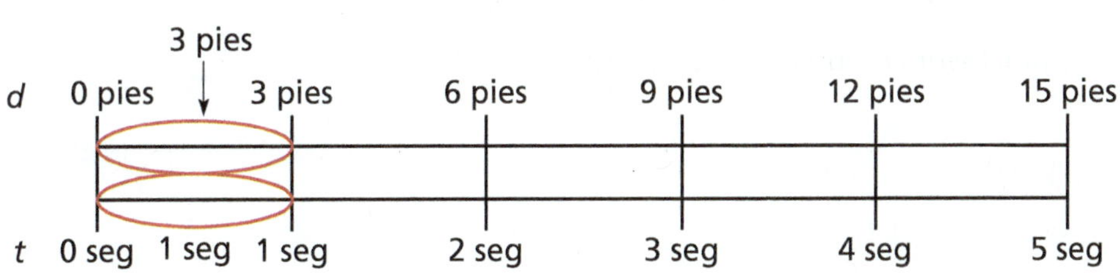

En esta unidad su hijo también aprenderá cómo resolver ecuaciones. *Resolver una ecuación* significa hallar los números que igualan el lado izquierdo con el lado derecho de la ecuación. Los estudiantes pueden hallar soluciones para las ecuaciones de diferentes maneras:

- Probando números para ver si hacen iguales ambos lados de una ecuación. Por ejemplo, $x = 12$ es una solución para $7x - 1 = 83$ porque $7(12) - 1 = 84 - 1 = 83$.
- Razonando para determinar que iguala ambos lados de una ecuación. Por ejemplo, en $14 + 72 = 72 + x$ 72 es un sumando. Por lo tanto, los otros sumandos también deben ser iguales. Entonces, $x = 14$.
- Usando la operación inversa para escribir una ecuación relacionada que sea más fácil de resolver. Para la ecuación de suma $32 + x = 51$, podemos escribir la ecuación relacionada de resta $x = 51 - 32$. Ahora es fácil ver que $x = 19$.
- Aplicando la misma operación a ambos lados de una ecuación para obtener una ecuación equivalente aisle la variable de un lado. Por ejemplo, al multiplicar ambos lados de $\frac{1}{2}x = 5$ por 2, se obtiene la ecuación $x = 10$.

Nuestro trabajo con ecuaciones conducirá a un estudio de las *desigualdades*. Una desigualdad es un enunciado que compara dos expresiones a través de uno de los símbolos mostrados a la derecha.

Símbolos de desigualdad

$>$ mayor que

$\geq$ mayor que o igual a

$<$ menor que

$\leq$ menor que o igual a

$\neq$ no es igual a

Resolveremos las desigualdades usando métodos similares a los que usamos para resolver ecuaciones. Por ejemplo, sumar 2 a ambos lados de $x - 2 > 3$ da el resultado de $x > 5$. Esto significa que cualquier número mayor que 5 hará un enunciado verdadero cuando se sustituye x por $x - 2 > 3$. Dado que es imposible enumerar todas estas soluciones, las imaginamos mediante una flecha en una recta numérica como se muestra a continuación. El punto abierto en 5 muestra que 5 *no* es una solución.

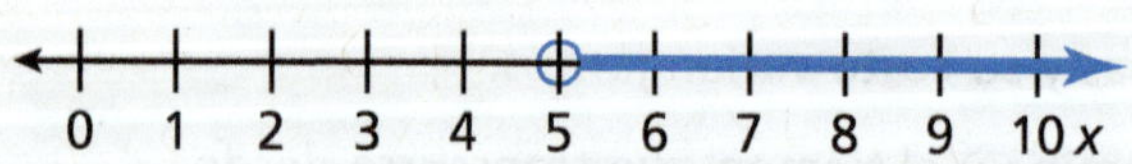

Esta unidad concluye con un estudio de dos tipos de números.

- Un *número primo* es un número entero mayor que 1 que puede ser dividido en partes iguales solo por sí mismo y 1. Ejemplos de números primos: 2, 5, 7, 11, 19
- Los números mayores que 1 que no son primos son números compuestos. Ejemplos de números compuestos: 4, 9, 12, 15, 21

Si tiene alguna pregunta, por favor comuníquese conmigo.

Atentamente,
El maestro de su hijo

expresión algebraica

base de una potencia

propiedad asociativa de la suma

coeficiente

propiedad asociativa de la multiplicación

propiedad conmutativa de la suma

Número, variable o expresión que es el factor repetido de una potencia.

Ejemplo:
4 es la base en la potencia 4^3.
a es la base en la potencia a^7.

Expresión que incluye una o más variables.

Ejemplo:
$10(b + a)$
$7n$
$5x^2 - x$

Parte numérica de un término cuando el término es un número multiplicado por una variable o un número multiplicado por un producto de variables.

Ejemplo:
En $5x + 2xy$, 5 es el coeficiente del término $5x$ y 2 es el coeficiente del término $2xy$.

Propiedad que establece que el cambio de agrupación de los sumandos no cambia su suma. Para cualquier número a, b y c, $(a + b) + c = a + (b + c)$.

Ejemplo:
$(7 + 8) + 2 = 7 + (8 + 2)$

Propiedad que establece que cambiar el orden de los sumandos no altera su suma. Para cualquier número a y b, $a + b = b + a$.

Ejemplo:
$18 + 21 = 21 + 18$

Propiedad que establece que el cambio de agrupación de los factores no cambia su producto. Para cualquier número a, b y c, $(a \cdot b) \cdot c = a \cdot (b \cdot c)$.

Ejemplo:
$(9 \cdot 15) \cdot 20 = 9 \cdot (15 \cdot 20)$

propiedad conmutativa de la multiplicación	**propiedad distributiva**
número compuesto	**recta numérica doble**
variable dependiente	**expresiones equivalentes**

Propiedad que permite distribuir un factor a los términos de una suma o diferencia o extraer un factor común de los términos de una suma o diferencia. Para cualquier número a, b y c, $a(b + c) = ab + ac$.

Ejemplo:

Distribuir un factor:

$6(x - 2) = 6 \cdot x - 6 \cdot 2 = 6x - 12$

Extraer un factor:

$4y + 8 = 4 \cdot y + 4 \cdot 2 = 4(y + 2)$

Propiedad que establece que cambiar el orden de los factores no altera su producto. Para cualquier número a y b, $a \cdot b = b \cdot a$.

Ejemplo:

$36 \cdot \frac{3}{4} = \frac{3}{4} \cdot 36$

Diagrama con dos rectas numéricas que muestra dos cantidades relacionadas entre sí.

Ejemplo:

La siguiente recta numérica doble muestra cómo se relacionan la distancia y el tiempo para una persona que camina a una tasa de 3 pies por segundo.

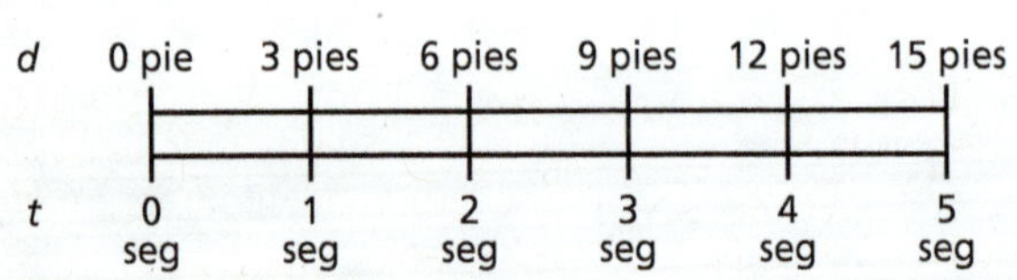

Número entero mayor que 1 que tiene factores además del 1 y sí mismo.

Ejemplo:

8 es un número compuesto porque sus factores son 1, 2, 4 y 8.

Expresiones que siempre tienen el mismo valor.

Ejemplo:

$b + b + b$ y $3b$ son expresiones equivalentes.

Variable cuyo valor depende del valor de la otra variable en una relación entre dos variables.

Ejemplo:

El costo de la gasolina, c, depende del número de galones comprados, g. El costo, c, es la variable dependiente.

evaluar una expresión algebraica	**árbol de factores**
exponente	**máximo común divisor (MCD)**
expresión	**variable independiente**

Manera de escribir los factores de un número para calcular su factorización prima.

Ejemplo:

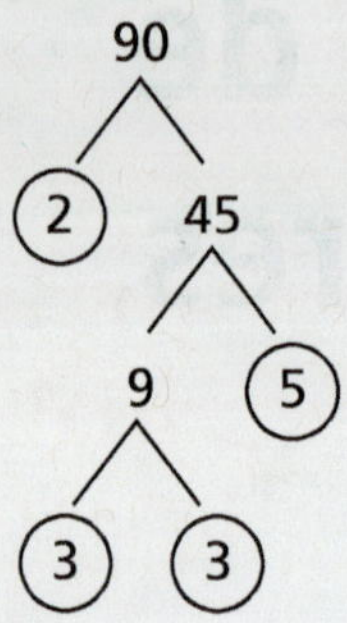

Los factores encerrados en círculos están escritos en orden. La factorización prima de 90 es $2 \cdot 3 \cdot 3 \cdot 5$.

Sustituir las variables por valores en una expresión y luego simplificar la expresión numérica resultante.

Ejemplo:

Evaluar $10(b + a)$ cuando $b = 3$ y $a = 4$.
$10(b + a) = 10(3 + 4) = 10 \cdot 7 = 70$

Mayor de los factores que comparten dos o más números.

Ejemplo:

15 es el MCD de 30 y 45.

En una potencia, el número pequeño elevado que indica cuántas veces se usa la base como factor.

Ejemplo:

3 es el exponente en la potencia 4^3.
$4^3 = 4 \cdot 4 \cdot 4 = 64$

Variable cuyo valor influye en los valores de las demás variables en una relación entre dos variables.

Ejemplo:

El costo de la gasolina, *c*, depende del número de galones comprados, *g*. El número de galones comprados, *g*, es la variable independiente.

Número, variable, o combinación de números y variables con una o más operaciones. Una expresión no incluye un signo de igualdad.

Ejemplo:

n $\quad 5 \cdot 2^2$
$x - 9$ $\quad \frac{1}{2}bh$

desigualdad

términos semejantes

infinito

inverso multiplicativo

operaciones inversas

expresión numérica

Términos con las mismas variables elevadas a las mismas potencias. Los términos numéricos son términos semejantes, aunque no tengan variables.

Ejemplo:

En $6 + 2x + 1 + x$,
6 y 1 son términos semejantes
$2x$ y x son términos semejantes.

Enunciado que compara dos expresiones usando uno de estos símbolos: $>$ (mayor que), $<$ (menor que), $\geq$ (mayor que o igual a), $\leq$ (menor que o igual a), $\neq$ (no es igual a).

Ejemplos:

$4 + 7 > 10$
$x - 2 \leq 8$

El producto de un número y su inverso multiplicativo es 1.

Ejemplo:

6 es el inverso multiplicativo de $\frac{1}{6}$.

$6 \cdot \frac{1}{6} = 1$ y $\frac{1}{6} \cdot 6 = 1$.

Ilimitado. Un conjunto infinito de números no se puede mostrar en una lista.

Ejemplo:

$x > 3$ tiene infinitas soluciones.

Expresión que incluye solo números.

Ejemplo:

$36 - (2 + 9) \cdot 3$
$20 - 8 \div 2$

Operaciones que se anulan entre sí. La suma y la resta son operaciones inversas. La multiplicación y la división son operaciones inversas.

Ejemplo:

$5 + 9 = 14$, entonces $14 - 9 = 5$.
$7 \cdot 9 = 63$, entonces $63 \div 9 = 7$.

orden de las operaciones	simplificar una expresión
potencia	número primo
factorización prima	primos entre sí

Combinar todos los términos semejantes en la expresión.

Ejemplo:
Simplificar $3x + 5 + x + 2$.
$$3x + 5 + x + 2 = 4x + 7$$

Regla que establece el orden en el cual se deben realizar las operaciones en una expresión:

1. Realizar las operaciones dentro del paréntesis.
2. Simplificar potencias.
3. Multiplicar y dividir de izquierda a derecha.
4. Sumar y restar de izquierda a derecha.

Número entero mayor que 1, cuyos únicos factores son 1 y sí mismo.

Ejemplo:
2, 11 y 53 son números primos.

Expresión que incluye un exponente y representa una multiplicación repetida.

Ejemplo:
4^3 (se lee "cuatro elevado a la tercera potencia") y significa $4 \cdot 4 \cdot 4$.

Dos números son primos entre sí, si su máximo común divisor (MCD) es 1.

Ejemplo:
6 y 35 son primos relativos.

Expresión de un número como el producto de números primos.

Ejemplo:
La factorización prima de 90 es $2 \cdot 3 \cdot 3 \cdot 5$.

solución de una ecuación

resolver

solución de una desigualdad

término

conjunto solución de una desigualdad

variable

Calcular la solución o soluciones de una ecuación o una desigualdad.

En una ecuación con una variable, número que puede sustituir a la variable para que el enunciado sea verdadero.

Ejemplo:
$x = 4$ es una solución de $3x + 1 = 13$ porque $3(4) + 1 = 13$ es verdadero.

Los términos son partes de una expresión que se suman o se restan.

Ejemplo:
4, $3b$, y b^2 son términos de la expresión $4 + 3b + b^2$.

En una desigualdad con una variable, número que puede sustituir a la variable para que el enunciado sea verdadero.

Ejemplo:
$x = 10$, es una solución de $x + 3 < 20$ porque $10 + 3 < 20$ es verdadero.

Letra o símbolo que se usa para representar un número desconocido o una cantidad que varía.

Ejemplo:
$y = 2x$
x y y son variables.

Conjunto de todas las soluciones de una desigualdad.

Ejemplo:

Esta gráfica muestra el conjunto solución de $x > 3$.

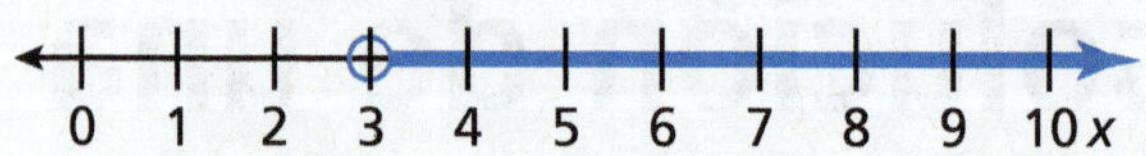

Esta gráfica muestra el conjunto solución de $x \geq 3$.

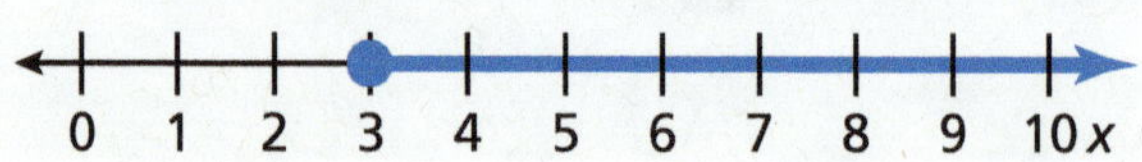

Nombre ______________________________

Variables, expresiones y términos

VOCABULARIO
variable
expresión
términos

Una **variable** es una letra o símbolo que representa un número.

En la unidad 2, trabajaste con variables en las fórmulas de área. Por ejemplo, en la fórmula para el área de un triángulo, $A = \frac{1}{2}bh$, las letras A, b y h son variables.

1. Escribe otra fórmula que incluya variables.

____

Una **expresión** se compone de uno o más números, una o más variables o números y variables. Una expresión a menudo incluye una o más operaciones, pero no incluye un signo igual. Abajo se muestran algunos ejemplos de expresiones.

4 $\quad n$ $\quad x - 9$ $\quad 3z$ $\quad b + 2 - a$ $\quad \frac{1}{2}bh$

2. Traza un círculo alrededor de las expresiones.

$p \div 7$ $\quad 13$ $\quad z = 6 - x \cdot y$ $\quad t$ $\quad 7 + 4 = 11$ $\quad 0.5 \cdot (k + s)$

3. Escribe una expresión que incluya al menos un número, por lo menos una variable y al menos una operación.

____

Términos son las partes de una expresión que se suman o restan. A continuación se muestran algunos ejemplos de expresiones.

y	$+$	9		g	$-$	$2g$		$\frac{3}{4}a$	$+$	b	$-$	1
↑		↑		↑		↑		↑		↑		↑
término		término		término		término		término		término		término

4. Escribe una expresión que conste de dos términos que sean números.

____

5. Escribe una expresión que conste de tres términos.

____

Simplificar expresiones numéricas

VOCABULARIO
expresión numérica
orden de las operaciones
expresión algebraica
evaluar una expresión algebraica

Una **expresión numérica** sólo incluye números. Sigue el orden de las operaciones para simplificar una expresión numérica.

Orden de las operaciones

1. Haz todas las operaciones dentro de paréntesis.
2. Multiplica y divide de izquierda a derecha.
3. Suma y resta de izquierda a derecha.

Simplifica cada expresión siguiendo el orden de las operaciones.

6 $36 - (2 + 9) \cdot 3$ ______ 7 $20 - 8 \div 2$ ______ 8 $3 \cdot (26 \div 2) + 11$ ______

Evaluar expresiones algebraicas

Una **expresión algebraica** es una expresión que incluye una o más variables. Una expresión algebraica resume un cálculo de manera concisa. Por ejemplo, $(n + 3) \cdot 5$ es una forma corta de decir "Agregar 3 a un número y luego multiplicar el resultado por 5".

Evaluar una expresión algebraica significa sustituir los valores dados de las variables y luego simplificar, siguiendo el orden de las operaciones.

Ejemplo Evalúa $x \cdot (5 - y)$ para $x = 8$ e $y = 3$.

$x \cdot (5 - y)$	Escribe la expresión dada.
$8 \cdot (5 - 3)$	Sustituye 8 por *x* y 3 por *y*.
$8 \cdot 2$	Realiza la operación dentro de los ( ).
16	Multiplica. La expresión se simplifica a 16.

Evaluá cada expresión para $a = 3$ y $b = 6$.

9 $24 - 15 \div a$ ______ 10 $10 \cdot (b + a)$ ______

11 $2 \cdot a + 4 \cdot b$ ______ 12 $18 \div a - b \div 2$ ______

Comprobar la comprensión

Explica la diferencia entre una expresión numérica y una expresión algebraica. Da un ejemplo de cada uno.

Nombre ____________________________________

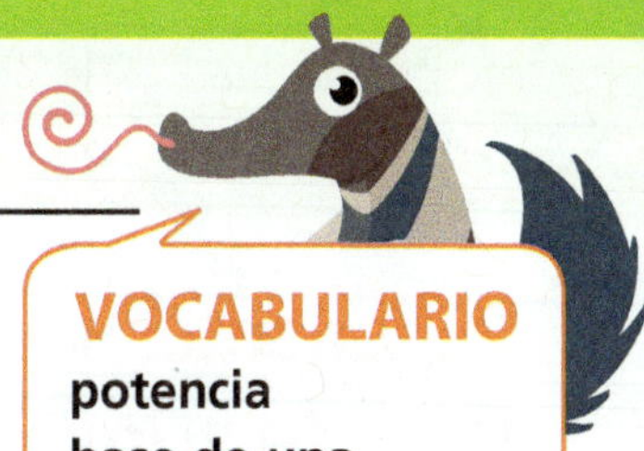

VOCABULARIO
potencia
base de una potencia
exponente

Potencias

Algunas expresiones numéricas y algebraicas además de ecuaciones incluyen potencias. Una **potencia** es una expresión que incluye un exponente y representa una multiplicación repetida. Un ejemplo de una potencia es 4^3, que se lee "cuatro elevado a la tres".

Una potencia consta de una base y un exponente. En una expresión numérica, la **base** es un número, y el **exponente** indica cuántas veces se utiliza el número como factor.

En la expresión 4^3, la base es 4, y el pequeño 3 elevado es el exponente. El exponente te indica que utilices 3 veces el 4 como factor.

$4^3 = 4 \cdot 4 \cdot 4$ $\qquad$ $4 \cdot 4 \cdot 4 = 64$ $\qquad$ Así que $4^3 = 64$.

En una expresión algebraica, la base es una variable. En la expresión r^5, que se lee "*r* elevado a la cinco", la base es *r* y 5 es el exponente. El exponente te indica que utilices a *r* 5 veces como factor.

$$r^5 = r \cdot r \cdot r \cdot r \cdot r$$

Recuerda que cuando se trabaja con potencias, se trabaja con expresiones que representan una multiplicación repetida.

Escribe cada expresión como una multiplicación repetida.

1. $6^2 =$ ____________________
2. $11^3 =$ ____________________
3. $13^2 \cdot 4^4 =$ ____________________
4. $2^3 \cdot 5^2 =$ ____________________
5. $a^5 =$ ____________________
6. $a^3 \cdot a^2 =$ ____________________

Coloca un exponente para escribir cada multiplicación repetida.

7. $2 \cdot 2 \cdot 2 \cdot 2 =$ ____________
8. $b \cdot b \cdot b \cdot b \cdot b =$ ____________
9. $2 \cdot c \cdot c =$ ____________
10. $4 \cdot 10 \cdot 10 \cdot 10 =$ ____________

Exponentes y el orden de las operaciones

En el orden de las operaciones, las potencias se simplifican después de las operaciones dentro de los paréntesis y antes de la multiplicación y la división.

Orden de las operaciones

1. Haz todas las operaciones dentro del paréntesis.
2. Simplifica potencias.
3. Multiplica y divide de izquierda a derecha.
4. Suma y resta de izquierda a derecha.

Simplifica. Sigue el orden de las operaciones.

11 $4 + 3^2 =$ ______

12 $5 + 5 \cdot 2^3 =$ ______

13 $4 \div 2^2 + 1 =$ ______

14 $(7 - 2)^2 =$ ______

15 $1 + 6^2 \cdot 2 =$ ______

16 $3^2 + 3^3 =$ ______

Evalúa cada expresión para $a = 5$ y $b = 8$.

17 $3 \cdot a^3$ ______

18 $9^2 \cdot (b + 1)$ ______

19 $(b - a)^2$ ______

¿Cuál es el error?

Estimados estudiantes de matemáticas:

Mi amigo dijo que no simplifiqué correctamente las tres expresiones que se muestran a continuación.

$2^6 = 12$ $10^4 = 40$ $5^2 \cdot 2^3 = 60$

¿Dónde me equivoqué? Por favor, ayúdame a entender cómo hallar el número que representa cada expresión.

Tu amigo,
Pingüino Confundido

20 Escribe una respuesta a Pingüino Confundido.

______

______

______

______

______

Nombre ______________________________

Cuadrados y cubos

Resuelve.

21 Escribe una potencia para representar el área de 5 metros por 5 metros cuadrados.

área = ____________ m^2

22 Escribe una potencia para representar el volumen de un cubo de 5 cm por 5 cm por 5 cm.

volumen = ____________ cm^3

Solución.

23 En la cuadrícula de la derecha, utiliza una regla para dibujar un cuadrado de diez por diez.

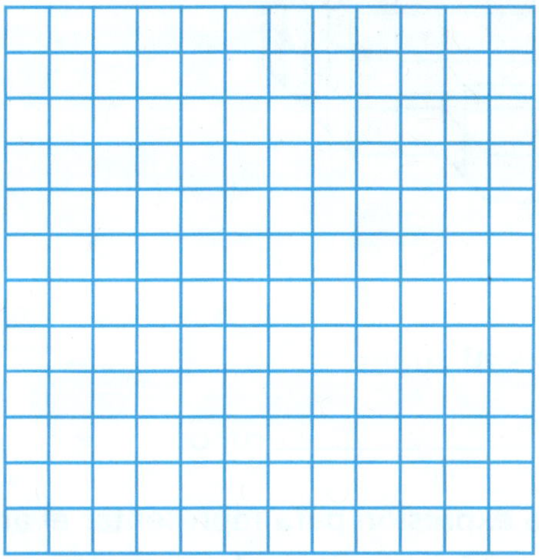

a. ¿Qué multiplicación repetida representa el área del cuadrado?

____

b. ¿Qué potencia representa el área del cuadrado?

____

c. ¿Cuál es el área del cuadrado?

____

24 La respuesta para el ejercicio 21 se lee como "cinco al cuadrado", y la respuesta para el ejercicio 22 se lee como "cinco al cubo". Explica por qué tiene sentido leer las respuestas de esta manera.

____

____

Partes correspondientes de expresiones y figuras

Empareja los términos de cada expresión con las partes de la figura. Luego simplifica la expresión para hallar el número total de puntos o cubos.

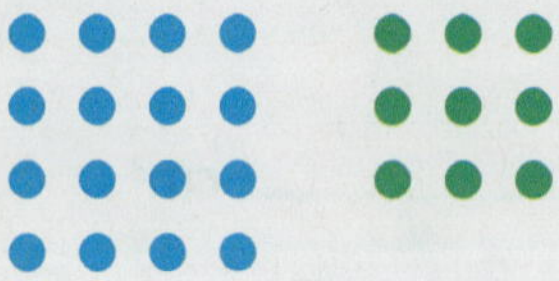

$4^2 + 3^2$ puntos

25 total: ______________ puntos

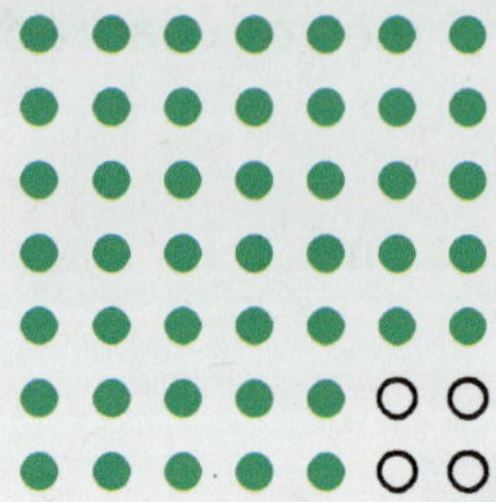

$7^2 - 2^2$ puntos

26 total: ______________ puntos

$2^3 + 4^3$ cubos

27 total: ______________ cubos

$3 + 3^2 + 3^3$ cubos

28 total: ______________ cubos

Escribe una expresión para representar el área sombreada de cada figura. Empareja los términos de cada expresión con las partes de la figura.

29

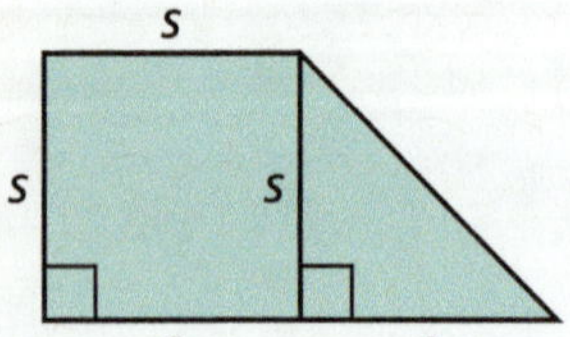

______ + ______ unidades cuadradas

30

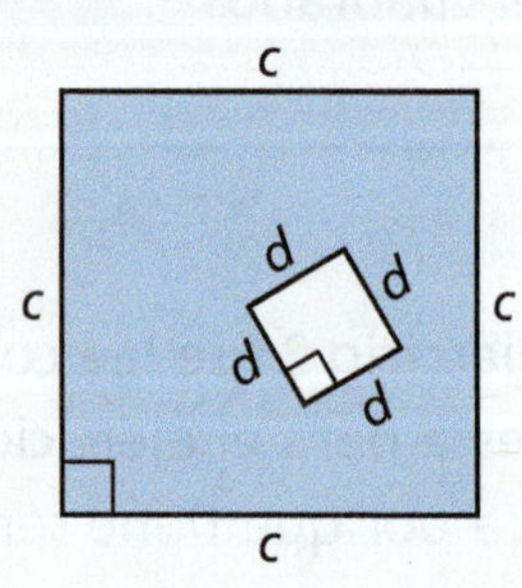

______ − ______ unidades cuadradas

Comprobar la comprensión

Utiliza un exponente para escribir $5 \times 5 \times 5 \times 5 \times 5 \times 5$. ______

Nombre ____________________

Lenguaje de expresiones

Completa la tabla.

	Expresión algebraica	Más, Menos, Veces, Dividido entre	Sumar, Restar, Multiplicar, Dividir	Suma, Diferencia, Producto, Cociente
1	$5 - y$	5 menos y	Resta ____ de ____.	$5 - y$ es una ________.
2	$12 \cdot a$	12 ________ a	Multiplica ____ y ____.	$12 \cdot a$ es el ________ de ____ y ____.
3	$c \div 3$	____ dividido entre ____	Divide ____ entre ____.	$c \div 3$ es un ________.
4	________	b más 2.3	Suma ____ y ____.	________ es la ____ de ____ y ____.
5	________	d veces $\frac{5}{6}$	Multiplica ____ y ____.	________ es el ________ de ____ y ____.
6	________	____ menos ____.	Réstale $\frac{2}{3}$ a e.	________ es la ________.
7	________	____ divididos entre ____	Divide $\frac{3}{4}$ entre f.	________ es un ________.
8	________	14.2 menos g	________	________ es una ________.

Analiza y describe

Para analizar una expresión, seguimos el orden de las operaciones y en cada paso trazamos un círculo alrededor de las partes de la expresión.

Orden de las operaciones

1. Realiza todas las operaciones dentro del paréntesis.
2. Simplifica las potencias.
3. Multiplica y divide de izquierda a derecha.
4. Suma y resta de izquierda a derecha.

Ejemplo

Analiza $7 \cdot (a - 5) - a^2$.

Paso 1: Busca partes de la expresión dentro de los **paréntesis**. Traza un círculo alrededor de los mismos.

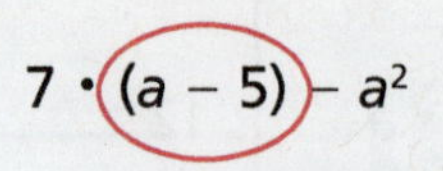

Paso 2: Busca las **potencias**. Traza un círculo alrededor de los mismos. (Recuerda, una potencia incluye la base y el exponente.)

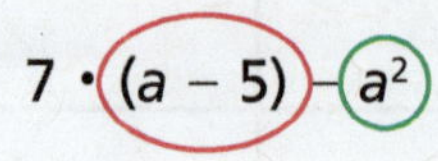

Paso 3: Busca **multiplicaciones** y **divisiones**, tal y como aparecen de izquierda a derecha. Traza un círculo alrededor de los mismos.

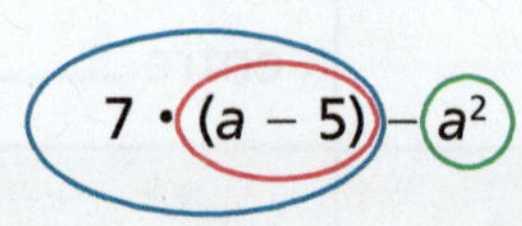

Paso 4: Busca **sumas** y **restas**, tal y como aparecen de izquierda a derecha. Recuerda que las partes de una expresión que se suma o resta son términos. Traza un circulo alrededor de cualquier termino que no esté ya encerrado.

Los dos términos, $7 \cdot (a - 5)$ y a^2, ya están dentro de un círculo.

Una vez que hayas analizado una expresión, puedes hacer un diagrama simple para mostrar su estructura. El diagrama para una expresión muestra los términos e indica si cada término es un número, variable, producto, cociente o potencia.

Aquí hay un diagrama para $7 \cdot (a - 5) - a^2$.

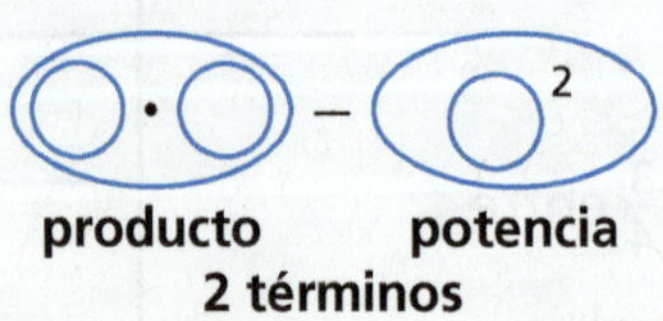

El diagrama muestra que la expresión tiene dos términos y que un término es un producto y el otro es una potencia.

Nombre ______________________________

Analiza y describe (continuación)

9 Sigue los pasos para analizar $18 \div 2 + 4 \cdot p^2$.

Paso 1: Busca las partes de la expresión dentro de los **paréntesis**. Traza un círculo alrededor de las mismas.

$18 \div 2 + 4 \cdot p^2$

Paso 2: Busca las **potencias**. Traza un círculo alrededor de las mismas.

Paso 3: Busca **multiplicaciones** y **divisiones**, de izquierda a derecha. Traza un círculo alrededor de las mismas.

Paso 4: Busca **sumas** y **restas**, de izquierda a derecha. Traza un circulo alrededor de cualquier termino que no esté ya encerrado.

10 A continuación hay un diagrama para $18 \div 2 + 4 \cdot p^2$. Comenta cómo coincide con la expresión en el ejercicio 9.

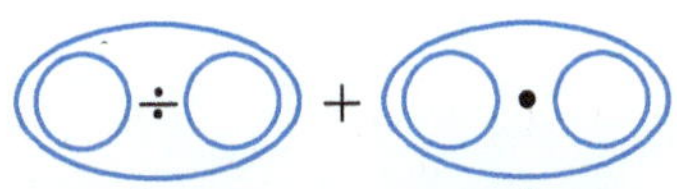

Analiza las expresiones. Luego empareja la expresión con el diagrama que la describe.

11 $12 - 4 \cdot (c + 1)$ ______________

A.

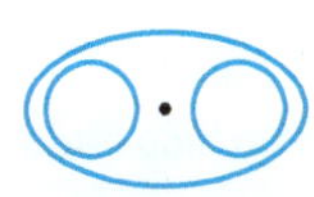

12 $7 \cdot 8 - 5 \cdot d$ ______________

B.

13 $2 \cdot (e - 3 + 9)$ ______________

C.

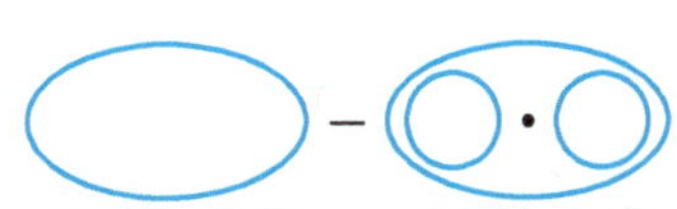

Analiza y describe (continuación)

Analiza cada expresión. Luego haz un diagrama para describirla.

14 $7 + 2 \cdot (a - 3)$

15 $b^2 + 5 \cdot b + 6$

16 $(c - 3) \div 4 + \frac{1}{2} \cdot c^2$

17 $m \cdot (4 + m)$

¿Cuál es el error?

Estimados estudiantes de matemáticas:

Así es como analicé $m \cdot (4 + m)$. ¿Lo hice bien? Si no es así, ayúdame a entender lo que hice mal.

Paso 1: Tracé un círculo alrededor de la parte entre paréntesis. $m \cdot (4 + m)$

Paso 2: No hay potencias, así que no hice nada. $m \cdot (4 + m)$

Paso 3: Tracé un círculo alrededor de la multiplicación. $m \cdot (4 + m)$

Paso 4: Busqué sumas y restas y tracé un círculo alrededor de los términos. $m \cdot (4 + m)$

Tu amigo,
Pingüino Confundido

18 Escribe una respuesta a Pingüino Confundido.

____

____

Comprueba tu comprensión

Dibuja un diagrama en tu MathBoard para describir la siguiente expresión. $(n - 5) \cdot 12 + n^2$

Nombre ______________________________

Relacionar expresiones y modelos

Analiza cada expresión. (Es decir, sigue el orden de las operaciones para trazar un círculo alrededor de las partes). Luego, empareja los términos de la expresión con las partes del diagrama de puntos.

1. $3 + 2 \cdot 5$

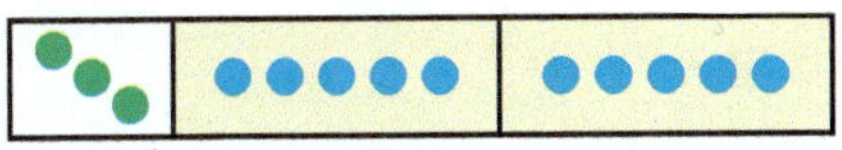

2. $3 + 2 \cdot d$

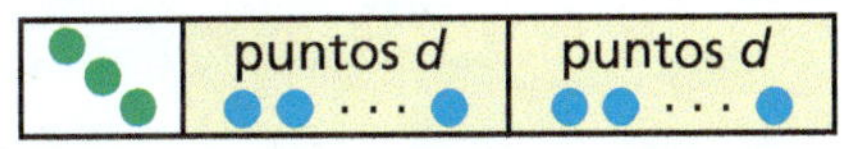

3. $4 \cdot 5 - 2$

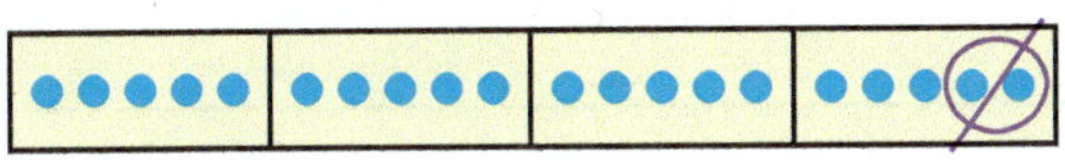

4. $4 \cdot c - 2$

5. $3 \cdot 5 + 3 + 5 \cdot 2$

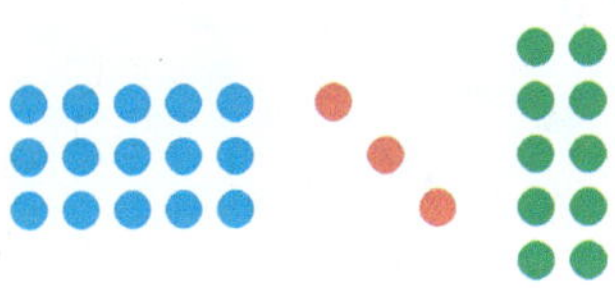

6. $3 + 3 \cdot (4 + 4)$

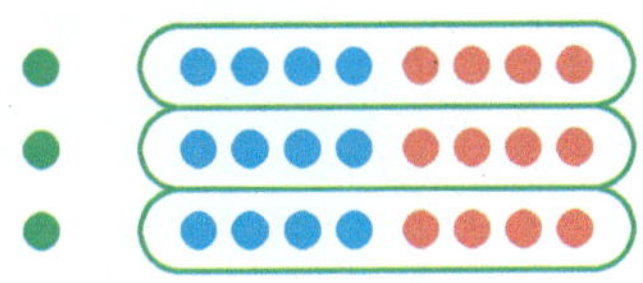

Simplificar expresiones

Para simplificar una expresión, primero analízala. Luego realiza las operaciones para cada término de *adentro hacia afuera*. Por último, combina los términos. Por ejemplo, aquí se muestra cómo se simplifica la expresión en el ejercicio 6.

$3 + 3 \cdot (4 + 4) =$	Analiza la expresión.
$3 + 3 \cdot 8 =$	Calcula la parte interior del segundo término.
$3 + 24 =$	Calcula la parte exterior del segundo término.
27	Combina términos.

Analizaste las expresiones que se encuentran a continuación en los ejercicios 1 y 5. Usa tu análisis para simplificar cada expresión. Compara tu respuesta con los números de puntos en los ejercicios 1 y 5.

7. $3 + 2 \cdot 5 =$ ______________

8. $3 \cdot 5 + 3 + 5 \cdot 2 =$ ______________

Relacionar los modelos con las expresiones

Coloca una marca al lado de las expresiones que indiquen el número de puntos en el diagrama. Busca más de una expresión para cada diagrama de puntos.

9

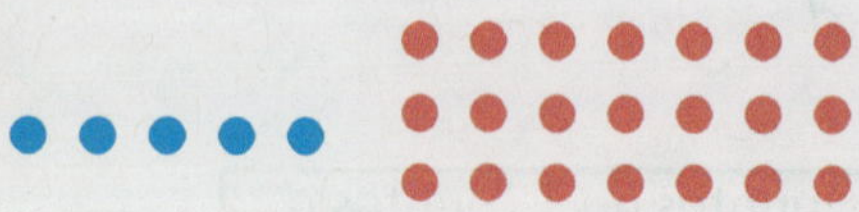

$(5 + 3) \cdot 7$

$5 + (3 \cdot 7)$

$3 \cdot (7 + 5)$

$5 + 3 \cdot 7$

10

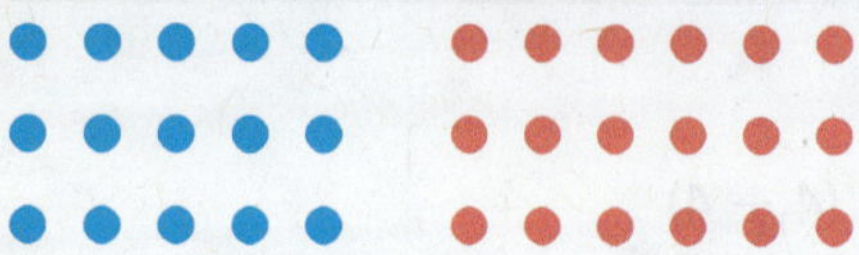

$3 \cdot (5 + 6)$

$3 \cdot 5 + 6$

$3 \cdot 5 + 3 \cdot 6$

$(3 \cdot 5) + 6$

11

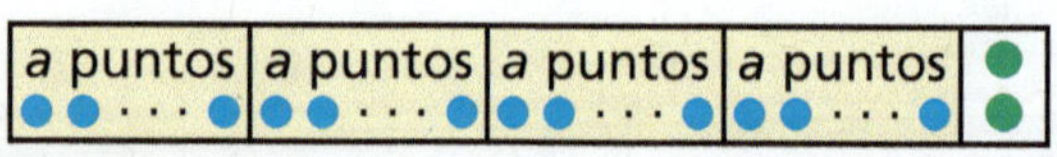

$4 + a + 2$

$a + a + a + a + 2$

$4 \cdot a + 2$

12

$3 \cdot b - 2$

$3 \cdot b - 2 \cdot b$

$b + b + b - b - b$

Nombre ______________________________

Escribir y simplificar las expresiones

Escribe una expresión para el número de puntos. Luego, analiza la expresión y simplifícala. (Simplifica términos de *adentro hacia afuera.* Por último, combina los términos).

13 

Escribe una expresión y analízala.

____

____

Simplifica la expresión.

____

14 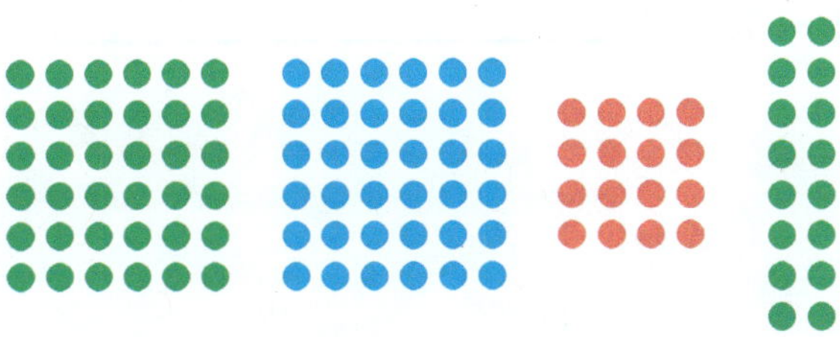

Escribe una expresión y analízala.

____

____

Simplifica la expresión.

____

15 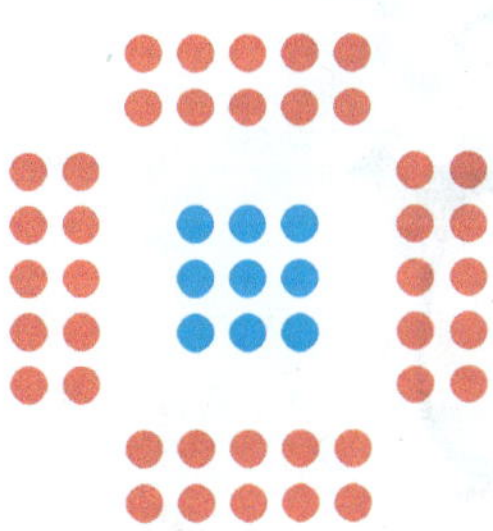

Escribe una expresión y analízala.

____

____

Simplifica la expresión.

____

16 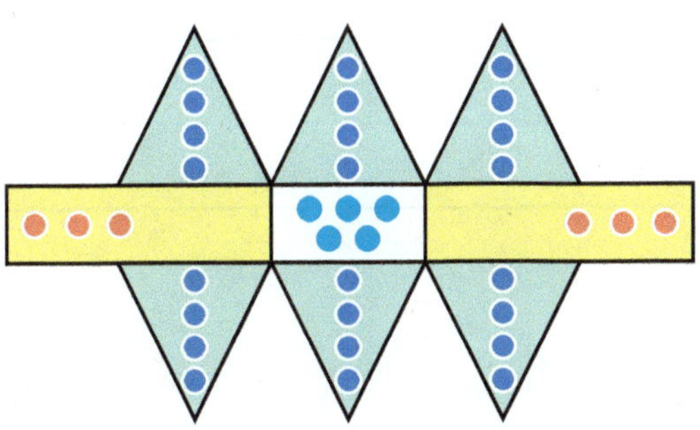

Escribe una expresión y analízala.

____

____

Simplifica la expresión.

____

Escribir y evaluar las expresiones

17 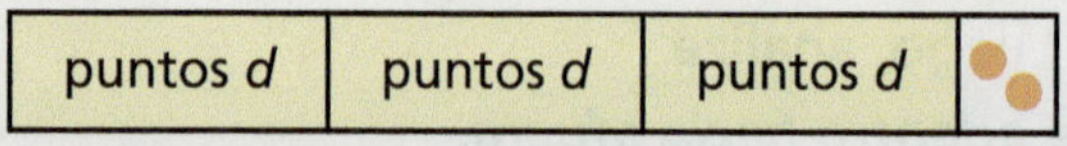

Escribe una expresión y analízala.

____

____

Evalúa la expresión para $d = 7$. __________

18 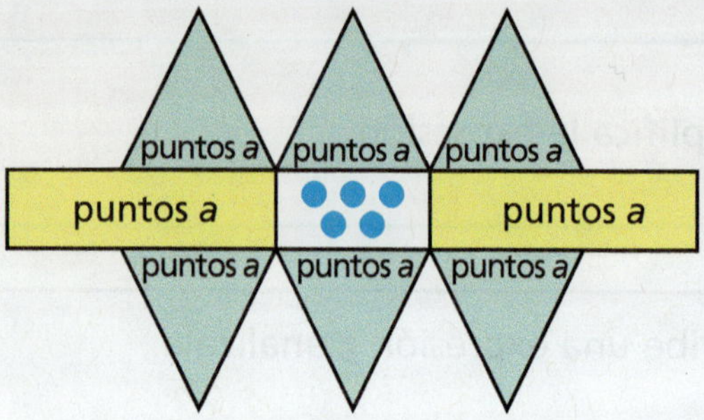

Escribe una expresión y analízala.

____

____

Evalúa la expresión para $a = 2$

y $b = 7$. __________

¿Cuál es el error?

Estimados estudiantes de matemáticas:

Intenté simplificar $3 + 4 \cdot 5$. Sumé $3 + 4$ y obtuve 7. Luego multipliqué por 5 y obtuve 35. Mi maestro dijo que esto no es correcto. ¿Qué hice mal?

Por favor hagan un diagrama de puntos para ayudarme a entender cómo simplificar la expresión $3 + 4 \cdot 5$.

Tu amigo,
Pingüino Confundido

19 Escribe la respuesta para Pingüino Confundido.

____

____

____

Comprobar la comprensión

Dibuja un diagrama para representar las expresiones $3 + 4 \cdot d$, donde d representa d puntos.

Nombre ______________________________

Área de un plano

Los ejemplos de abajo muestran un plano para una habitación. Keiko, Alex y DeShun hallaron cada uno una expresión diferente para el área de la habitación.

Analiza las expresiones. Luego comenta con tu compañero cómo el estudiante pudo haber pensado acerca del área. Describe cómo se relacionan las partes de la expresión con el diagrama.

1. 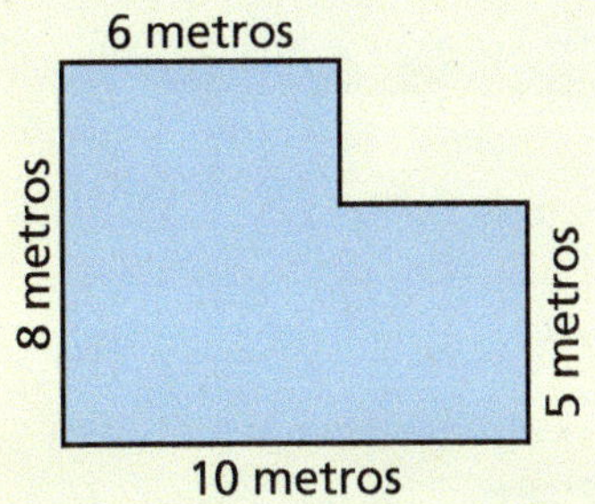

Expresión de Keiko: $5 \cdot 10 + 3 \cdot 6$ m^2

____

____

____

____

2. 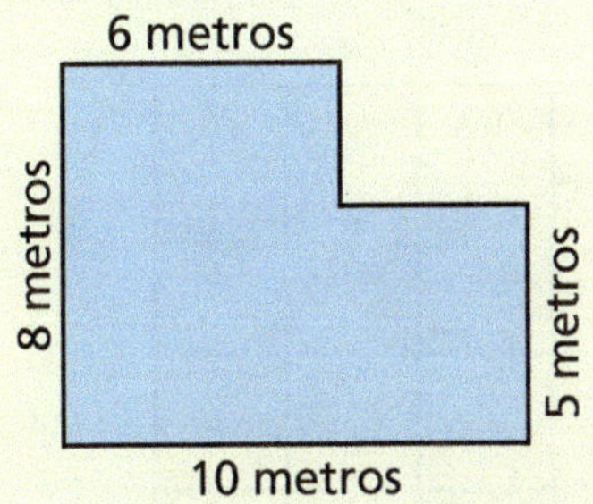

Expresión de Alex: $8 \cdot 6 + 4 \cdot 5$ m^2

____

____

____

____

3. 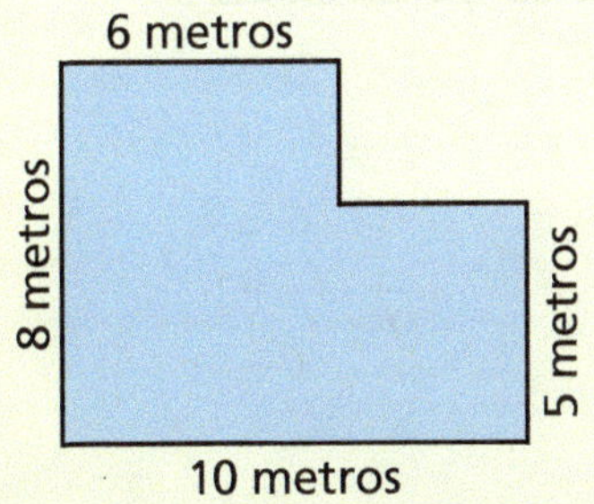

Expresión de DeShun: $8 \cdot 10 - 3 \cdot 4$ m^2

____

____

____

____

Halla el área de la superficie utilizando una plantilla

A continuación se muestra una plantilla para un prisma rectangular con una altura de 5 centímetros y una base que mide 4 centímetros por 3 centímetros. Visualiza cómo se vería el prisma.

4. Escribe una expresión para la superficie del prisma, utilizando sólo los números 3, 4 y 5. Muestra tu expresión a otro estudiante y explícale cómo los términos de la expresión coinciden con las partes de la plantilla.

____

5. Simplifica tu expresión.

____

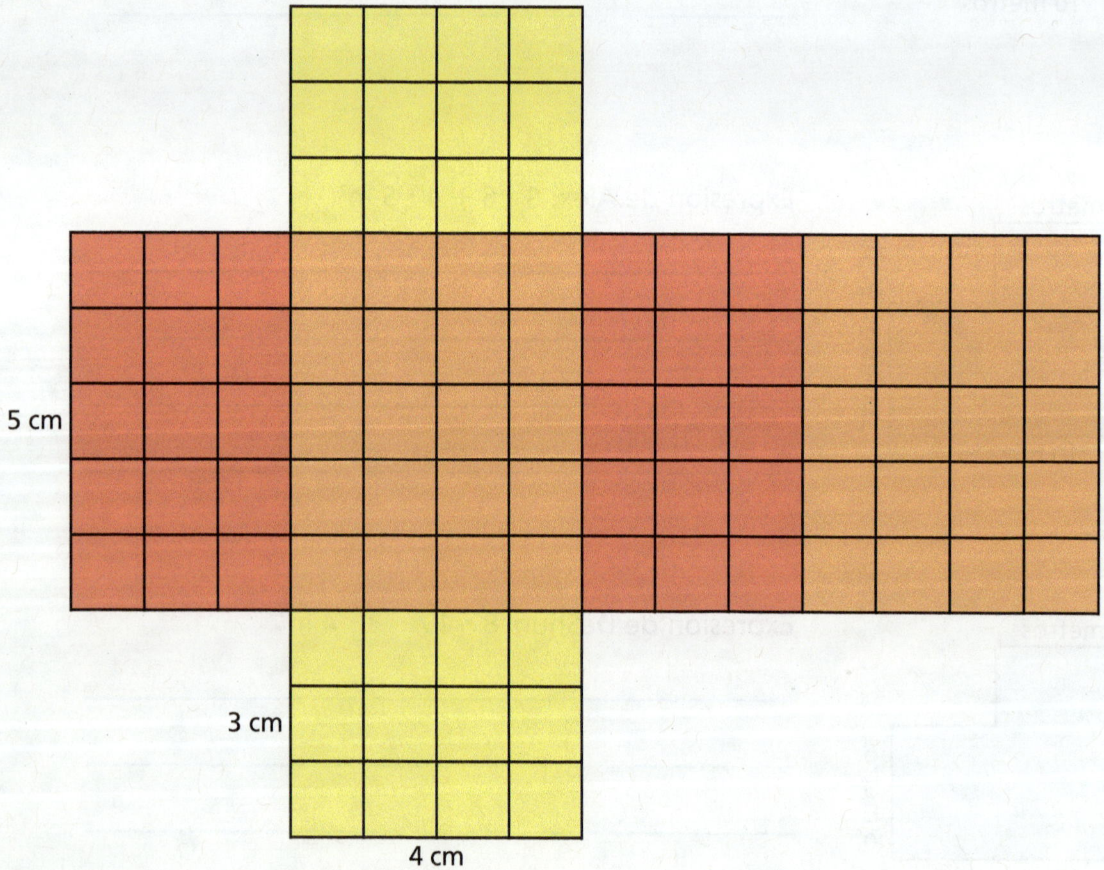

Nombre ______________________________

Escribir una expresión algebraica para el área de superficie

Visualiza plantillas para prismas rectangulares con alturas de z centímetros y bases que midan x centímetros por y centímetros. Estos prismas pueden ser cortos y anchos o altos y estrechos o de cualquier otra forma. Aquí se muestran algunos ejemplos:

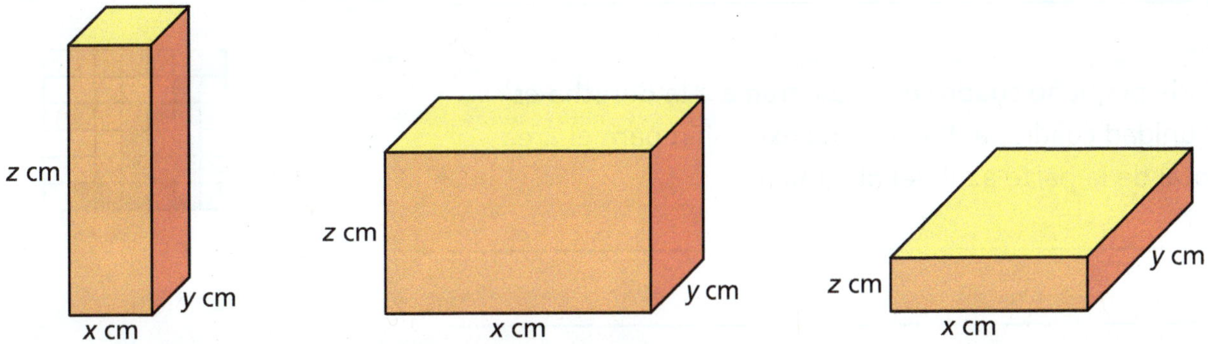

Piensa en cómo las plantillas de estos prismas serían similares y diferentes de la plantilla en la página anterior.

6. Bosqueja y rotula una plantilla para uno de los prismas de arriba.

7. Escribe una expresión para el área de superficie de un prisma con una base de x centímetros por y centímetros, y una altura de z centímetros.

____

Comprobar la comprensión
Explica cómo buscar la plantilla de un prisma puede ayudarte a escribir una expresión para el área de superficie del prisma.

Diferentes formas de expresar el área

8 Una empresa constructora construye pasarelas peatonales de 5 pies de ancho alrededor de jardines cuadrados de diferentes tamaños. Escribe una expresión para el área de una pasarela peatonal que será colocada alrededor de un jardín de *g* pies por *g* pies.

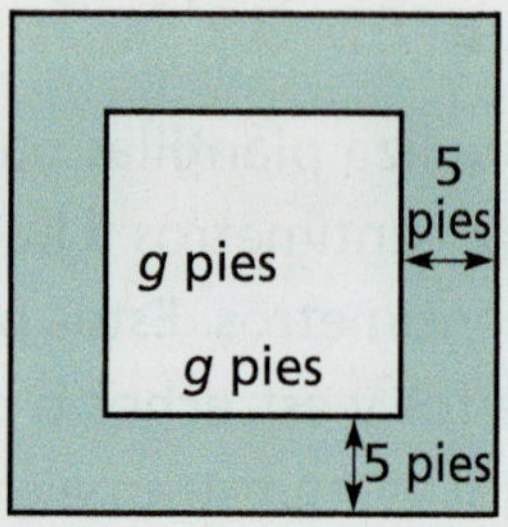

9 Cada pequeño cuadro en el diagrama a la derecha es 1 unidad cuadrada. Escribe una expresión para el área total de la parte azul del diagrama.

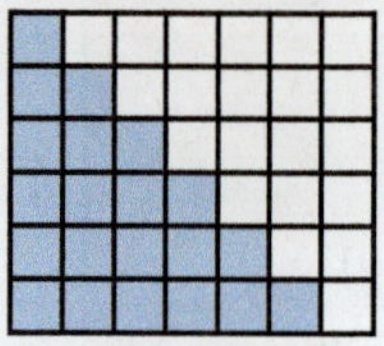

Marla, José y Sue escribieron expresiones diferentes para el área azul en el ejercicio 9.

Expresión de Marla: $1 + 2 + 3 + 4 + 5 + 6$

Expresión de José: $(6 \cdot 7) \div 2$

Expresión de Sue: $\frac{1}{2} \cdot (6 \cdot 7)$

10 ¿Cómo piensas que cada estudiante halló su propia expresión? ¿Todas las expresiones son correctas?

11 Simplifica la expresión de cada alumno.

12 ¿De quién fue la expresión más fácil de simplificar?

Unidad 5
Gran idea 1

Nombre ____________________ Fecha ____________

Simplifica. Sigue el orden de las operaciones.

Muestra tu trabajo.

1. $2 \cdot 6 - 9 \div 3 =$ ____________

2. $24 - 6 \div 2 + 4^2 =$ ____________

Resuelve.

3. Evalúa la expresión para $b = 3$ y $c = 2$.

$$b^2 + 2 \cdot 3 - 5c = \_\_\_\_\_\_$$

4. Traza un círculo alrededor de los términos de la expresión. Explica cómo sabes que tu respuesta es correcta.

$$a^2 - 4 \cdot b + 1$$

____

____

____

5. Traza un círculo alrededor de la expresión o expresiones a la derecha que representan el número de puntos en el siguiente modelo.

$2 \cdot 4 + 5$

$2 \cdot (4 + 5)$

$(2 + 4) \cdot (2 + 5)$

$(2 \cdot 4) + (2 \cdot 5)$

Comprobar el conocimiento 7

Nombre ________________ Fecha ________________

Camino al conocimiento

1. $5.12\overline{)230.4}$
2. $8.1\overline{)267.3}$
3. $2.6\overline{)14.3}$
4. $4.8\overline{)139.2}$
5. $1.25\overline{)77.5}$
6. $2.14\overline{)160.5}$
7. $3.4\overline{)66.3}$
8. $9.3\overline{)753.3}$
9. $8.72\overline{)261.6}$
10. $7.2\overline{)223.2}$
11. $2.1\overline{)178.5}$
12. $6.15\overline{)196.8}$
13. $3.9\overline{)370.5}$
14. $7.06\overline{)988.4}$
15. $8.5\overline{)35.7}$

Nombre ______________________________

VOCABULARIO
expresiones equivalentes

Introducir expresiones equivalentes

Las expresiones equivalentes siempre tienen el mismo valor.

$a + 2 + 3$ y $a + 5$ son expresiones equivalentes
porque $a + 2 + 3 = a + 5$ para todos los valores de a.

$a + 5$ y $3 + 4$ *no* son expresiones equivalentes
porque $a + 5 = 3 + 4$ *sólo* se cumple cuando a es 2.

Como aprendiste en la unidad 2, el símbolo de multiplicación puede ser omitido cuando no está entre dos números.

$3c$ significa $3 \cdot c$ ab significa $a \cdot b$ $4(p + 6)$ significa $4 \cdot (p + 6)$

Completa la tabla.

	Situación y diagrama	Con +		Con •		Sin •
	Ejemplo A Tres paquetes idénticos pesan $\frac{1}{5}$ de gramo cada uno. [$\frac{1}{5}$ | $\frac{1}{5}$ | $\frac{1}{5}$]	$\frac{1}{5} + \frac{1}{5} + \frac{1}{5}$	=	$3 \cdot \frac{1}{5}$	=	$\frac{3}{5}$
	Ejemplo B Tres paquetes idénticos pesan a gramos cada uno. [a | a | a]	$a + a + a$	=	$3 \cdot a$	=	$3a$
1	Dos cajas tienen capacidad para b libros cada uno. [b | b]		=		=	
2	Cuatro bolsas pueden contener c duraznos cada una.		=	$4 \cdot c$	=	
3	______________________	$d + d + d + d + d$	=		=	

Usa fichas de álgebra para representar las expresiones

Escribe la expresión que representa el modelo.

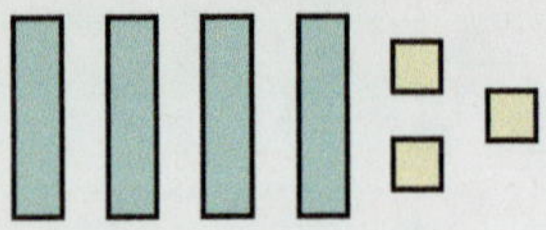

4 ____________

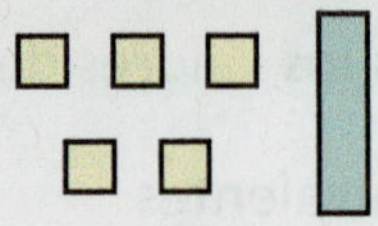

5 ____________

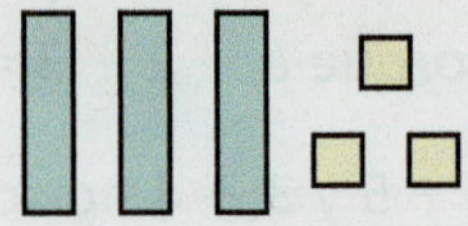

6 ____________

Utiliza tus fichas de álgebra para representar cada expresión.
Haz un dibujo rápido de tu modelo.

7 $x + 6$

8 $4x + 1$

9 $3 + 2x$

10 Haz un dibujo rápido de fichas de álgebra para ayudarte a explicar por qué $5x - x$ no es equivalente a 5.

____

____

____

____

11 Haz un dibujo rápido de fichas de álgebra para explicar por qué $3x + 3$ no es equivalente a $6x$.

____

____

____

____

Nombre ______________________________

Utilizar diagramas para representar las expresiones

Dibujar diagramas y pensar en situaciones del mundo real puede ayudarte a hallar expresiones equivalentes y a entender por qué hay expresiones que *no* son equivalentes.

Ejemplo 1

Considera la expresión $3a - 3$.

Situación: Cada una de tres cajas contiene *a* manzanas. Guillermo toma tres de las manzanas.

Diagrama

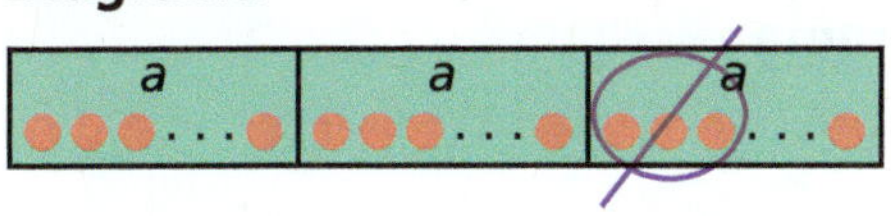

Expresiones equivalentes:

$$3a - 3 = 2a + (a - 3)$$
$$= a + a + a - 3$$

Expresión no equivalente:

$3a - 3$ *no* es equivalente a a.

Ejemplo 2

Considera la expresión $4b - b$.

Situación: Hannah tiene cuatro álbumes para estampillas con *b* estampillas cada uno. Regala un álbum.

Diagrama

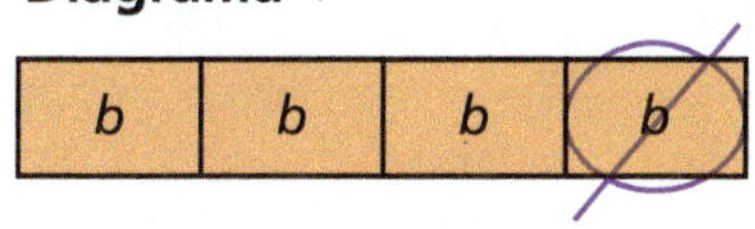

Expresiones equivalentes:

$$4b - b = b + b + b + b - b$$
$$= 4b - 1b$$
$$= 3b$$

Expresión no equivalente:

$4b - b$ *no* es equivalente a 4.

Para cada expresión, describe una situación y haz un diagrama. Luego traza un círculo alrededor de la(s) expresión(es) que son equivalentes a la expresión original.

12 $4 + 3d$

Situación: ______________________________

____

____

Diagrama

Selecciona la(s) expresión(es) equivalente(s).

$7d$ $\quad 4 + 2d + d$ $\quad 4 + d + d + d$

13 $2e + e$

Situación: ______________________________

____

____

Diagrama

Selecciona la(s) expresión(es) equivalente(s).

$(e + e) + e$ $\quad 2 + e + e$ $\quad 3e$

Utilizar diagramas para representar las expresiones (continuación)

Para cada expresión, describe una situación y un diagrama. Luego traza un círculo alrededor de la(s) expresión(es) que son equivalentes a la expresión original.

14 $5 + 1 + 2c$

Situación: ____________________

____

____

____

Diagrama

Selecciona la(s) expresión(es) equivalente(s).

$6 + (2 \cdot c)$ $8c$

$6 + c + c$ $6 + 2c$

15 $3g + 3 + 3$

Situación: ____________________

____

____

____

Diagrama

Selecciona la(s) expresión(es) equivalente(s).

$9g$ $3g + 6$ $g + g + g + 6$

Piensa en cómo la situación y el diagrama representan la expresión. Luego traza un círculo alrededor de la(s) expresión(es) que son equivalentes a la expresión original.

16 $\frac{1}{3}f$

Situación: Un tercio de los f alumnos de una escuela estudian español.

Diagrama

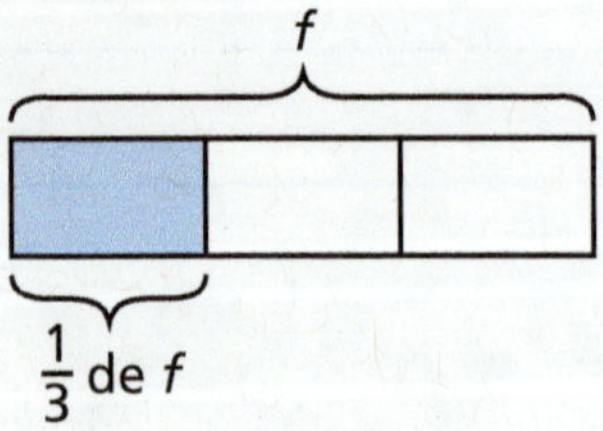

Selecciona la(s) expresión(es) equivalente(s).

$\frac{f}{3}$ $3f$ $f \div 3$

17 $2f + 2 + 1$

Situación: Raquel compró dos cajas de pelotas de golf, cada una contiene f pelotas de golf. También encontró 2 pelotas de golf en su carro y 1 en su bolsa de golf.

Diagrama

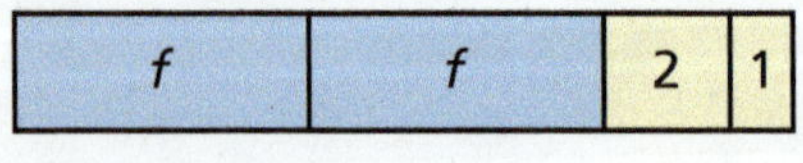

Selecciona la(s) expresión(es) equivalente(s).

$5f$ $2f + 3$ $f + f + 3$

Nombre ______________________________

Representar con diagramas y expresiones

Haz un diagrama para cada situación y escribe dos expresiones equivalentes para el total.

18 Había 200 niños en el campamento de verano. Entonces tres autobuses llegaron con g niños cada uno.

Diagrama

Expresiones

__________ = __________

19 Un restaurante recibió un envío de cinco cajones de vasos con g vasos en cada cajón. El gerente dejó caer un cajón, rompiendo todos los vasos que contenía.

Diagrama

Expresiones

__________ = __________

20 Describe una situación para este diagrama y luego escribe dos expresiones equivalentes.

2	2	2	k	k	k

Situación

____

____

____

____

Expresiones

__________ = __________

¿Cuál es el error?

Estimados estudiantes de matemáticas:

Acabo de tener un examen de matemáticas sobre expresiones equivalentes. Aquí hay dos problemas que hice mal:

$4x + 3 = 7x$ $\qquad$ $7x - x = 7$

¿Puedes explicarme por qué mis respuestas no son correctas y puedes ayudarme a hallar expresiones equivalentes correctas?

Podrías ayudarme a entender si utilizas un modelo o compones una situación.

Tu amigo,
Pingüino Confundido

21 Escribe la respuesta para Pingüino Confundido. *Muestra tu trabajo.*

Práctica

Escribe una expresión equivalente con menos términos si es posible. Haz dibujos rápidos o utiliza fichas si es necesario.

22 $6m - m =$ ______ 23 $8 + 3t =$ ______

24 $7w - 5 =$ ______ 25 $4s + 4s =$ ______

Comprobar la comprensión

Haz un diagrama y escribe dos expresiones equivalentes para representar la expresión $6m + 3 + 2$.

Nombre ____________________

Propiedades de la suma

VOCABULARIO
propiedad asociativa de la suma
propiedad conmutativa de la suma

Para cada ejemplo, comenta cómo se relacionan la situación, el diagrama y las expresiones.

Ejemplo 1

Situación	Diagrama	Expresiones equivalentes
Joey obtuvo *a* dólares en la mañana y *b* dólares en la tarde.	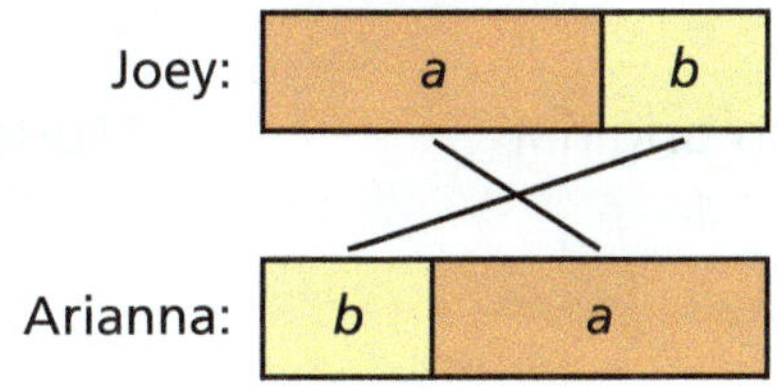	$a + b$
Arianna obtuvo *b* dólares en la mañana y *a* dólares en la tarde.		$b + a$

Las barras tienen la misma longitud y las expresiones son equivalentes.

Ejemplo 2

Situación	Diagrama	Expresiones equivalentes
Clare obtuvo *a* dólares y otros *b* de dólares en la mañana. Obtuvo *c* dólares en la tarde.	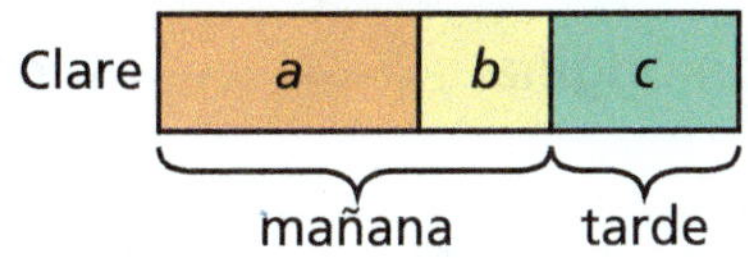	$(a + b) + c$
Matteo ganó *a* dólares en la mañana. Obtuvo *b* dólares y otros *c* dólares en la tarde.	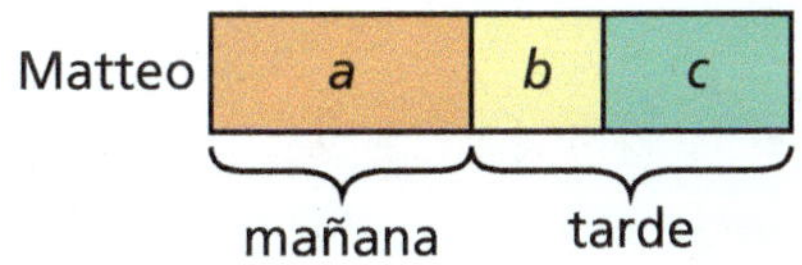	$a + (b + c)$

Las barras tienen la misma longitud y las expresiones son equivalentes.

Los ejemplos anteriores ilustran dos importantes propiedades de la suma.

Propiedad conmutativa de la suma

Para cualquier número *a* y *b*,

$$a + b = b + a.$$

Por ejemplo, $5 + 2 = 2 + 5$.

Propiedad asociativa de la suma

Para cualquier número *a*, *b* y *c*,

$$(a + b) + c = a + (b + c).$$

Por ejemplo, $(3 + 4) + 1 = 3 + (4 + 1)$.

Combina los términos con las fichas de álgebra

Utiliza tus fichas de álgebra para cada expresión. Luego reorganizar las fichas para una expresión equivalente con menos términos. Escribe las nuevas expresiones. Haz dibujos rápidos para registrar tu trabajo.

1. $6 + 2x + 1 + x =$ ________________

   Modelo de la expresión original | Modelo de la expresión reordenada

2. $3x + 1 + 1 + 2x =$ ________________

   Modelo de la expresión original | Modelo de la expresión reordenada

3. $x + 2 + x + 4 + x =$ ________________

   Modelo de la expresión original | Modelo de la expresión reordenada

Nombre ______________________________

Simplificar combinando términos semejantes

VOCABULARIO
términos semejantes
simplifica la expresión

Términos semejantes son términos con las mismas variables elevadas a la misma potencia. (Los términos numéricos son términos semejantes, aunque no tengan variables).

En $6 + 2x + x^2 + 1 + x$, 6 y 1 son términos semejantes y $2x$ y x son términos semejantes.

Puedes **simplificar una expresión**—es decir, hacerla más corta y sencilla, combinando términos semejantes.

Ejemplo 1

Simplifica $2a + 3 + a + 4$ mediante el uso de un diagrama.

Paso 1: Representa la expresión.

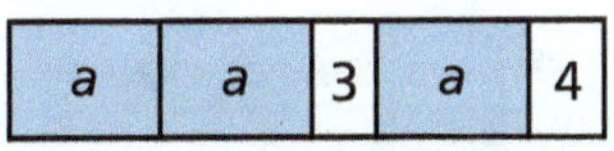

Paso 2: Reorganiza el modelo para que *a* partes se combinen y las partes numéricas se combinen.

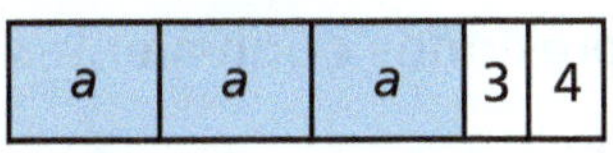

Paso 3: Escribe una expresión para el nuevo modelo.

$3a + 7$

Ejemplo 2

Simplifica $2a + 3 + a + 4$ mediante el uso de propiedades

$2a + 3 + a + 4 = 2a + a + 3 + 4$ (1)

$= (2a + a) + (3 + 4)$ (2)

$= 3a + 7$ (3)

Paso 1: Utiliza la propiedad conmutativa para intercambiar *a* y 3, y obtener términos semejantes uno al lado de otro.

Paso 2: Utiliza la propiedad asociativa para agrupar los términos.

Paso 3: Combina términos semejantes.

4 Utiliza el diagrama para combinar términos semejantes.

$x + y + 2 + 2x + y + 1 =$ ______________

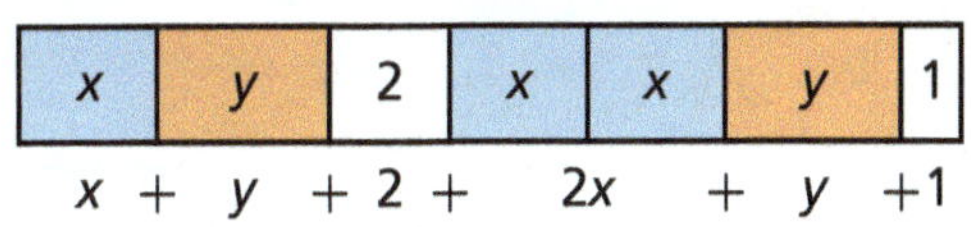

Simplifica cada expresión combinando términos semejantes.

5 $3x + 4 + 2x + 1 =$ ______________

6 $d + 2e + 3 + e + 2 + 3d =$ ______________

7 $y + 7 + 4y + 3 =$ ______________

8 $1 + x + y + 3 + 2y =$ ______________

Propiedades de la multiplicación

VOCABULARIO

propiedad asociativa de la multiplicación

propiedad conmutativa de la multiplicación

Para cada ejemplo, comenta cómo se relacionan la situación, el diagrama y las expresiones.

Ejemplo 1

Situación

Un rectángulo tiene lados de a cm y b cm.

Si el lado de a cm es la base, el área es $a \cdot b$ cm^2.

Si el lado de b cm es la base, el área es $b \cdot a$ cm^2.

Diagrama

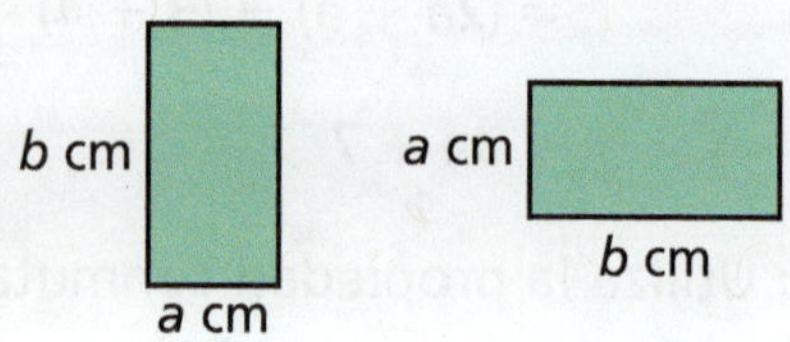

Expresiones equivalentes

$a \cdot b$

$b \cdot a$

Ejemplo 2

Situación

Hay a camiones. Hay b cajas en cada camión. Hay c pelotas de fútbol en cada caja.

Aquí hay dos maneras de hallar el número total de pelotas de fútbol:

Diagrama

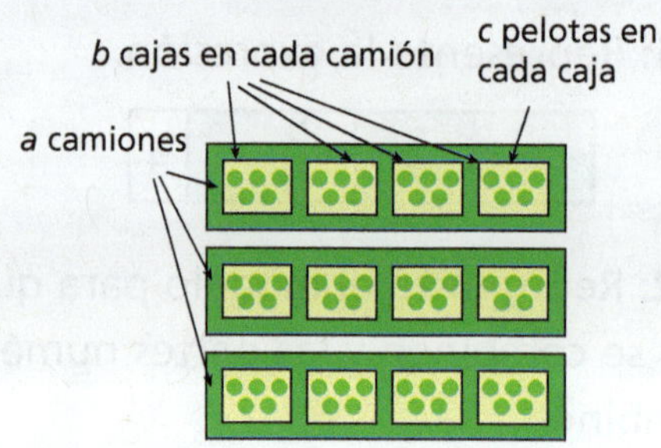

Expresiones equivalentes

$(a \cdot b)$	$\cdot$	c
número de cajas	$\cdot$	número de pelotas en cada caja
a	$\cdot$	$(b \cdot c)$
número de camiones	$\cdot$	número de pelotas en cada camión

Los ejemplos anteriores ilustran dos importantes propiedades de la multiplicación.

Propiedad conmutativa de la multiplicación

Para cualquier número a y b,

$$a \cdot b = b \cdot a.$$

Por ejemplo, $4 \cdot 7 = 7 \cdot 4$.

Propiedad asociativa de la multiplicación

Para cualquier número a, b y c,

$$(a \cdot b) \cdot c = a \cdot (b \cdot c).$$

Por ejemplo, $(6 \cdot 2) \cdot 5 = 6 \cdot (2 \cdot 5)$.

Nombre ______________________

Identificar coeficientes

VOCABULARIO
coeficiente

Cuando se multiplica un número por una variable o por un número multiplicado por un producto de variables, a ese número le llamamos el **coeficiente** del término. En los ejemplos siguientes, el coeficiente se muestra en azul.

$3a$ $7x^2$ $8xy$ s^3 (coeficiente oculto de 1)

En álgebra, generalmente escribimos el coeficiente delante de un término. Si un término no se escribe de esta manera, puedes utilizar las propiedades conmutativa y asociativa de la multiplicación para reescribirlo.

Ejemplo 1	**Ejemplo 2**
Reescribe $(4x)$ 5 para que el coeficiente esté delante del término.	Reescribe $(6x)$ 5 para que el coeficiente esté delante del término.
$(4x)5 = (4 \cdot x) \cdot 5$	$(6x)(3x) = (6 \cdot x) \cdot (3 \cdot x)$
$= 4 \cdot (x \cdot 5)$ propiedad asociativa	$= 6 \cdot (x \cdot 3) \cdot x$ propiedad asociativa
$= 4 \cdot (5 \cdot x)$ ropiedad conmutativa	$= 6 \cdot (3 \cdot x) \cdot x$ propiedad conmutativa
$= (4 \cdot 5) \cdot x$ propiedad asociativa	$= (6 \cdot 3) \cdot (x \cdot x)$ propiedad asociativa
$= 20x$	$= 18x^2$
El coeficiente es 20.	El coeficiente es 18.

Reescribe el término para que el coeficiente esté delante.

9. $(2y)8 =$ ______________________

coeficiente: ______________________

10. $7(8a) =$ ______________________

coeficiente: ______________________

11. $\frac{1}{2}(\frac{3}{4}b) =$ ______________________

coeficiente: ______________________

12. $(\frac{2}{3}c)\frac{4}{5} =$ ______________________

coeficiente: ______________________

13. $(2a)(3b) =$ ______________________

coeficiente: ______________________

14. $2(3x)(4x)=$ ______________________

coeficiente: ______________________

Simplificar las expresiones

Puedes utilizar todas las propiedades que has aprendido en esta lección para simplificar las expresiones. La simplificación de una expresión incluye escribir los términos con los coeficientes por delante, combinar términos semejantes y hacer todos los cálculos posibles.

Ejemplo

Simplifica $2(3x) + 4 + (5x)4 + 1$.

$2(3x) + 4 + (5x)4 + 1 = 6x + 4 + 20x + 1$	Reescribe los términos con los coeficientes por delante.
$= 6x + 20x + 4 + 1$	Junta los términos semejantes.
$= 26x + 5$	Combina los términos semejantes.

Simplifica cada expresión.

15 $2x + 5(6x) + 1 =$ ______

16 $2(8x) + 3 + 4(2x) + 4 =$ ______

¿Cuál es el error?

Queridos estudiantes de matemáticas:

Tuve que simplificar esta expresión en mi tarea.

$$5 + 3(2x) + 4x(2) + 2^2$$

No vi ningún término semejante, así que simplemente lo dejé como estaba. Se evaluó el problema como incorrecto. Por favor, ayúdame a entender que debo hacer.

Tu amigo,
Pingüino Confundido

17 Escribe una respuesta para Pingüino Confundido.

______

______

______

Comprobar la comprensión

Simplifica la expresión $4x + 5 + x + 3$. Luego haz dibujos rápidos de la expresión original y de la expresión simplificada.

Nombre ______________________

Ejemplos de la propiedad distributiva

Comenta qué tienen en común los ejemplos.

Ejemplo 1

Qing dijo, "Si se me olvida cuánto es 7 • 8, puedo pensarlo como 5 ochos más 2 ochos".

5 ochos + 2 ochos = 7 ochos

40 + 16 = 56

Ejemplo 2

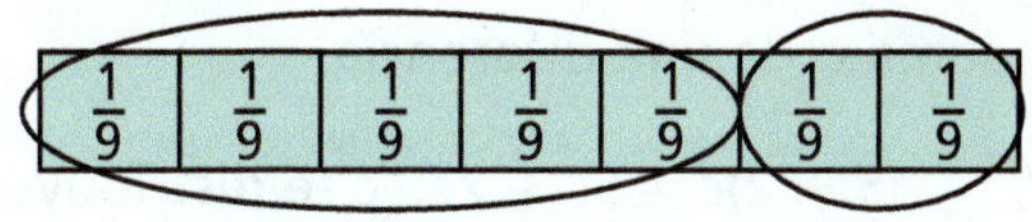

$$\frac{5}{9} + \frac{2}{9} = \frac{7}{9}$$

Ejemplo 3

5 cajas con *c* libros en cada caja y
2 cajas con *c* libros en cada caja hacen
5 + 2, o 7, cajas con *c* libros en cada caja.

Ejemplo 4

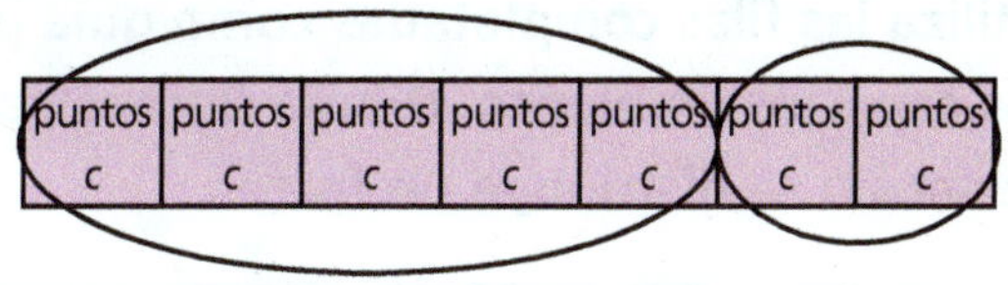

$$5c + 2c = (5 + 2)c$$

Ejemplo 5

a cajas con *c* libros en cada caja más
b cajas con *c* libros en cada caja hacen
(*a* + *b*) cajas con *c* libros en cada caja.

Ejemplo 6

a por *c* más *b* por *c* es igual a (*a* + *b*) *c*.

$$ac + bc = (a + b)c$$

Ejemplo 7

Mariah dijo: "El área del rectángulo grande es la suma de las áreas de los rectángulos más pequeños".

Dave dijo: "El área del rectángulo grande es su base por su altura".

Mariah dijo: "Eso significa $ac + bc = (a + b)c$."

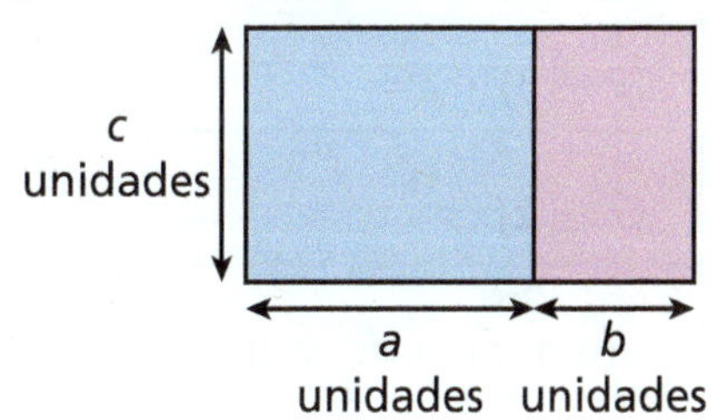

1. En el Ejemplo 7, explica por qué $ac + bc = (a + b)c$.

____

____

____

____

Dos formas de utilizar la propiedad distributiva

VOCABULARIO
propiedad distributiva

La propiedad distributiva nos proporciona dos maneras opuestas de transformar las expresiones en expresiones equivalentes.

- Podemos distribuir un factor a los términos de una suma o de una diferencia.

  $(5 + 2)c = 5c + 2c$ c se distribuye a 5 y 2.

- Podemos sacar el factor común de los términos de una suma o de una diferencia.

  $5c + 2c = (5 + 2)c$ c se sacan de $5c$ y $2c$.

Utiliza las filas completadas como guía para ayudarte a completar los espacios en blanco. Dibuja flechas para mostrar cómo se saca o se distribuye un factor.

	Distribuir	Sacar un factor común
2	$(a + b)c = ac + bc$	$ac + bc = (a + b)c$
3	$(2 + 3)x =$	$2x + 3x =$
4	$(y + 2)x =$	$yx + 2x =$
5	$(a - b)c = ac - bc$	$ac - bc = (a - b)c$
6	$(x - 3) \cdot 7 =$	$x \cdot 7 - 3 \cdot 7 =$
7	$(7 - 2)x =$	$7x - 2x =$
8	$d(e + f) = de + df$	$de + df =$
9	$5(x + 2) =$	$5x + 5 \cdot 2 =$
10	$6(3 + y) =$	$6 \cdot 3 + 6y =$
11	$d(e - f) = de - df$	$de - df =$
12	$x(y - 4) =$	$xy - x \cdot 4 =$
13	$4(x - y) =$	$4x - 4y =$

Nombre ______________________________

Escribir expresiones equivalentes:

A veces se puede aplicar la propiedad distributiva a parte de una expresión para escribir una expresión equivalente.

Ejemplo 1

Considera $3 + 2(a + b)$. Podemos aplicar la propiedad distributiva a $2(a + b)$.

$$3 + 2(a + b) = 3 + 2a + 2b$$

Podemos representar esto con diagramas.

$3 + 2(a + b)$

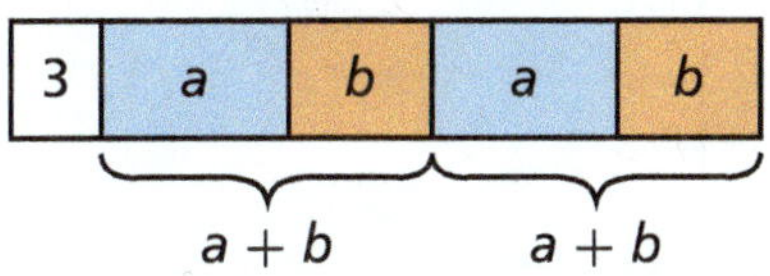

$3 + 2a + 2b$

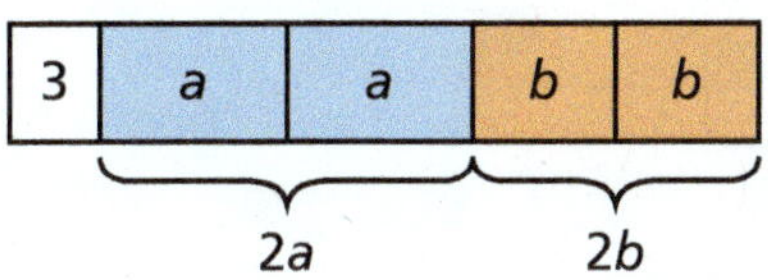

Ejemplo 2

Considera $3a + 2a + b$. Podemos aplicar la propiedad distributiva a $3a + 2a$.

$$3a + 2a + b = (3 + 2)a + b$$
$$= 5a + b$$

Podemos representar esto con diagramas.

$3a + 2a + b$

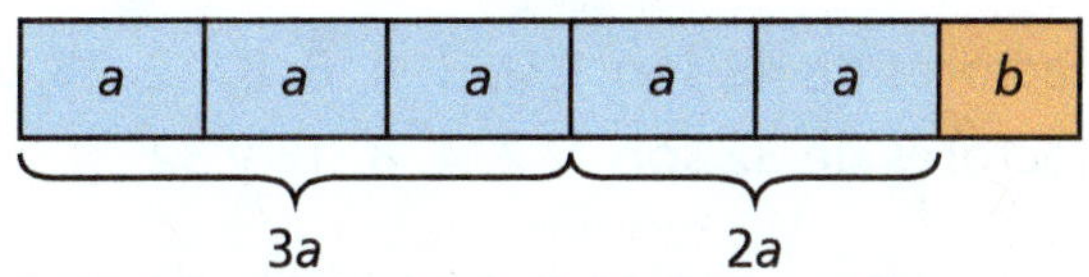

$5a + b$

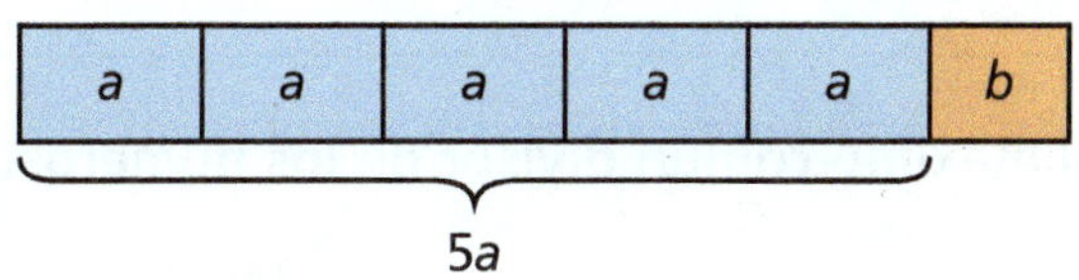

14 Mira el Ejemplo 1. Utiliza el diagrama para hallar una tercera expresión que sea equivalente a $3 + 2(a + b)$ y $3 + 2a + 2b$.

____

Aplica la propiedad distributiva a parte de una expresión para escribir una expresión equivalente. Representa las expresiones equivalentes con diagramas.

15 $3(c + d) + 6 =$ ______________________________

16 $7 + 2e + 2f =$ ______________________________

¿Son equivalentes?

VOCABULARIO
máximo común divisor

Indica si las expresiones son equivalentes.

17 $5 + 3(a + b)$ y $5 + 3a + b$ ______

18 $5 + 3(a + b)$ y $5 + 3a + 3b$ ______

19 $4 + (2c + 1)$ y $(4 + 2)c + 1$ ______

20 $4 + (2c + 1)$ y $4 + 2c + 1$ ______

21 $3 + 2f + 4$ y $2f + 7$ ______

22 $3 + 2f + 4$ y $5f + 4$ ______

El máximo común divisor (MCD)

El **máximo común divisor (MCD)** de dos o más números es el mayor número que es factor de todos los números.

Ejemplo

Los factores de 48 son 1, 2, 3, 4, 6, 8, 12, 16, 24 y 48.
Los factores de 32 son 1, 2, 4, 8, 16 y 32.

16 Es el número mayor que es factor de ambos números.
Por lo tanto, el MCD de 48 y 32 es 16.

Halla el máximo común divisor de los números.

23 12 y 15 ______

24 24 y 36 ______

25 21 y 26 ______

26 42 y 56 ______

27 30 y 48 ______

28 30, 45 y 75 ______

Utiliza el MCD y la propiedad distributiva

Escribe cada suma como un producto utilizando la propiedad distributiva para extraer el máximo común divisor. Muestra todos los pasos.

29 $18 + 48 = 6 \cdot 3 + 6 \cdot 8 =$ ______ = ______

30 $7x + 35 =$ ______ $\cdot$ ______ + ______ $\cdot$ ______ = ______

31 $24x + 18y =$ ______ $\cdot$ ______ + ______ $\cdot$ ______ = ______

Comprobar la comprensión
Explica las dos maneras en las que puede utilizarse la propiedad distributiva para escribir expresiones equivalentes. Da ejemplos.

Nombre ______________________________

Simplificar y evaluar expresiones

Simplifica. Sigue el orden de las operaciones.

1. $16 \div 2 + 6 \cdot 3$ ________
2. $7(5 + 4)$ ________
3. $3 + 3^2$ ________
4. $3^2 - 2^3$ ________
5. $11 + 4 \div 2 + 6^2$ ________
6. $48 - 4^2 \div (6 - 2)$ ________

Evalúa cada expresión para $x = 3$ y $y = 5$.

7. $4x - 6$ ________
8. $15 \div (y - 4)$ ________
9. $10y + x^2$ ________
10. $4y + 2(x + 2)$ ________
11. $(x + y)^2$ ________
12. $y + 2 \cdot x^2$ ________

13. Escribe dos expresiones equivalentes para representar el número de puntos en el dibujo de abajo.

____

____

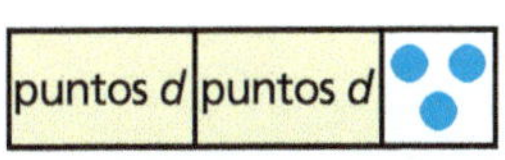

Evalúa una de tus expresiones para $d = 12$.

________ puntos

14. Escribe dos expresiones equivalentes para representar el número de puntos en el dibujo de abajo.

____

____

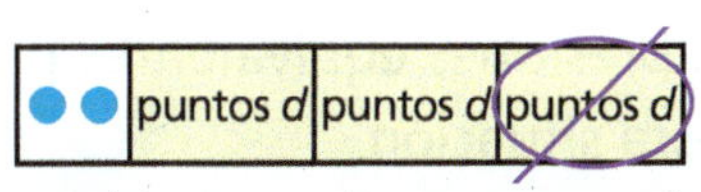

Evalúa una de tus expresiones para $d = 9$.

________ puntos

Conectar expresiones, diagramas y situaciones

Para cada expresión, describe una situación y haz un diagrama. Luego encierra en un círculo la(s) expresión(es) equivalente(s).

15 $4x + 2$

Situación: ______________________

____

____

____

Diagrama

Encierra en un círculo la(s) expresión(es) equivalente(s).

$6x$ $x + x + x + x + 2$ $6 + x$

16 $2m - 1$

Situación: ______________________

____

____

____

Diagrama

Encierra en un círculo la(s) expresión(es) equivalente(s).

$m + m - 1$ m $2(m - 1)$

17 En un restaurante, María y Sam pidieron lo mismo; cada uno pagó d dólares por su comida, y cada uno dejó \$3 de propina.

Dibuja un diagrama para representar la cantidad total que pagaron María y Sam.

Escribe tres expresiones equivalentes para representar esta situación.

____

____

____

Nombre ______________________________

Expresiones para situaciones del mundo real

18 Fatima hizo m lotes de 12 panecillos. Sus hijos se comieron 5 de los panecillos.

Escribe una expresión para el número de panecillos sobrantes.

____

Evalúa tu expresión cuando $m = 4$.

__________ panecillos

19 Rebeca tenía \$47 en su cuenta de ahorros al principio del año. Agregó \$6 a la semana durante las próximas s semanas.

Escribe una expresión para la cantidad de dólares que hay en la cuenta de Rebeca después de s semanas.

____

Evalúa tu expresión cuando $s = 20$.

__________ dólares

20 Daniel tenía una trozo de papel cuadrado cuyos lados eran de 6 pulgadas de longitud. Recortó un cuadrado con lados de s pulgadas.

Escribe una expresión para el área del papel que restante.

____

Evalúa tu expresión cuando $s = 3$.

__________ pulgadas cuadradas

Propiedades y expresiones equivalentes

Indica si las expresiones son equivalentes.

21 $(3x)(3y)$ y $3xy$ ________

22 $6b + b$ y $7b$ ________

23 $4m - 4$ y m ________

24 $5(a + b)$ y $5a + b$ ________

Simplifica cada expresión. Asegúrate de hacer lo siguiente:

- **Haz todos los cálculos que puedas.**
- **Escribe cada término con el coeficiente delante.**
- **Combina los términos semejantes.**

25 $6 + 4x + 2(7x) + 1 =$ ________

26 $m + 2n + m + 3n =$ ________

27 $3y \cdot 3 + 4^2 + y + 5 \cdot 2 =$ ________

28 $x + 2x + 3x + (7 - 1)^2 =$ ________

Utiliza la propiedad distributiva para escribir una expresión equivalente.

29 $5x - 15$ ________

30 $ab + ac$ ________

31 $(7 - p)2$ ________

32 $y(4 + y)$ ________

33 $x^2 - 10x$ ________

34 $r(p + 3)$ ________

Escribe cada suma como un producto utilizando la propiedad distributiva para extraer el máximo común divisor. Muestra todos los pasos.

Ejemplo: $24 + 32 = 8 \cdot 3 + 8 \cdot 4 = 8(3 + 4) = 8 \cdot 7$

35 $42 + 35 =$ ____ $\cdot$ ____ $+$ ____ $\cdot$ ____ $=$ ____ $=$ ____

36 $36 + 48 =$ ____ $\cdot$ ____ $+$ ____ $\cdot$ ____ $=$ ____ $=$ ____

Comprobar la comprensión

Simplifica la expresión. Sigue el orden de las operaciones.

$16 + 18 \div 9 + 3^3 =$ ________

Unidad 5
Prueba rápida 2

Nombre ______________________ Fecha ______________

1 Josie tiene \$62 en su cuenta de ahorros. Deposita \$8 cada semana. Escribe una expresión para la cantidad de dólares que tendrá en su cuenta en w semanas a partir de ahora.

____

Evalúa tu expresión cuando $w = 10$.

________ dólares

Resuelve.

2 Aplica la propiedad distributiva y combína los términos semejantes para escribir una expresión equivalente.

$x + 7(x + 1) =$ ________

3 Escribe la suma como un producto utilizando la propiedad distributiva para sacar el máximo común divisor (MCD).

$48 + 40 =$ ______ • ______ + ______ • ______ = ________ = ________

4 Encierra en un círculo todas las expresiones representadas por el modelo de la derecha.

$2x + 10$　　$5x + 5x$　　$x + 5 + x + 5$　　$10x$

$2x + 5$　　$2(x + 5)$　　$x + 10$

5 Explica cómo el diagrama a la derecha muestra que $3(x + 4) = 3x + 12$.

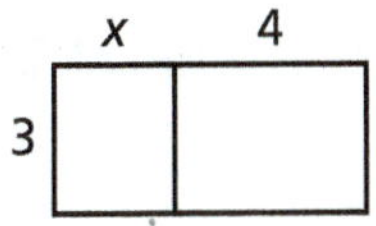

____

____

____

____

____

Comprobar el conocimiento 8

Nombre ____________________ Fecha ____________________

Camino al conocimiento

1. $38\overline{)\$807.50}$
2. $35\overline{)\$1{,}134.00}$
3. $55\overline{)\$949.30}$
4. $28\overline{)\$225.40}$
5. $16\overline{)\$72.96}$
6. $57\overline{)\$638.40}$
7. $62\overline{)\$1{,}643.00}$
8. $39\overline{)\$982.80}$
9. $43\overline{)\$924.50}$
10. $32\overline{)\$33.92}$
11. $18\overline{)\$62.28}$
12. $32\overline{)\$196.80}$
13. $52\overline{)\$421.20}$
14. $76\overline{)\$250.80}$
15. $85\overline{)\$207.40}$

VOCABULARIO
recta numérica doble

Cantidades que varían juntas

Si compras ensalada de papas en la tienda, su costo está relacionado con la cantidad que compres. Mientras más compres, más alto será el costo. La cantidad y el costo *varían juntos*. En otras palabras, a medida que la cantidad de ensalada de papas cambia, el costo cambia.

Podemos utilizar estas variables para representar esta relación:

> Sea p el número de libras de ensalada de papas que compra una persona.
>
> Sea c el costo en dólares para el número de libras.

Cada variable anterior incluye una unidad de medida. La variable p representa el número de *libras* de ensalada de patata, y la variable c representa el costo en *dólares*.

La recta numérica doble ilustra la relación entre p y c. Una **recta numérica doble** es un par de rectas de números que muestran cómo dos variables se relacionan entre sí. La recta numérica doble a continuación muestra cómo p y c varían juntos.

Comprar ensalada de papas por libra

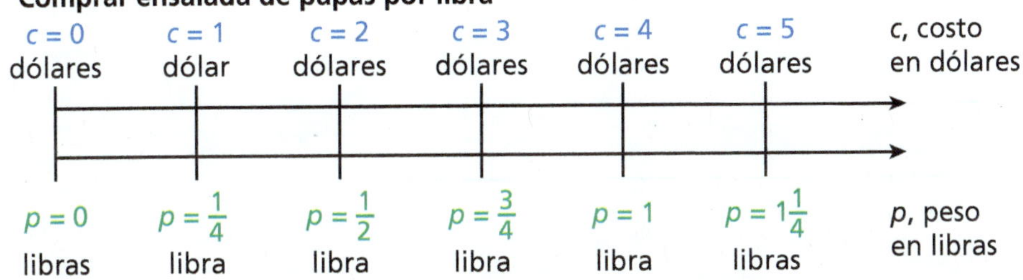

Comenta estas preguntas con la clase.

1. ¿Por qué se necesitan dos variables para representar esta situación?
2. ¿Por qué necesitamos especificar una unidad de medida cuando definimos cada variable?
3. ¿Cuál es el problema con las siguientes definiciones de p?
   - Sea p la ensalada de papas que se compra.
   - Sea p el peso de la ensalada de papas que se compra.

Definir variables

En una gasolinera, una bomba de gasolina llena el tanque de combustible de un carro a una tasa de 1 pinta por segundo.

En esta situación hay dos cantidades. Las dos cantidades varían juntas, cuando una cambia, la otra cambia también.

4 ¿Qué dos cantidades varían juntas en esta situación?

5 ¿Qué unidades podrían usarse para estas dos cantidades?

6 Define dos variables para tus cantidades en el Ejercicio 4.

Sea ________ ____________________

Sea ________ ____________________.

7 Rotula esta recta numérica doble para mostrar cómo las cantidades varían juntas.

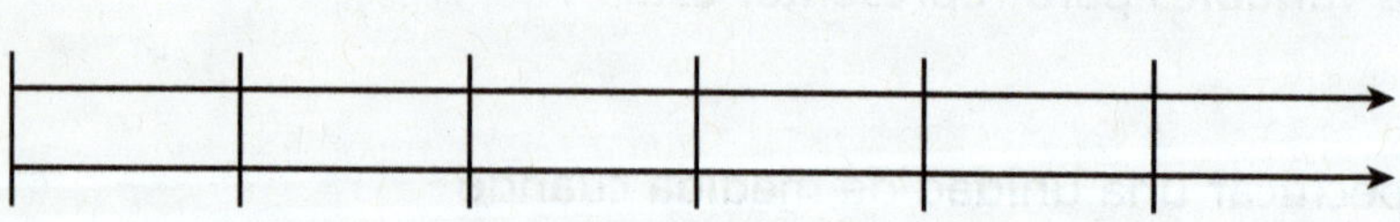

Nombre ______________________

Tres formas de representar una relación

El Sr. Preston mezcla su propio aderezo con aceite vegetal y vinagre en una razón de 5 onzas de aceite vegetal por 1 onza de vinagre. La cantidad de aceite vegetal y vinagre varían juntas.

8 Define la variable x para la cantidad de aceite vegetal y define la variable y para la cantidad de vinagre en el aderezo para ensaladas del Sr. Preston.

Sea x el número de ______________________.

Sea y el número de ______________________.

9 Completa la tabla. Luego comenta cómo se relacionan la tabla, el diagrama y las ecuaciones.

Tabla

y	x

Diagrama

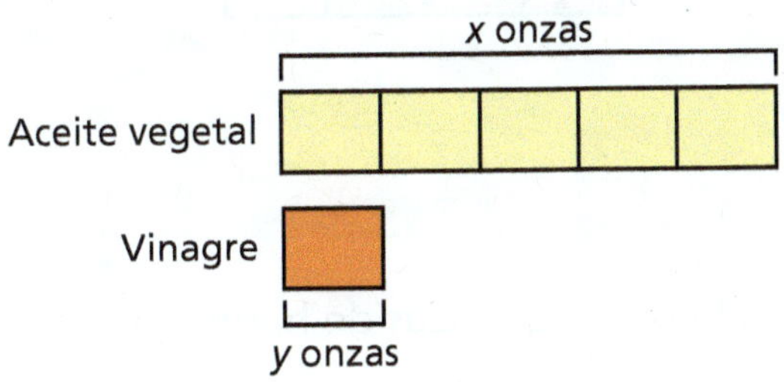

Ecuaciones

$x = y + y + y + y + y$

$x = 5y$

$y = x \div 5$

$y = \frac{1}{5}x$

¿Cuál es el error?

Estimados estudiantes de matemáticas:

Pensé que ya que la relación de aceite vegetal a vinagre del Sr. Preston era 5:1, yo podría escribir la ecuación $5x = y$. Mi maestro dice que mi ecuación es incorrecta. Por favor, ayúdame a entender por qué.

Tu amigo,
Pingüino Confundido

10 Escribe la respuesta para Pingüino Confundido.

____

____

____

Escribir ecuaciones para una relación

Una tienda de aparatos electrónicos ofrece un plan de pagos para compras por encima de \$200. Los clientes pueden hacer un pago inicial de \$100 y pagar el resto en tres pagos iguales.

Sea t la cantidad total de la compra de un cliente en dólares.

Sea p la cantidad de cada uno de los tres pagos iguales en dólares.

11 Escribe las cantidades que faltan en la tabla. Usa el diagrama y la tabla para hallar las ecuaciones que se relacionan t y p.

Tabla

t	p
	150
1,000	
	250
475	

Diagrama

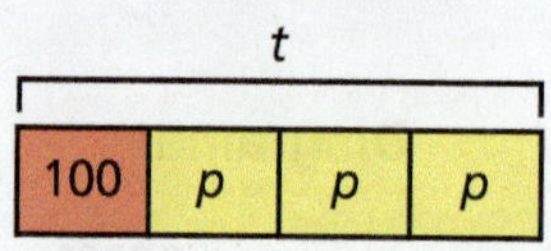

Ecuaciones

$t =$ ____________

$p =$ ____________

En una receta de masa de pan, la razón de tazas de harina por tazas de agua es de 2 a 1.

h	a
	1
4	
	5
16	

12 Define las variables para las cantidades de harina y agua.

Sea h ____________________.

Sea a ____________________.

13 Completa la tabla de valores a la derecha para h y a.

14 Haz un diagrama para h y a.

15 Escribe las ecuaciones relacionando h y a.

$h =$ __________ $a =$ __________

Comprobar la comprensión

Menciona dos cantidades que varían juntas. Luego, explica por qué es importante especificar una unidad de medida en la definición de una variable.

Nombre ____________________

VOCABULARIO
variable dependiente
variable independiente

Velocidades para caminar

El Estudiante 1 camina a una tasa constante de 3 pies por segundo.

El Estudiante 2 camina a una tasa constante de 5 pies por segundo.

El tiempo transcurrido y la distancia recorrida por cada estudiante varían juntas.

> Sea *t* el número de segundos transcurridos desde que un estudiante comenzó a caminar.
>
> Sea *d* el número de pies que un estudiante ha caminado.

Las rectas numéricas dobles a continuación muestran cómo las variables *t* y *d* varían juntas para los dos estudiantes.

Estudiante 1

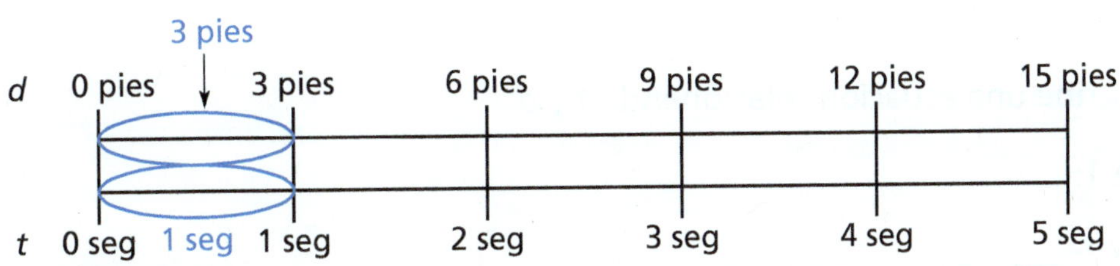

Estudiante 2

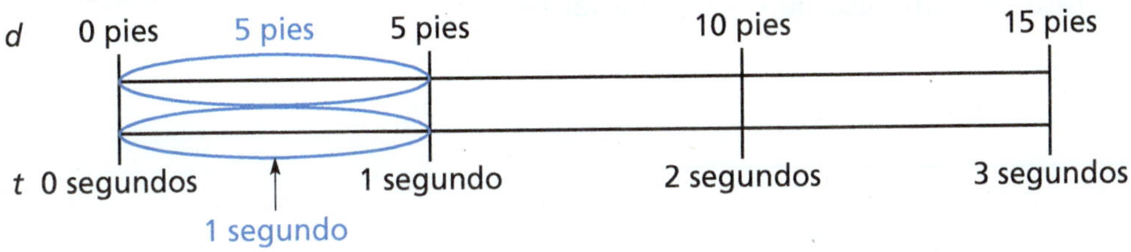

1 ¿Pueden *t* y *d* ser números enteros? ¿Pueden ser fracciones o decimales?

Cuando dos variables están relacionadas, a menudo podemos pensar en una como la **variable dependiente** y la otra como la **variable independiente**. La distancia que camina cada estudiante depende del tiempo que haya transcurrido. Por lo tanto, *d* es la variable dependiente y *t* es la variable independiente. En gráficas y tablas:

> Utilizamos el eje *x* y la columna a la izquierda para la variable independiente.
>
> Utilizamos el eje *y* y la columna a la derecha para la variable independiente.

Tablas y ecuaciones para velocidad constante

2 Completa cada tabla para los alumnos mencionados en la página anterior.

Estudiante 1

Tiempo transcurrido en segundos (t)	Distancia recorrida en pies (d)
0	
1	
2	
3	
4	
5	

Estudiante 2

Tiempo transcurrido en segundos (t)	Distancia recorrida en pies (d)
0	
1	
2	
3	
4	
5	

3 Para cada estudiante, escribe una ecuación relacionando t y d.

Ecuación del Estudiante 1: ____________

Ecuación del Estudiante 2: ____________

4 ¿Cómo se relaciona la tasa de caminata de cada estudiante con la ecuación?

____

Gráficas de velocidad constante

5 **a.** En las cuadrículas de la siguiente página, haz gráficas con los datos de las tablas del Ejercicio 2.

b. ¿Tiene sentido conectar los puntos las gráficas? Si es así, conéctalos.

c. Dibuja dos triángulos de tasa unitaria en cada gráfica.

d. ¿Cómo se relaciona la tasa de caminata de cada estudiante con la gráfica?

____

____

Nombre ______________________

Gráficas de velocidad constante (continuación)

Estudiante 1

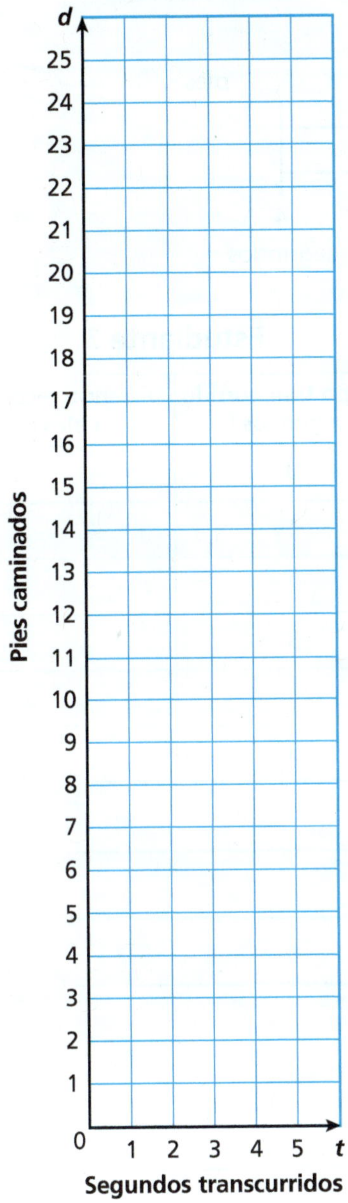

Estudiante 2

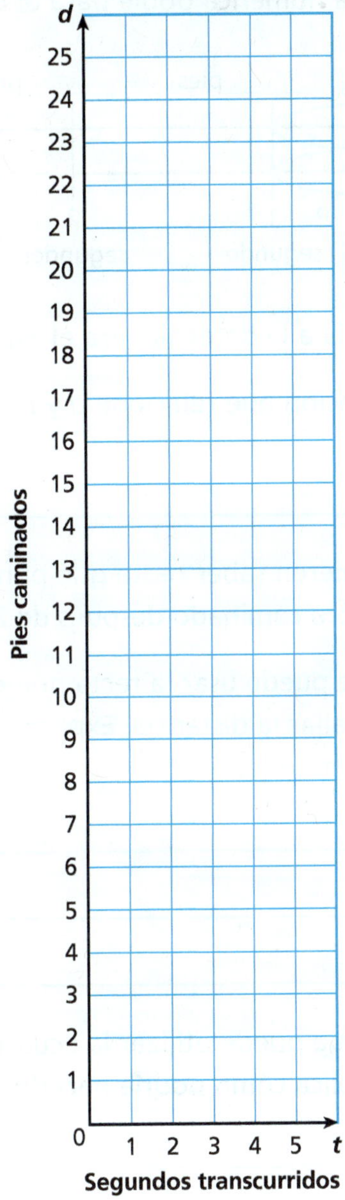

Recta numérica doble para velocidad constante

Supón que el Estudiante 3 camina a una velocidad constante de 4 pies por segundo.

6 Rotula esta recta numérica doble para el Estudiante 3.

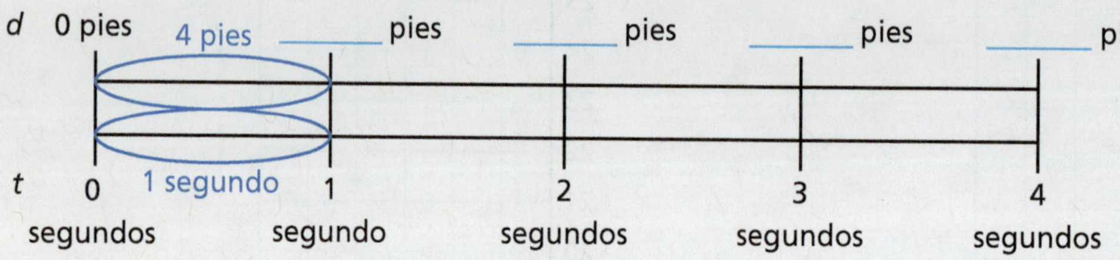

7 Completa la tabla a la derecha para el Estudiante 3.

8 Escribe una ecuación que relacione *d* y *t* para el Estudiante 3.

____

Estudiante 3

Tiempo transcurrido en segundos (*t*)	Distancia recorrida en pies (*d*)
0	
1	
2	
3	
4	
5	

9 Seth y Kinsey quieren saber hasta qué punto el Estudiante 3 habrá caminado después de $2\frac{1}{2}$ segundos.

a. Seth dice que puede usar la recta numérica doble para hallar la distancia. Explica cómo podría hacerlo.

____

____

____

b. Kinsey dice que puede utilizar la ecuación para hallar la distancia. Explica cómo podría hacerlo.

____

____

Calcula qué tan lejos camina el Estudiante 3 en el periodo de tiempo dado.

10 $3\frac{1}{4}$ segundos ______________

11 $2\frac{5}{8}$ segundos ______________

Nombre ______________________________

Hallar la tasa unitaria

Supón que el Estudiante 4 camina a un ritmo constante de 7 pies cada 2 segundos. En los ejercicios de abajo, si la respuesta es mayor que 1, escribe la respuesta como un número entero o mixto.

12 Rotula esta recta numérica doble para el Estudiante 4.

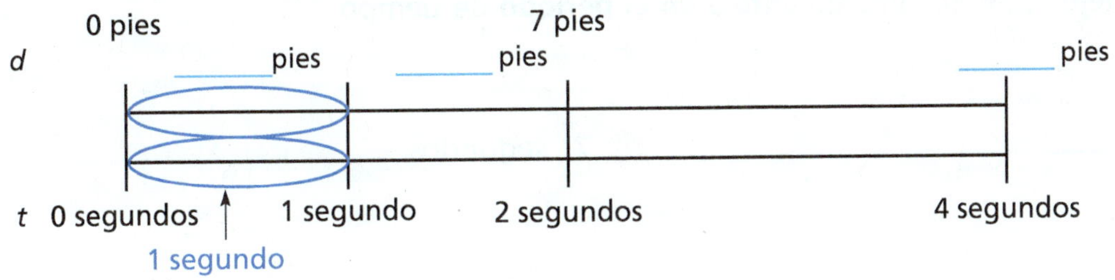

13 Completa la tabla de abajo para el Estudiante 4.

Estudiante 4

Tiempo transcurrido en segundos (t)	Distancia recorrida en pies (d)
0	
1	
2	
3	
4	
5	

14 ¿Cuál es la tasa unitaria para el Estudiante 4?

____

15 Escribe una ecuación que relacione d y t para el Estudiante 4.

____

Calcula qué tan lejos camina el Estudiante 4 en el período de tiempo dado.

16 3 segundos ______________

17 $2\frac{1}{2}$ segundos ______________

Hallar la tasa unitaria (continuación)

Supón que el Estudiante 5 camina a una velocidad constante de 11 pies cada 3 segundos. Si la respuesta es mayor que 1, escribe la respuesta como un número entero o mixto.

18 Escribe una ecuación que relacione d y t para el Estudiante 5. ____________

Calcula qué tan lejos camina el Estudiante 5 en el período de tiempo dado.

19 6 segundos ____________

20 $7\frac{1}{2}$ segundos ____________

Resumir caminar a una velocidad constante

21 Supón que el estudiante camina a una velocidad constante de r pies por segundo. Rotula la recta numérica doble a continuación para el estudiante y comenta por qué la ecuación $d = rt$ se relaciona con la distancia, tasa y tiempo transcurrido para esta situación.

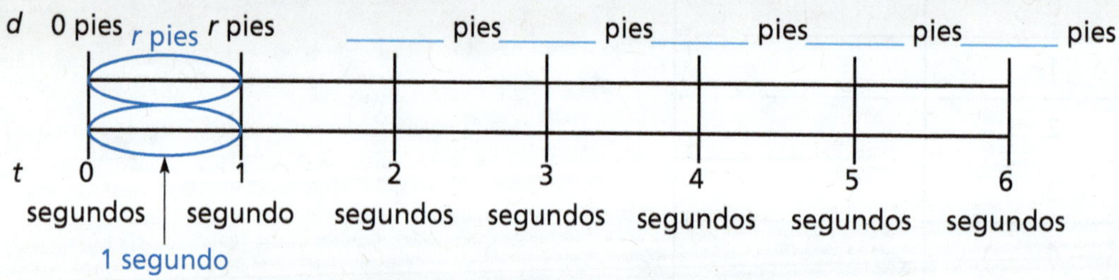

22 Resume lo que has aprendido hoy sobre cómo se relacionan la distancia, la tasa y el tiempo transcurrido para el movimiento a una velocidad constante.

____

____

Comprobar la comprensión

Supón que el estudiante 6 camina a un ritmo constante de 14 pies cada 4 segundos. ¿Cuánto caminaría el estudiante 6 en

24 segundos? ____________

Explica cómo obtuviste tu respuesta.

Nombre ______________________________

Tres maneras de representar el movimiento a velocidad constante

Supongamos que un tren de alta velocidad viaja a una tasa constante entre Greenville y Orange Lake.

Sea t el número de minutos transcurridos.

Sea d el número de millas que el recorrió el tren.

Las variables d y t varían juntas. Su relación está representada por la ecuación $d = 2.5t$.

Sea t la variable independiente. Sea d la variable dependiente.

1. Completa la tabla.

Minutos transcurridos (t)	Millas recorridas (d)
0	
1	
2	
3	
4	
5	
6	

2. Haz una gráfica con los puntos de la tabla.

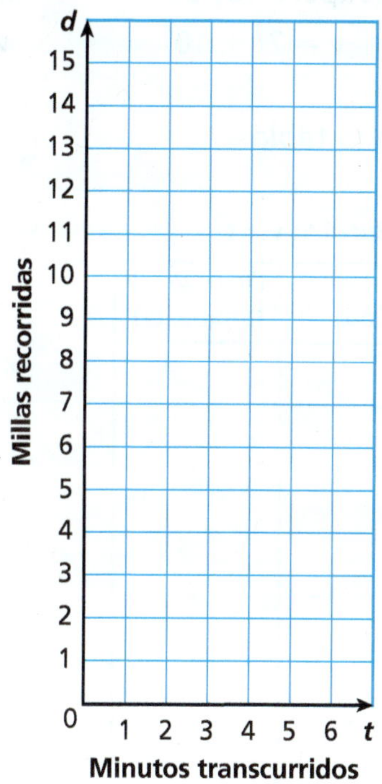

3. ¿Tiene sentido conectar los puntos de la gráfica? Si es así, conéctalos.

____

4. Dibuja un triángulo de tasa unitaria en la gráfica.

5. ¿Cuál es la velocidad del tren en millas por minuto (es decir, cuál es la tasa unitaria)?

____

6. Comenta con tu clase cómo se relacionan t y d en la ecuación, en la tabla y en la gráfica.

¿Es constante el cambio?

SuperHero Supplies, Inc. produce diferentes Sopas de Súperpoderes. En la fábrica, cada tipo de sopa fluye a un tanque distinto.

Sea t el número de segundos transcurridos.

Sea v el número de litros de sopa en el tanque.

Para cada tanque, v y t varían juntas y están relacionadas por una ecuación.

Tanque 1
(Súper Fuerza)
$v = t^2$

Tanque 2
(Visión de rayos *x*)
$v = 5t$

Tanque 3
(Volar)
$v = 5t + 3$

Tanque 4
(Supervelocidad)
$v = 2t + 10$

Tanque 5
(Invisibilidad)
$v = 3t + 10$

7 Completa la tabla.

Barril 1: $v = t^2$

Segundos transcurridos (t)	Litros en el tanque (v)
0	
1	
2	
3	
4	
5	
6	

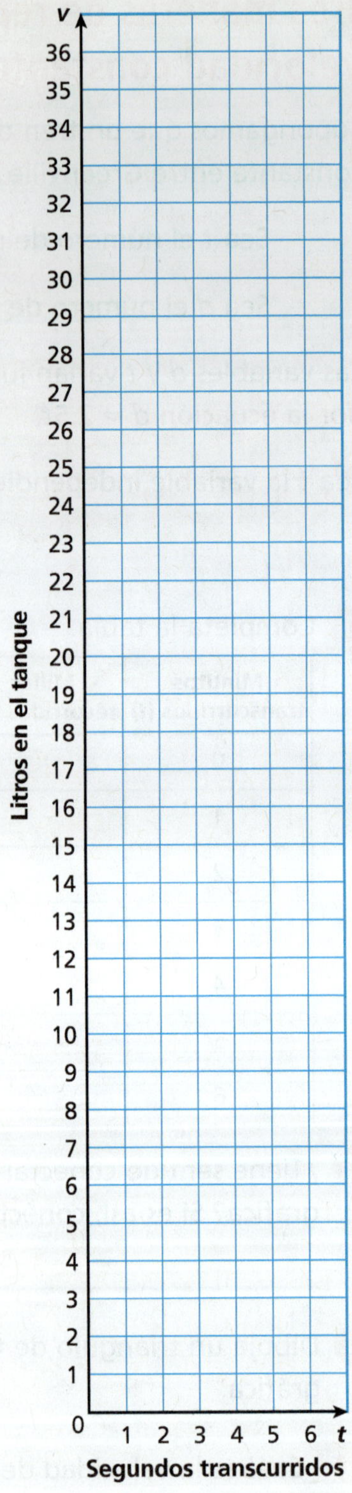

8 Ubica los puntos para el Tanque 1. Conecta los puntos si tiene sentido hacerlo.

9 ¿La sopa fluye hacia el Tanque 1 a una velocidad constante?

Nombre ______________________________

Comparar cambios

10 Completa las tablas para los Tanques 2 y 3.

Tanque 2: $v = 5t$

Segundos transcurridos (t)	Litros en el tanque (v)
0	
1	
2	
3	
4	
5	
6	

Tanque 3: $v = 5t + 3$

Segundos transcurridos (t)	Litros en el tanque (v)
0	
1	
2	
3	
4	
5	
6	

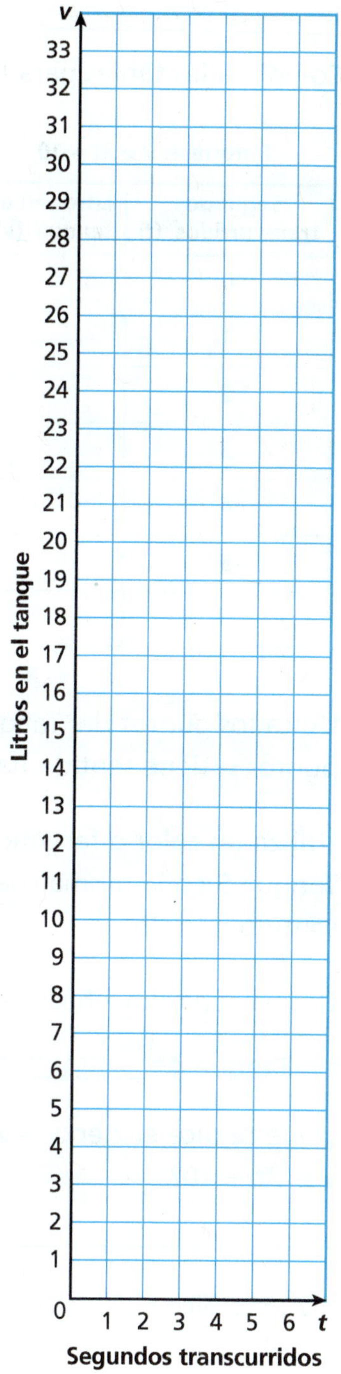

11 Ubica los puntos para el Tanque 2 sobre la cuadrícula. Conecta los puntos si tiene sentido hacerlo.

12 Utiliza un color diferente para representar los puntos del Tanque 3 en la misma cuadrícula. Conecta los puntos si tiene sentido hacerlo.

13 Di si la sopa fluye hacia el tanque a una velocidad constante.

Tanque 2 ____________ Tanque 3 ____________

14 ¿Qué te dice el 5 en $v = 5t$?

____

15 ¿Qué te dice el 5 en $v = 5t + 3$? ¿Qué te dice el 3?

____

____

____

Comparar cambios (continuación)

16 Completa las tablas para los Tanques 4 y 5.

Tanque 4: $v = 2t + 10$

Segundos transcurridos (t)	Litros en el tanque (v)
0	
1	
2	
3	
4	
5	
6	

Tanque 5: $v = 3t + 10$

Segundos transcurridos (t)	Litros en el tanque (v)
0	
1	
2	
3	
4	
5	
6	

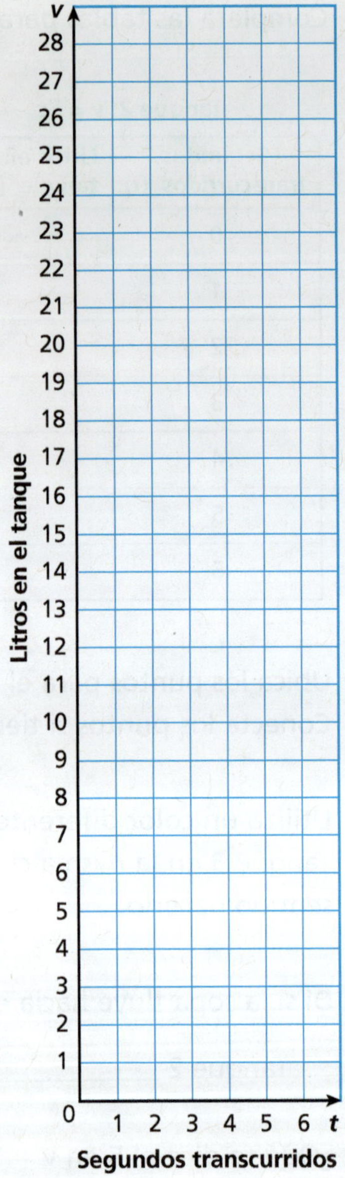

17 Ubica los puntos del Tanque 4 en la cuadrícula. Conecta los puntos si tiene sentido hacerlo.

18 Utiliza un color diferente para representar los puntos del Tanque 5 en la misma cuadrícula. Conecta los puntos si tiene sentido hacerlo.

19 Di si la sopa fluye hacia el tanque a una velocidad constante.

Tanque 4 ________ Tanque 5 ________

20 ¿Qué te dice el 2 en $v = 2t + 10$ y el 3 en $v = 3t + 10$?

____

21 ¿Qué te dice el 10 en $v = 2t + 10$ y en $v = 3t + 10$?

____

Comprobar la comprensión

La ecuación para el Tanque 6 es $v = 4t + 3$. Haz una tabla para el Tanque 6. Utiliza un color diferente para representar los puntos del Tanque 4 en la misma cuadrícula que los tanques 4 y 5.

Nombre ______________________________

Comparar costos

La Escuela Primaria de Seward planea vender pulseras de la amistad. Las pulseras pueden adquirirse en tres empresas.

La **Empresa A** cobra \$30 por 24 pulseras, más una tarifa fija de \$4 por el envío de cualquier número de pulseras.

La **Empresa B** cobra \$13 por 10 pulseras y no cobra el envío.

La **Empresa C** cobra \$18 por 15 pulseras, más una tarifa fija de \$10 por el envío de cualquier número de pulseras.

Sea n el número de pulseras, y c el costo total en dólares.

1. Completa esta tabla para la Empresa A. En las celdas sombreadas, escribe las expresiones, en lugar de los valores finales.

Número de pulseras (n)	Costo en dólares	Costo de envío en dólares	Costo total (c) en dólares
24	30	4	34
12			
6			
2			
1	1.25	4	$1 \cdot 1.25 + 4$
5			
17			
33			
n			

2. Escribe una ecuación que describa el costo c de comprar n pulseras de la amistad de la Empresa A.

Empresa A: $c =$ ____________________

3. Di qué representan los números en tu ecuación.

____

____

Comparar costos (continuación)

4. Ahora piensa en la Empresa B. Escribe una ecuación para el costo total en dólares *c* en términos del número *n* de brazaletes de amistad. Muestra tu trabajo.

   Empresa B: $c =$ ____________

5. Ahora piensa en la Empresa C. Escribe una ecuación para el costo total en dólares *c* en términos del número *n* de brazaletes de la amistad. Muestra tu trabajo.

   Empresa C: $c =$ ____________

6. En la primera fila de la tabla a continuación, escribe tus ecuaciones de los ejercicios 2, 4 y 5. Luego completa la tabla para hallar los costos de comprar diferentes cantidades de brazaletes de cada empresa.

Número de brazaletes (n)	Costo de la Empresa A $c =$ ______	Costo de la Empresa B $c =$ ______	Costo de la Empresa C $c =$ ______	¿Menor costo total?
25				
100				
150				
250				

Comprobar la comprensión

Para la Empresa D, la ecuación $c = 1.40n + 5$ representa el costo total en dólares *c* en cuanto a la cantidad de *n* brazaletes de la amistad. Halla el costo total de 100 brazaletes. ____________

Unidad 5
Prueba rápida 3

Nombre ______________________ **Fecha** __________

Supongamos que un minorista en línea ofrece calculadoras de bolsillo por $4 cada una, más un cargo fijo de envío de $2 para cualquier número de calculadoras.

1. Completa la tabla.

Calculadoras compradas, *n*	Costo de la compra ($)	Gastos de envío ($)	Costo total ($), *c*
1		2	
2		2	
3	12	2	14
4		2	
n		2	

2. En la cuadricula a la derecha, traza los valores de la tabla para *n* y *c*. Dibuja una línea discontinua a través de los puntos. Solamente los puntos que representan un número entero tienen sentido, por lo que no se debe utilizar una línea continua.

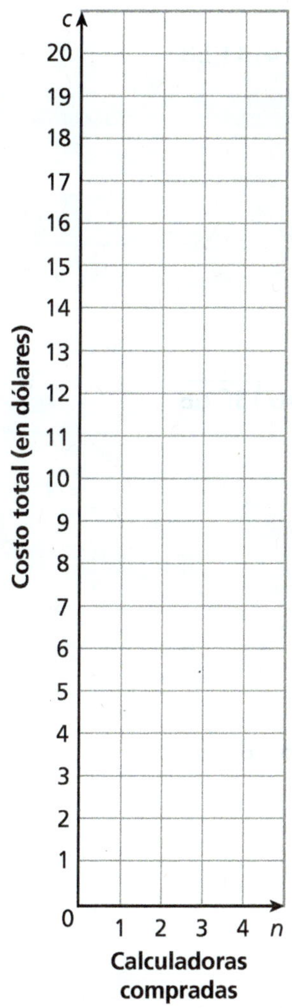

3. Escribe una ecuación para representar el costo total en dólares *c* para *n* calculadoras.

4. Explica cómo la tabla y la gráfica de la ecuación representan el costo de cada calculadora.

5. Explica cómo la gráfica y la ecuación representan el costo de envío.

Comprobar el conocimiento 9

Nombre ____________________ Fecha ____________

Camino al conocimiento

1. 0.45×28

2. 0.32×63

3. 8.4×2.7

4. 6.9×7.1

5. 0.38×0.7

6. 0.15×0.6

7. $14\overline{)41.58}$

8. $21\overline{)26.88}$

9. $34\overline{)19.04}$

10. $47\overline{)36.66}$

11. $7.3\overline{)1,752}$

12. $1.09\overline{)87.2}$

13. $6.18\overline{)154.5}$

14. $25\overline{)\$762.00}$

15. $88\overline{)\$1,386.00}$

Nombre ____________________

VOCABULARIO
desigualdad

Símbolos de desigualdad

Una **desigualdad** es un enunciado que compara dos expresiones utilizando uno de estos símbolos.

$>$ mayor que　　$\geq$ mayor que o igual a　　$\neq$ no es igual a

$<$ menor que　　$\leq$ menor que o igual a

Ejemplo	Cómo leerlo
$x > 7$	x es mayor que 7.
$7 < 5 + 4$	7 es menor que 5 más 4.
$b - 1 \geq 12$	b menos 1 es mayor que o igual a 12.
$10 \leq 2 \cdot w$	10 es menor que o igual a 2 por w.
$6 \div 3 \neq 1$	6 dividido entre 3 no es igual a 1.

Escribe cada enunciado como una desigualdad.

1. 3 es mayor que o igual a t. ____________
2. 60 es menor que 8 por 8. ____________
3. x no es igual a 0. ____________
4. 10 más b es mayor que 4. ____________
5. 9 es menor que o igual a c. ____________

Escribe cada desigualdad usando palabras.

6. $4 \cdot m \leq 16$ ________________________________
7. $7 \cdot 7 > 7 + 7$ ________________________________
8. $10 - 3 < z$ ________________________________
9. $14 \geq s$ ________________________________
10. $20 \neq 6 \cdot 5$ ________________________________

Desigualdades del mundo real ($>$ y $<$)

Muchas situaciones del mundo real pueden representarse a través de desigualdades con los símbolos $<$ y $>$.

Ejemplo 1

Situación: Los niños menores de 3 años entran gratis a ver la película.

Lo que significa: Cualquier niño de edad *menor que* 3 años entran gratis.

Usando una desigualdad: Si a representa la edad del niño en años, entonces el niño entra gratis si $a < 3$.

Ejemplo 2

Situación: Todos los miembros de la clase obtuvieron más de 7 puntos en la prueba.

Lo que significa: La puntuación de la prueba de cada estudiante en la clase es *mayor que* 7.

Usando una desigualdad: Si q es el resultado de una prueba de un estudiante en la clase, entonces $q > 7$.

11 Los alumnos de una escuela primaria salen para el recreo los días cuando la temperatura sube por encima de 20 °F.

a. Escribe *menor que* o *mayor que* en el espacio en blanco para hacer que el enunciado sea verdadero.

Cuando la temperatura es ______________________ 20 °F, los estudiantes salen para el recreo.

b. Sea t la temperatura en grados Fahrenheit. Escribe $<$ o $>$ en el círculo para hacer que la declaración sea verdadera.

Los estudiantes salen para el recreo cuando t ◯ 20.

12 Menos de 20 alumnos llegaron tarde a la escuela el miércoles a pesar de que hubo una tormenta de nieve el martes por la noche.

Sea s el número de estudiantes que llegaron tarde. Escribe una desigualdad para los posibles valores de s.

____

Nombre ______________________________

Desigualdades del mundo real ($\geq$ y $\leq$)

Muchas situaciones del mundo real pueden ser representadas por las desigualdades con los símbolos $\leq$ y $\geq$.

Ejemplo 1	**Ejemplo 2**
Situación: Debes medir por lo menos 50 pulgadas de altura para subir a la montaña rusa. **Lo que significa:** Tu altura debe ser *mayor o igual a* 50 pulgadas para subir a la montaña rusa. **Usando una desigualdad:** Si h es tu altura en pulgadas, entonces puedes subir a la montaña rusa si $h \geq 50$.	**Situación:** Los niños de 3 años o menos pueden viajar gratis en el tren. **Lo que significa:** Cualquier niño cuya edad en años es *menor o igual* a 3 puede viajar gratis. **Usando una desigualdad:** Si a representa la edad del niño en años, entonces el niño viaja gratis si $a \leq 3$.

13 Una escuela secundaria tiene máximo 15 estudiantes en cada clase.

a. Escribe *menor que o igual a* o *mayor que o igual a* en el espacio en blanco para hacer que la declaración sea verdadera.

El número de estudiantes en cada clase es

______________________________ 15.

b. Escribe una desigualdad para representar el número de estudiantes en cada clase. Sea s el número de estudiantes en una clase e incluye un símbolo $\leq$ o $\geq$ en tu desigualdad.

____

14 Los empleados de una empresa ganan un mínimo de $10 por hora.

Sea s el salario por hora en dólares de un empleado de la empresa. Escribe una desigualdad para los posibles valores de s.

____

15 La altura máxima para ser astronauta en la NASA es de 75 pulgadas. Sea h la altura en pulgadas de un astronauta de la NASA. Escribe una desigualdad para los posibles valores de h.

____

Soluciones de desigualdades

VOCABULARIO
solución de una desigualdad

Si una desigualdad tiene una variable, entonces una **solución de la desigualdad** es un valor que puede sustituirse por la variable para hacer que la desigualdad sea verdadera.

16 Una solución para $x < 15$ es $x = 9$ porque $9 < 15$ es un enunciado verdadero. Halla otras dos soluciones para $x < 15$.

17 Una solución para $b + 4 > 6$ es $b = 2.2$ porque $2.2 + 4 > 6$ es un enunciado verdadero. Halla dos soluciones para $b + 4 > 6$.

18 ¿Es $n = 5$ una solución para $n \geq 5$? Explica.

19 ¿Es $n = 5$ una solución de $n > 5$? Explica.

20 Una solución de $t - 3 \geq 10$ es $t = 13$ porque $13 - 3 \geq 10$ es un enunciado verdadero. Halla dos soluciones más para $t - 3 \geq 10$.

21 Una solución para $2r \leq 20$ es $r = 0.5$ ya que $2(0.5) \leq 20$ es un enunciado verdadero. Halla dos soluciones más para $2r \leq 20$.

22 ¿Es $p = 1\frac{1}{2}$ una solución para $4p > 6$? Explica.

23 ¿Es $y = 5$ una solución para $3y \leq 15$? Explica.

Nombre ____________________

Hacer gráficas de soluciones (> y <)

VOCABULARIO
infinito
conjunto solución de una desigualdad

La mayoría de las desigualdades tienen un número **infinito** de soluciones. Esto significa que no es posible mostrar todas las soluciones en una lista. Sin embargo, es posible mostrar todas las soluciones en una gráfica, en una recta numérica.

El **conjunto solución de una desigualdad** es el conjunto de todas sus soluciones. La gráfica de un conjunto solución de una desigualdad es a menudo un rayo. Cuando haces una gráfica de un rayo, si el punto final *no* es una solución lo dejas abierto. Rellena el punto si el punto final *es* una solución.

Ejemplo 1

Esta gráfica muestra las soluciones de $x > 3$.

El punto abierto en 3 muestra que 3 no es una solución. La flecha azul muestra que todos los números a la derecha de 3 (mayor que 3) son soluciones.

Ejemplo 2

Esta gráfica muestra las soluciones de $x < 6$.

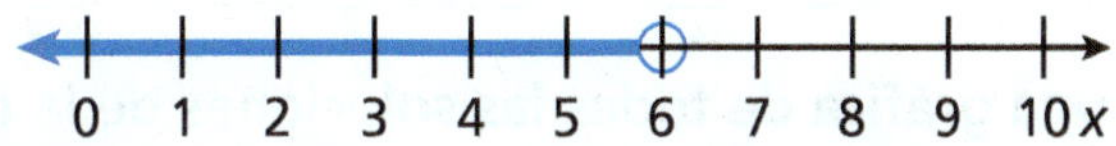

El punto abierto en 6 muestra que 6 no es una solución. La flecha azul muestra que todos los números a la izquierda de 6 (menor que 6) son soluciones.

Haz una gráfica de todas las soluciones de la desigualdad.

24 $m > 7$

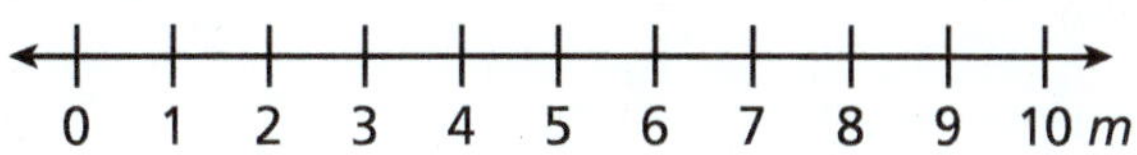

25 $t < 5$

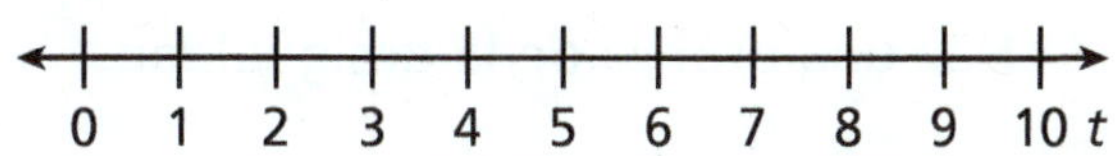

26 Una empresa de transporte cobra una tarifa extra por las cajas que pesan más de 200 libras. Sea p el peso en libras de una caja por la que se cobra una tarifa extra. Escribe una desigualdad para los posibles valores de p.

____

Haz una gráfica de la desigualdad.

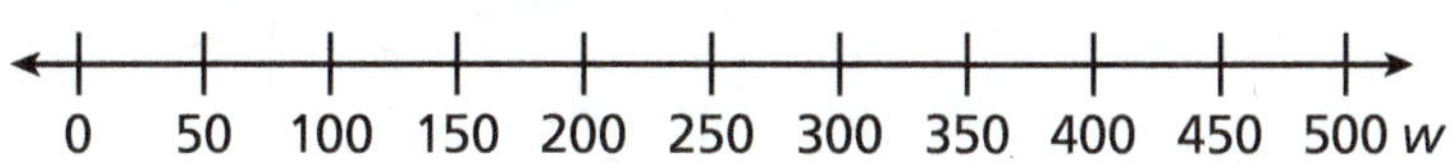

Hacer gráficas de soluciones ($\geq$ y $\leq$)

Cuando hagas una gráfica de una solución en una recta numérica, utiliza un punto relleno para mostrar que el punto final está incluido en el conjunto solución.

Ejemplo 1

Esta gráfica muestra las soluciones de $x \geq 3$.

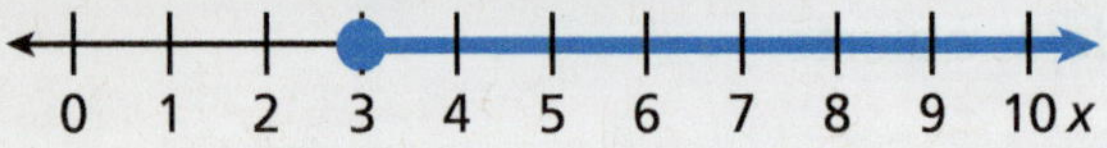

El punto relleno en 3 muestra que 3 es una solución. La flecha azul muestra que todos los números a la derecha de 3 también son soluciones.

Ejemplo 2

Esta gráfica muestra las soluciones de $x \leq 6$.

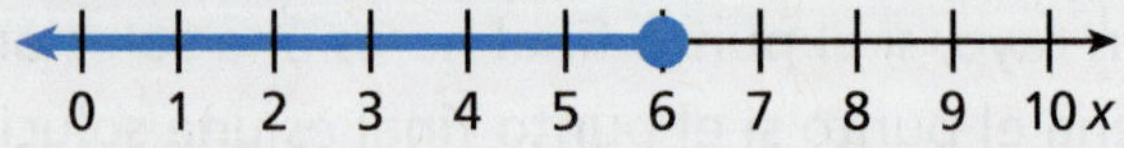

El punto relleno en 6 muestra que 6 es una solución. La flecha azul muestra que todos los números a la izquierda de 6 son soluciones.

Haz una gráfica de todas las soluciones de la desigualdad.

27 $m \geq 7$

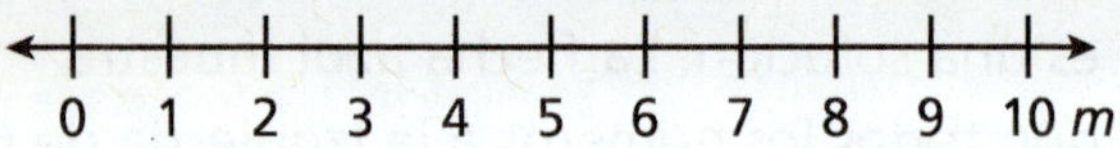

28 $t \leq 5$

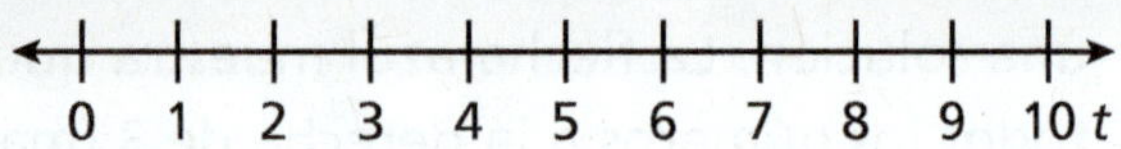

29 El reportero del tiempo dijo que las temperaturas no superarían los 3 °F en toda la semana. Sea t la temperatura en grados Fahrenheit. Escribe una desigualdad para los posibles valores de t.

____

Haz una gráfica de la desigualdad.

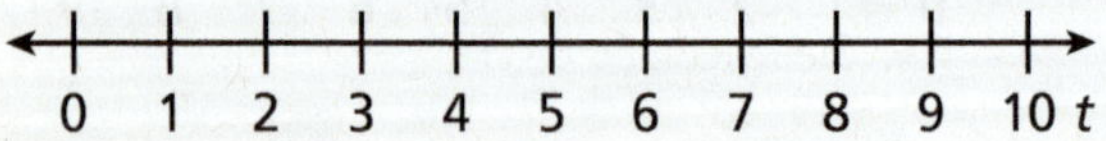

30 Describe una situación del mundo real que pueda ser representada por una desigualdad. Escribe una desigualdad para representar la situación y luego haz la gráfica en una recta numérica.

____

____

____

Comprobar la comprensión

Explica cómo supiste elegir un punto abierto o relleno en el gráfico del Ejercicio 29.

Nombre ______________________________

VOCABULARIO
solución de una ecuación

Comprobar las soluciones

Una **solución de una ecuación** o desigualdad con una variable es un número que puede ser sustituido por la variable para hacer que un enunciado sea verdadero.

Ejemplo 1

$x = 9$ es una solución de $1 + 4x > 3x + 1$ porque cuando 9 se sustituye por cada x, el enunciado resultante, $1 + 4(9) > 3(9) + 1$, es verdadero.

$$1 + 4x > 3x + 1$$
$$1 + 4(9) > 3(9) + 1$$
$$1 + 36 > 27 + 1$$
$$37 > 28 \quad \text{verdadero}$$

Ejemplo 2

$x = 4$ es una solución de $5x - 3 = 17$ porque cuando 4 se sustituye por una x, el enunciado resultante, $5(4) - 3 = 17$, es verdadero.

$$5x - 3 = 17$$
$$5(4) - 3 = 17$$
$$20 - 3 = 17$$
$$17 = 17 \quad \text{verdadero}$$

Considera la siguiente ecuación y las desigualdades.

$7x - 1 = 83$ $\quad$ $7x - 1 < 83$ $\quad$ $7x - 1 > 83$

1. Evalúa $7x - 1$ para $x = 11$.

   ____

   ¿Es $x = 11$, una solución de

   $7x - 1 = 83$? ____________

   $7x - 1 < 83$? ____________

   $7x - 1 > 83$? ____________

2. Evalúa $7x - 1$ para $x = 12$.

   ____

   ¿Es $x = 12$, una solución de

   $7x - 1 = 83$? ____________

   $7x - 1 < 83$? ____________

   $7x - 1 > 83$? ____________

3. Evalúa $7x - 1$ para $x = 13$.

   ____

   ¿Es $x = 13$, una solución de

   $7x - 1 = 83$? ____________

   $7x - 1 < 83$? ____________

   $7x - 1 > 83$? ____________

Variable de ambos lados

Considera la siguiente ecuación y las desigualdades.

$3x + 6 = 7x + 4$ $3x + 6 < 7x + 4$ $3x + 6 > 7x + 4$

4 Evalúa $3x + 6$ para $x = 0$.

____

Evalúa $7x + 4$ para $x = 0$.

____

¿Es $x = 0$, una solución de

$3x + 6 = 7x + 4$? __________

$3x + 6 < 7x + 4$? __________

$3x + 6 > 7x + 4$? __________

5 Evalúa $3x + 6$ para $x = \frac{1}{2}$.

____

Evalúa $7x + 4$ para $x = \frac{1}{2}$.

____

¿Es $x = \frac{1}{2}$ una solución de

$3x + 6 = 7x + 4$? __________

$3x + 6 < 7x + 4$? __________

$3x + 6 > 7x + 4$? __________

6 Evalúa $3x + 6$ para $x = 1$.

____

Evalúa $7x + 4$ para $x = 1$.

____

¿Es $x = 1$, una solución de

$3x + 6 = 7x + 4$? __________

$3x + 6 < 7x + 4$? __________

$3x + 6 > 7x + 4$? __________

7 Evalúa $3x + 6$ para $x = 0.2$.

____

Evalúa $7x + 4$ para $x = 0.2$.

____

¿Es $x = 0.2$ una solución de

$3x + 6 = 7x + 4$? __________

$3x + 6 < 7x + 4$? __________

$3x + 6 > 7x + 4$? __________

Nombre ______________________

Resolver haciendo ambos lados iguales

VOCABULARIO
resuelve

Resolver una ecuación o una desigualdad significa hallar su(s) solución(es).

Puedes resolver algunas ecuaciones pensando en el valor que hará que los lados de la ecuación sean iguales.

Ejemplo

Para resolver $2x + 6 = 8 + 6$, podrías explicarlo así:

Ambos lados tienen dos términos. En ambos lados, uno de los términos es 6. Para que los lados sean iguales, los otros términos deben ser iguales. Por lo tanto, $2x$ debe ser igual a 8, lo que significa que $x = 4$.

Usa la sustitución para verificar tu respuesta. Sustituir 4 por x.

$$2x + 6 = 8 + 6$$
$$2(4) + 6 = 8 + 6$$
$$8 + 6 = 8 + 6$$
$$14 = 14$$

Los lados de la ecuación son iguales, así que $x = 4$ es la solución

Resuelve la ecuación pensando en el valor de x que hará que los lados de la ecuación sean iguales.

8 $13 - 6 = x + 3$

$x =$ ______________

9 $8 = x - 8$

$x =$ ______________

10 $14 + 22 = 22 + x$

$x =$ ______________

11 $24 \div 6 = (27 - x) \div 6$

$x =$ ______________

12 $5x + 2x = 70$

$x =$ ______________

13 $7x = 7 \cdot 2^3$

$x =$ ______________

14 $6x + 0.3 = 6 + 0.3$

$x =$ ______________

15 $2x + \frac{7}{8} = \frac{7}{8} + \frac{1}{2}$

$x =$ ______________

¿Cuál es el error?

Estimados estudiantes de matemáticas:

En mi tarea, debo hallar una solución para la desigualdad que se muestra a la derecha.

Creo que $x = 7$ es una solución porque cuando x es 7, ambos lados de la desigualdad son iguales a 10.

¿Es correcta mi forma de pensar?

Tu amigo,
Pingüino Confundido

$x + 3 > 10$

16 Escribe la respuesta para Pingüino Confundido.

____

____

____

Estimados estudiantes de matemáticas:

Otro problema en mi tarea requiere que halle la solución a la ecuación que se muestra a la derecha.

Sé que ambos lados de cualquier ecuación representan el mismo número. Por lo tanto, puesto que 2^5 en el lado derecho de la ecuación es $2 \cdot 5$, o 10, creo que x debe ser 11.

¿Es $x = 11$ una solución a la ecuación $x - 1 = 2^5$?

Tu amigo,
Pingüino Confundido

$x - 1 = 2^5$

17 Escribe una respuesta a Pingüino Confundido.

____

____

____

Comprobar la comprensión

Resuelve la ecuación $7x - 2x = 55$ pensando en el valor de x que hará que los lados de la ecuación sean iguales. __________

Nombre ______________________________

VOCABULARIO
operaciones inversas

Usar operaciones inversas

Utiliza una operación inversa para escribir una ecuación relacionada. Luego resuelve la ecuación para *x*.

1. $x + 9 = 20$ ______________
2. $x - 3 = 2$ ______________
3. $x - 7 = 10$ ______________
4. $x + 12 = 25$ ______________
5. $x + 32 = 40$ ______________
6. $x - 14 = 34$ ______________

Resolver con fichas de álgebra

Escribe y resuelve la ecuación que representa cada modelo. Encierra en un círculo las fichas que quitas de ambos lados.

7. 
____

8. 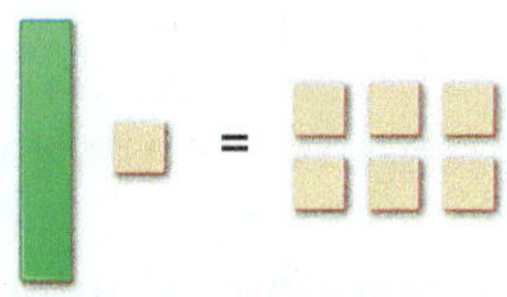
____

9. 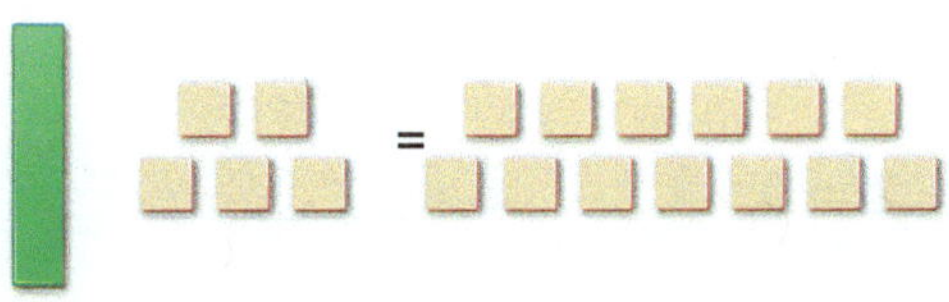
____

10. 
____

Utiliza tus fichas de álgebra para representar cada ecuación. Haz un dibujo rápido de tu modelo. Luego resuelve la ecuación y comprueba tu respuesta mediante la sustitución.

11. $x + 2 = 6$ $x =$ ______
12. $x + 5 = 16$ $x =$ ______
13. $x + 8 = 10$ $x =$ ______
14. $x + 3 = 12$ $x =$ ______

Mantener expresiones equivalentes

Escribe y resuelve la ecuación que representa cada balanza. Para los problemas de fracciones, si la respuesta es igual o mayor que 1, escribe la respuesta como un número entero o mixto.

15 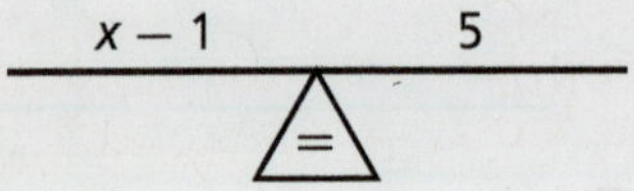

____

16 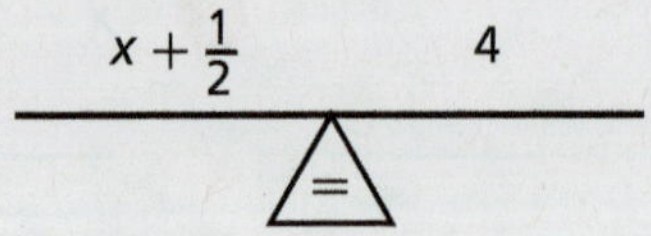

____

17 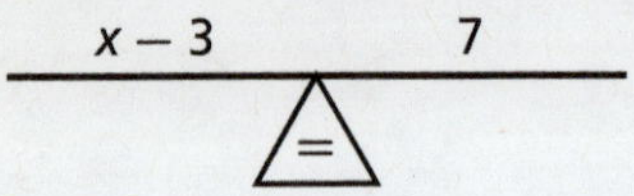

____

18 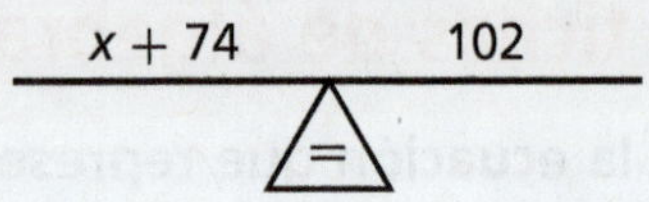

____

Resolver ecuaciones de suma y resta

Resuelve cada ecuación usando cualquier método que desees. Para los problemas de fracciones, si la respuesta es igual o mayor que 1, escribe la respuesta como un número entero o mixto. Usa la sustitución para verificar tu respuesta.

19 $x - 3 = 3$ $x =$ ________

20 $x + 2 = 9$ $x =$ ________

21 $x + 1.5 = 4$ $x =$ ________

22 $x - 7.4 = 10.06$ $x =$ ________

23 $x - \frac{3}{4} = 5\frac{1}{2}$ $x =$ ________

24 $x + 1\frac{1}{3} = 7$ $x =$ ________

Nombre ______________________

Escribir ecuaciones de suma y resta

Escribe una ecuación de suma o resta para representar cada problema. Luego usa una ecuación para resolver el problema. Para los problemas de fracciones, si la respuesta es igual o mayor que 1, escribe la respuesta como un número entero o mixto.

Muestra tu trabajo.

25 Tyrell ha ahorrado \$62 para comprar una nueva bicicleta. ¿Cuántos dólares más debe ahorrar Tyrell si el costo de la bicicleta es de \$89? Sea *d* la cantidad de dólares que aún debe ahorrar Tyrell.

____

26 Cuando un número mixto se reduce por $6\frac{1}{4}$, el resultado es $9\frac{3}{8}$. ¿Cuál es el número mixto? Sea *m* el número mixto que se reduce.

____

27 Cuando un número decimal aumenta por cincuenta y seis centésimos, el resultado es ocho décimas. ¿Cuál es el número? Sea *d* el número decimal que se aumenta.

____

28 Durante el mes de mayo, 118 estudiantes sacaron libros de la biblioteca escolar. Esta cantidad fue 90 alumnos menos que la cantidad de alumnos que sacaron libros durante el mes de abril. ¿Cuántos estudiantes sacaron libros durante el mes de abril? Sea *e* la cantidad de alumnos que sacaron libros durante el mes de abril.

____

29 Un odómetro mide la distancia. El odómetro de la bicicleta de Jaylen muestra 105 millas, que es 57 millas más que el odómetro de la bicicleta de Lara. ¿Cuántas millas se muestran en el odómetro de la bicicleta de Lara? Sea *m* el número de millas en el odómetro de Lara.

____

¿Cuál es el error?

Estimados estudiantes de matemáticas:

El problema que se muestra a continuación es parte de mi tarea.

Para prepararse para un examen de estudios sociales, Vera estudió 35 minutos más de lo que estudió para un examen de lenguaje y literatura. Si Vera estudió 45 minutos para su examen de ciencias sociales, ¿cuántos minutos estudió para su examen de literatura?

Estos son los pasos que seguí para resolver el problema:

Paso 1: Leí el problema dos veces, como siempre hago. Entonces elegí *m* para representar el número de minutos que Vera estudió para su examen de literatura.

Paso 2: Decidí que la frase minutos más sugiere una suma.

Paso 3: Los números en el problema son 35 minutos y 45 minutos, así que escribí la ecuación que se muestra a continuación.

$$45 + 35 = m$$

Paso 4: Resolví la ecuación mediante la suma de 45 y 35. Como respuesta, escribí que Vera estudió 80 minutos o 1 hora y 20 minutos para su examen de literatura.

Cuando calificaron mi tarea, ¡mi respuesta fue corregida como incorrecta! ¿Puedes ayudarme a entender lo que hice mal y explicarme cómo hallar la respuesta correcta?

Tu amigo,
Pingüino Confundido

30 Escribe una respuesta a Pingüino Confundido.

Nombre ______________________________

Relacionar la resolución de desigualdades con la resolución de ecuaciones

Resolver desigualdades de suma y resta es como resolver ecuaciones de suma y resta. Puedes usar operaciones inversas.

Utiliza una operación inversa para escribir una desigualdad equivalente. Resuelve para *x*.

31. $x + 7 > 10$

    $x + 7 - 7 > 10 - 7$

    ____

32. $x - 5 \leq 9$

    $x - 5 + 5 \leq 9 + 5$

    ____

Resolver desigualdades de suma y resta

Resuelve cada desigualdad. Usa una operación inversa.

33. $x + 2 \geq 8$

    ____

34. $x - 4 < 11$

    ____

35. $x - 35 > 22$

    ____

36. $x + 58 \leq 110$

    ____

37. $x - 3\frac{1}{2} < 7$

    ____

38. $x + \frac{3}{4} \geq 4\frac{1}{2}$

    ____

39. $x + 2.44 \leq 6.9$

    ____

40. $x - 1.3 > 8.47$

    ____

Escribir y resolver desigualdades para resolver problemas

Escribe una desigualdad de suma o resta para representar cada situación. Resuelve la desigualdad. Utiliza tu desigualdad para hacer una lista de tres valores posibles para la variable.

41 Al comienzo del fin de semana, el odómetro de la bicicleta de Susie mostraba 25 millas. Montó en bicicleta al menos 12 millas el fin de semana. ¿Qué desigualdad muestra las posibles nuevas lecturas en el odómetro de la bicicleta de Susie? Sea *m* el número de millas mostradas en la bicicleta de Susie. Haz una lista de tres posibles nuevas lecturas del odómetro.

42 Nigel gastó $9.45 en la tienda. Ahora tiene menos de $20.00. ¿Qué desigualdad muestra las posibles cantidades de dinero que podría haber tenido antes de hacer sus compras? Sea *d* la cantidad de dinero que Nigel tenía. Haz una lista de tres posibles cantidades que Nigel podría haber tenido.

43 Una maestra compró un juego de 12 palos de metro cada uno para la clase. Ahora hay más de 25 palos de metro. ¿Qué desigualdad muestra el número posible de palos de metro que la profesora podría haber tenido? Sea *m* el número de palos de metro que la profesora tenía anteriormente. Haz una lista de tres cantidades posibles de palos de metro que tenía la maestra.

44 Cuando un número mixto se aumenta por $4\frac{2}{5}$, el resultado es $11\frac{3}{5}$. ¿Qué desigualdad muestra los posibles números mixtos? Sea *n* el número mixto original. Haz una lista de tres posibles números mixtos.

Comprobar la comprensión

¿Cómo sabes qué operación utilizar para resolver una ecuación o una desigualdad?

Nombre ______________________________

Usar operaciones inversas

Utiliza una operación inversa para escribir una ecuación relacionada. Luego resuelve la ecuación para *x*.

1. $2x = 18$ ____________
2. $x \div 5 = 5$ ____________
3. $x \div 3 = 9$ ____________
4. $6x = 42$ ____________
5. $10x = 50$ ____________
6. $x \div 2 = 12$ ____________

Usar fichas de álgebra para representar ecuaciones de multiplicación

Escribe y resuelve la ecuación que representa cada modelo.

7. 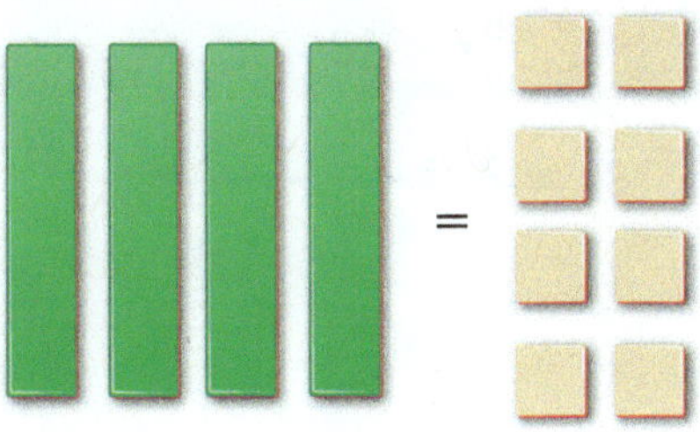

____

8. 

____

9. 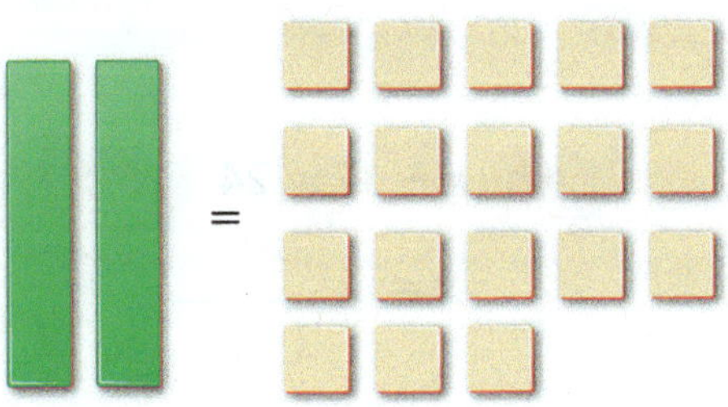

____

10. 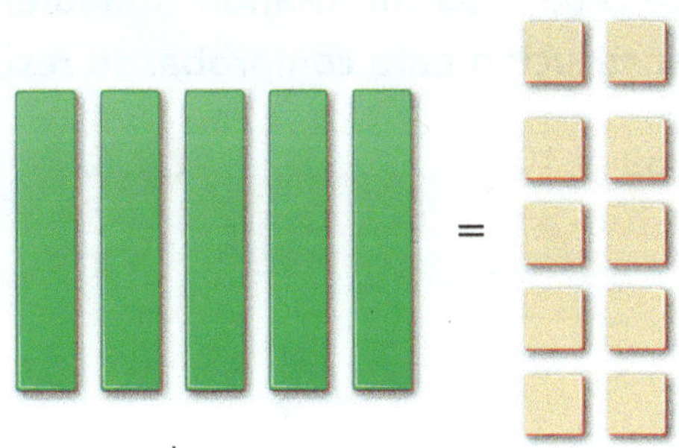

____

Usa fichas de álgebra para representar y resolver cada ecuación para *x*. Comprueba tu trabajo usando la sustitución.

11. $2x = 10$ $x =$ ____________
12. $4x = 16$ $x =$ ____________
13. $3x = 18$ $x =$ ____________
14. $5x = 15$ $x =$ ____________

El inverso multiplicativo

VOCABULARIO
inverso multiplicativo

Un número es el **inverso multiplicativo** de otro número, si el producto de los números es 1. El inverso multiplicativo de un número es igual al recíproco del número.

Escribe el inverso multiplicativo de cada número.

15 9 ______ 16 $\frac{3}{4}$ ______ 17 $\frac{1}{5}$ ______ 18 10 ______

La resolución de ecuaciones consiste en aislar la variable. En algunas ecuaciones, el coeficiente de la variable es una fracción. Una manera de resolver tal ecuación es multiplicar *ambos lados* de la ecuación por el inverso multiplicativo del coeficiente.

Usa un inverso multiplicativo para resolver cada ecuación.

19 $\frac{2}{3}x = 10$ $x =$ ______

20 $\frac{1}{5}x = 4$ $x =$ ______

21 $\frac{3}{4}x = 18$ $x =$ ______

Resolver ecuaciones

Resuelve cada ecuación usando cualquier método.
Usa la sustitución para comprobar tu respuesta.

22 $x + 39 = 101$ $x =$ ______

23 $6x = 18$ $x =$ ______

24 $x - 17 = 24$ $x =$ ______

25 $\frac{1}{3}x = 2$ $x =$ ______

26 $x \div 2 = 11$ $x =$ ______

27 $\frac{x}{9} = 8$ $x =$ ______

Nombre ______________________

Escribir y resolver ecuaciones de multiplicación y división

Escribe una ecuación de multiplicación o división para representar cada problema. Luego usa la ecuación para resolver el problema.

Muestra tu trabajo.

28 Hay doscientas setenta y seis personas sentadas en 12 filas idénticas para ver la presentación de una obra escolar. ¿Cuántas personas hay en cada fila? Sea p el número de personas en cada fila.

____

29 Alexa pagó $20 por una camisa, lo cual fue $\frac{4}{5}$ del precio original. ¿Cuál era el precio original de la camisa? Sea p el precio de la camisa original en dólares.

____

30 Un topógrafo debe dividir una distancia de 2,600 pies en 40 partes iguales. ¿Qué parte representa cada número de pies? Sea f el número de pies de cada parte.

____

31 Un resorte tiene 6 centímetros de largo, que es $\frac{3}{8}$ de la longitud a la que se puede estirar. ¿Hasta qué punto se puede estirar el resorte? Sea d la distancia en centímetros que puede estirarse el resorte.

____

32 Para una asamblea de la escuela, 304 estudiantes deben sentarse en filas de 16 estudiantes por cada fila. ¿Cuántas filas de estudiantes habrá en la asamblea? Sea r el número de filas.

____

33 Un rectángulo tiene una longitud (l) de 5.2 centímetros y un área (A) de 18.2 centímetros cuadrados. Utiliza la fórmula $A = la$ para hallar a, el ancho del rectángulo en centímetros.

____

¿Cuál es el error?

Estimados estudiantes de matemáticas:

Un ejercicio de mi tarea pedía resolver la ecuación que se muestra a continuación.

$$\frac{1}{2}x = 62$$

Sé que una manera de resolver la ecuación es utilizar el inverso multiplicativo del coeficiente.

El coeficiente es $\frac{1}{2}$, y su inverso multiplicativo es $\frac{2}{1}$.
Por lo tanto, multipliqué el coeficiente por $\frac{2}{1}$.

$$\frac{2}{1} \cdot \frac{1}{2}x = 62$$

El lado izquierdo de la ecuación se simplificó a x.

$$\frac{{}^{1}\cancel{2}}{1} \cdot \frac{1}{\cancel{2}_{1}}x = 62$$

Por lo tanto, llegué a la conclusión que $x = 62$, pero mi respuesta fue evaluada como incorrecta. ¿Me puedes ayudar a identificar mi error y explicarme cómo resolver la ecuación correctamente?

Tu amigo,
Pingüino Confundido

34 Escribe la respuesta para Pingüino Confundido.

Nombre ____________________

Relacionar la resolución de desigualdades con la resolución de ecuaciones

Resolver las desigualdades de multiplicación y división, cuando los números son mayores que 0 es como resolver ecuaciones de multiplicación y división. Puedes utilizar operaciones inversas o multiplicativos inversos.

Utiliza una operación inversa o un inverso multiplicativo para escribir una desigualdad equivalente. Resuelve para *x*.

35. $5x < 15$

$5x \div 5 < 15 \div 5$

____

36. $\frac{2}{3}x \geq 4$

$\frac{2}{3}x \cdot \frac{3}{2} \geq 4 \cdot \frac{3}{2}$

____

Resolver las desigualdades de división y multiplicación

Resuelve cada desigualdad. Utiliza una operación inversa o un inverso multiplicativo.

37. $x \div 2 \leq 7$

____

38. $7x > 28$

____

39. $\frac{1}{5}x < 8$

____

40. $x \div 3 \leq 10$

____

41. $9x > 81$

____

42. $\frac{3}{8}x \geq 12$

____

43. $6x \leq 15$

____

44. $x \div 10 > 8$

____

Escribir y resolver desigualdades para resolver problemas

Escribe una desigualdad de multiplicación o división para representar cada situación. Resuelve la desigualdad. Utiliza tu desigualdad para hacer una lista de tres valores posibles para la variable.

45 Mir quiere ganar más de $100 esta semana en su trabajo que paga $8.00 por hora. ¿Qué desigualdad muestra la cantidad posible de horas que Mir tendría que trabajar? Sea *h* el número de horas trabajadas. Enumera tres posibles cantidades de horas que Mir tendría que trabajar.

46 Kathy tiene algunas monedas de 5¢ que sabe que valen menos de 75 centavos. ¿Qué desigualdad muestra el número posible de monedas de 5¢ que podría tener? Sea *n* el número de monedas de 5¢ que tiene Kathy. Enumera tres cantidades posibles de monedas que podría tener Kathy.

47 El número de niños en una clase es $\frac{3}{5}$ del número total de estudiantes en la clase. Hay al menos 9 niños en la clase. ¿Qué desigualdad muestra la cantidad posible de estudiantes en la clase? Sea *n* el número de estudiantes del club en la clase. Enumera tres de las cantidades posibles de estudiantes de la clase.

48 Para ir al zoológico, un grupo de 8 personas está dispuesto a pagar como máximo $7.50 por persona. ¿Qué desigualdad muestra la cantidad total posible que el grupo está dispuesto a pagar? Sea *x* el monto total de los billetes. Enumera de tres cantidades posibles que el grupo está dispuesto a pagar.

Comprobar la comprensión

¿Cómo se parecen los métodos para resolver y las soluciones para $3x = 15$ y $3x > 15$? ¿Cómo se diferencian?

Nombre ______________________________

Comentar medios de transporte

La tarifa que se cobra cuando usas un taxi varía de ciudad en ciudad. La mayoría de las tarifas incluyen un costo fijo inicial y un costo fijo por cada fracción de milla recorrida.

La siguiente tabla ilustra el costo de un viaje en taxi para diferentes distancias. El costo total incluye una tarifa fija de $3 para empezar y un costo por cada quinto de milla recorrida.

Costo de un viaje en taxi

Distancia en millas (*d*)	Costo por milla en dólares	Tarifa inicial en dólares	Costo total en dólares (*t*)
$\frac{1}{5}$	2	3	5
$\frac{3}{5}$		3	
1			
$1\frac{2}{5}$		3	
2		3	

1. Completa la tabla.

2. ¿Cuáles tres cantidades varían y cuáles dos cantidades son constantes?

____

____

3. Haz una gráfica de los datos de la distancia y del costo total. Describe la gráfica.

____

____

____

4. Escribe una ecuación que pueda utilizarse para hallar el costo total en dólares (*t*) de un viaje para cualquier distancia en millas (*d*). ______________

5. Utiliza la gráfica para predecir el costo de un viaje de $1\frac{4}{5}$ millas. Utiliza tu ecuación para comprobar tu predicción. ______________

Gráficas lineales interrumpidas

¿Alguna vez haz viajado en un globo aerostático, o te preguntaste cómo sería hacerlo?

La siguiente tabla muestra algunos datos de vuelo acerca de los primeros minutos del viaje de un globo aerostático.

Datos de vuelo de un globo aerostático

Tiempo transcurrido en minutos	Altura sobre el suelo en pies
1	100
2	300
3	650
4	700
5	550

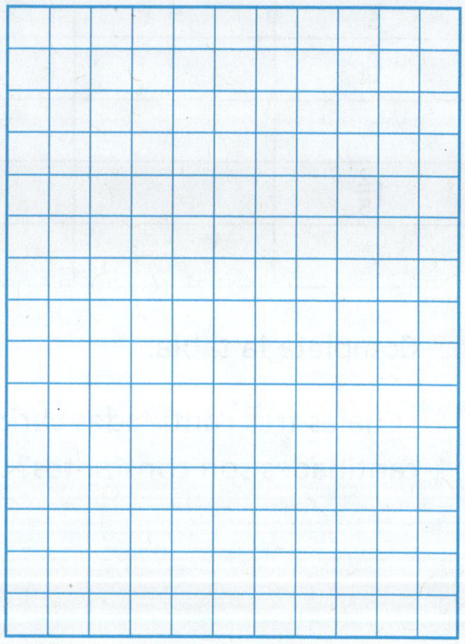

6. Haz una gráfica de los datos.

7. **Comenta** Compara la gráfica con la gráfica del viaje en taxi de la página anterior. ¿En qué se parecen y en qué se diferencian?

8. **Comenta** ¿Por qué una gráfica tiene una línea recta y la otra una línea interrumpida?

9. ¿Qué tipo de gráfica puede ser extendida y utilizada para hacer una predicción precisa? Da un ejemplo para apoyar tu respuesta.

Unidad 5
Prueba rápida 4

Nombre ____________ Fecha ____________

Resuelve.

1. Un banco cobra una tarifa cuando el saldo del cliente cae por debajo de \$200. A Quinn le cobraron una tarifa.

   Sea *b* el saldo de la cuenta de Quinn cuando le cobran la comisión. Escribe una desigualdad para los posibles valores de *b*. ____________

   Haz una gráfica de la desigualdad.

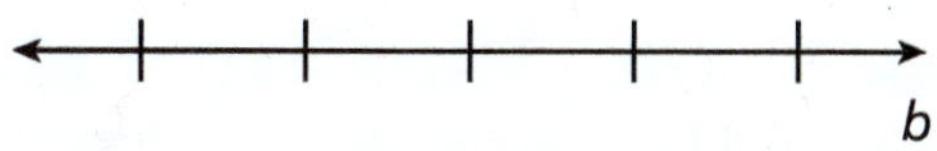

2. Cuando la temperatura es 80 °F o más, Javier usa sandalias para la playa.

   Sea *t* una temperatura en grados Fahrenheit para la cual Javier usa sandalias. Escribe una desigualdad para los posibles valores de *t*. ____________

   Haz una gráfica de la desigualdad.

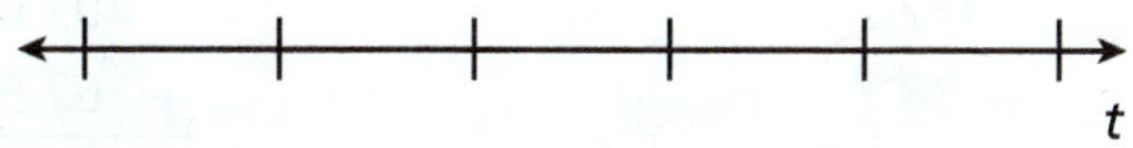

Escribe una ecuación o desigualdad que represente el problema. Luego usa la ecuación o desigualdad para resolver el problema.

Enseña tu trabajo.

3. Doce alumnos de una clase de sexto grado son miembros de un equipo atlético de la escuela. Los estudiantes representan $\frac{2}{3}$ de la clase. ¿Cuántos estudiantes están en la clase?

   ____

4. Mientras estaba de vacaciones el viernes, la familia de Karl condujo 58 millas por la mañana y 12 millas por la tarde. Al final del día, habían conducido 136 millas. ¿Cuántas millas condujeron esa noche?

   ____

5. Después de depositar \$19.75 en su cuenta de ahorro, el saldo de la cuenta de Hua era de más de \$112.40. ¿Qué desigualdad muestra saldos posibles de la cuenta de Hua antes del depósito?

   ____

Comprobar el conocimiento 10

Nombre ____________ Fecha ____________

Camino al conocimiento

1. 42.79 + 6.53

2. 28.34 + 3.88

3. 60.62 + 7.18

4. 36.17 + 12.74

5. 73.28 + 23.05

6. 54.56 + 29.7

7. 317.24 + 38.7

8. 409.07 + 62.5

9. 641.29 + 73.9

10. 890.05 + 77.2

11. $7.62 + $0.59

12. $4.78 + $0.25

13. $6.09 + $0.33

14. $5.85 + $2.47

15. $4.77 + $2.82

Nombre ________________________________

VOCABULARIO
número compuesto
número primo
factorización prima
árbol de factores

Árbol de factores

Cada número compuesto puede escribirse como el producto de números primos. Esto se llama factorización prima.

Usa un árbol de factores para hallar los factores primos de un número.

1 Comenta los árboles de factores de Sam y Zoe para el número 90.

Árbol de factores de Sam

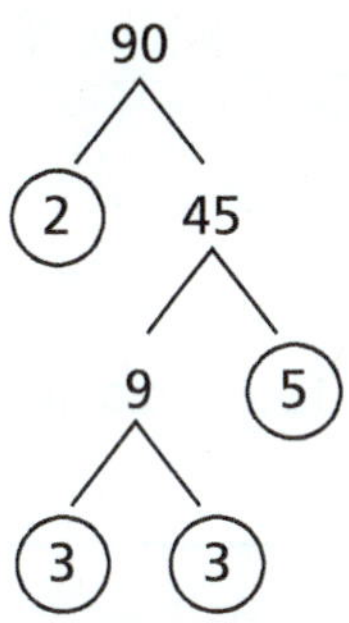

factorización prima de 90:
2 • 5 • 3 • 3

Árbol de factores de Zoe

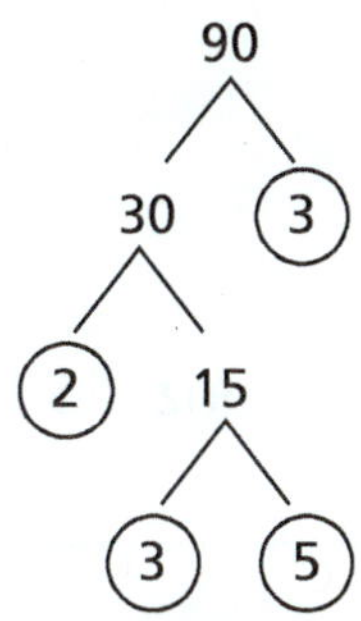

factorización prima de 90:
3 • 2 • 3 • 5

Sam escribió la factorización prima de 90 como 2 • 5 • 3 • 3.
Cuando los factores se enumeran en orden, la factorización es 2 • 3 • 3 • 5.

Zoe escribió la factorización prima de 90 como 3 • 2 • 3 • 5.
Cuando los factores se enumeran en orden, la factorización es 2 • 3 • 3 • 5.

La factorización también se puede escribir usando exponentes: $2 \cdot 3^2 \cdot 5$.

Ambos árboles de factores resultan en la misma factorización prima de 90.

Completa cada árbol de factores. Escribe la factorización, poniendo los factores en orden. Usa exponentes siempre que sea posible.

2

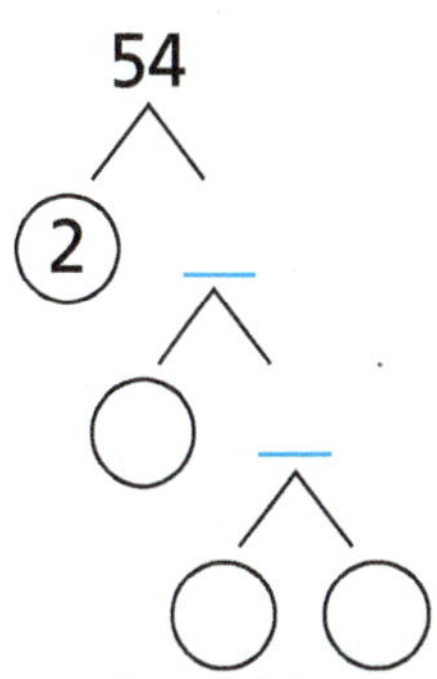

factorización prima de 54: ____________________

3

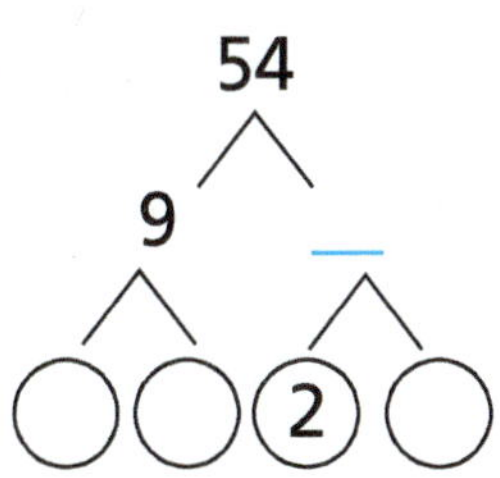

factorización prima de 54: ____________________

4

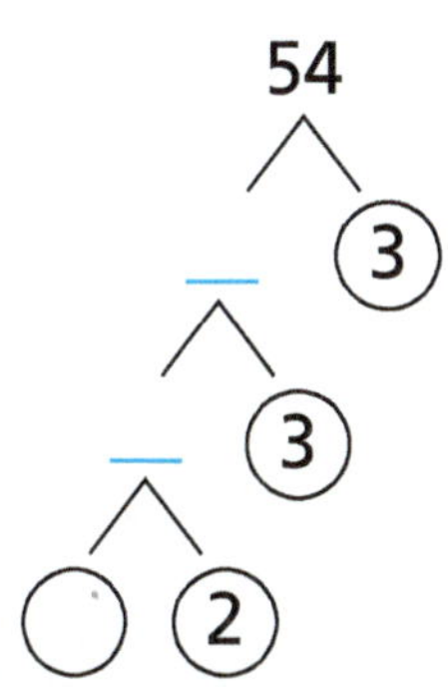

factorización prima de 54: ____________________

Dibujar arboles de factores

Dibuja un árbol de factores para cada número. Encierra en un círculo los factores primos. Escribe la factorización poniendo los factores en orden. Usa exponentes siempre que sea posible.

5. 24

factorización prima de 24: ______

6. 50

factorización prima de 50: ______

7. 72

factorización prima de 72: ______

8. 60

factorización prima de 60: ______

9. 36

factorización prima de 36: ______

10. 52

factorización prima de 52: ______

11. 76

factorización prima de 76: ______

12. 34

factorización prima de 34: ______

13. 100

factorización prima de 100: ______

Nombre ______________________________

La factorización prima y el máximo común divisor

Resuelve.

14 Mira el ejemplo y comenta cómo la factorización prima puede ser utilizada para hallar el máximo común divisor de 24 y 60.

Método 1

$24 = 2 \cdot 2 \cdot 2 \cdot 3$

$60 = 2 \cdot 2 \cdot 3 \cdot 5$

Multiplica los factores comunes:

$2 \cdot 2 \cdot 3 = 12$

Método 2

$24 = 2^3 \cdot 3$

$60 = 2^2 \cdot 3 \cdot 5$

Multiplica los factores comunes:

$2^2 \cdot 3 = 12$

El máximo común divisor (MCD) de 24 y 60 es 12.

Usa la factorización prima para encontrar el MCD de cada par de números.

15 30 y 70

$30 = 2 \cdot 3 \cdot 5$

$70 = 2 \cdot 5 \cdot 7$

El MCD de 30 y 70 es ________.

16 63 y 42

$63 = 3^2 \cdot 7$

$42 = 2 \cdot 3 \cdot 7$

El MCD de 63 y 42 es ________.

Escribe los factores primos usando exponentes para cada número. Luego halla el MCD.

17 45 y 75

45 = ______________________

75 = ______________________

El MCD de 45 y 75 es ________.

18 70 y 66

70 = ______________________

66 = ______________________

El MCD de 70 y 66 es ________.

Escribe los factores primos usando exponentes para cada número. Luego halla el MCD. Usa exponentes siempre que sea posible.

19 56 y 84

56 = ______________________

84 = ______________________

El MCD de 56 y 84 es ________.

20 360 y 150

360 = ______________________

150 = ______________________

El MCD de 360 y 150 es ________.

Números relativamente primos

VOCABULARIO
relativamente primo

14 = 2 • 7 Los números 14 y 25 no tienen factores primos en común.

25 = 5 • 5

El máximo común divisor de 14 y 25 es 1. Dos números que tienen un MCD de 1 se llaman relativamente primos.

Escribe los factores primos usando exponentes para cada número. Luego halla el MCD. Dí si los números son relativamente primos.

21. 42 y 125

42 = ______

125 = ______

El MCD de 42 y 125 es ______.

¿Relativamente primo? ______

22. 99 y 70

99 = ______

70 = ______

El MCD de 99 y 70 es ______.

¿Relativamente primo? ______

23. 70 y 165

70 = ______

165 = ______

El MCD de 70 y 165 es ______.

¿Relativamente primo? ______

24. 30 y 39

30 = ______

39 = ______

El MCD de 30 y 39 es ______.

¿Relativamente primo? ______

25. 105 y 68

105 = ______

68 = ______

El MCD de 105 y 68 es ______.

¿Relativamente primo? ______

26. 156 y 36

156 = ______

36 = ______

El MCD de 156 y 36 es ______.

¿Relativamente primo? ______

Nombre ______________________________

La factorización prima y el mínimo común múltiplo

27 Mira el ejemplo y comenta cómo la factorización prima puede ser utilizada para hallar el mínimo común múltiplo de 12 y 30.

$12 = 2 \cdot 2 \cdot 3$ $\quad 2 \cdot 3 \cdot 2 \cdot 5 = 60$
$30 = 2 \cdot 3 \cdot 5$

El mínimo común múltiplo (mcm) de 12 y 30 es 60.

Usa la factorización prima para hallar el mcm de cada par de números.

28 20 y 14

$20 = 2 \cdot 2 \cdot 5$
$14 = 2 \cdot 7$

el mcm de 20 y 14 es ________.

29 105 y 45

$105 = 3 \cdot 5 \cdot 7$
$45 = 3 \cdot 3 \cdot 5$

el mcm de 105 y 45 es ________.

Escribe los factores primos usando exponentes para cada número. Luego halla el mcm.

30 4 y 6

4 = ________

6 = ________

el mcm de 4 y 6 es ________.

31 8 y 12

8 = ________

12 = ________

el mcm de 8 y 12 es ________.

32 35 y 14

35 = ________

14 = ________

el mcm de 35 y 14 es ________.

33 45 y 10

45 = ________

10 = ________

el mcm de 45 y 10 es ________.

34 30 y 21

30 = ________

21 = ________

el mcm de 30 y 21 es ________.

35 35 y 55

35 = ________

55 = ________

el mcm de 35 y 55 es ________.

Usar exponentes para hallar el mcm

36 Mira el ejemplo de abajo y comenta cómo la factorización prima puede ser utilizada para hallar el mínimo común múltiplo de 40 y 150.

$40 = 2^3 \cdot 5$

$150 = 2 \cdot 3 \cdot 5^2$ $\quad$ $\text{mcm} = 2^3 \cdot 3 \cdot 5^2 = 600$

El mínimo común múltiplo (mcm) de 40 y 150 es 600.

Usa la factorización prima para hallar el mcm de cada par de números.

37 12 y 18

$12 = 2^2 \cdot 3$

$18 = 2 \cdot 3^2$

El mcm de 12 y 18 es ____________.

38 24 y 42

$24 = 2^3 \cdot 3$

$42 = 2 \cdot 3 \cdot 7$

El mcm de 24 y 42 es ____________.

Escribe los factores primos usando exponentes para cada número. Luego encuentra el mcm.

39 15 y 20

15 = ____________

20 = ____________

El mcm de 15 y 20 es ____________.

40 30 y 36

30 = ____________

36 = ____________

El mcm de 30 y 36 es ____________.

41 16 y 24

16 = ____________

24 = ____________

El mcm de 16 y 24 es ____________.

42 75 y 100

75 = ____________

100 = ____________

El mcm de 75 y 100 es ____________.

Comprobar la comprensión

Dibuja un árbol de factores para hallar la factorización prima de 120.

Nombre ______________________________

Muestra tu trabajo.

¿Es MCD o mcm?

Utiliza una marca de verificación para mostrar si necesitas hallar el MCD o el mcm para resolver el problema. Luego resuelve.

1. Cada fila del auditorio tiene un número igual de asientos. Los 168 alumnos del 6° grado llenan las filas a partir de la primera fila. Los 180 alumnos del 7° grado llenan las filas a partir de la fila que se encuentra detrás del 6° grado. Los asientos de cada fila están llenos de estudiantes del mismo grado. ¿Cuál es la mayor cantidad de asientos que podría haber en cada fila?

   ☐ MCD ☐ mcm ______________

2. Una luz anaranjada parpadea cada 15 segundos y una luz púrpura parpadea cada 25 segundos. Las dos luces acaban de parpadear al mismo tiempo. ¿Después de cuántos segundos parpadearán ambas luces al mismo tiempo otra vez?

   ☐ MCD ☐ mcm ______________

3. Caleb quiere escribir las fracciones $\frac{11}{42}$ y $\frac{4}{35}$ con el mismo denominador. ¿Cuál es el número menor que puede utilizar como denominador?

   ☐ MCD ☐ mcm ______________

4. El chef Carl prepara un ponche de frutas utilizando una razón de 27 tazas de jugo de naranja a 39 tazas de jugo de arándano rojo. Escribe una razón básica para esta receta dividiendo cada cantidad entre el mismo número. ¿Entre qué número lo divide?

   ☐ MCD ☐ mcm ______________

5. Selena compra artículos de papel para una fiesta. Los platos vienen en paquetes de 12 y las tazas vienen en paquetes de 8. Compra el mismo número de platos y tazas. ¿Cuál es el menor número de platos que ella podría comprar?

   ☐ MCD ☐ mcm ______________

Resolver problemas de teoría de números

Resuelve.

6 Cualquier número excepto 2 puede escribirse como la suma de dos números primos.

a. Escribe 24 como la suma de dos números primos.

24 = ________ + ________

b. Escribe 50 como la suma de dos números primos.

50 = ________ + ________

7 Dos números relativamente primos suman 10. ¿Cuáles son los números?

________ y ________

8 Dos números relativamente primos tienen un mcm de $5^3 \cdot 7^2$. ¿Cuáles son los dos números?

________ y ________

9 Olivia escribe el MCD de dos números usando exponentes: $2^2 \cdot 5^2$. Escribe dos números (ninguno igual a $2^2 \cdot 5^2$) que tengan este MCD.

________ y ________

10 Víctor escribe el mcm de dos números usando exponentes: $2^3 \cdot 3^2$. Escribe dos números (cada uno menor que $2^3 \cdot 3^2$) que tengan este mcm.

________ y ________

Nombre ______________________________

Resolver problemas de teoría de números (continuación)

Resuelve.

11 El volumen de un prisma rectangular es de 90 metros cúbicos. Cada dimensión (longitud, ancho y altura) es un número entero de metros mayor a 1 metro. Halla cuatro conjuntos de dimensiones posibles del prisma rectangular.

_______ m, _______ m, y _______ m

_______ m, _______ m, y _______ m

_______ m, _______ m, y _______ m

_______ m, _______ m, y _______ m

12 Si un número es relativamente primo a 30 y relativamente primo a 49, ¿será relativamente primo a 30 • 49? Explica.

____

____

____

____

13 ¿Cuál es el menor número primo mayor que 47? _______

14 Un *número perfecto* es un número igual a la suma de todos sus factores excepto por sí mismo. Por ejemplo, 6 es un número perfecto porque 6 = 1 + 2 + 3. ¿Es 20 un número perfecto? Halla un número perfecto mayor que 20 y menor que 30.

____

15 Los números enteros consecutivos se presentan uno tras otro, por ejemplo, 4 y 5. Los números impares consecutivos se presentan uno tras otro, por ejemplo, 31 y 33. Los números impares consecutivos que son primos se conocen como números *pares primos*. 3 y 5 son números pares primos. Nombra dos pares más de pares primos.

_______ y _______

_______ y _______

¿Cuál es el error?

Queridos estudiantes de matemáticas:

Estoy tratando de encontrar el mínimo común múltiplo de 20 y 75.

Empecé por hallar los factores primos de cada número.

$20 = 2^2 \cdot 5$

$75 = 3 \cdot 5^2$

Así que hallé que el MCM es $2 \cdot 3 \cdot 5 = 30$.

Mi amigo dijo que el MCM de 20 y 75 tiene que ser 75 o un número mayor.
¿Me puedes ayudar?

Tu amigo,
Pingüino Confundido

16 Escribe la respuesta para Pingüino Confundido.

____

____

____

____

____

____

17 ¿Cuál es el MCM correcto de 20 y 75?

____

Comprobar la comprensión
Halla el MCD y el MCM para 12 y 16.

MCD = ________ MCM = ________

Unidad 5
Prueba rápida 5

Nombre ______________________ **Fecha** ______________

Escribe los factores primos usando exponentes para cada número. Usa exponentes siempre que sea posible. Luego encuentra el máximo común divisor y el mínimo común múltiplo.

1. 32 y 40

   32 = ____________

   40 = ____________

   El máximo común divisor de 32 y 40 es. ____________.

   El mínimo común múltiplo de 32 y 40 es. ____________.

2. 25 y 45

   25 = ____________

   45 = ____________

   El máximo común divisor de 25 y 45 es. ____________.

   El mínimo común múltiplo de 25 y 45 es. ____________.

3. Determina si el máximo común divisor o mínimo común múltiplo es necesario para resolver el problema. Luego resuelve el problema.

   Un tren de la línea roja llega a la estación cada 12 minutos. Un tren de la línea azul llega a la estación cada 15 minutos. Ambos trenes llegaron a la 1:00 p.m. ¿Cuándo llegarán al mismo tiempo otra vez?

   ____

4. Tarik escribió el máximo común divisor de dos números usando exponentes: $2^2 \cdot 3 \cdot 5$. Escribe dos números (ninguno igual a $2^2 \cdot 3 \cdot 5$) que tengan este máximo común divisor.

   ____________ y ____________

Comprobar el conocimiento 11

Nombre ____________________ Fecha ____________________

Camino al conocimiento

1. 22.08 + 5.97

2. 60.17 + 9.83

3. 75.44 + 4.36

4. 46.21 + 11.88

5. 51.29 + 13.67

6. 29.29 + 17.9

7. 151.07 + 30.8

8. 211.67 + 97.7

9. 663.12 + 44.9

10. 952.11 + 77.3

11. \$1.07 + \$0.99

12. \$4.48 + \$0.51

13. \$7.34 + \$0.79

14. \$6.09 + \$3.12

15. \$3.55 + \$3.86

Nombre ______________________ Fecha ____________

Para los Ejercicios 1 y 2, utiliza el orden de las operaciones para simplificar cada expresión.

1. $32 \div 4 \cdot (12 - 8) =$ ____________

2. $40 - 2 \cdot 10 + 22 =$ ____________

3. Simón escribió la ecuación $x - 2 = 7$.

   Elige Sí o No para indicar si cada una de las siguientes ecuaciones tienen la misma solución que $x - 2 = 7$.

   3a. $x - 2 = 7 + 2$ ○ Sí ○ No

   3b. $x - 2 + 2 = 7 + 2$ ○ Sí ○ No

   3c. $x - 2 + 2 = 7$ ○ Sí ○ No

   3d. $x - 2 - 7 = 7 - 7$ ○ Sí ○ No

4. La siguiente figura muestra un rectángulo grande que está compuesto por dos rectángulos más pequeños. Utiliza la propiedad distributiva para escribir dos expresiones equivalentes que represente el área del rectángulo grande. Elige entre los números y los símbolos de la figura. No se utilizarán todas las opciones.

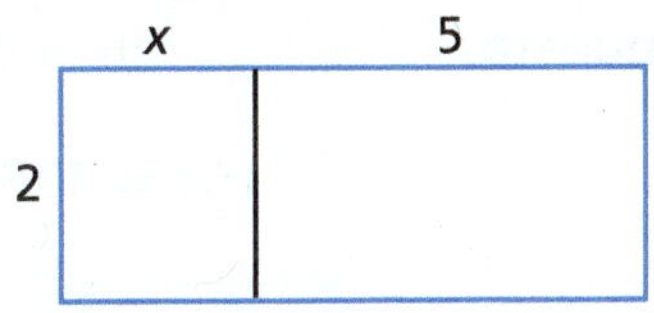

$(x+5)$	2	$-$	$2x$	$(2 + 5)$	10	$+$	10	5	$=$

4a. Representa el área como la suma de precisamente dos términos.

____

4b. Representa el área como un producto en el cual uno de los factores es una suma.

____

4c. Explica por qué las expresiones son equivalentes.

Nombre ______________________ **Fecha** ______________

5 Encierra en un círculo los términos de la expresión. Explica cómo sabes que son términos.

$$10a + a^2 - 9 \div 2$$

____

____

____

6 identifica cada expresión ya sea que represente o no el área de superficie del cubo.

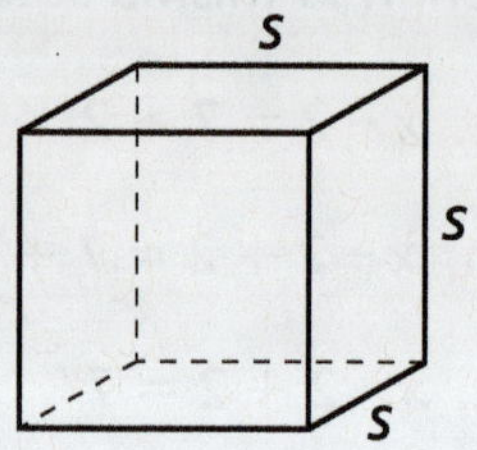

s^3 $6s$ $4s^4$ $6s^2$ $2(s^2) + 4(s^2)$ $s^2 + s^2 + s^2 + s^2 + s^2 + s^2$

Representa	No representa

Para los Ejercicios 7 y 8, resuelve para *x*. Muestra tu trabajo y usa la sustitución para comprobar tu respuesta.

7 $x + 49 = 65$

$x =$ ______________

Comprobación: ______________

8 $15x = 135$

$x =$ ______________

Comprobación: ______________

9 Usa el orden de operaciones para simplificar la expresión.

$8x + 6^2 + 2(3x) - 36 =$ ______________

Para los Ejercicios 10 y 11, evalúa cada expresión para $a = 3$ y $b = 5$.

Muestra tu trabajo.

10 $7 + b^2 - 3a$ ______________

11 $10 + a \cdot (5 + b)$ ______________

Nombre ______________________ **Fecha** ______________

12 Selecciona las expresiones que el modelo representa. Marca todas las que correspondan.

Ⓐ $x + 4 + x + 4$

Ⓑ $4x + 4x$

Ⓒ $2x + 4$

Ⓓ $2(x + 4)$

Ⓔ $2x + 8$

Ⓕ $8x$

13 Rita aplicó la propiedad distributiva a una parte de la expresión $x + 4(x + 3)$ para escribir una expresión equivalente. Selecciona la expresión equivalente. Marca todas las que correspondan.

Ⓐ $x + 4x + 3$

Ⓑ $5x + 12$

Ⓒ $6x + 12$

Ⓓ $x + 4x + 12$

Para los Ejercicios 14 y 15, utiliza las expresiones dadas para escribir cada suma como un producto utilizando la propiedad distributiva para extraer el máximo común divisor (MCD).

Ejemplo: $24 + 32 = \underline{8 \cdot 3} + \underline{8 \cdot 4} = \underline{8(3 + 4)} = \underline{8 \cdot 7}$

14

$9 \cdot 13$	$9 \cdot 6$	$9(7 + 6)$	$9 \cdot 7$

$63 + 54 =$ ____________ $+$ ____________ $=$ ____________ $=$ ____________

15

$6 \cdot 5$	$6 \cdot 6$	$6 \cdot 11$	$6(6 + 5)$

$36 + 30 =$ ____________ $+$ ____________ $=$ ____________ $=$ ____________

Para los Ejercicios 16 y 17, escribe una solución para la desigualdad y para la ecuación.

16 $6x - 5 \geq 13$ ______________________________

17 $10 + x = 3x$ ______________________________

Nombre ______________________ **Fecha** ____________

18 Dwayne quiere ganar al menos $96 por la venta de pastelitos. Vende cada pastelito a $4.

18a. Escribe y resuelve una desigualdad para representar el número de pastelitos que Dwayne tiene que vender para ganar al menos $96. Sea *p* el número de pastelitos.

____

18b. Enumera las tres posibles cantidades de pastelitos que Dwayne podría vender.

____

19 Escribe los factores primos usando exponentes para cada número. Luego halla el máximo común divisor y el mínimo común múltiplo.

12 y 16

12 = __________

16 = __________

máximo común divisor: __________

mínimo común múltiplo: __________

20 El plan telefónico de Bennett le cobra extra si habla más de 300 minutos al mes. En mayo le cobraron extra.

Parte A

Sea *m* el número de minutos que Bennett habló por teléfono en mayo. Escribe una desigualdad para los valores posibles de *m*.

____

Parte B

Haz una gráfica de la desigualdad en la recta numérica.

Explica tu gráfica.

Nombre ______________________ Fecha ______________

Para los Ejercicios 21 y 22, escribe una ecuación que represente el problema. Escribe una ecuación para resolver el problema.

21. Doce de los estudiantes en el club de ciencias fueron de viaje al planetario. Si son $\frac{3}{4}$ de los estudiantes del club, ¿cuál es el cantidad total de estudiantes del club? Sea c el número de estudiantes del club de ciencias.

______________ estudiantes están en el club.

22. Después de que Janelle depositó $72.50 en su cuenta de ahorros, su saldo era de $323. ¿Cuál era su saldo antes de hacer el depósito?
Sea *s* el saldo en dólares antes de que Janelle hubiera hecho el depósito.

$ ______________

23. Cuando la temperatura es 20 °F o menos, Jenn usa su parka larga.

Parte A

Sea *t* la temperatura en grados Fahrenheit para la que Jenn usa su parka. Escribe una desigualdad para los valores posibles de *t*. ______________

Parte B

Haz una gráfica de la desigualdad en la recta numérica.

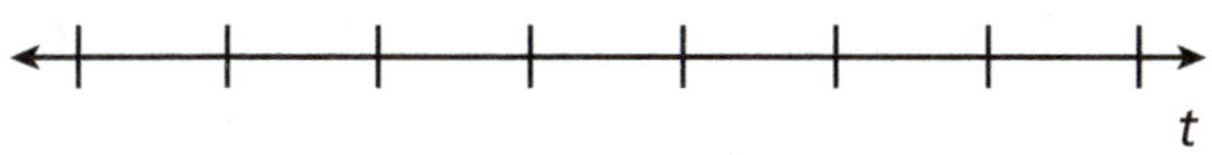

Explica tu gráfica.

Nombre ______________________ Fecha ______________

24 Una tienda en línea de calcetines cobra \$3 por cada par de calcetines. Cobran \$1 por envío, sin importar cuántos pares compres.

Parte A

Completa la tabla.

Pares comprados, n	Costo de los calcetines (\$)	Gastos de envío (\$)	Costo total (\$), c
1		1	
2	6	1	7
3		1	
4		1	
5		1	

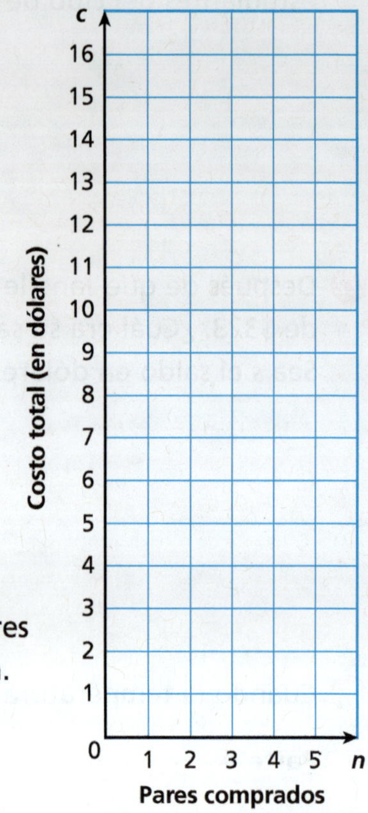

Parte B

En la cuadricula a la derecha, traza los valores de la tabla para n y c. Dibuja una línea discontinua a través de los puntos. Solamente los puntos que representan un número entero de pares tienen sentido, por lo que no se debe utilizar una línea continua.

Parte C

Escribe una ecuación para el costo total c para n pares.

$c =$ ______________________

Parte D

- Explica cómo está representado el costo de cada par de calcetines en la gráfica y en la ecuación.

- Explica cómo está representado el costo de envío en la gráfica y en la ecuación.

Nombre ______________________ Fecha ____________

Expresiones y ecuaciones

Recuerda que la simplificación de expresiones y la resolución de ecuaciones involucra seguir el orden de las operaciones.

1 **Explica la diferencia entre una expresión y una ecuación.**

2 Evalúa la expresión para $5(s + 2) - s^2$ cuando $s = 4$.
Muestra tu trabajo.

3 Escribe tu propia expresión que contenga una variable *n* e incluya dos términos.

____

Escribe un valor para *n*. Evalúa tu expresión.
Muestra tu trabajo.

4 Escribe tu propia expresión que contenga la variable *n* e incluya

- un exponente y
- suma, resta y división.

____

Escribe un valor para *n*. Evalúa tu expresión.
Muestra tu trabajo.

Nombre ______________________ **Fecha** ______________

5 ¿Es $t = 3$ una solución de la ecuación $5t - 2 = 13$? Demuestra o explica cómo lo sabes.

6 Resuelve la ecuación $2x = 15 - 3$ para x. Muestra o explica cómo obtuviste tu respuesta.

7 Escribe tu propia expresión que contenga una variable e incluya dos operaciones.

Muestra los pasos para conseguir la solución de la ecuación.

8 Escribe una ecuación que contenga la variable n e

- incluye un número multiplicado por una suma o una diferencia,
- incluye un exponente *y* los paréntesis,
- incluye la suma y la resta, y
- tiene una solución de 3.

Muestra o explica cómo sabes que la solución de la ecuación es $n = 3$.

An **angle** is formed by two rays with a common endpoint, called the **vertex of the angle.**

Adjacent angles have the same vertex and a common ray and do not overlap.

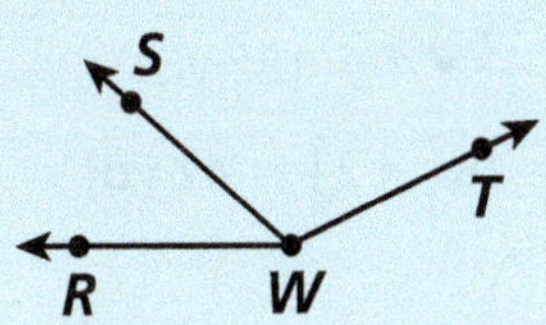

$\angle RWS$ and $\angle TWS$ are adjacent angles.

Vertical angles are opposite angles formed by intersecting lines.

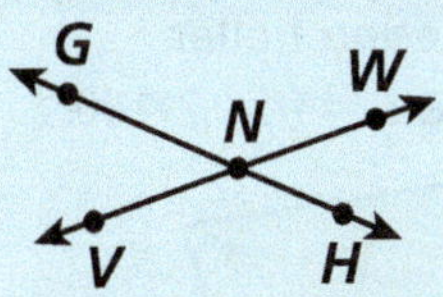

$\angle GNV$ and $\angle WNH$ are vertical angles.
$\angle GNW$ and $\angle VNH$ are vertical angles.

Two angles are **complementary** if the sum of their measures is 90°.

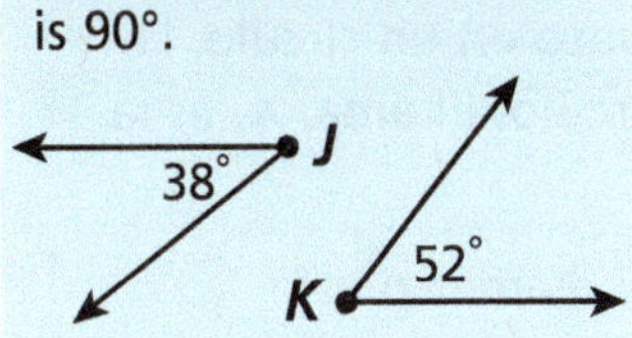

$\angle J$ and $\angle K$ are complementary angles.

Two angles are **supplementary** if the sum of their measures is 180°.

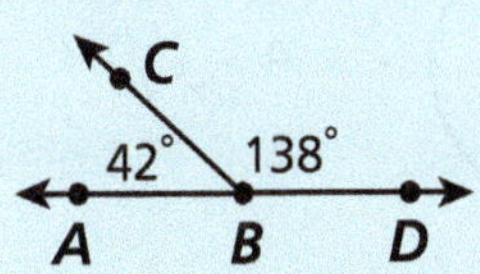

$\angle ABC$ and $\angle CBD$ are supplementary angles.

Dear Family:

In this unit, students are continuing their study of measurement and geometry. They will focus on properties of both solid and plane figures.

Volume of Rectangular Prisms

Volume is the amount of space occupied by a solid figure. For a rectangular prism, the volume V can be found using the formula $V = Bh$. In this formula, B is the area of the rectangular base (length times width, or lw), and h is the height of the prism.

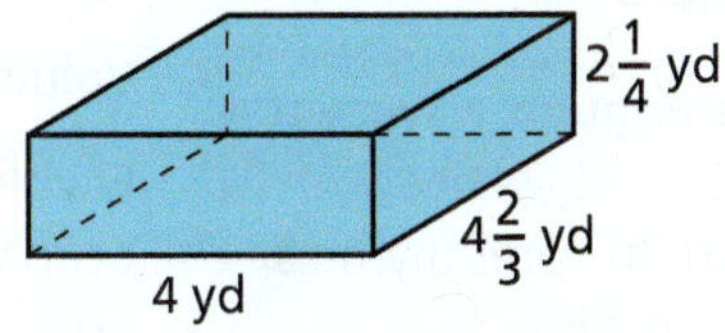

$B = lw = 4\frac{2}{3} \cdot 4 = 18\frac{2}{3}\text{ yd}^2$

$V = Bh = 18\frac{2}{3} \cdot 2\frac{1}{4} = 42\text{ yd}^3$

Angles

Students will study the angle relationships that are shown at the left, and then explore the following facts about the angles of polygons.

The sum of the measures of the interior angles of a triangle is 180°.

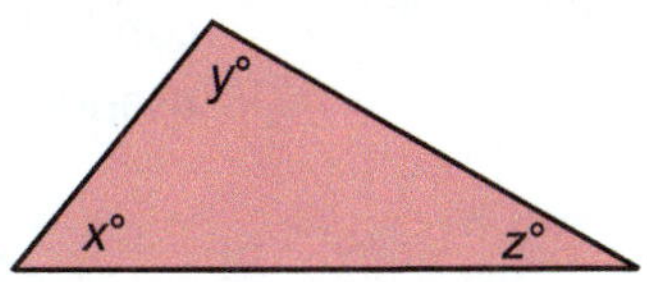

$x° + y° + z° = 180°$

The sum S of the measures of the interior angles of a polygon with n sides can be found using the formula $S = (n - 2)180°$.

$S = p° + q° + r° + s° + t° = (5 - 2)180° = 540°$

Circles

The longest distance across a circle is its **diameter,** d. The **radius,** r, is the distance from the center to any point on a circle. The **circumference,** C, is the distance around a circle. The **area,** A, is the amount of surface a circle encloses.

The ratio of the circumference of a circle to its diameter is represented by the Greek letter **pi** (written π), which is approximated as 3.14 or $\frac{22}{7}$.

The formula $C = \pi d$ can be used to find the circumference of a circle.

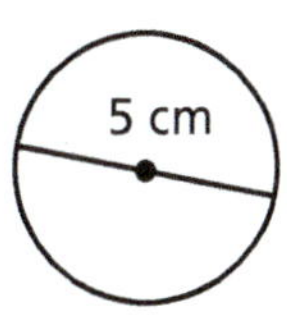

$C = \pi d$

$C \approx (3.14)5$

$C \approx 15.7$ cm

The formula $A = \pi r^2$ can be used to find the area of a circle.

$A = \pi r^2$

$A \approx (\frac{22}{7})7^2$

$A \approx 154\text{ ft}^2$

Sincerely,
Your child's teacher

Un **ángulo** está formado por dos rayos con un extremo común llamado **vértice del ángulo**.

Los **ángulos adyacentes** tienen el vértice y un rayo en común y no se superponen.

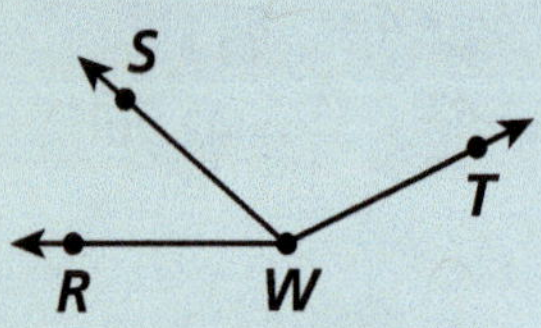

$\angle RWS$ y $\angle TWS$ son ángulos adyacentes.

Los **ángulos verticales** son ángulos opuestos formados por líneas secantes.

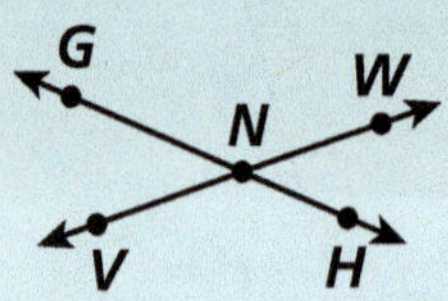

$\angle GNV$ y $\angle WNH$ son ángulos verticales.

Dos ángulos son **complementarios** si la suma de sus medidas es 90°.

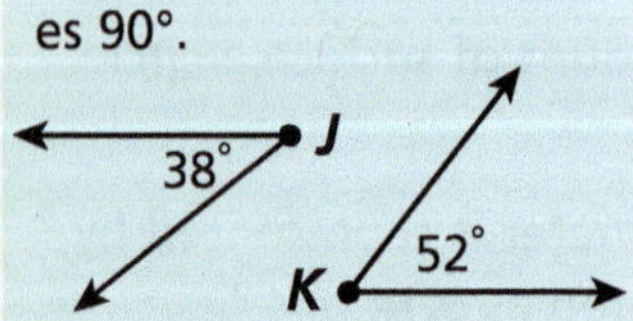

$\angle J$ y $\angle K$ son ángulos complementarios.

Dos ángulos son **suplementarios** si la suma de sus medidas es 180°.

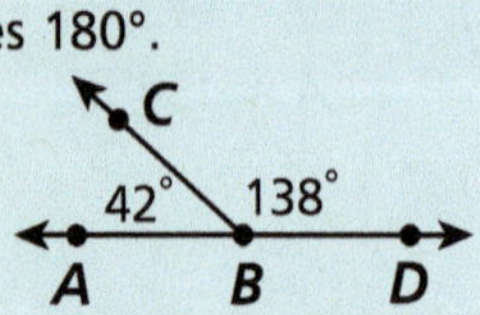

$\angle ABC$ y $\angle CBD$ son ángulos suplementarios.

Estimada familia:

En esta unidad, los estudiantes continúan su estudio de la medición y geometría. Se centrarán en las propiedades de los cuerpos geométricos y figuras planas.

Volumen de prismas rectangulares

El **volumen** es la cantidad de espacio que ocupa un cuerpo geométrico. Para el prisma rectangular, el volumen V se puede hallar usando la fórmula $V = Bh$. En esta fórmula, B es el área de la base rectangular (longitud por ancho, o la), y h es la altura del prisma.

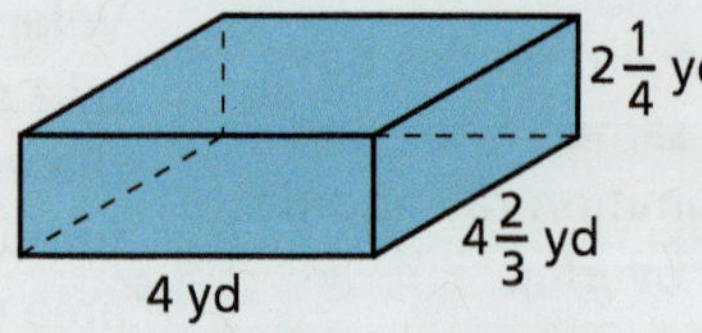

$B = la = 4\frac{2}{3} \cdot 4 = 18\frac{2}{3}\text{ yd}^2$

$V = Bh = 18\frac{2}{3} \cdot 2\frac{1}{4} = 42\text{ yd}^3$

Ángulos

Los estudiantes estudiarán las relaciones entre ángulos que se muestran a la izquierda y luego explorarán los siguientes datos sobre los ángulos de polígonos.

La suma de las medidas de los ángulos interiores de un triángulo es 180°.

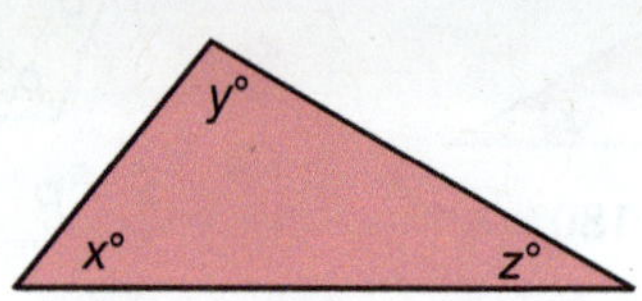

$x° + y° + z° = 180°$

La suma S de las medidas de los ángulos interiores de un polígono con lados n se pueden hallar usando la fórmula $S = (n - 2)180°$.

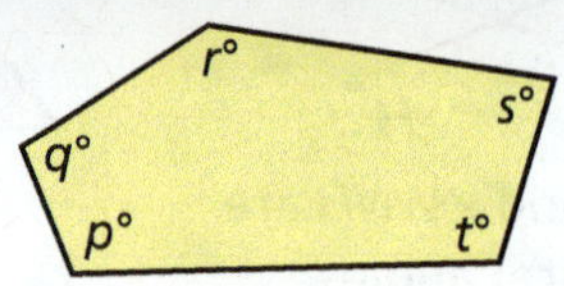

$S = p° + q° + r° + s° + t° = (5 - 2)180° = 540°$

Círculos

La distancia más larga a través de un círculo es su **diámetro,** d. El **radio,** r, es la distancia desde el centro hasta cualquier punto en un círculo. La **circunferencia,** C, es la distancia alrededor de un círculo. El **área,** A, es la cantidad de superficie que rodea un círculo.

La relación entre la circunferencia de un círculo y su diámetro está representada por la letra griega **pi** (escrita π), la cual se aproxima a 3.14 o $\frac{22}{7}$.

La fórmula $C = \pi d$ se puede usar para hallar la circunferencia de un círculo.

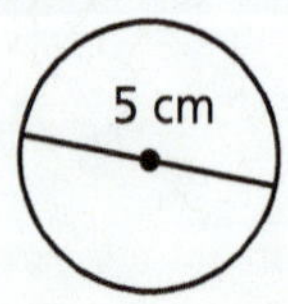

$C = \pi d$

$C \approx (3.14)5$

$C \approx 15.7$ cm

La fórmula $A = \pi r^2$ se puede usar para hallar el área de un círculo.

$A = \pi r^2$

$A \approx (\frac{22}{7})7^2$

$A \approx 154\text{ pies}^2$

Atentamente,

El maestro de su hijo

ángulo agudo	**centro**
ángulos adyacentes	**circunferencia**
ángulo	**ángulos complementarios**

Punto equidistante de todos los puntos del círculo.

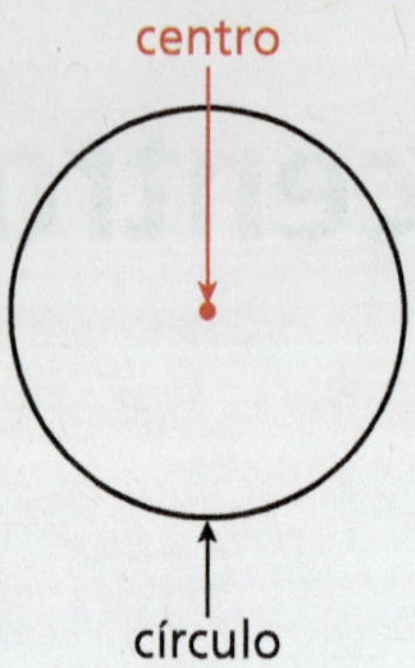

Ángulo que mide menos de 90º.

Ejemplos:

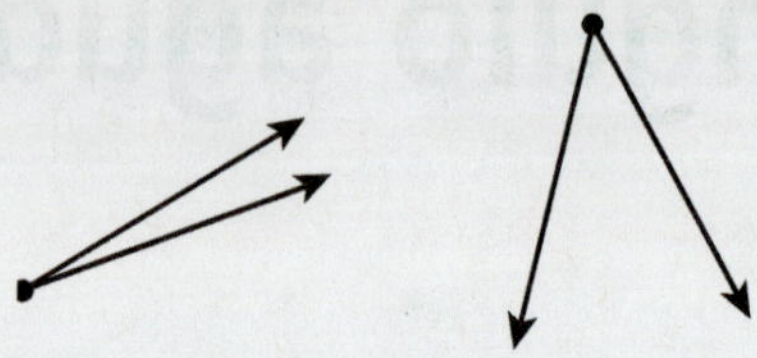

Distancia alrededor de un círculo.

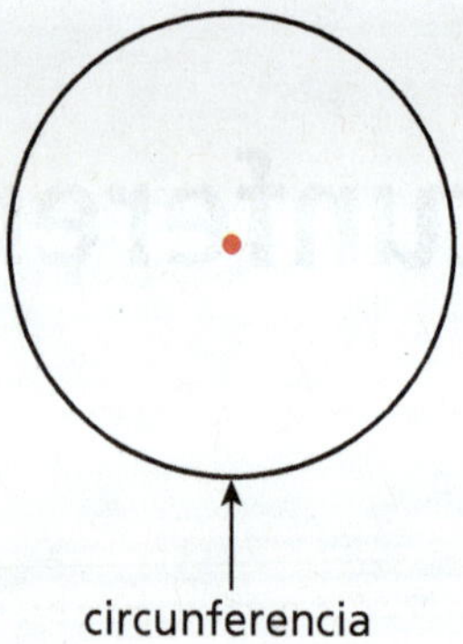

Dos ángulos que tienen el mismo vértice, un rayo en común y no se superponen.

Ejemplo:

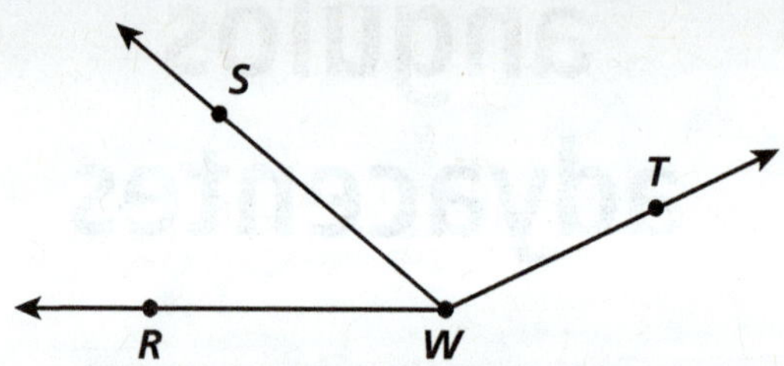

$\angle RWS$ y $\angle SWT$ son ángulos adyacentes.

Dos ángulos cuyas medidas suman 90º.

Ejemplo:

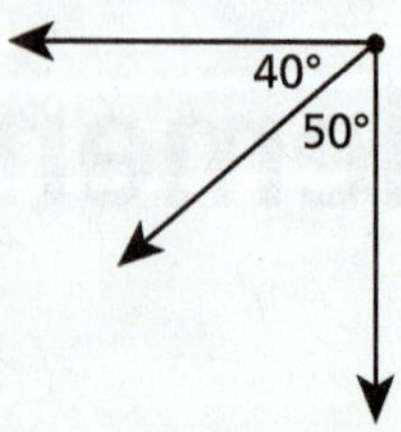

Figura formada por dos rayos con el mismo extremo.

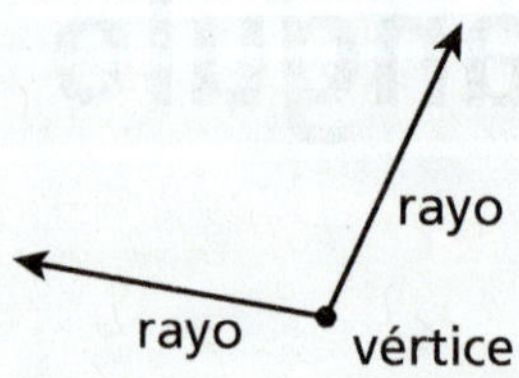

cono	**densidad**
unidad cúbica (unidad^3)	**diagonal de un polígono**
cilindro	**diagonal de un cuadrilátero**

Razón de la masa de un objeto a su volumen.

$$\text{densidad} = \frac{\text{masa}}{\text{volumen}}$$

Figura tridimensional que tiene una base, que es un círculo.

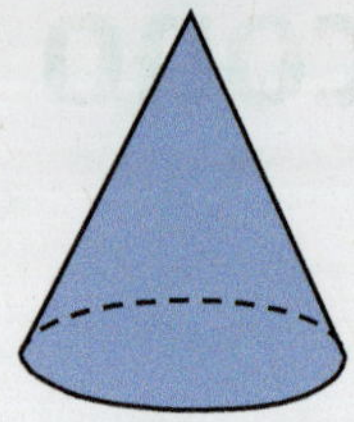

cono

Segmento de recta que conecta dos vértices de un polígono, pero no es un lado.

Ejemplo:

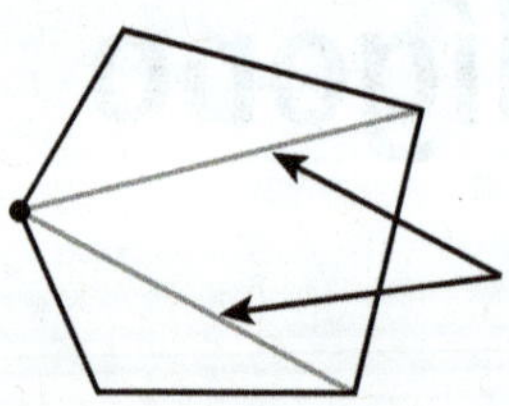

Unidad para medir volumen. Es el volumen de un cubo con aristas que miden 1 unidad de largo.

Ejemplo:

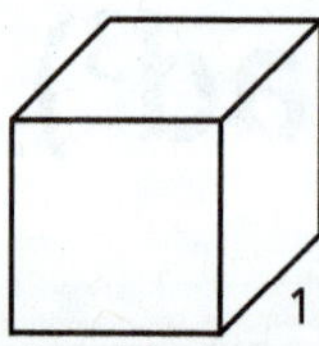

Segmento de recta que conecta dos vértices opuestos.

Ejemplo:

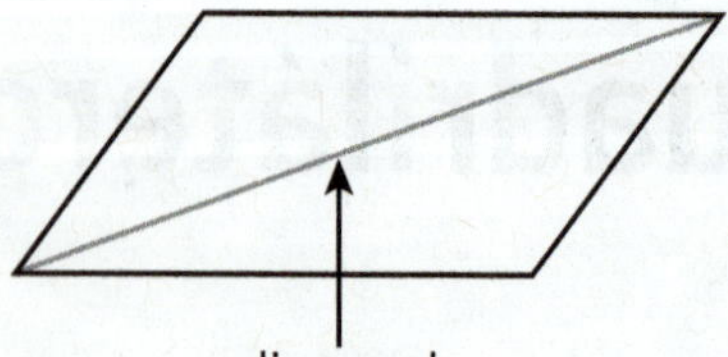

Figura tridimensional que tiene dos bases paralelas circulares.

Ejemplo:

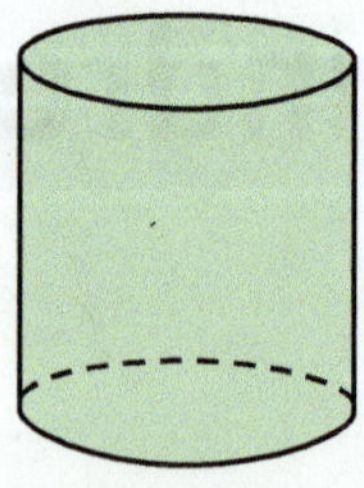

cilindro

diámetro	**rectas secantes**
ángulo externo	**número irracional**
ángulo interno	**ángulo obtuso**

Dos rectas que se unen en un punto.

Ejemplos:

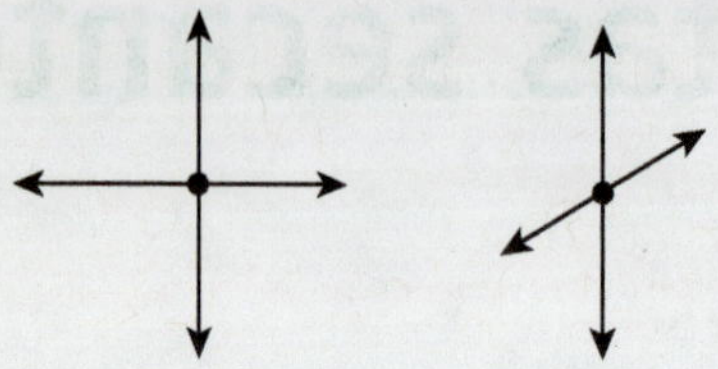

La distancia de un círculo a través del centro.

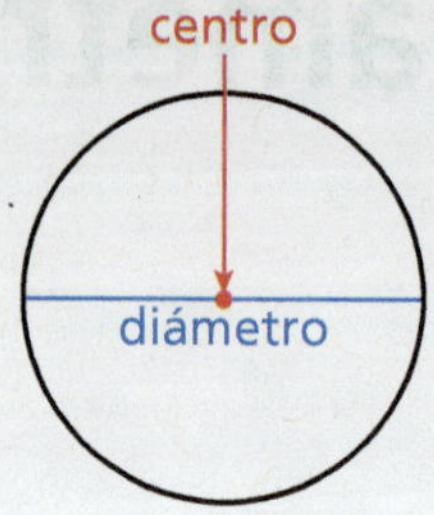

Número que no se puede escribir como la razón de dos enteros.

Ángulo que se forma por la extensión de uno de los lados de un polígono.

Ejemplo:

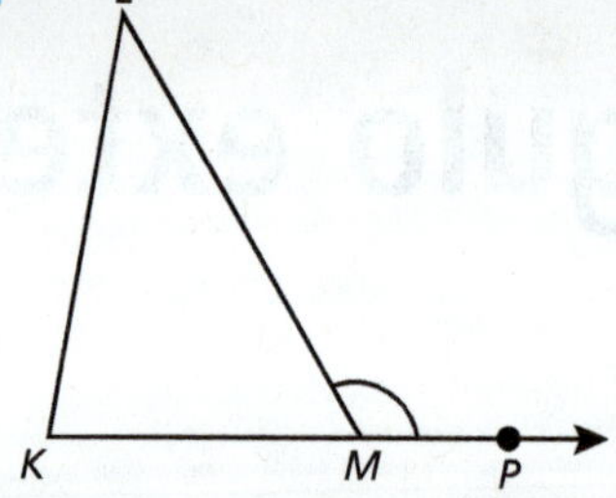

$\angle LMP$ es un ángulo externo del triángulo KLM.

Ángulo que mide más de 90º pero menos de 180º.

Ejemplos:

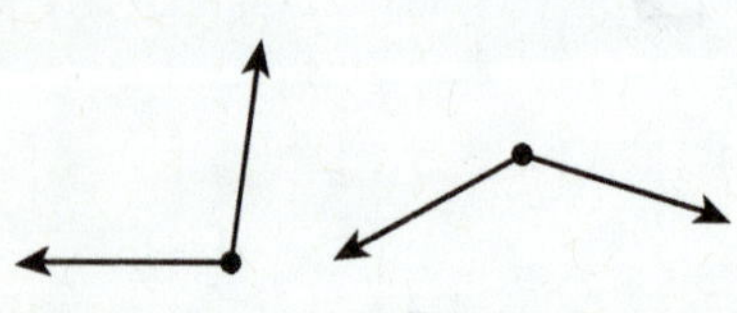

Ángulo dentro de un polígono.

Ejemplo:

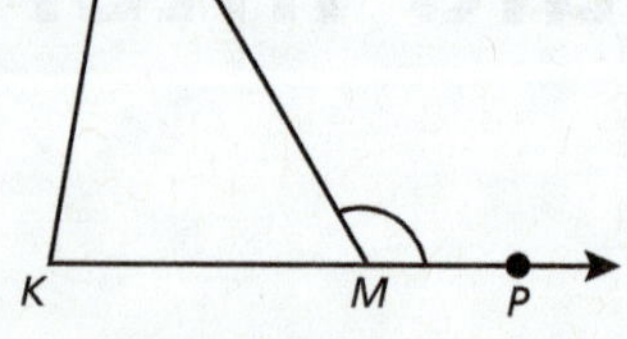

$\angle K$, $\angle L$ y $\angle LMK$ son ángulos internos.

pi (π)	**radio**
transportador	**ángulo recto**
rayo	**ángulo llano**

Distancia desde el centro de un círculo hasta cualquier punto del círculo. El radio de un círculo es un medio de su diámetro.

Valor de la razón de la circunferencia de un círculo a su diámetro. Su valor aproximado es 3.14 o $\frac{22}{7}$.

Ángulo que mide 90º.

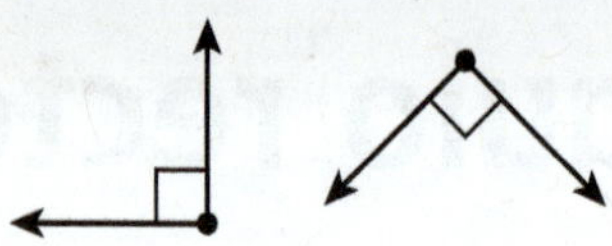

Utensilio que se usa para medir ángulos.

Ángulo que mide 180º. Forma una recta.

Ejemplo:

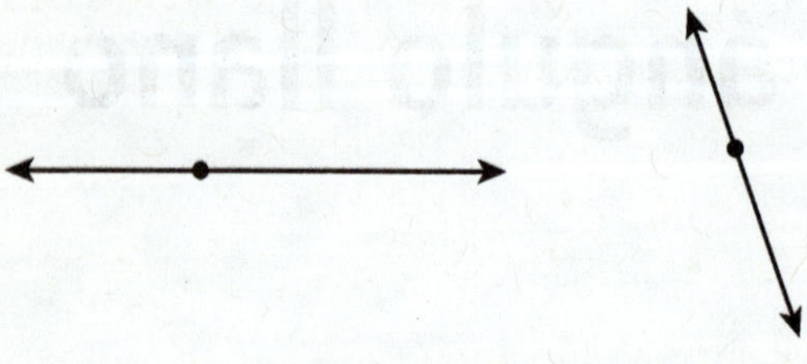

Parte de una recta que comienza en un punto y se extiende indefinidamente en una dirección. El punto se llama extremo del rayo.

Ejemplo:

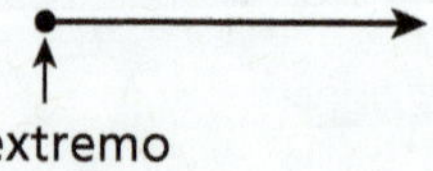

ángulos suplementarios	**ángulos opuestos por el vértice**
cubo unitario	**volumen**
vértice de un ángulo	

Ángulos que se forman al intersecarse rectas opuestas. Los ángulos opuestos por el vértice miden lo mismo.

Ejemplo:

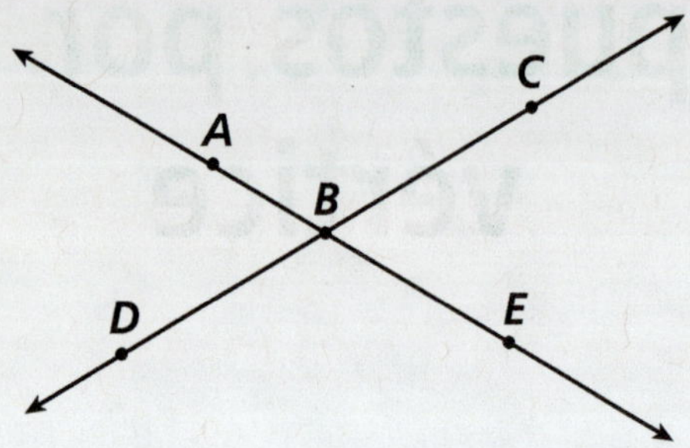

Dos ángulos para los cuales la suma de sus medidas es 180º.

Ejemplo:

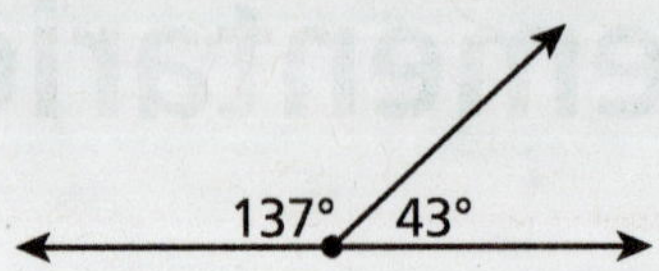

Cantidad de espacio ocupado por un cuerpo geométrico. El volumen se mide en unidades cúbicas.

Cubo con aristas de una unidad.

Extremo que comparten los dos rayos que forman un ángulo.

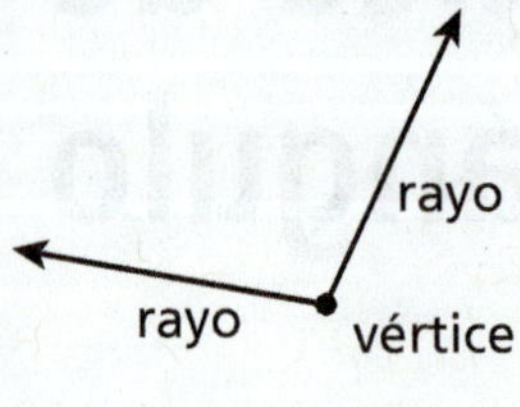

Nombre ______________________________

Plantillas de unidades cúbicas y un prisma rectangular

Recorta las plantillas y forma la figura sólida.

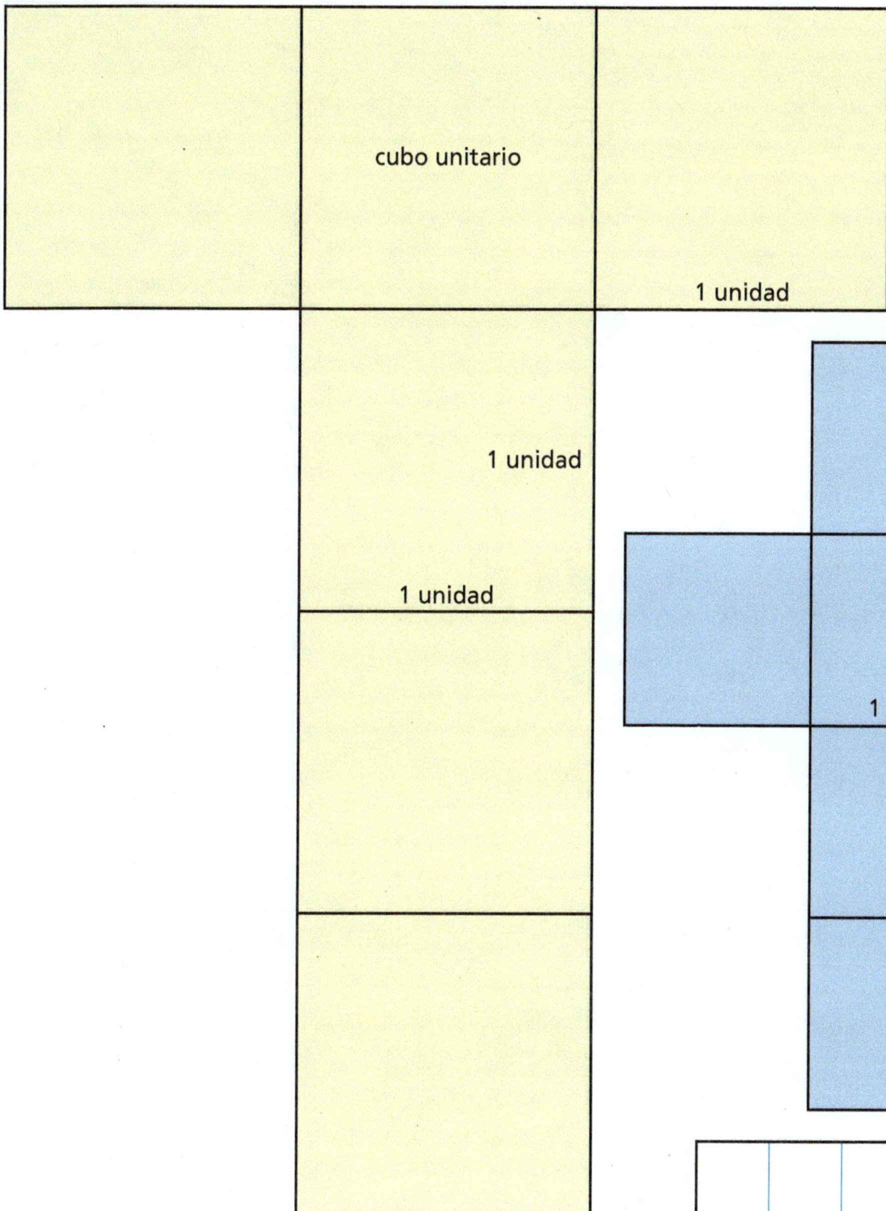

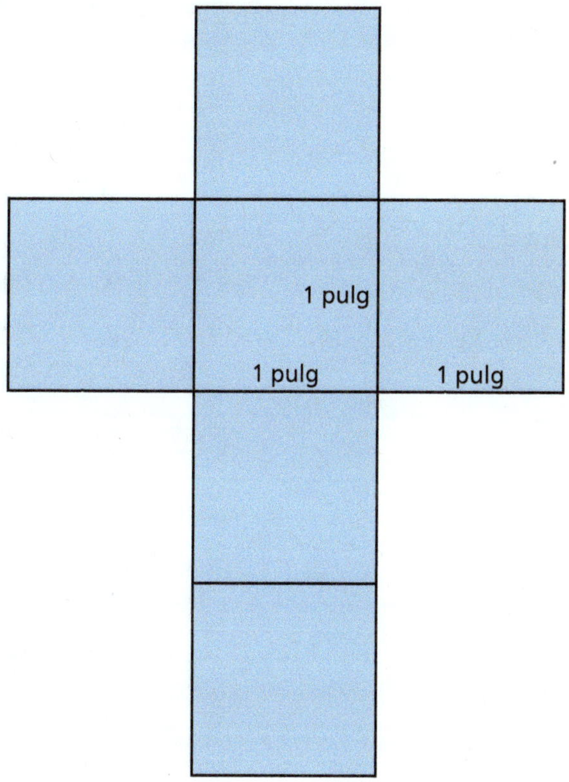

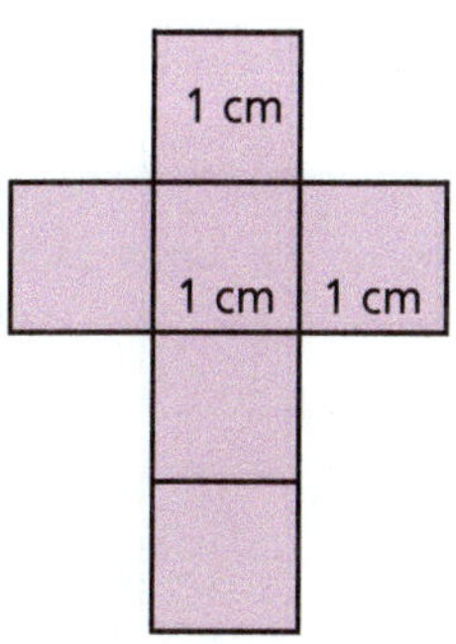

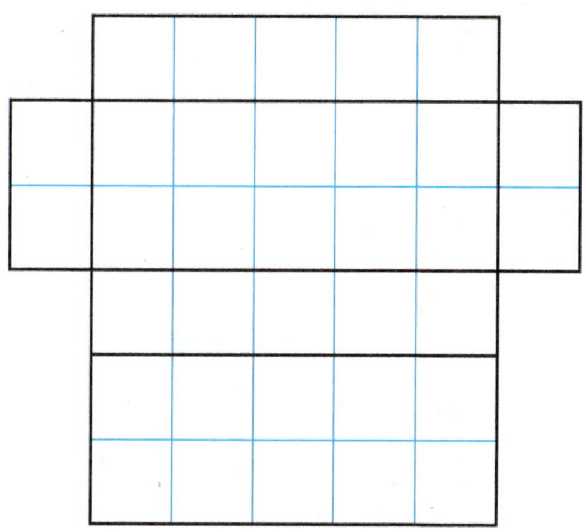

Plantillas de unidades cúbicas y un prisma rectangular (continuación)

Nombre ______________________

Unidades cúbicas

VOCABULARIO
volumen
cubo unitario
unidad cúbica (unidad^3)

El volumen de una figura sólida es la cantidad de espacio que ocupa la figura. El volumen se mide en unidades cúbicas.

1. ¿Cómo se puede medir la cantidad de espacio que ocupa cada uno de estos prismas rectangulares? ¿Cuánto espacio hay dentro de cada uno de los prismas rectangulares? ¿Cuántos cubos unitarios se necesitan para rellenar el prisma rectangular?

____

____

____

____

Un **cubo unitario** es un cubo con cada arista de 1 unidad de longitud. El volumen de un cubo unitario es 1 unidad cúbica. Se puede escribir 1 **unidad cúbica** o 1 unidad^3.

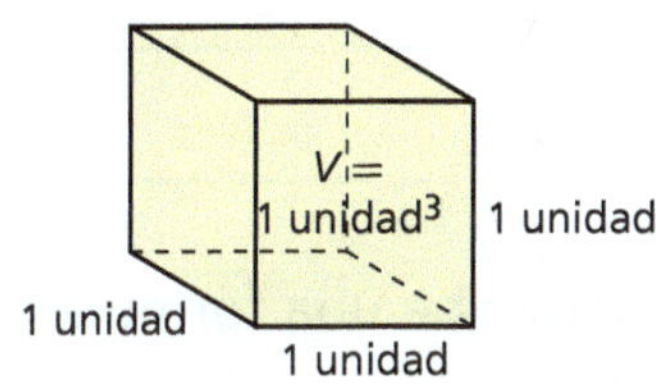

2. Rotula la longitud, ancho y altura del cubo en centímetros a la derecha. Escribe el volumen del cubo en centímetros de dos maneras.

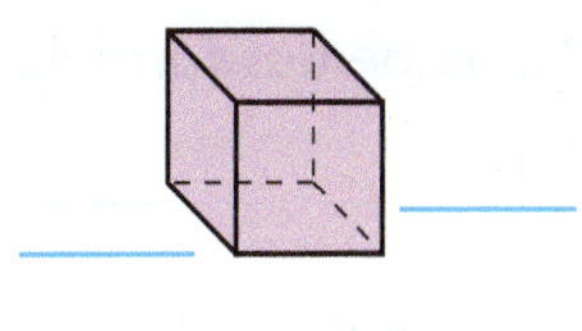

________________ ________________

Escribe el volumen del cubo de dos maneras.

3. cubo en pulgadas
4. cubo en metros
5. cubo en pies
6. cubo en yardas

¿Cuál es la diferencia entre area de superficie y volumen?

Completa.

7 ¿Cuál es el área de superficie del cubo unitario que hiciste?

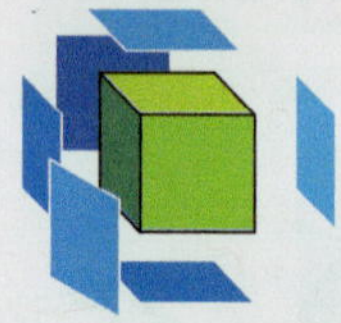

____

8 ¿Cuál es el área de superficie de una pulgada cúbica?

____

9 ¿Cuál es la diferencia entre el volumen y el área de superficie?

____

____

10 ¿Cómo se diferencia la unidad que se usa para medir el área de superficie de la unidad usada para medir el volumen?

____

____

11 ¿Cuál es el área de superficie y el volumen del prisma que hiciste?

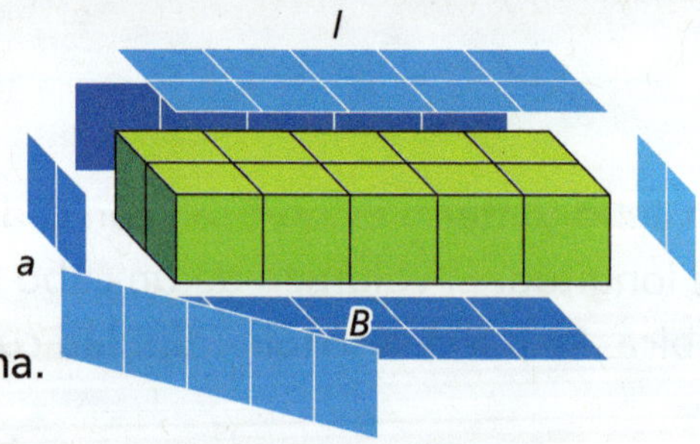

AS = _______________

V = _______________

12 Escribe una fórmula para el área de superficie del prisma.

AS = _______________

13 Escribe dos fórmulas para el volumen de un prisma rectangular.

V = _______________ *V* = _______________

Halla el área de superficie y el volumen de los prismas.

14

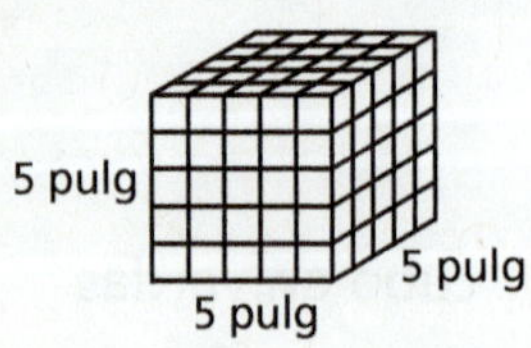

AS = _______________

V = _______________

15

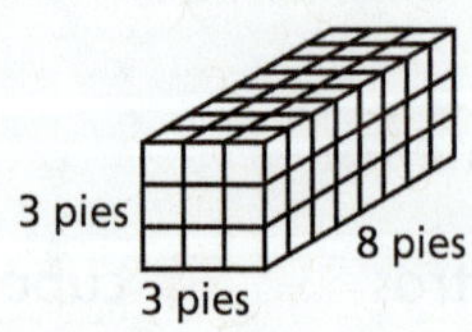

AS = _______________

V = _______________

16

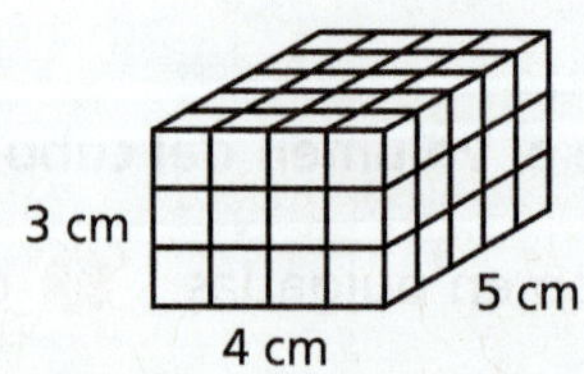

AS = _______________

V = _______________

Nombre ______________________________

¿Cuál es el error?

Queridos estudiantes de matemáticas:

Mi tarea era hacer un prisma con un volumen de 4 cm^3. Hice el prisma a la derecha. Mi amigo dice que tengo demasiados cubos en el prisma. ¿Quién tiene la razón? Explica.

Tu amigo,
Pingüino Confundido

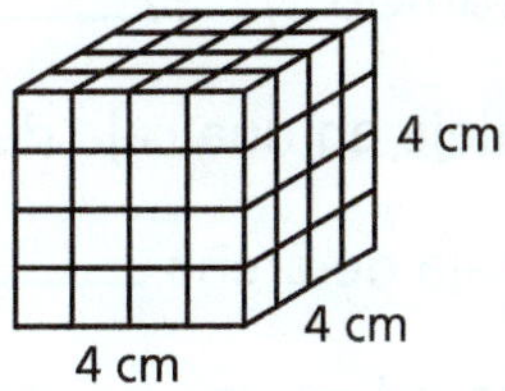

17 Escribe una respuesta a Pingüino Confundido.

____

____

____

Queridos estudiantes de matemáticas:

Hallé que el volumen de un cubo que mide 2 cm por 2 cm por 2 cm es de 6 cm^3, pero cuando construí el cubo de centímetros cúbicos usé 8 cubos y no 6. ¿Qué hice mal?

Tu amigo,
Pingüino Confundido

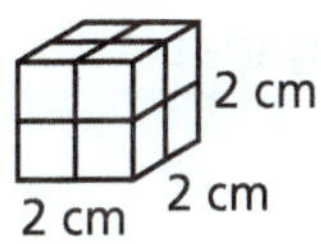

18 Escribe una respuesta a Pingüino Confundido.

____

____

____

Elegir una medida

Elige la medida más adecuada. Escribe *perímetro*, *área de superficie* o *volumen*.

19 la distancia alrededor de un edificio ____________

20 la cantidad de papel de embalaje en una caja de regalo ____________

21 la cantidad de arena en una caja de arena ____________

22 la cantidad de espacio en la pared en una habitación ____________

Resolver problemas del mundo real

Resuelve. Usa el acuario a la derecha para los Ejercicios 23 a 25.

23 ¿Cuántos pies cúbicos de agua se necesitan para llenar este acuario? ¿Cuál es el área de superficie del agua expuesta al aire?

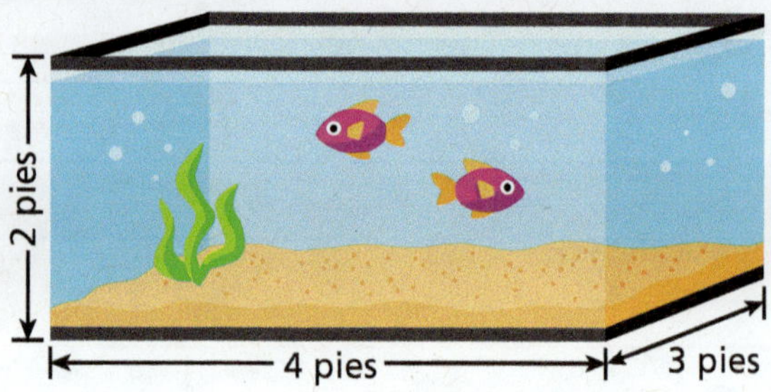

____

24 Hal quiere hacer un agujero en la pared de su restaurante para mostrar una de las caras más grandes de este acuario. Cortó un agujero que es de 25 pulgadas de alto por 27 pulgadas de longitud. ¿Cabrá el acuario? Explica.

____

25 Los lados de este acuario son de vidrio. ¿Cuánto vidrio se necesitó para hacer el acuario?

____

26 ¿Cuál es el mayor número de cajas rectangulares de 2 pulg × 2 pulg × 4 pulg que caben en una caja con un volumen de 3,456 $pulg^3$ y una base rectangular de 12 pulg × 24 pulg?

____

Nombre ____________________

VOCABULARIO
densidad

Relacionar masa, volumen y densidad

La relación de la masa y el volumen de un elemento se denomina **densidad**.

densidad = $\frac{\text{masa}}{\text{volumen}}$ $d = \frac{m}{V}$ d = densidad m = masa V = volumen

La densidad es la masa de una unidad de volumen.

La tabla muestra la masa, volumen y densidad de varias piezas de metal sólido. Completa la tabla y utilízala para resolver los Ejercicios 31 a 32.

Metal	Masa (g)	Volumen (cm^3)	Densidad ($\frac{g}{cm^3}$)
27 Plomo	1,130 g	100 cm^3	
28 Hierro	158 g	20 cm^3	
29 Aluminio	121.5 g		2.7 $\frac{g}{cm^3}$
30 Oro		20 cm^3	19.3 $\frac{g}{cm^3}$

31 Supón que tienes un centímetro cúbico de plomo y un centímetro cúbico de aluminio. ¿Cuál tiene mayor masa? ¿Por qué?

____

____

32 Supón que tienes un pedazo de oro y un pedazo de hierro. Cada pieza tiene la misma masa. ¿Cuál pieza tiene mayor volumen? ¿Por qué?

____

____

____

Resuelve.

33 ¿Cuál es el volumen de una pieza de plata con una masa de 5,250 gramos y una densidad de 10.5 gramos por centímetro cúbico?

____

34 ¿Cuál es la masa de un trozo de cobre con un volumen de 50 centímetros cúbicos y una densidad de 8.9 gramos por centímetro cúbico?

____

¿Flotará?

35 ¿Cuál es la densidad de un trozo de madera 5 cm por 10 cm por 2 cm que tiene una masa de 75 gramos?

La densidad del agua es 1 $\frac{g}{cm^3}$. Si un objeto tiene una densidad menor que 1 $\frac{g}{cm^3}$, flotará en el agua. Si tiene una densidad superior a 1 $\frac{g}{cm^3}$, se hundirá.

36 ¿La pieza de madera en el problema 35 se hundirá o flotará? Explica.

37 La densidad del aluminio es 2.7 $\frac{g}{cm^3}$. ¿Un pedazo de aluminio sólido se hundirá o flotará? Explica.

38 Supón que un trozo de aluminio es reformado para formar una pelota hueca con una masa de 48.4 g y un volumen de 60.5 cm^3. ¿Flotará o se hundirá? Explica.

Comprobar la comprensión

¿Cuál es la diferencia entre volumen y el área de superficie?

Nombre ______________________________

Plantillas para parte de un cubo unitario

Recorta plantillas y forma las figuras sólidas.

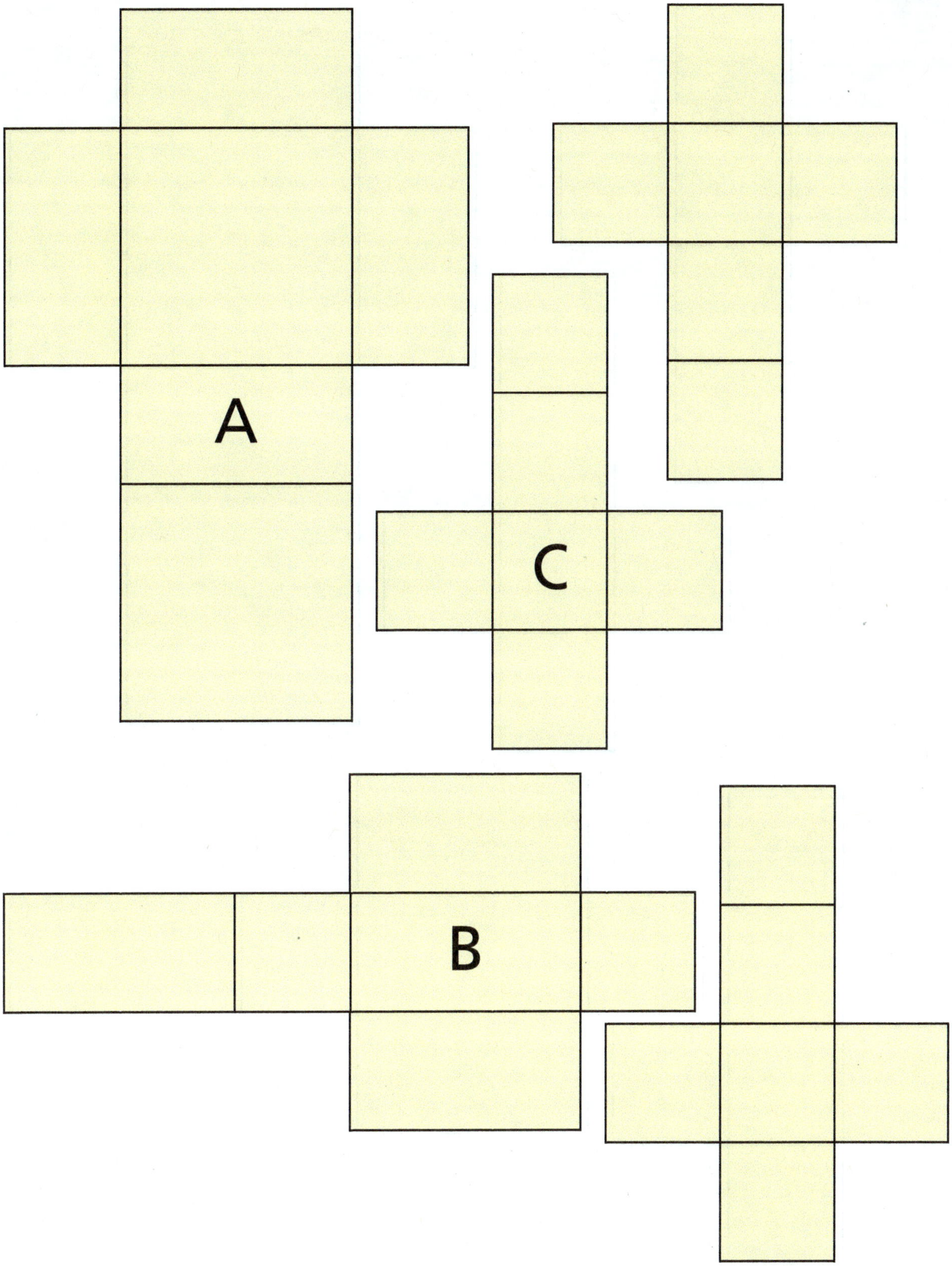

Plantillas para parte de un cubo unitario (continuación)

Nombre ______________________________

Prismas rectangulares con volúmenes menores que 1 unidad cúbica

Coloca los cubos en tu escritorio en orden de mayor volumen a menor volumen como se muestra a continuación.

Cubo unitario

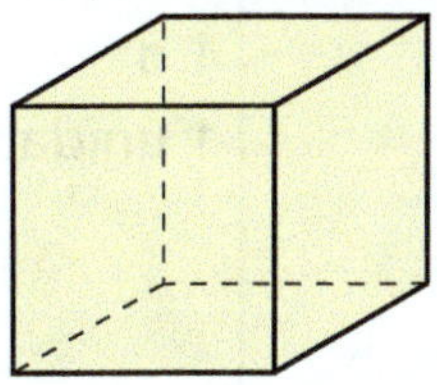

1 unidad cúbica

Prisma A

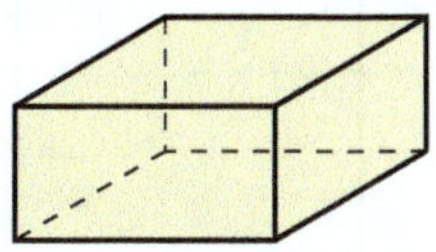

$\frac{1}{2}$ de unidad cúbica

Prisma B

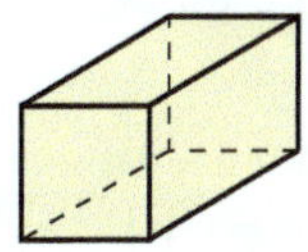

_______ del Prisma A

Prisma C

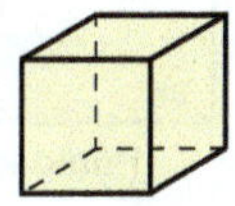

_______ del Prisma B

1 ¿Cuántos de cada uno de estos prismas se necesitan para hacer el cubo unitario?

Prisma A: __________ Prisma B: __________ Prisma C: __________

2 ¿Cuál es el volumen de cada prisma?

Prisma A Prisma B Prisma C

$V =$ __________ $V =$ __________ $V =$ __________

Algunos estudiantes hallaron el volumen del prisma B multiplicando.

	Volumen del Prisma B	Volumen del Prisma C
Terence	$\frac{1}{2}$ de $\frac{1}{2}$ de un cubo unitario o $\frac{1}{4}$ de unidad^3.	
Serena	$\frac{1}{2} \cdot \frac{1}{2}$ de una unidad cúbica o $\frac{1}{4}$ de unidad^3.	
Emma	Se toma $\frac{1}{4}$ de un cubo unitario o $\frac{1}{4}$ de unidad^3 para hacer el Prisma B.	

3 ¿Por qué las 3 descripciones son correctas?

____

____

____

4 Completa la tabla para mostrar cómo Terence, Serena y Emma describirían el volumen del prisma C.

Calcular el volumen menor que 1 unidad cúbica

Completa la tabla.

	Prisma	longitud (l)	ancho (a)	altura (h)	longitud × ancho × altura (lah)	$lah = V$
5	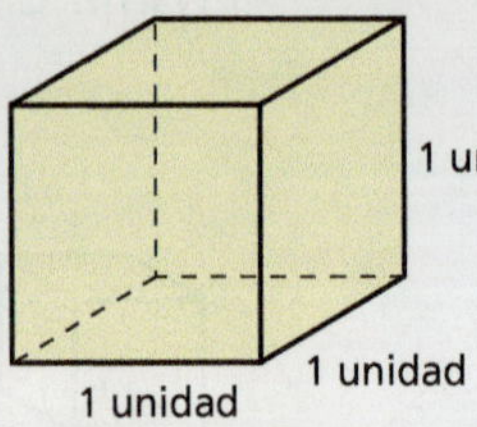	1 unidad	1 unidad	1 unidad	1 • 1 • 1	1 • 1 • 1 = 1 o 1 unidad^3
6	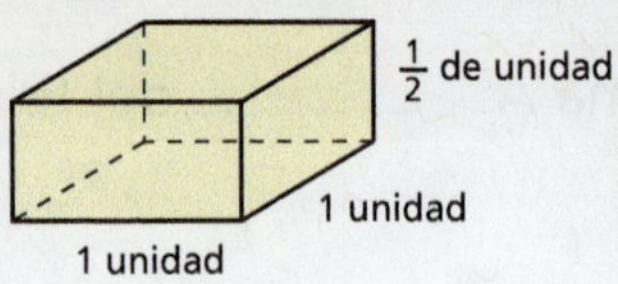					
7	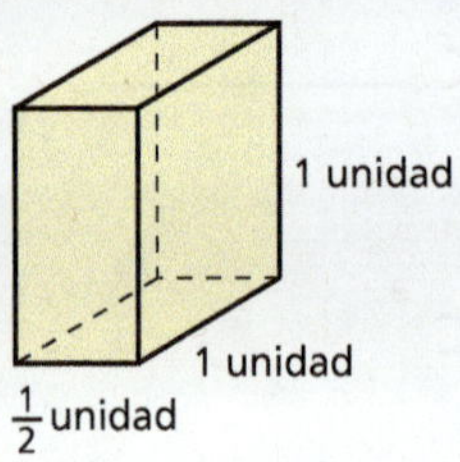					
8	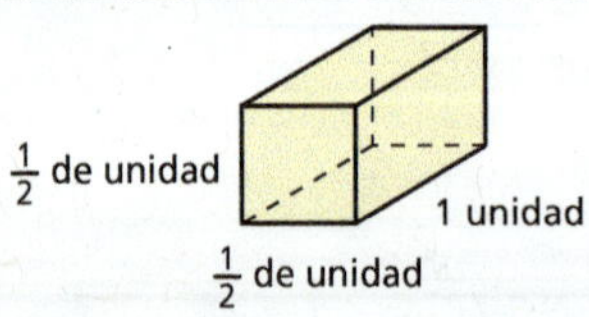					
9	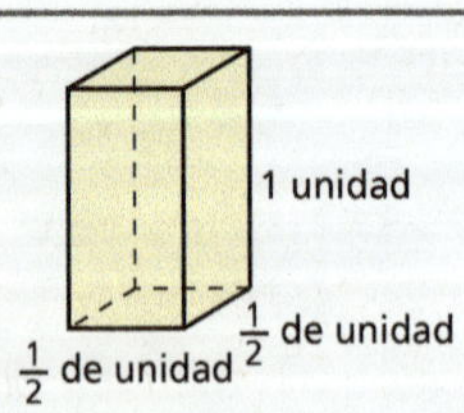					
10	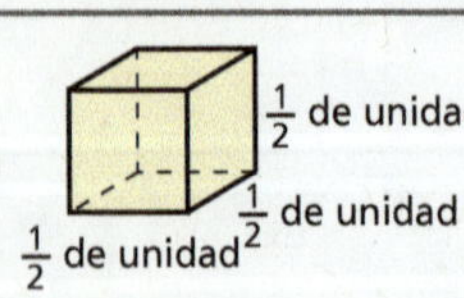					

11 ¿Cómo se relaciona el volumen de un prisma con la longitud, ancho y altura del prisma? ____________________________

____

Nombre ______________________________

Hallar el volumen con cubos unitarios

Resuelve. Si la respuesta es igual o mayor que 1, escribe la respuesta como un número entero o mixto.

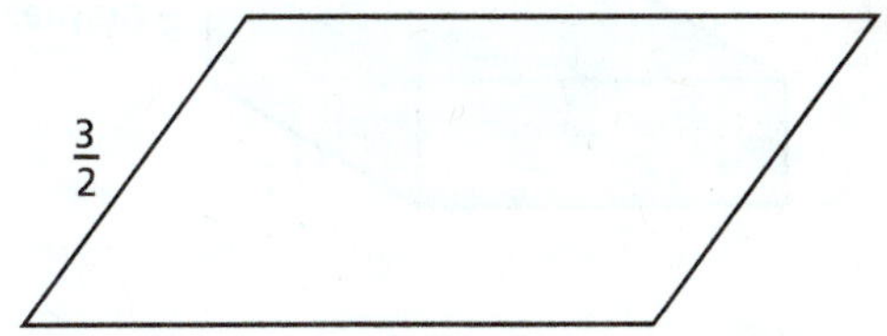

12. Representa un prisma con la base de la derecha y una altura de $\frac{1}{2}$ de unidad. Usa tus cubos con $\frac{1}{2}$ de unidad de longitud de arista como cubos unitarios.

13. ¿Cuántos cubos con aristas de $\frac{1}{2}$ de unidad de longitud se necesitarán para hacer el prisma? ______________

14. ¿Qué ecuación puedes escribir para mostrar el volumen de 9 de estos cubos?

____

15. ¿Qué otra ecuación puedes escribir para describir el volumen del prisma de $\frac{3}{2}$ de unidad por $\frac{3}{2}$ de unidad por $\frac{1}{2}$ de unidad?

____

16. Supón que construiste un prisma sobre una base cuadrada de $\frac{4}{3}$ de unidad por $\frac{4}{3}$ de unidad con una altura de $\frac{1}{3}$ de unidad. Si utilizas como cubo unitario un cubo con aristas de $\frac{1}{3}$ de unidad de longitud, ¿cuántos cubos se necesitarían para formar el prisma?

____

17. ¿Cuáles dos ecuaciones podrías escribir para mostrar el volumen de un prisma de $\frac{4}{3}$ de unidad por $\frac{4}{3}$ de unidad por $\frac{1}{3}$ de unidad?

____

____

18. ¿Qué ecuación podrías escribir para mostrar el volumen de un cubo de $\frac{1}{n}$ por $\frac{1}{n}$ por $\frac{1}{n}$?

____

Volúmenes de prismas con aristas de longitudes fraccionarias

Halla el volumen.

19 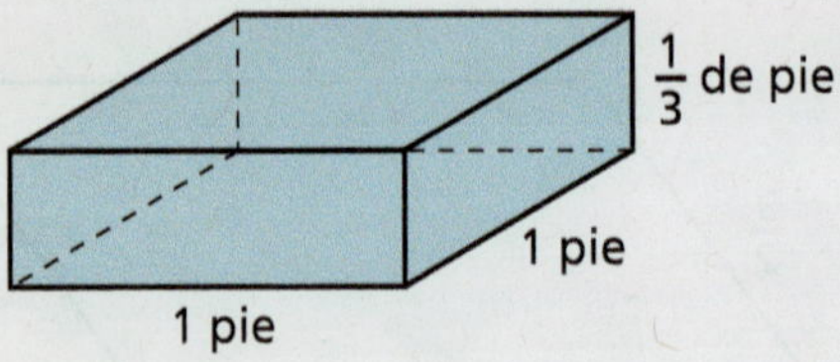

$V =$ ______

20 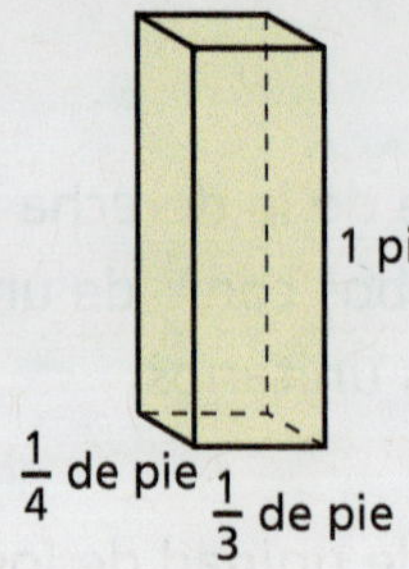

$V =$ ______

21 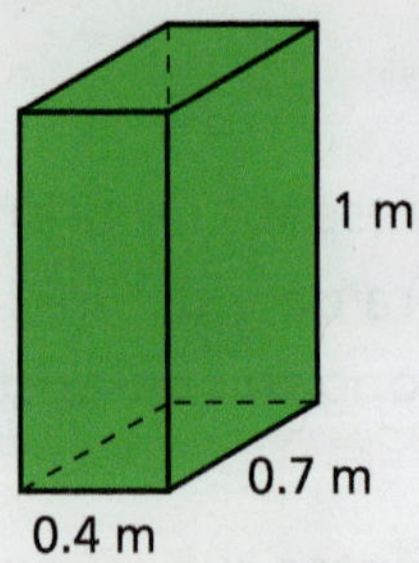

$V =$ ______

22 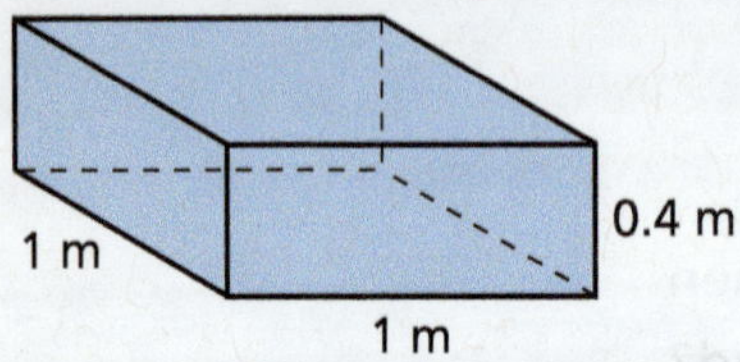

$V =$ ______

23 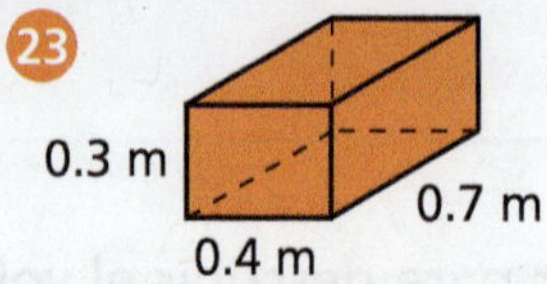

$V =$ ______

24 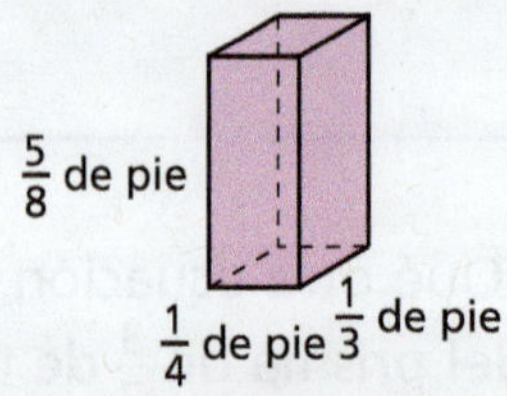

$V =$ ______

25 Describe dos prismas rectangulares diferentes que tengan cada uno un volumen de $\frac{6}{175}$ de $pulg^3$.

a. ¿Cuáles tres factores darán como resultado un producto de 6?

______

b. ¿Cuáles tres factores darán como resultado un producto de 175?

______

c. ¿Qué fracciones puedes hacer con estos factores que podrían ser las dimensiones de un prisma rectangular?

______

d. ¿Cuáles fracciones puedes hacer con estos factores que podrían ser las dimensiones de un prisma rectangular diferente?

______

26 Describe dos prismas rectangulares que tengan cada uno un volumen de 0.125 m^3.

______

Comprobar la comprensión

Explica cómo hallar el volumen de prismas rectangulares que tengan longitudes de arista fraccionarias.

Nombre ______________________________

Capas de prisma

Recorta las plantillas y forma las figuras sólidas.

Capas de prisma (continuación)

Nombre ______________________________

Construir un prisma con capas enteras y mitades de capas

Así se construye un prisma que tiene una longitud de 5 cm, un ancho de 2 cm y una altura de $2\frac{1}{2}$ cm usando capas enteras y mitades de capas.

- Apila dos capas de un prisma que tiene una base de 5 cm por 2 cm y 1 cm de altura.
- A continuación, apila una capa de un prisma que tiene una base de 5 cm por 2 cm y $\frac{1}{2}$ cm de altura.

Construye prismas con capas enteras y medias capas para completar la siguiente tabla.

	longitud (*l*) (en cm)	ancho (*a*) (en cm)	largo × ancho (*la*)	Área de la Base (*B*)	altura (*h*)	*V* = *Bh*
1	5	2	5 • 2	10 10 cm²	$\frac{1}{2}$ cm	
2	5	2			1 cm	
3	5	2			$1\frac{1}{2}$ cm	
4	5	2			2 cm	
5	5	2			$3\frac{1}{2}$ cm	
6	5	2			4 cm	
7	5	2			$4\frac{1}{2}$ cm	
8	5	2			5 cm	
9	5	2			$5\frac{1}{2}$ cm	

10. Explica la expresión que escribiste para el volumen del prisma con los $3\frac{1}{2}$ cm de altura en términos de capas de cubos.

____

____

Hacer un prisma con dimensiones de base fraccionarias

Así se construye un prisma que tiene una longitud de $4\frac{1}{2}$ cm y un ancho de $2\frac{1}{2}$ cm y una altura de $5\frac{1}{2}$ cm usando capas enteras y mitades de capas.

- Apila cinco capas de un prisma que tiene una base de $4\frac{1}{2}$ cm por $2\frac{1}{2}$ cm y 1 cm de altura.
- Luego, apila una capa de un prisma que tiene una base de $4\frac{1}{2}$ cm por $2\frac{1}{2}$ cm y $\frac{1}{2}$ de cm de altura.

Utiliza esta tabla para registrar los volúmenes de los prismas que construiste. Si la respuesta es mayor que 1, escríbelo como un número mixto.

	longitud (*l*) (en cm)	ancho (*a*) (en cm)	Área de la base (*B*)	altura (*h*)	$V = Bh$
11	$4\frac{1}{2}$	$2\frac{1}{2}$	$11\frac{1}{4}$ $11\frac{1}{4}$ cm²	1 cm	$V = 11\frac{1}{4} \cdot 1 = 11\frac{1}{4}$ $V = 11\frac{1}{4}$ cm³
12	$4\frac{1}{2}$	$2\frac{1}{2}$		$\frac{1}{2}$ cm	
13	$4\frac{1}{2}$	$2\frac{1}{2}$		$1\frac{1}{2}$ cm	
14	$4\frac{1}{2}$	$2\frac{1}{2}$		$2\frac{1}{2}$ cm	
15	$4\frac{1}{2}$	$2\frac{1}{2}$		$3\frac{1}{2}$ cm	
16	$4\frac{1}{2}$	$2\frac{1}{2}$		4 cm	
17	$4\frac{1}{2}$	$2\frac{1}{2}$		$4\frac{1}{2}$ cm	

18 Explica la expresión que escribiste para el volumen del prisma con una altura de $2\frac{1}{2}$ cm en términos de capas de cubos.

Nombre ______________________________

Usar fórmulas

Halla el volumen. Cada cubo representa 1 cm^3.

19 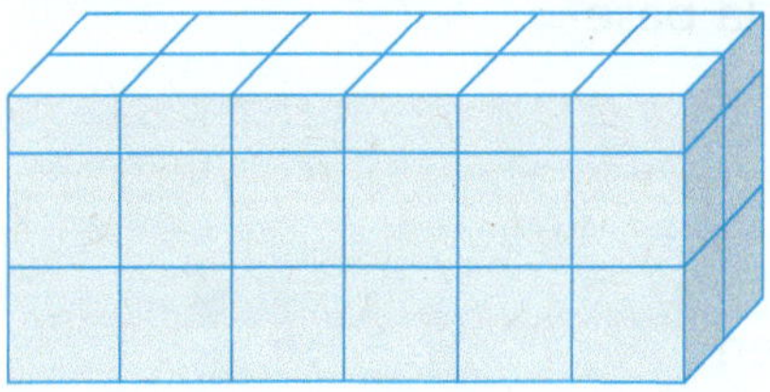

$V =$ ______________________

20 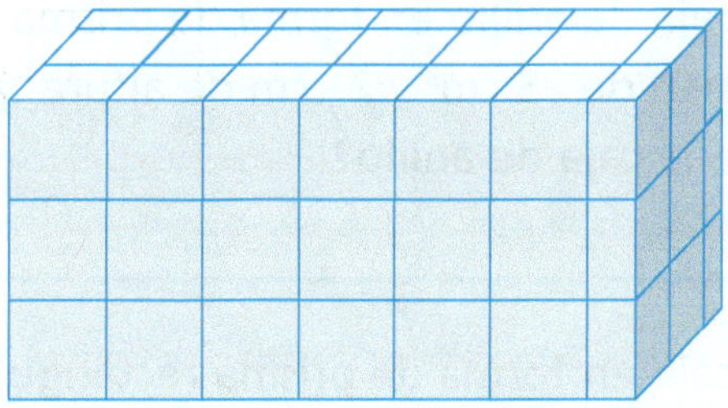

$V =$ ______________________

21 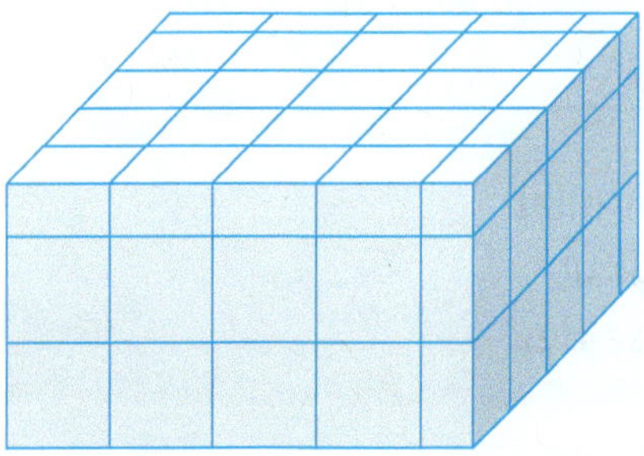

$V =$ ______________________

22 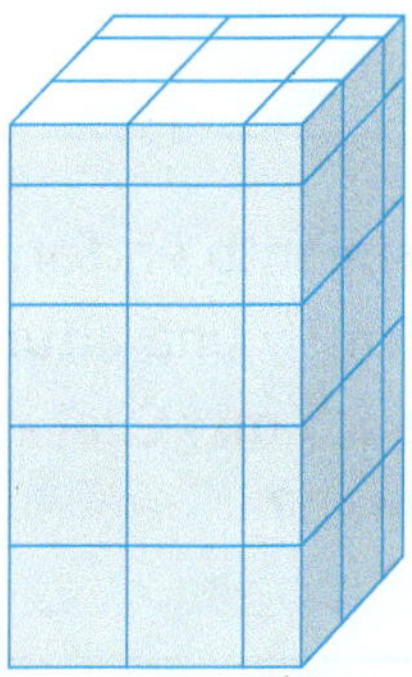

$V =$ ______________________

23 Explica por qué podemos usar las dos fórmulas presentadas a continuación para hallar el volumen de un prisma. *V* representa el volumen del prisma rectangular, *l* y *a* representan la longitud y ancho de la base, *h* representa la altura, y *B* representa el área de la base.

$V = lah$

____

____

____

____

____

$V = Bh$

____

____

____

____

____

Hallar la dimensión desconocida o el volumen

Escribe y resuelve una ecuación. *Muestra tu trabajo.*

24 Una caja de anillo en forma de prisma rectangular tiene un volumen de 25 cm^3 y $2\frac{1}{2}$ cm de altura. ¿Cuál es el área de la base (*B*) de la caja de anillo?

____

25 Una caja en forma de prisma rectangular tiene un volumen de 90 $pulg.^3$ y una altura de $2\frac{1}{2}$ pulg. ¿Cuáles son posibles dimensiones de números enteros para la longitud y el ancho de la base?

____

26 Un tanque de almacenamiento en forma de prisma rectangular tiene un volumen de 35 m^3 y una altura de 2.5 m. La longitud de la base del prisma es 3.5 m. ¿Cuál es el ancho de la base del tanque de almacenamiento?

____

27 Una caja de envío en la forma de prisma rectangular tiene un volumen de $1\frac{1}{2}$ $pies^3$. El área de la base es $\frac{2}{3}$ de pie^2. ¿Cuál es la altura de la caja de envío?

____

28 Un baúl pequeño en forma de prisma rectangular tiene un volumen de 0.15 m^3. El área de la base es 0.25 m^2. ¿Cuál es la altura del baúl pequeño?

____

29 Una pila de etiquetas engomadas en forma de prisma rectangular tiene una base con un área de $1\frac{1}{8}$ $pulg^2$ y una altura de $1\frac{1}{3}$ pulg. ¿Cuál es el volumen de la pila de etiquetas engomadas?

____

Comprobar la comprensión

Describir dos formas de hallar el volumen de un prisma rectangular que tiene una longitud de 6 cm, un ancho de 4 cm y una altura de $1\frac{1}{2}$ cm.

Nombre ______________________________

Volúmenes de prismas con aristas de longitudes fraccionarias

Escribe una expresión numérica para el volumen. Luego calcula el volumen. Si la respuesta es igual o mayor que 1, escribe la respuesta como un número entero o mixto.

1

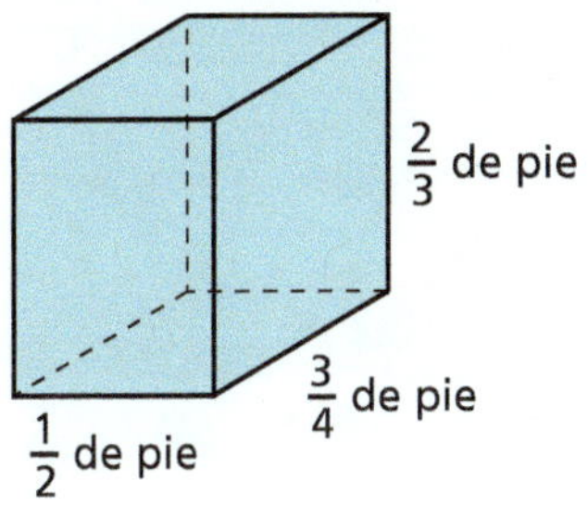

$V =$ ______________________

____

2

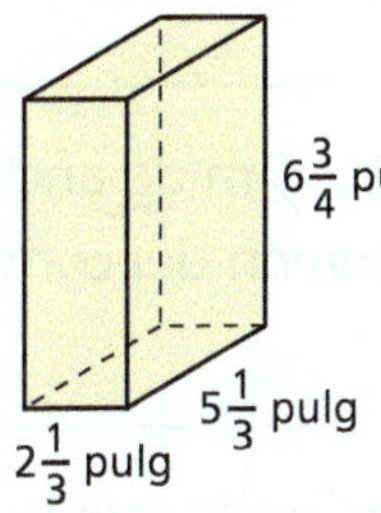

$V =$ ______________________

____

3

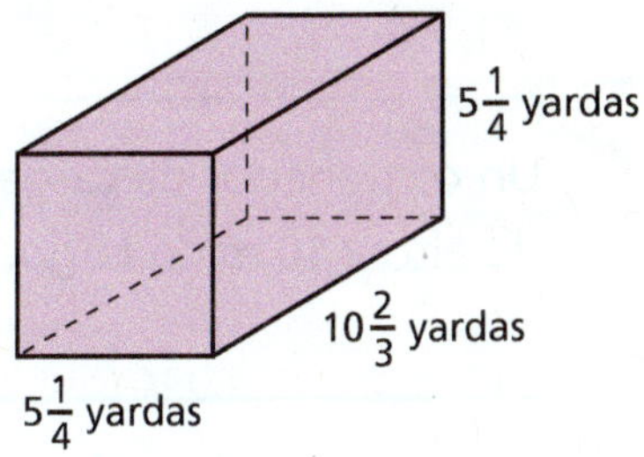

$V =$ ______________________

____

4

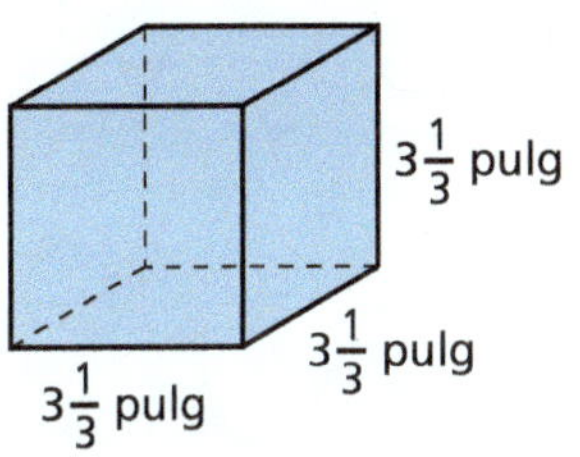

$V =$ ______________________

____

5

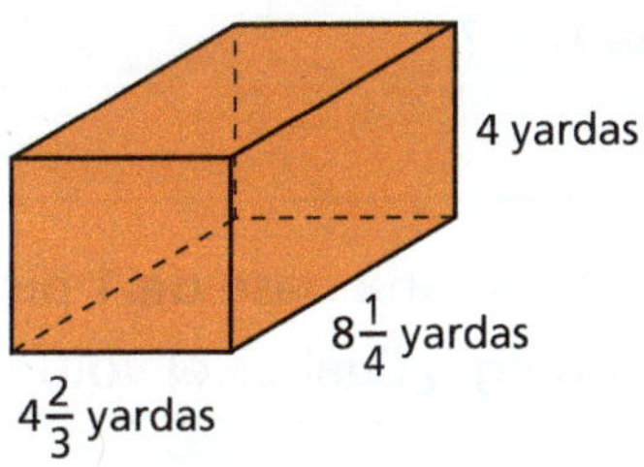

$V =$ ______________________

____

6

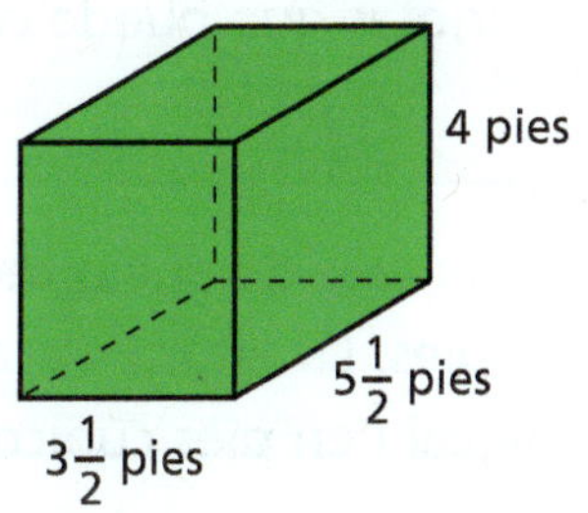

$V =$ ______________________

____

Halla la dimensión desconocida o el volumen desconocido de cada prisma rectangular.

7
$l = 4.5$ cm
$a = 2.7$ cm
$h = 3.2$ cm
$V =$ __________

8
$V = 156$ pies^3
$l = 4\frac{4}{5}$ pies
$a = 6\frac{1}{2}$ pies
$h =$ __________

9
$V = 209.3$ m^3
$l = 7$ m
$h = 4.6$ m
$a =$ __________

10
$V = 279$ pulg^3
$a = 6\frac{1}{5}$ pulg
$h = 7\frac{1}{2}$ pulg
$l =$ __________

Resolver problemas del mundo real

Resuelve. *Muestra tu trabajo.*

11 Un jardín cuadrado de 20 pies por 20 pies se cubre con 3 pulgadas de mantillo. ¿Cuánto mantillo se necesitará?

____

12 Un contenedor de carga rectangular es 2.5 m de ancho, 3.1 m de alto y 10 m de largo. ¿Cuál es el volumen del contenedor?

____

13 La colección de tarjetas de béisbol de Sue forma una pila de 3 pulg de alto. Las tarjetas son $2\frac{1}{4}$ pulg de ancho y $5\frac{1}{2}$ pulg de largo. ¿Cuál es el volumen de la pila de tarjetas?

____

14 Sue compró una caja para guardar sus tarjetas de béisbol. La caja mide $2\frac{1}{2}$ pulg de ancho y $5\frac{1}{2}$ pulg de largo y tiene un volumen de 55 $pulg^3$. ¿Cuál es la altura de una pila de tarjetas que puede caber en la caja?

____

15 Una caja de envío rectangular tiene una base de 1 pie por 2 pies. La altura de la caja es 9 pulg. ¿Cuál es el volumen de la caja en pies cúbicos?

____

16 Un adorno de árbol viene en una caja de $5\frac{1}{2}$ pulg de altura. La parte de encima y la base son cuadrados. La caja tiene un volumen de $49\frac{1}{2}$ $pulg^3$. ¿Cuánto mide cada lado de la base?

____

17 Un colchón de espuma mide $3\frac{1}{3}$ pies por $6\frac{2}{3}$ pies por 6 pulg. ¿Cuántos pies cúbicos de espuma forman el colchón?

____

Comprobar la comprensión

Halla el volumen de un prisma rectangular con una longitud de $12\frac{1}{2}$ pies, un ancho de $8\frac{1}{2}$ pies y una altura de $6\frac{1}{2}$ pies.

____

 Nombre ____________________

Unidades para *l, a, h, B* y *V*

Si *V* es el volumen del prisma, entonces podemos escribir estas fórmulas.

$$V = lah \qquad V = Bh$$

Estas ecuaciones muestran cómo el volumen del prisma se relaciona con otras dimensiones del prisma.

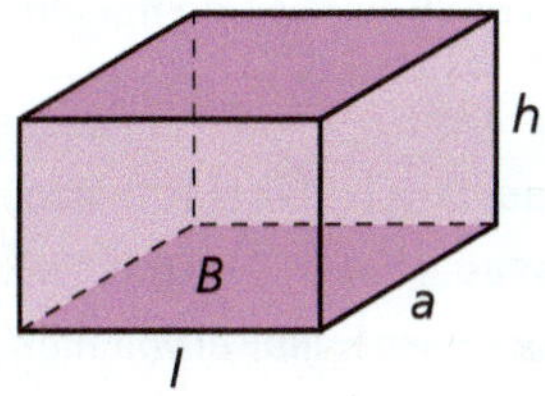

Completa.

1. Si el valor de *h* se da en centímetros, ¿qué unidad debemos usar para *l* y *a*? ____________
2. Si se dan los valores de *l*, *a* y *h* en centímetros, ¿qué unidad debemos usar para *B*? ____________
3. Si se dan los valores de *l*, *a* y *h* en centímetros, ¿qué unidad debemos usar para *V*? ____________

¿Cuál es el error?

Queridos estudiantes de matemáticas:

Así es cómo hallé el número de pies cúbicos de mantillo necesario en el jardín de la foto a la derecha.

$V = lah$

$V = 10 \cdot 10 \cdot 3 = 300$

El volumen es 300 pies³.

Mi amigo dice que esta no es la respuesta correcta. ¿Qué hice mal?

Tu amigo,
Pingüino Confundido

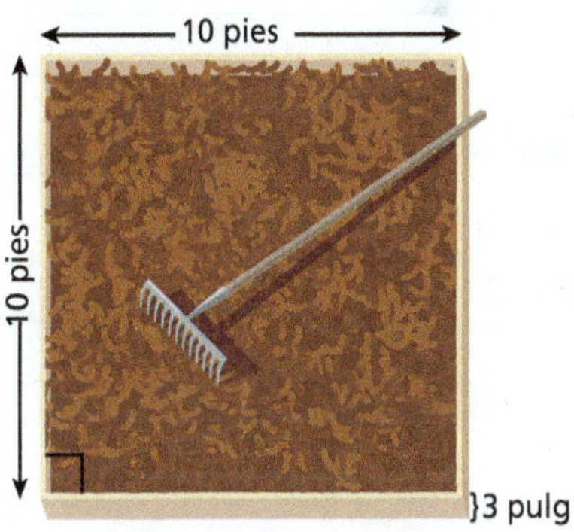

4. Escribe una respuesta a Pingüino Confundido.

____

____

____

¿Cuál es el error?

Queridos estudiantes de matemáticas:

Veo en la fórmula $V = lah$ que necesito multiplicar tres longitudes de aristas para hallar el volumen. El prisma tiene muchas más aristas. ¿Por qué no multiplicamos todas las longitudes de las aristas para hallar el volumen?

Tu amigo,
Pingüino Confundido

5 Escribe una respuesta a Pingüino Confundido.

Queridos estudiantes de matemáticas:

Así es cómo hallé el volumen del prisma a la derecha. ¿Es correcta mi respuesta?

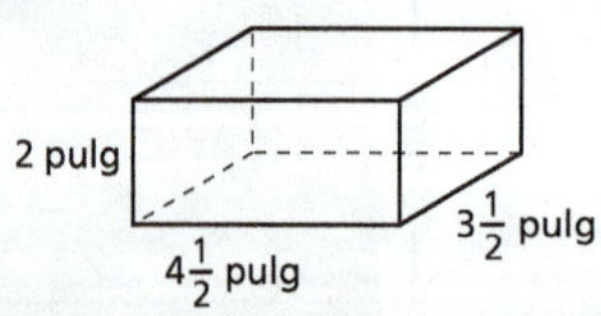

$V = 4\frac{1}{2} \times 2 = 9$

El volumen es 9 pulgadas^3.

Tu amigo,
Pingüino Confundido

6 Escribe una respuesta a Pingüino Confundido.

Nombre ______________________________

Escribir las ecuaciones para el volumen

Escribe una ecuación para el volumen, *V*, utilizando las variables dadas.

7 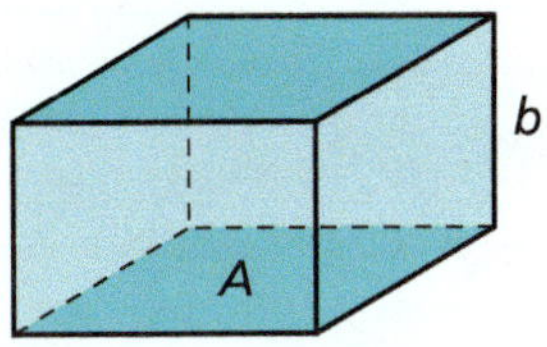

$V =$ ____________

8 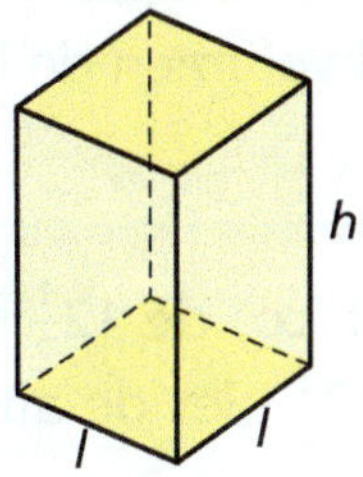

$V =$ ____________

9 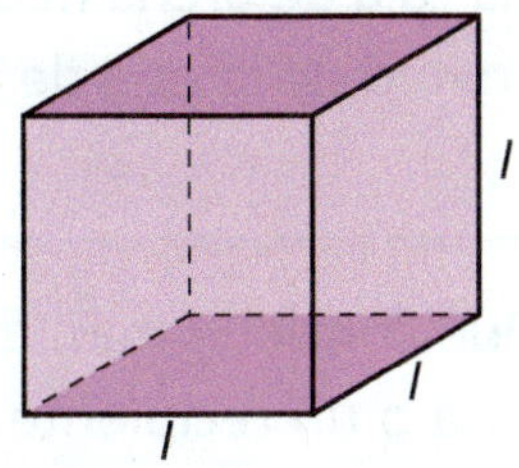

$V =$ ____________

10 Un prisma rectangular que mide *c* unidades por *d* unidades por *e* unidades tiene un volumen de *V* unidades cúbicas. Escribe una ecuación relacionando

c, *d*, *e* y *V*. ______________________________

11 Un prisma rectangular tiene un área de base *M* unidades cuadradas y *t* unidades de altura. Escribe una ecuación relacionando *M*, *t* y *V*.

____

12 Un prisma rectangular mide 5 unidades de alto y tiene un área de base *W* unidades cuadradas. Escribe una ecuación relacionando *W* y *V*.

____

Área de superficie y volumen de un cubo

Resuelve.

Cada arista de un cubo es $\frac{1}{2}$ de pulgada de largo.

13 ¿Cuál es el área de superficie del cubo?

____

14 ¿Cuál es el volumen del cubo?

____

15 ¿Cuál es la longitud de cada arista?

____

16 ¿Cuál es el área de superficie del cubo?

____

Una cara de un cubo tiene un área de 2.25 cm^2.

17 ¿Cuál es la longitud de cada arista?

____

18 ¿Cuál es el volumen del cubo?

____

Resolver problemas del mundo real

Resuelve.

Muestra tu trabajo.

19 Una caja de arena mide 5 pies por 6 pies por 1 pie. La arena llena la mitad de la caja de arena. ¿Cuál es el volumen de la arena?

____

20 ¿Qué contiene más: dos recipientes cúbicos de $12\frac{1}{2}$ pies de arista o un recipiente rectangular de $12\frac{1}{2}$ pies de altura, 11 pies de ancho y 25 pies de longitud? ¿Cuánto más?

____

21 Cuál tiene mayor área de superficie: ¿Una caja de regalo cúbica de $\frac{1}{2}$ de pie de arista o una caja de regalo rectangular de $\frac{1}{2}$ de pie de altura, $\frac{1}{4}$ de pie de ancho y 1 pie de longitud? ¿Cuánto más?

____

22 La longitud de una caja de envío es dos veces su ancho. El ancho de la caja es $7\frac{1}{2}$ pulg. La altura es $2\frac{1}{2}$ pulgadas menos que la longitud. ¿Cuál es el volumen de la caja?

____

23 ¿Si un buzón en una oficina de correos se alquila por un año por \$0.15 por pulg^3, cuánto costará alquilar un buzón que es $4\frac{1}{2}$ pulgadas por 12 pulgadas por $5\frac{1}{2}$ pulg?

____

24 Una caja de grapas tiene $4\frac{1}{2}$ pulg de longitud, $2\frac{1}{4}$ pulg de ancho y $\frac{3}{4}$ pulg de altura. ¿Cuál es el mayor número de cajas de grapas que se pueden enviar en una caja que mide 9 pulgadas por 18 pulgadas con una altura de 12 pulg?

____

Comprobar la comprensión

Un acuario es 18 pulg por 16 pulg por 12 pulg. El agua llena $\frac{3}{4}$ del acuario. ¿Cuál es el volumen del agua?

____

Nombre ______________________________

Matemáticas y construcción

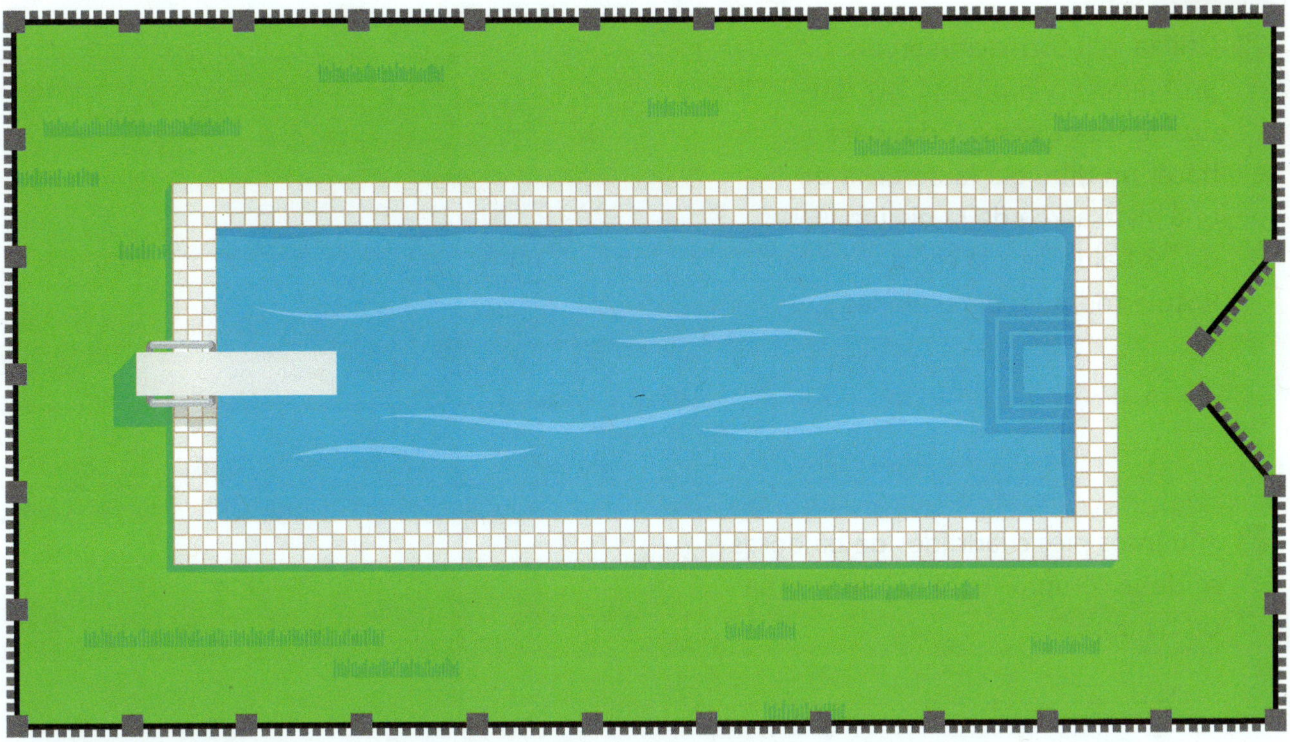

La Compañía de Construcción de las Mejores Piscinas está construyendo una piscina comunitaria. La empresa te ha contratado a ti y a tu asociado para calcular cuántas baldosas y material para cercas se necesita comprar para terminar la piscina. La piscina es un rectángulo de 60 pies de longitud y 20 pies de ancho. Un tercio de la piscina tiene 4 pies de profundidad y la parte restante tiene una profundidad de 7 pies. Habrá una plataforma de baldosas de 3 pies de ancho alrededor de toda la piscina y una cerca de seguridad de 11 pies alrededor de toda la zona desde el borde de la plataforma de baldosas.

1. ¿Qué estrategia utilizarás para hallar cuánto material para cercas y baldosas se necesita para terminar la piscina?

____

____

____

____

Hacer un dibujo

Completa.

2. Utiliza la información en el problema en la página 347 del Cuaderno de actividades para hacer un dibujo a la derecha de una vista aérea de la piscina, de las baldosas y la cerca. Rotula todas las dimensiones.

3. ¿Cuántos pies cuadrados de baldosas se debe comprar para la plataforma de baldosas?

____

4. La cerca de seguridad se vende en secciones de 8 pies. ¿Cuántas secciones se deben comprar?

____

5. ¿Cuántos pies cúbicos de agua se necesitarán para llenar la piscina hasta 6 pulg por debajo de la parte más alta?

____

Nombre ______________________ Fecha ______________

Resuelve.

1 Usa las variables dadas para escribir una fórmula para hallar el volumen (*V*) del prisma rectangular que está a la derecha.

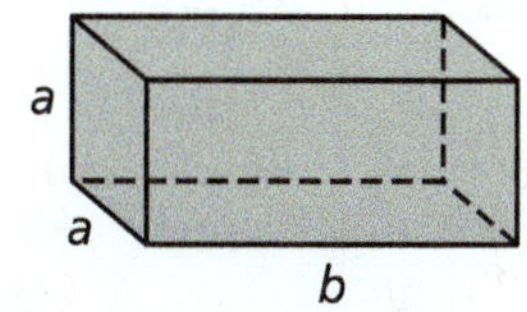

____

Halla el volumen de cada prisma rectangular.

2

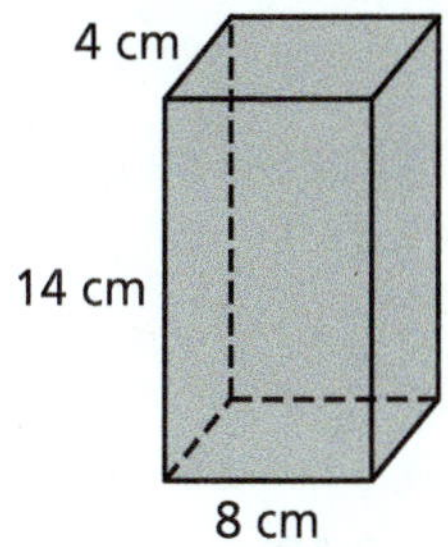

$V =$ ______________

3

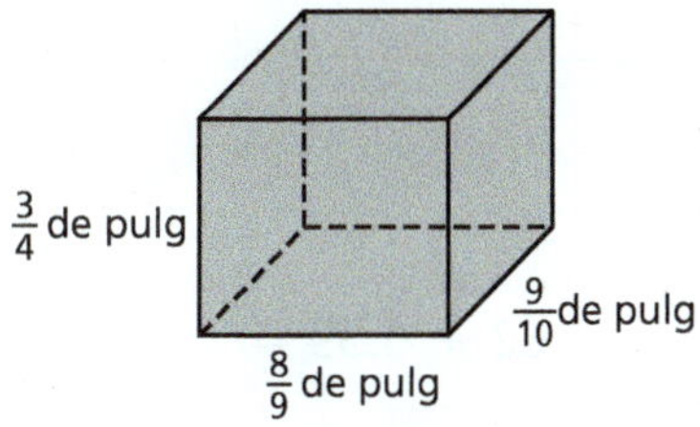

$V =$ ______________

Resuelve.

Muestra tu trabajo.

4 Una caja de zapatos en forma de prisma rectangular tiene un volumen de 741 pulgadas cúbicas. ¿Cuál es el ancho de la caja si su longitud es de 13 pulgadas y su altura es de 6 pulgadas?

____

5 ¿Cuál es la densidad de un cubo de cemento con aristas de longitud 5 cm y una masa de 337.5 g?

____

Comprobar el conocimiento 12

Name Date

Camino al conocimiento

1 $318.6 + 0.46 =$

2 $193.7 + 0.84 =$

3 $562.9 + 0.53 =$

4 $78.8 + 0.75 =$

5 $92.6 + 0.18 =$

6 $0.48 + 0.26 =$

7 $0.64 + 0.34 =$

8 $0.83 + 0.07 =$

9 $1.72 + 0.19 =$

10 $2.09 + 0.75 =$

11 $58 + 0.67 =$

12 $62 + 0.59 =$

13 $70 + 0.88 =$

14 $312 + 0.51 =$

15 $609 + 0.99 =$

Nombre ____________________

Comentar ángulos

VOCABULARIO
ángulo
rayo
vértice de un ángulo
ángulo recto
ángulo agudo
ángulo obtuso
ángulo recto

Un **ángulo** está formado por dos rayos con el mismo punto final. El punto final es el **vértice del ángulo**.

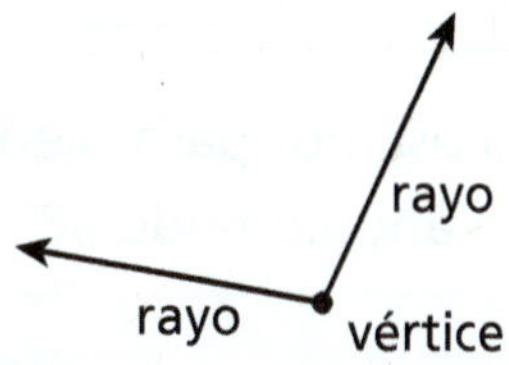

Comentar sobre los conjuntos de ángulos.

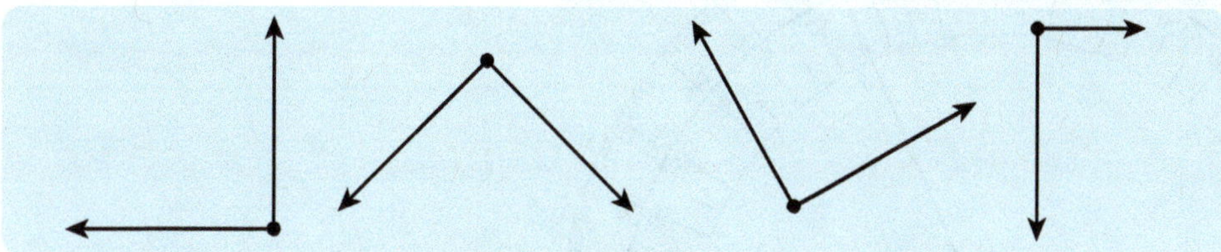

1. ¿En qué se parecen estos **ángulos rectos**?

____

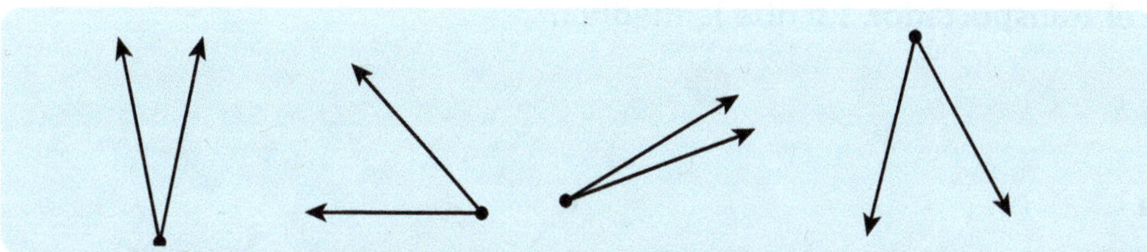

2. ¿Cómo difieren estos **ángulos agudos** de un ángulo recto?

____

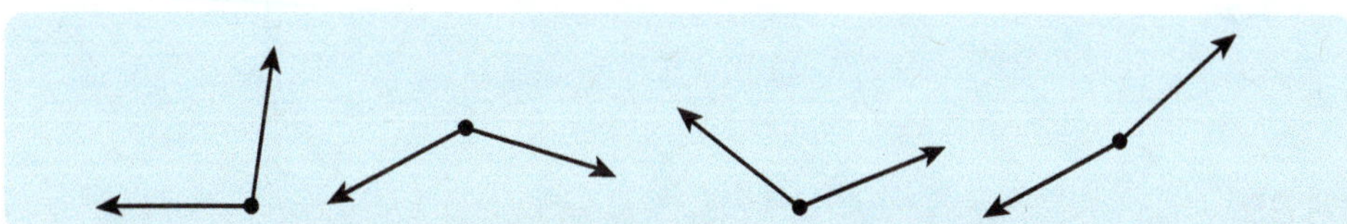

3. ¿Cómo difieren estos **ángulos obtusos** de un ángulo recto?

____

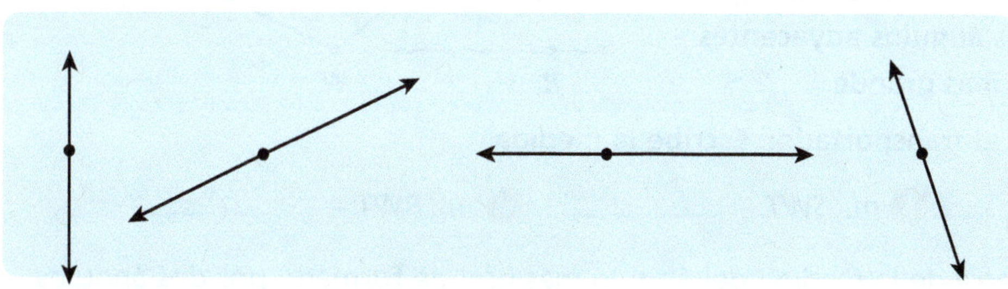

4. ¿En qué se parecen estos **ángulos rectos**?

____

Medir ángulos

VOCABULARIO
transportador
ángulos adyacentes

Éste es un transportador. Lo usamos para medir ángulos. Los ángulos los medimos en grados. Este ángulo mide 66°.

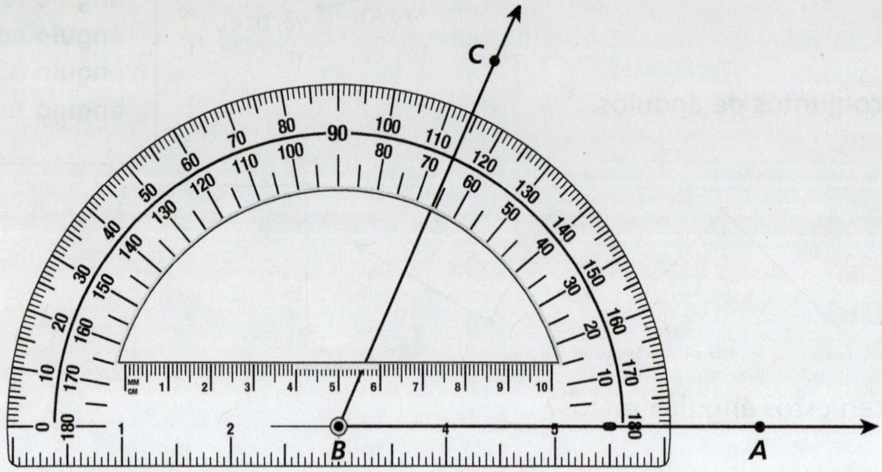

Mide cada ángulo con el transportador. Escribe la medida.

5 $m\angle B =$ ____________

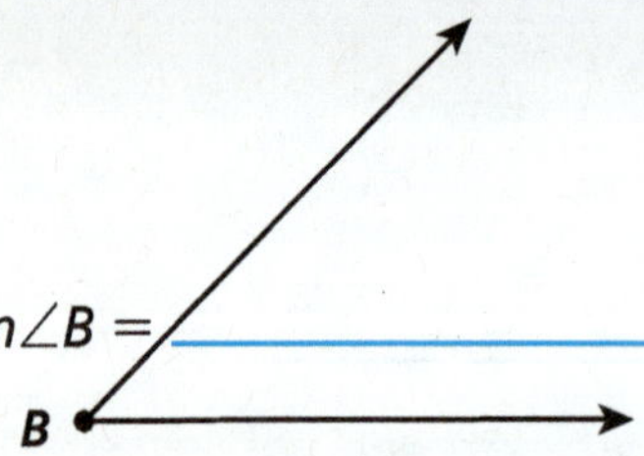

6 $m\angle XYZ =$ ____________

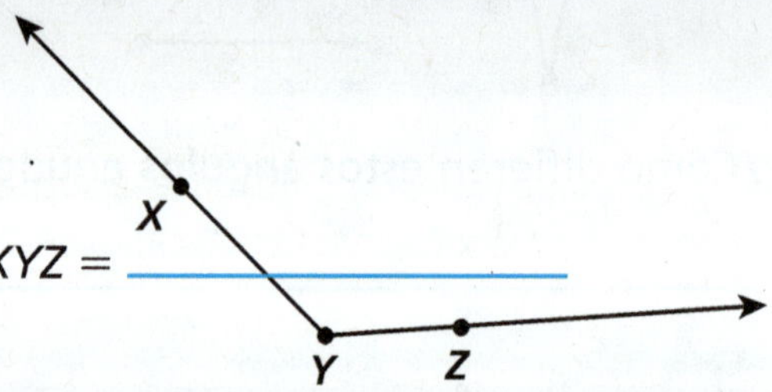

Ángulos adyacentes

Los ángulos adyacentes son dos ángulos que tienen el mismo vértice y un rayo común y no se superponen. Los rayos que no son comunes a los ángulos adyacentes forman otro ángulo, más grande.

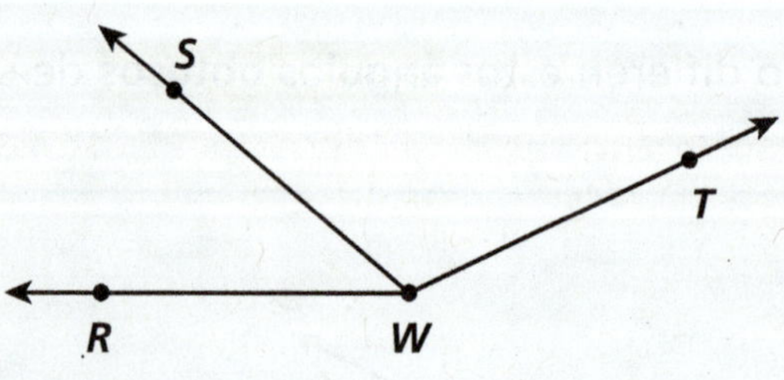

Mide cada ángulo con el transportador. Escribe la medida.

7 $m\angle RWS =$ ____________ 8 $m\angle SWT =$ ____________ 9 $m\angle RWT =$ ____________

10 ¿Qué es verdad acerca de la medida del ángulo más grande formado por dos ángulos adyacentes?

____

____

Nombre ______________________________

Rectas secantes

VOCABULARIO
rectas secantes
ángulos verticales

Dos líneas que se encuentran en un punto son **rectas secantes**. Algunos de los ángulos formados por rectas secantes son ángulos adyacentes. Los ángulos opuestos entre sí son **ángulos verticales**.

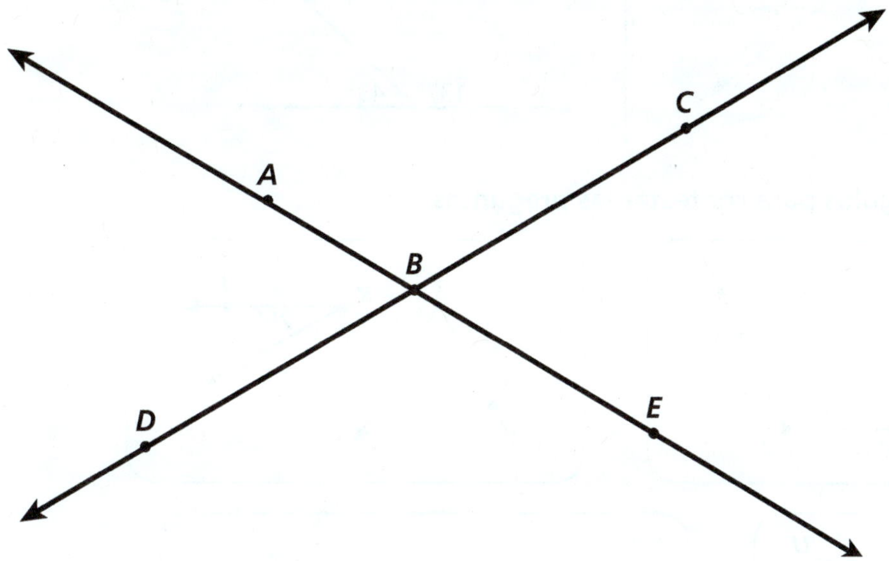

11. Nombra dos ángulos agudos que sean adyacentes a $\angle ABC$.

____

12. Nombra dos ángulos obtusos que sean adyacentes a $\angle CBE$.

____

13. Nombra los dos pares de ángulos verticales.

______________ ______________

Mide cada ángulo con el transportador. Escribe la medida.

14. $m\angle ABC =$ ______________
15. $m\angle DBE =$ ______________
16. $m\angle ABD =$ ______________
17. $m\angle CBE =$ ______________

18. Compara las medidas de los ángulos verticales. ¿Qué es verdad acerca de las medidas de los ángulos verticales?

____

____

Ángulos complementarios y suplementarios

VOCABULARIO
ángulos complementarios
ángulos suplementarios

Dos ángulos son **complementarios** si la suma de sus medidas es 90°.

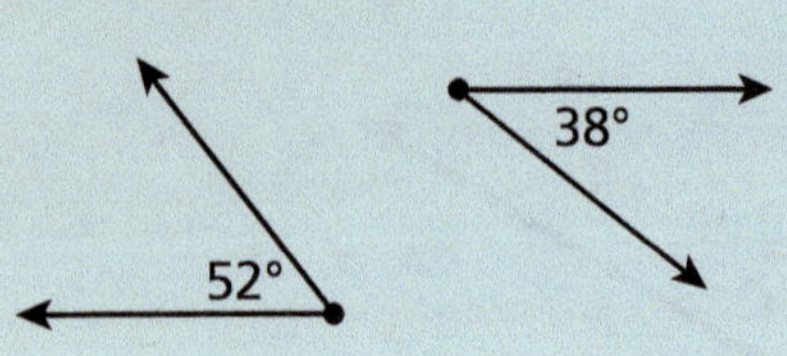

Dos ángulos son **suplementarios** si la suma de sus medidas es 180°.

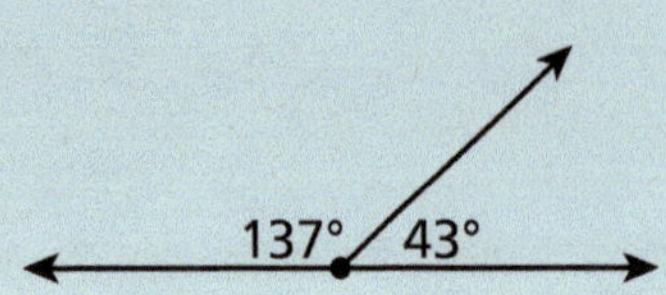

Utiliza estos ángulos para contestar las preguntas.

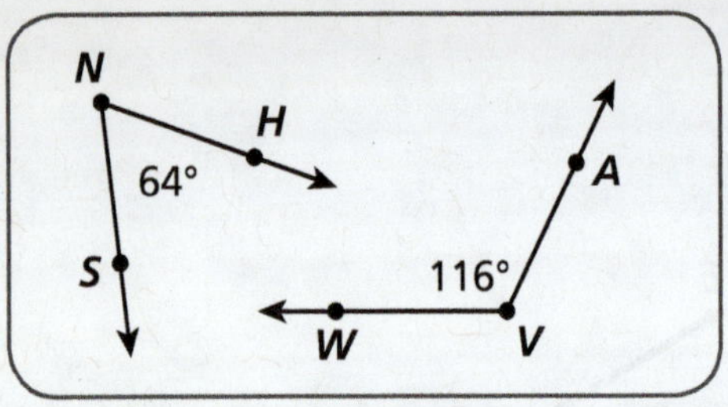

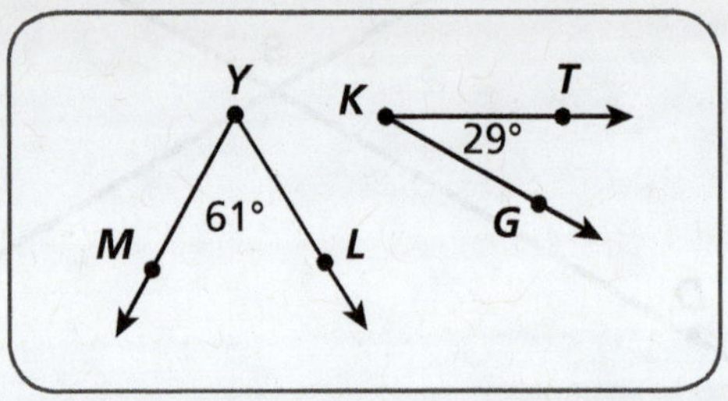

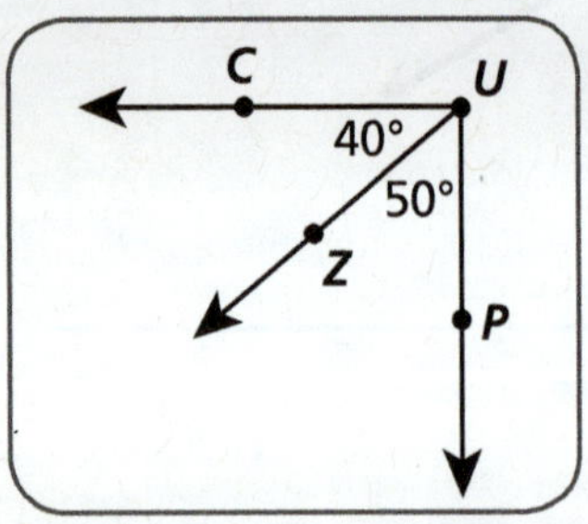

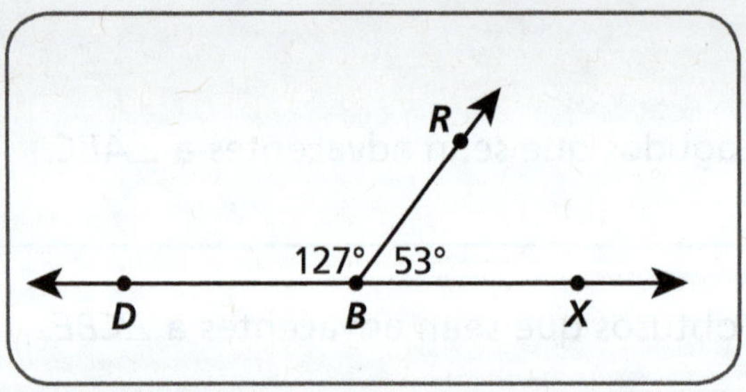

19 Nombra dos pares de ángulos complementarios.

______________ ______________

20 Nombra dos pares de ángulos suplementarios.

______________ ______________

21 Si dos ángulos complementarios son adyacentes, ¿qué tipo de ángulo es formado por los dos ángulos?

____

22 Si dos ángulos suplementarios son adyacentes, ¿qué tipo de ángulo es formado por los dos ángulos?

____

Nombre ______________________________

Hallar las medidas desconocidas de ángulo

23 a. ¿Cuál es la medida de $\angle JKL$? ¿Cómo lo sabes?

____

b. ¿Son $\angle JKM$ y $\angle MKL$ complementarios, suplementarios o de ninguna de estas clasificaciones? Explica.

____

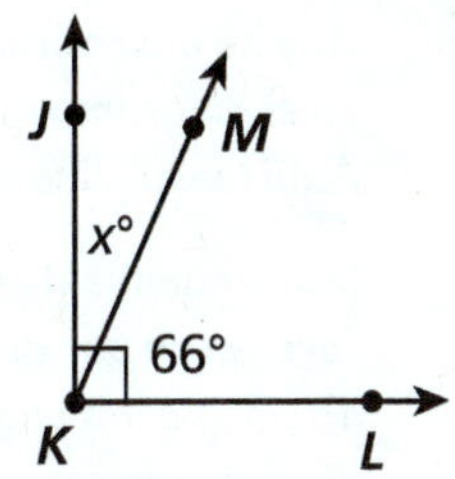

c. Escribe y resuelve una ecuación que puedas utilizar para hallar la medida de $\angle JKM$. ¿Cuál es la medida?

____

24 Escribe y resuelve una ecuación que puedas utilizar para hallar la medida de $\angle PRS$. ¿Cuál es la medida?

____

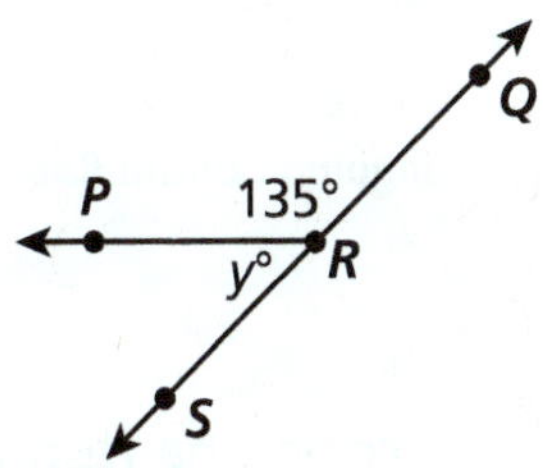

Halla la medida desconocida del ángulo.

25 $m\angle EBC =$ __________

26 $m\angle DBC =$ __________

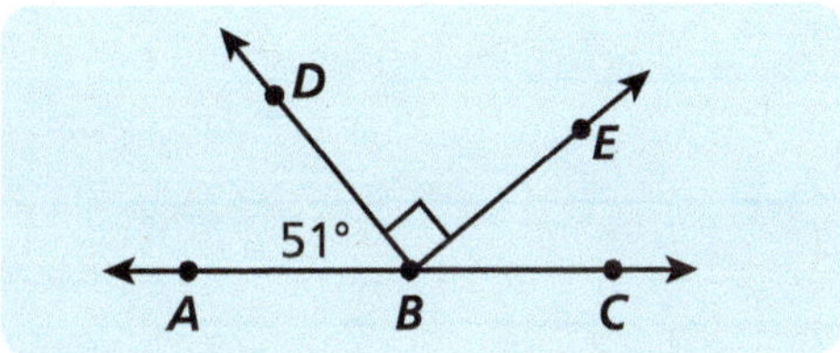

27 $m\angle GNV =$ __________

28 $m\angle WNH =$ __________

29 $m\angle GNW =$ __________

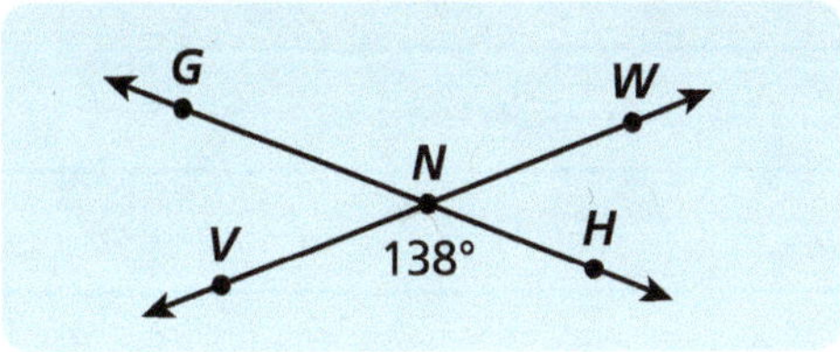

30 Nombra todos los pares de ángulos suplementarios formados por las rectas secantes.

____

____

¿Cuál es el error?

Queridos estudiantes de matemáticas:

Hoy he encontrado la medida de $\angle TYS$ en el diagrama que aparece a la derecha. Aquí les explico cómo hallé la suma.

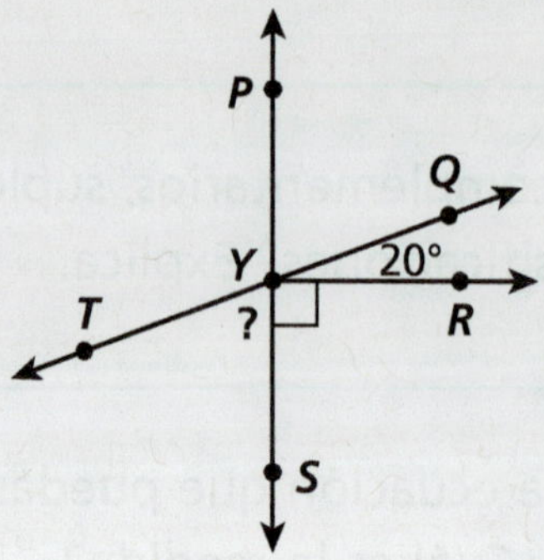

Me di cuenta de que $\angle TYS$ y $\angle QYR$ forman un par de ángulos verticales. Yo sé que los ángulos verticales tienen la misma medida.

La medida de $\angle QYR$ es 20°. Así que la medida de $\angle TYS$ es 20°, también.

¿Estoy en lo correcto? Si no, por favor, corrige mi trabajo y explica abajo.

Tu amigo,
Pingüino Confundido

31 Escribe una respuesta a Pingüino Confundido.

Comprobar la comprensión
Dibuja un par de ángulos adyacentes que sean supplementarios. Explica cómo sabes que los ángulos son suplementarios.

Nombre ______________________________

VOCABULARIO
ángulo interior

Unir los ángulos de un triángulo

1. Dibuja un triángulo en una hoja de papel sin líneas. Asegúrate de que cada lado sea de al menos 3 pulgadas de largo. Puedes dibujar cualquier tipo de triángulo. Marca cada esquina con un punto y luego recorta el triángulo.

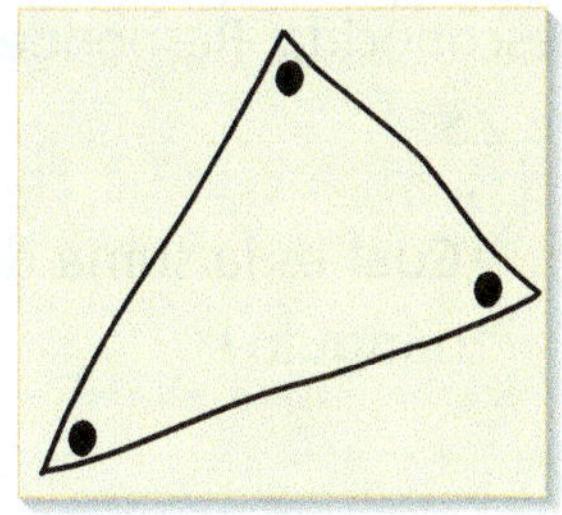

2. Desprende cada ángulo del triángulo y coloca los tres ángulos juntos de modo que las esquinas con puntos hagan contacto.

3. Crea un bosquejo de los tres ángulos unidos en las esquinas con puntos.

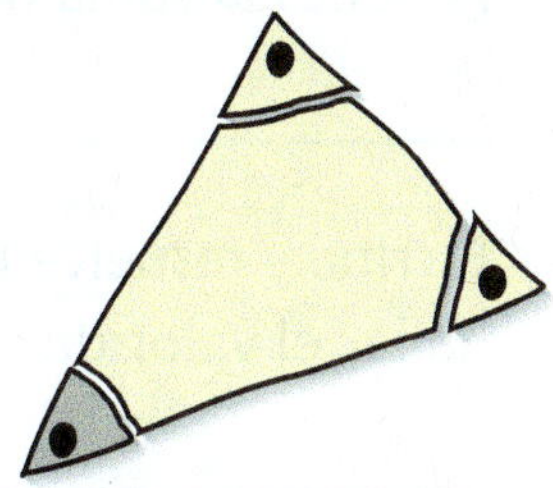

4. Repite los ejercicios 1 y 2 con un triángulo diferente. Crea un bosquejo de los tres ángulos de este triángulo unidos en las esquinas con puntos.

5. ¿Qué tipo de ángulo se formó cada vez que pusiste juntos los tres ángulos? ¿Cuál es la medida de este tipo de ángulo?

____

6. Los ángulos dentro de un triángulo son los **ángulos interiores** del triángulo. Completa este enunciado:

La suma de las medidas de los ángulos interiores de un triángulo es __________ .

Hallar las medidas desconocidas de los ángulos en un triángulo

En el triángulo *RST*, la medida de $\angle S$ se señala como $x°$ porque es desconocida. Responde estas preguntas para hallar la medida de $\angle S$.

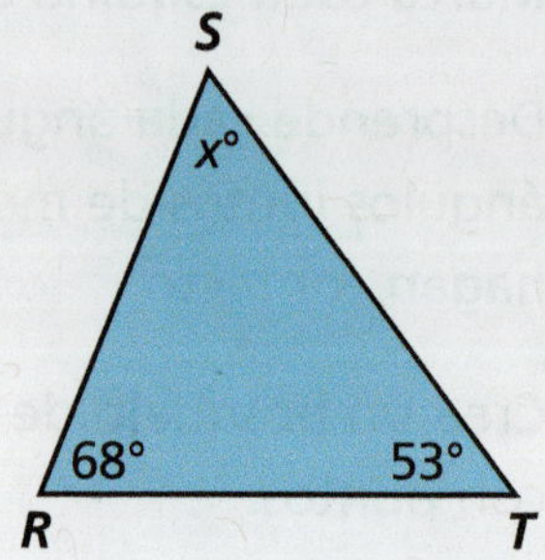

7 ¿Cuál es la suma de las medidas de los ángulos interiores del triángulo?

____

8 ¿Cuál es la suma de las medidas de $\angle R$ y $\angle T$?

____

9 Escribe y resuelve una ecuación que puedas utilizar para hallar el valor de *x*. ¿Cuál es la medida de $\angle S$?

____

Halla el valor de *x*.

10

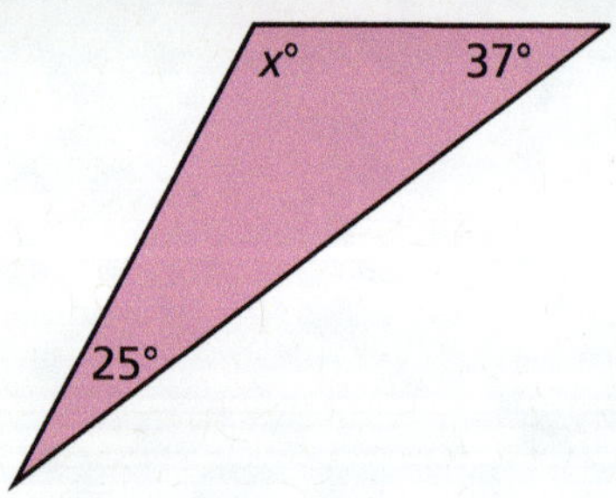

$x =$ ________

11

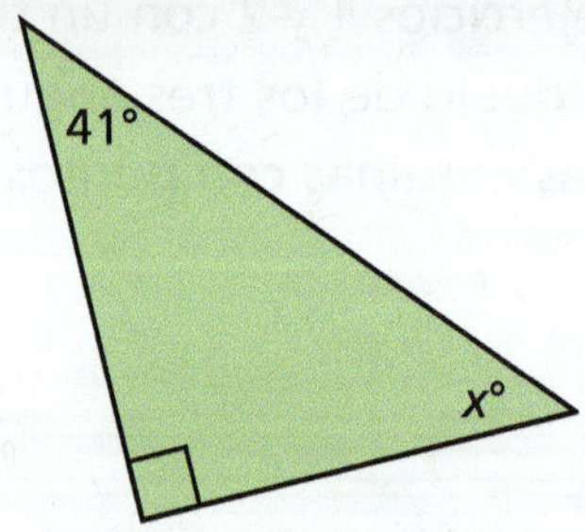

$x =$ ________

Halla la medida desconocida del ángulo.

12

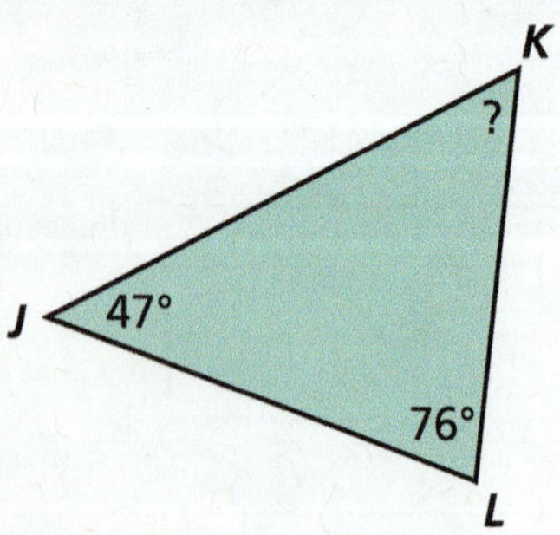

$m\angle K =$ ________

13

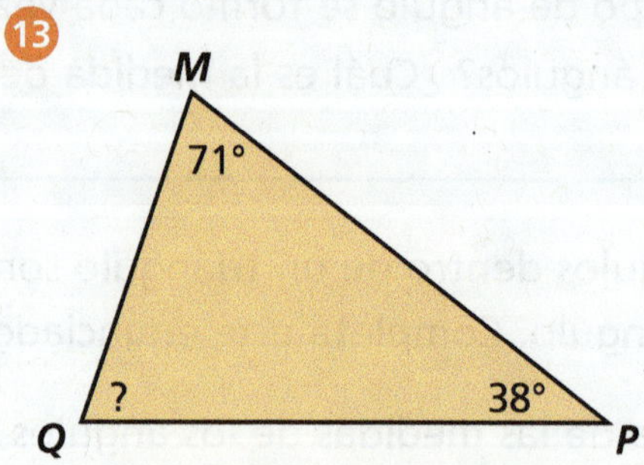

$m\angle Q =$ ________

Nombre ______________________________

Ángulos interiores de triángulos especiales

14 Cada ángulo interior de un triángulo equilátero tiene la misma medida. ¿Cuál es la medida de cada ángulo interior del triángulo equilátero *ABC*? Explica tu respuesta.

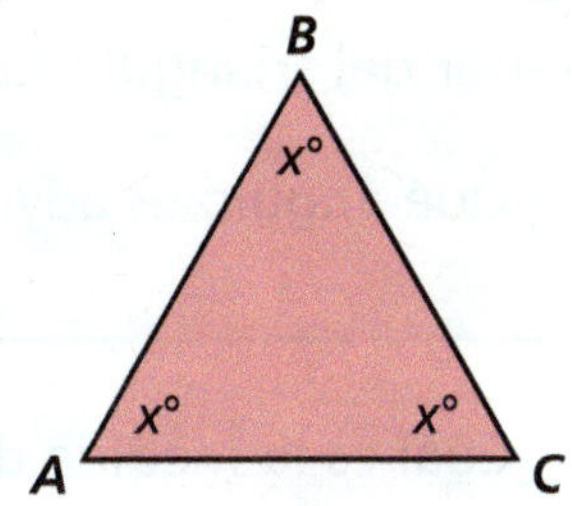

____

____

____

____

15 En un triángulo isósceles, dos ángulos interiores tienen la misma medida. ¿Cuáles son las medidas de $\angle R$ y $\angle S$ en el triángulo isósceles *QRS*? Explica tu respuesta.

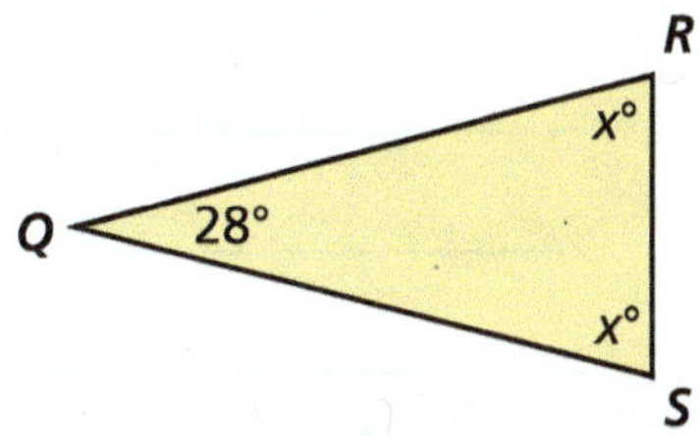

____

____

____

____

16 Un triángulo rectángulo tiene un solo ángulo recto. En el triángulo recto *DGH*, las medidas de $\angle G$ y $\angle H$ son desconocidas. Explica por qué $\angle G$ y $\angle H$ deben ser un par de ángulos complementarios.

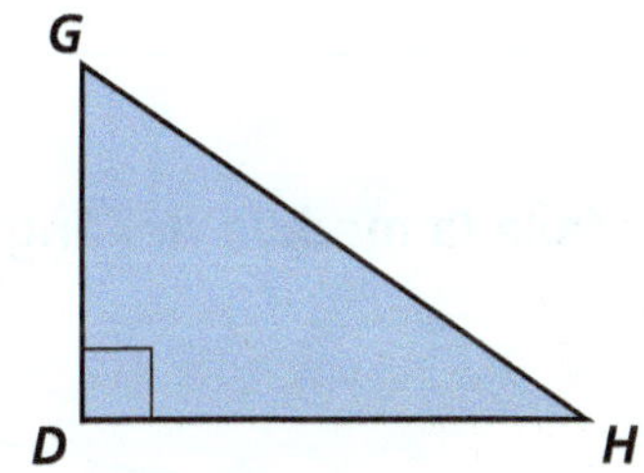

____

____

____

____

____

Halla la medida desconocida del ángulo.

17

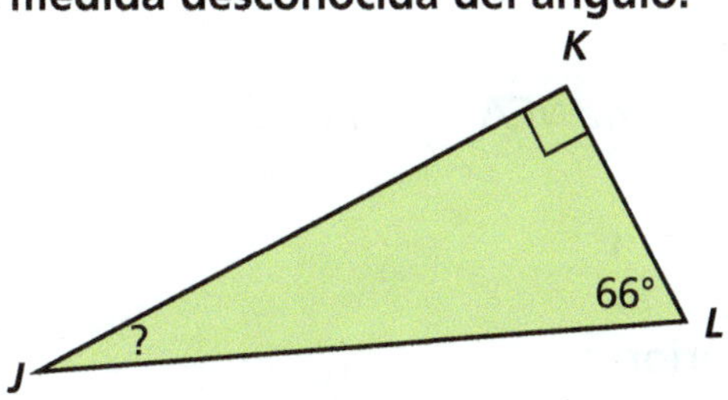

$m\angle J =$ __________

18

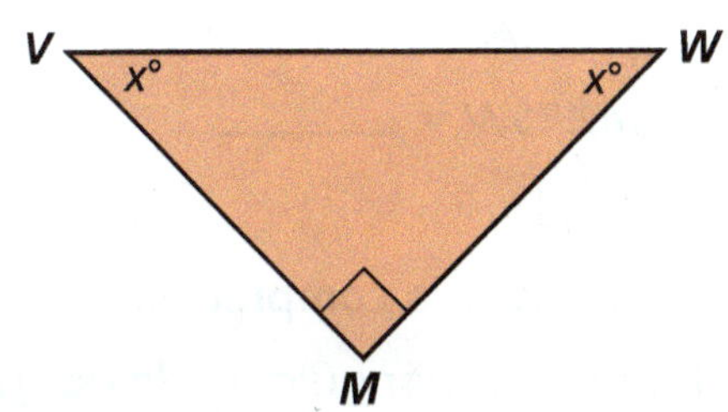

$m\angle V =$ __________

$m\angle W =$ __________

Ángulos exteriores de triángulos

VOCABULARIO
ángulo exterior

Un **ángulo exterior** de una figura se forma mediante la extensión de un lado. En el diagrama, $\angle LMP$ es un ángulo exterior del triángulo KLM.

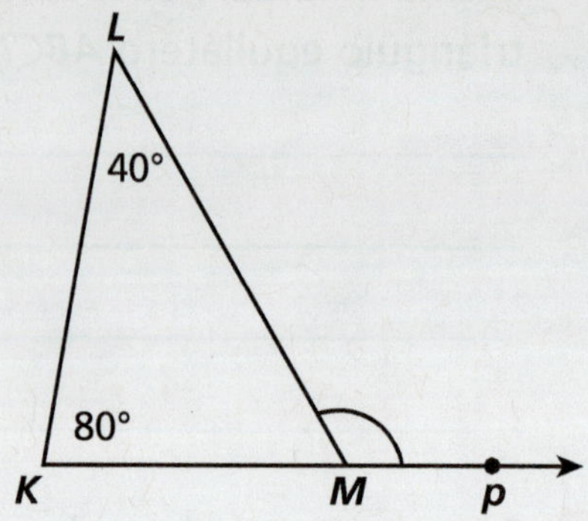

19 ¿Qué ángulo es adyacente a $\angle LMP$?

20 ¿Cuál es la medida del ángulo adyacente a $\angle LMP$? Explica tu respuesta.

21 ¿Cuál es la medida de $\angle LMP$? Explica tu respuesta.

Halla la medida del ángulo exterior.

22

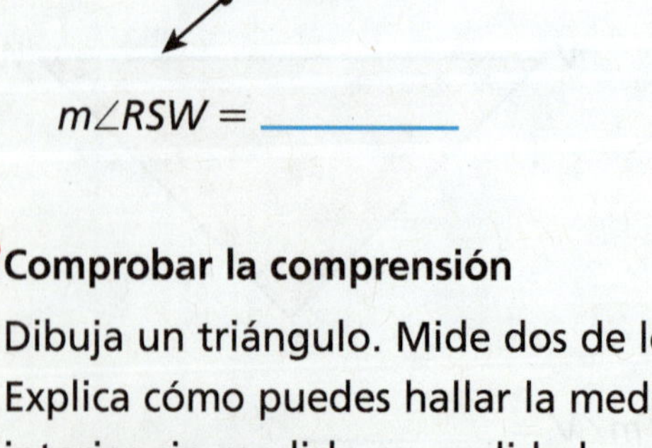

$m\angle RSW =$ ________

23

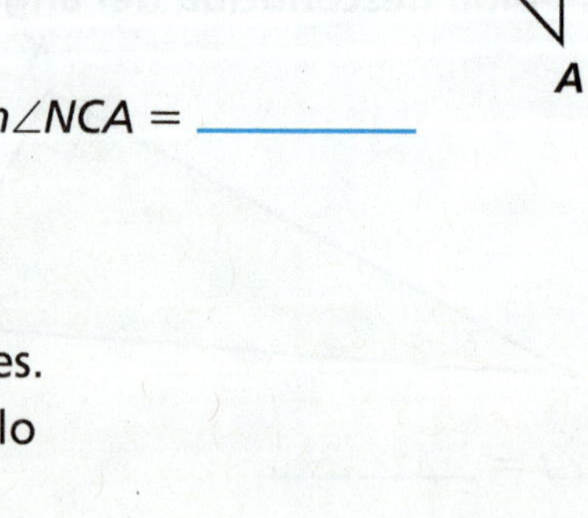

$m\angle NCA =$ ________

Comprobar la comprensión
Dibuja un triángulo. Mide dos de los ángulos interiores. Explica cómo puedes hallar la medida del tercer ángulo interior sin medirlo en realidad.

Nombre ______________________

Ángulos interiores de un cuadrilátero

VOCABULARIO
diagonal de un cuadrilátero

1. ¿Cuál es la suma de las medidas de los ángulos interiores de cada triángulo que se muestra a la derecha?

____

2. El cuadrilátero *ABCD* fue formado uniendo dos triángulos. ¿Cuál crees que es la suma de las medidas de los ángulos interiores de *ABCD*? Explica tu respuesta.

____

____

____

____

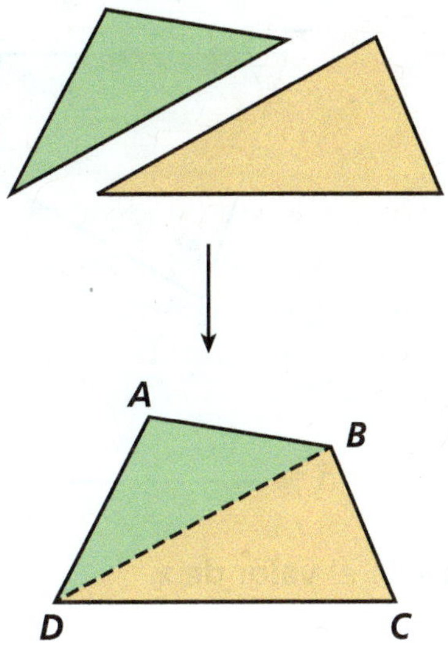

3. Una **diagonal de un cuadrilátero** es un segmento de recta que une vértices opuestos. Dibuja una diagonal en cada cuadrilátero especial abajo.

rectángulo

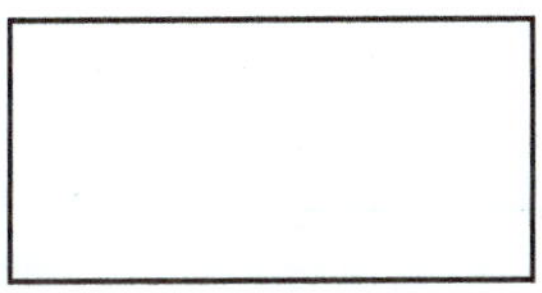

paralelogramo

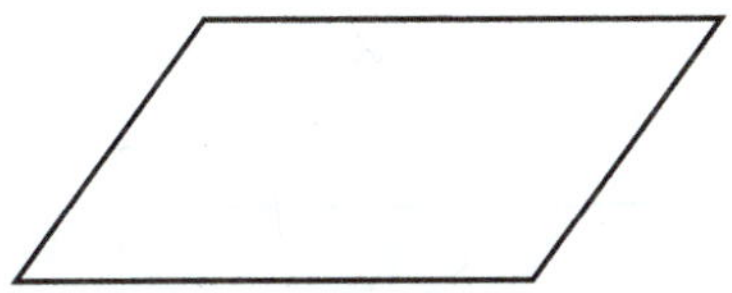

rombo

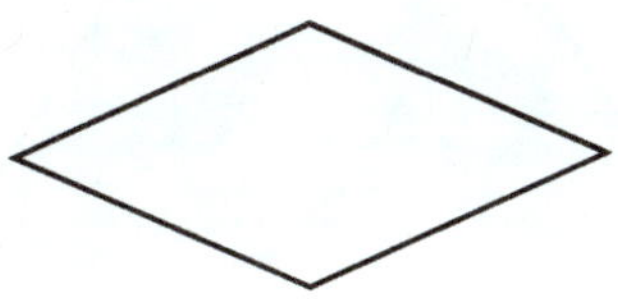

trapecio

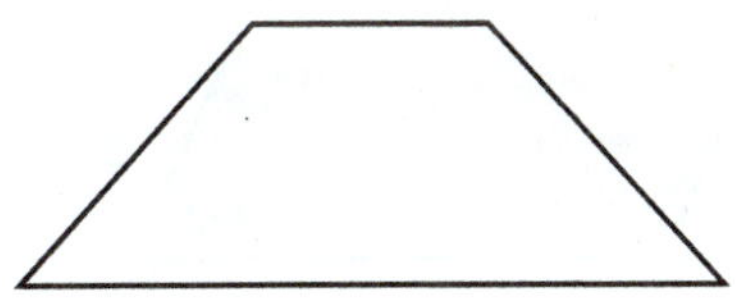

4. ¿Cuál crees que sea la suma de las medidas de los ángulos interiores de cualquier cuadrilátero? Explica tu respuesta.

____

____

____

____

____

____

Hallar las medidas desconocidas de ángulos en cuadriláteros

Halla la medida desconocida del ángulo.

5
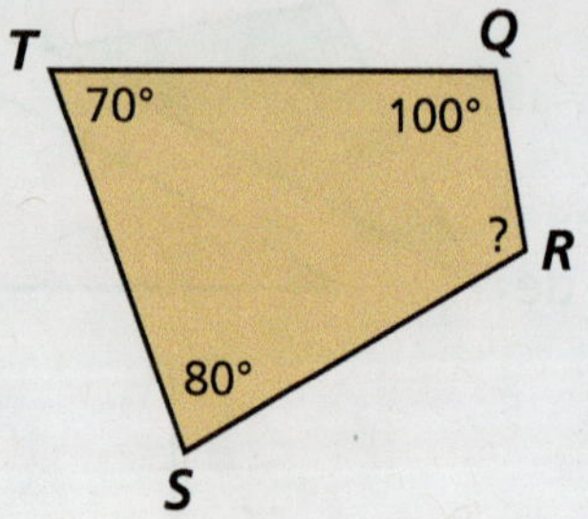

$m\angle R =$ ______

6
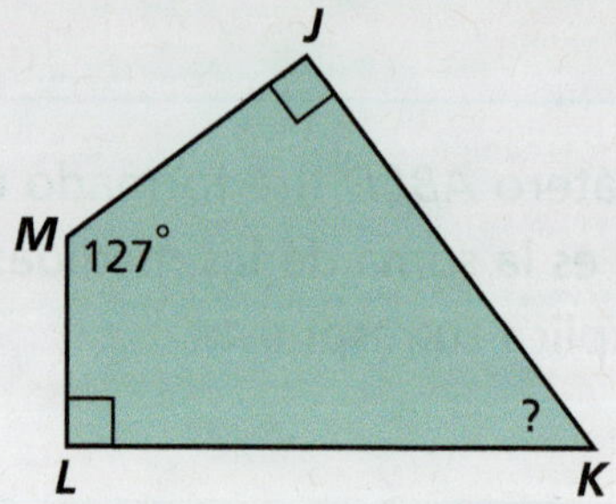

$m\angle K =$ ______

Halla el valor de *x*.

7
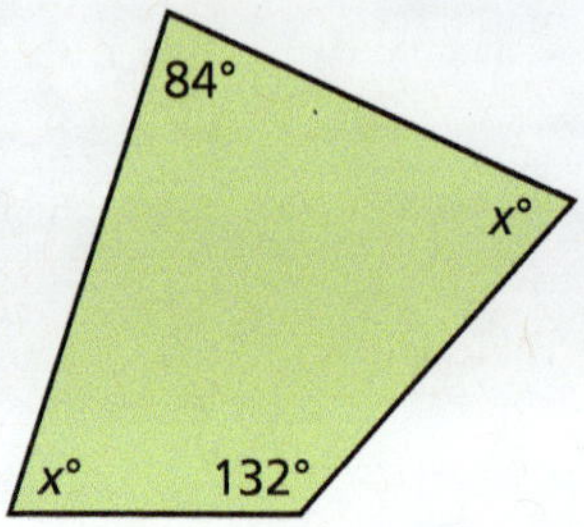

$x =$ ______

8
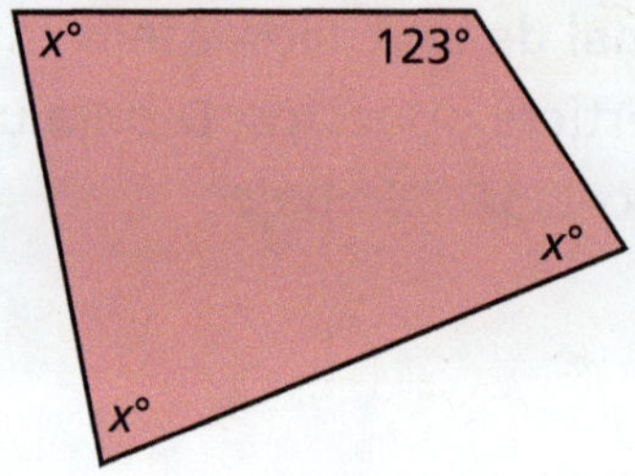

$x =$ ______

9
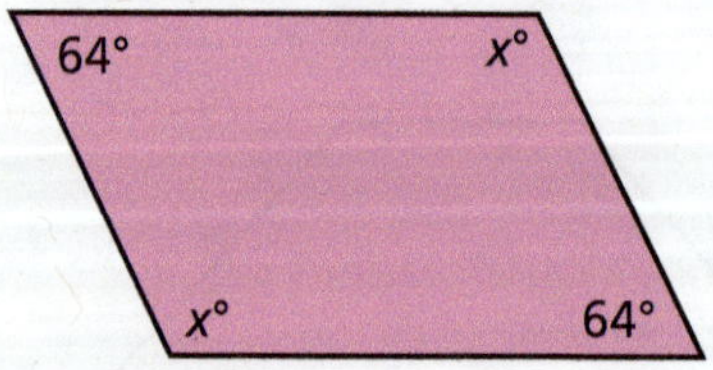

$x =$ ______

10
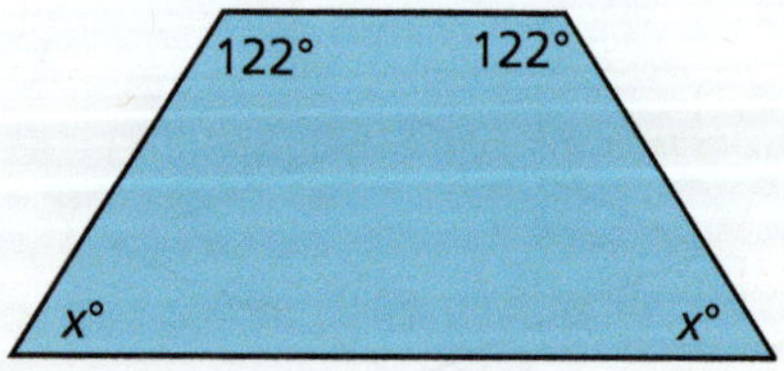

$x =$ ______

11 Los cuatro ángulos interiores de un cuadrilátero tienen la misma medida. ¿Qué cuadrilátero es? Explica tu respuesta.

Nombre ____________________

Dividir cualquier polígono en triángulos

VOCABULARIO
diagonal de un polígono

Un polígono está formado por segmentos de recta, llamados lados, que se encuentran solamente en sus extremos. Una **diagonal de un polígono** conecta dos vértices, pero no es un lado.

12 En cada polígono, dibuja todas las diagonales desde el vértice que está marcado con un punto. Cuenta el número de lados del polígono y el número de triángulos formados.

a.

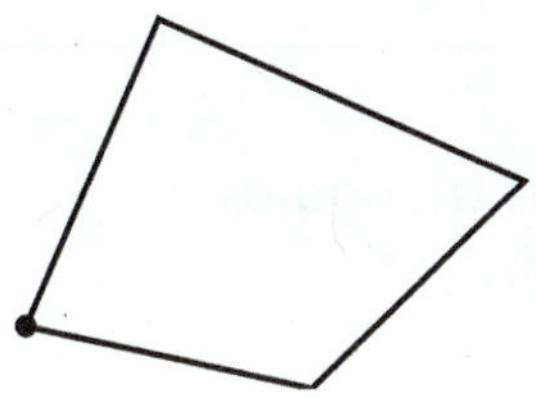

número de lados = ____________

número de triángulos = ____________

b.

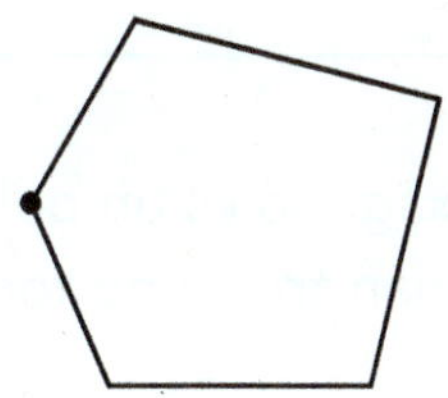

número de lados = ____________

número de triángulos = ____________

c.

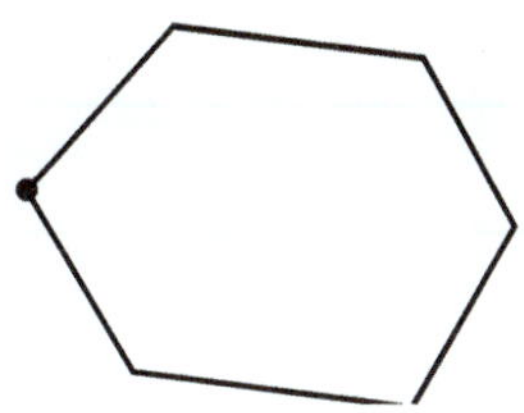

número de lados = ____________

número de triángulos = ____________

d.

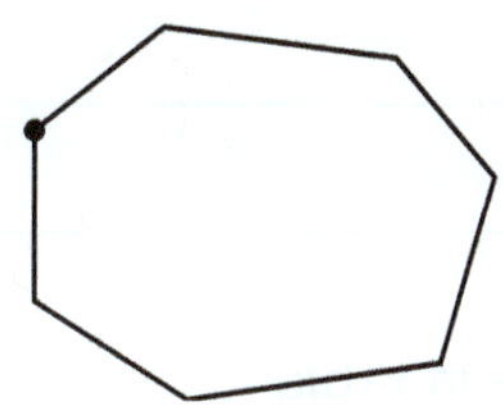

número de lados = ____________

número de triángulos = ____________

Utiliza tus respuestas del ejercicio 12 para responder estas preguntas.

13 ¿Hay algún parecido entre el número de lados y el número de triángulos?

____

14 ¿Cuántos triángulos crees que se formarán en un polígono de 8 lados?

____

15 Escribe una expresión para mostrar cuántos triángulos se formarán en un polígono con *n* lados.

____

Ángulos interiores de cualquier polígono

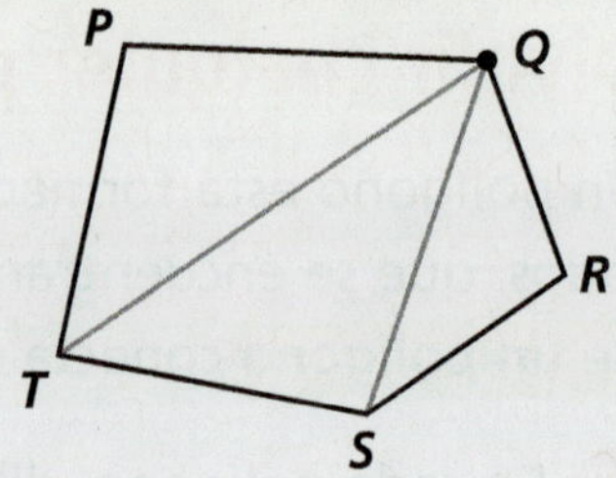

16 Las diagonales desde un vértice del Pentágono *PQRST* forman tres triángulos. ¿Cómo puede utilizar los triángulos para hallar la suma de los ángulos interiores de *PQRST*? ¿Cuál es la suma?

____

____

____

17 **a.** Un hexágono es un polígono con seis lados. ¿Cuántos triángulos se forman trazando todas las diagonales desde un vértice?

____

b. ¿Cuál es la suma de las medidas de los ángulos interiores del hexágono? Explica tu respuesta.

____

____

____

18 Completa la tabla.

Número de lados del polígono	4	5	6	7	8
Número de triángulos que se forman trazando todas las diagonales desde un solo vértice	2	3			
Suma de ángulos interiores del polígono					

19 Responde estas preguntas sobre un polígono con *n* lados.

a. ¿Qué expresión muestra el número de triángulos que se forman trazando todas las diagonales desde un solo vértice? __________

b. Escribe una fórmula que puedas utilizar para hallar la suma de las medidas de los ángulos interiores.

____

Nombre ______________________________

¿Cuál es el error?

Queridos estudiantes de matemáticas:

Dibujé algunas diagonales para a hallar la suma de los ángulos interiores del pentágono que se muestra a la derecha. Las diagonales que dibujé hacen cinco triángulos. Aquí les explico cómo hallé la suma.

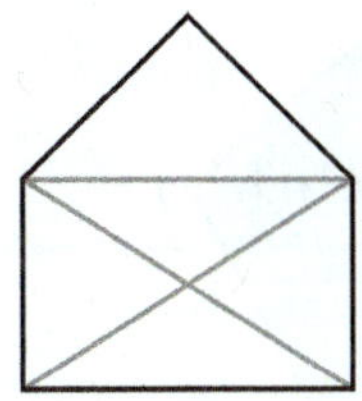

5 triángulos x 180 dentro de cada triángulo = 900°, por lo que la suma de las medidas de los ángulos interiores del pentágono es 900°.

¿Estoy en lo correcto? Si no, por favor, corrige mi trabajo y explica.

Tu amigo,
Pingüino Confundido

20 Escribe una respuesta a Pingüino Confundido.

____

____

____

Queridos estudiantes de matemáticas:

Parece que necesito su ayuda otra vez. Quiero hallar la suma de los ángulos interiores de un polígono con 8 lados. Hallé la respuesta utilizando una fórmula.

$$S = n(180°) = 8 \times 180° = 1{,}440°$$

Así que la suma de las medidas de los ángulos interiores es 1,440°. Pero mi amigo me dijo que cometí un error. ¿Me puedes ayudar averiguar cuál fue mi error?

Tu amigo,
Pingüino Confundido

21 Escribe una respuesta a Pingüino Confundido.

____

____

____

Halla las medidas desconocidas en cualquier polígono

Halla la medida desconocida del ángulo.

22 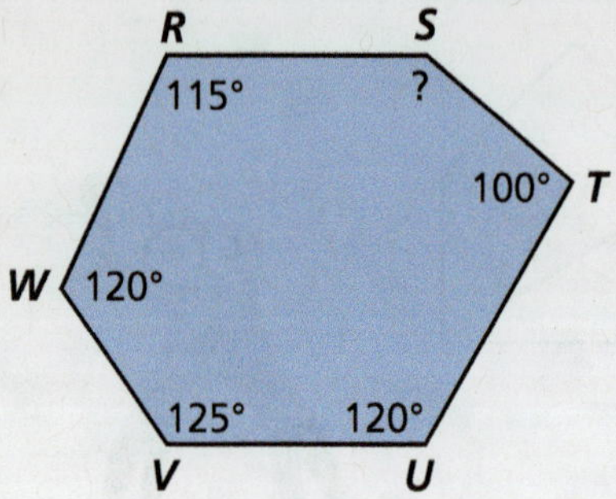

$m\angle S =$ ______

23 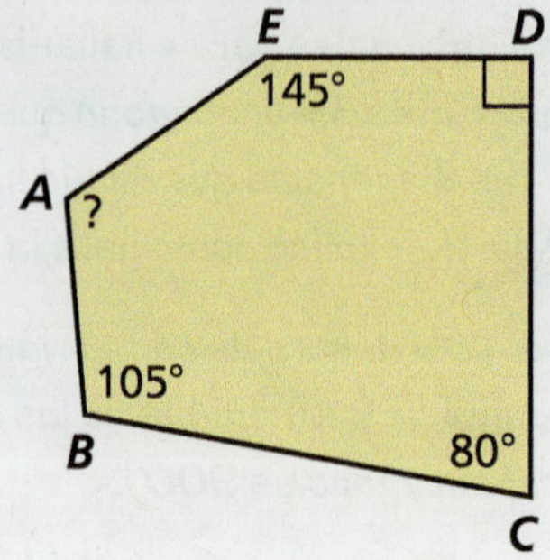

$m\angle A =$ ______

Halla el valor de *x*.

24 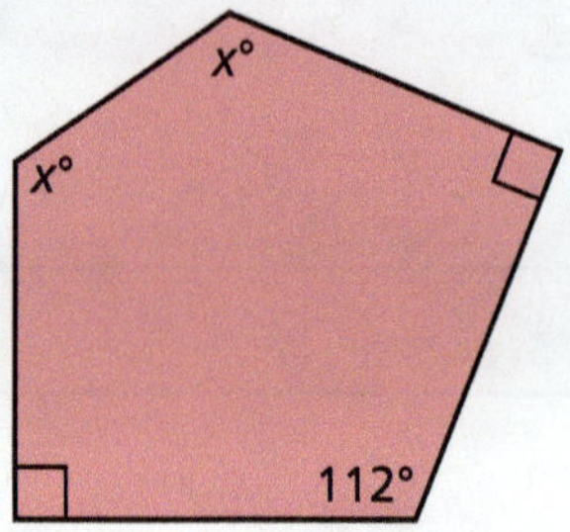

$x =$ ______

25 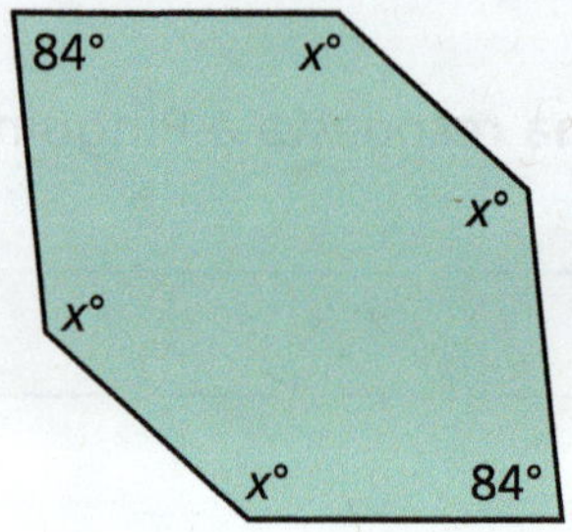

$x =$ ______

26 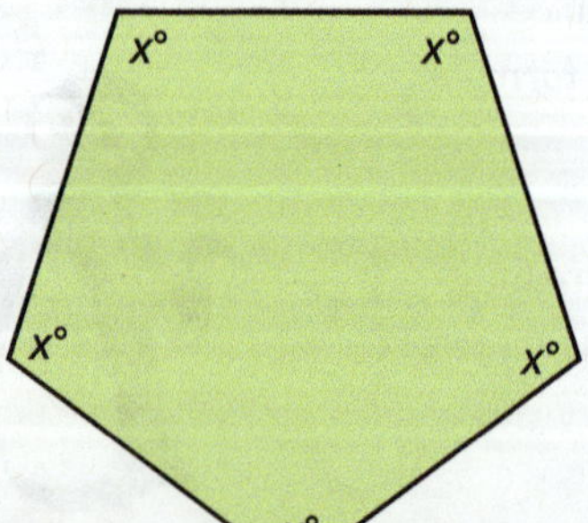

$x =$ ______

27 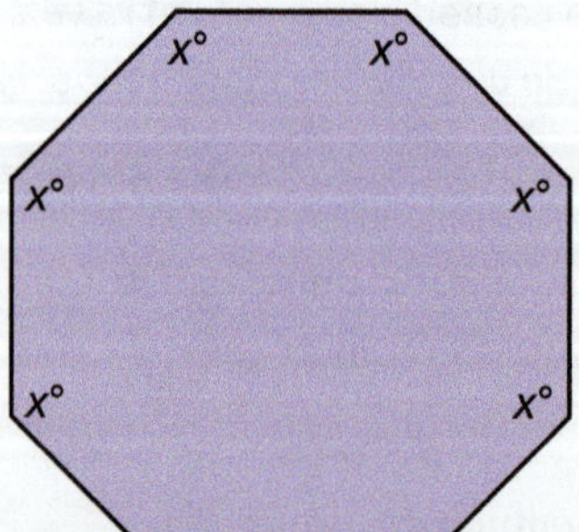

$x =$ ______

Comprobar la comprensión

Cuando un polígono tiene *n* lados, la suma de las medidas de todos los ángulos interiores es ______.

Nombre ____________________ Fecha ____________

Usa el diagrama para hacer los Ejercicios 1 y 2.

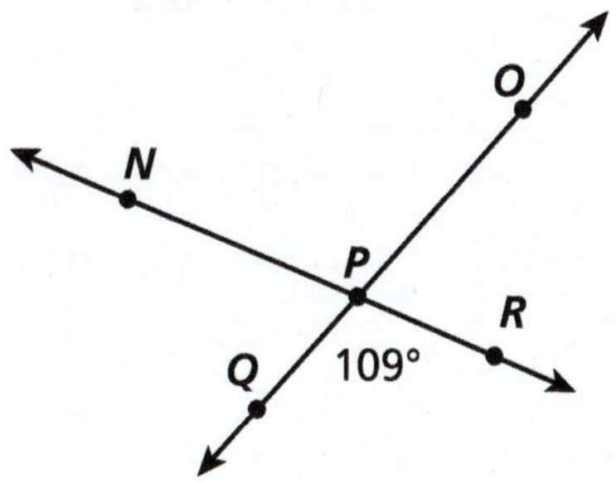

1. Nombra un par de ángulos suplementarios en el diagrama.

____

2. Escribe y resuelve una ecuación para hallar la medida de $\angle NPQ$.

____

Para los ejercicios 3 y 4, halla el valor de *x*. Explica tu respuesta.

3.

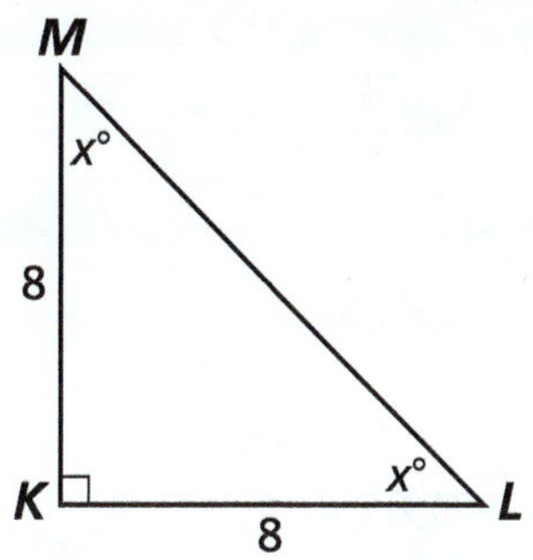

____

____

4.

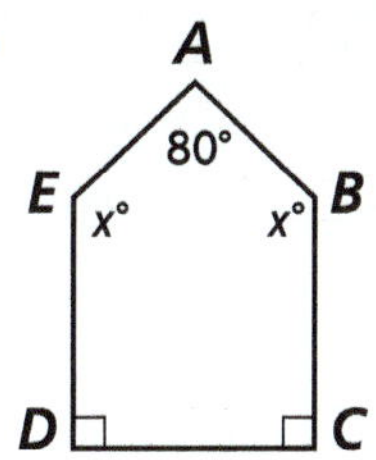

____

____

____

Comprobar el conocimiento 13

Nombre ______________________ Fecha ______________

Camino al conocimiento

1. $226.7 + 0.34 =$

2. $180.2 + 0.91 =$

3. $573.5 + 0.55 =$

4. $26.4 + 0.89 =$

5. $70.7 + 0.43 =$

6. $0.67 + 0.25 =$

7. $0.43 + 0.34 =$

8. $0.99 + 0.05 =$

9. $2.12 + 0.49 =$

10. $1.07 + 0.79 =$

11. $49 + 0.18 =$

12. $96 + 0.63 =$

13. $40 + 0.59 =$

14. $717 + 0.72 =$

15. $202 + 0.22 =$

Nombre ______________________________

Leer e interpretar una gráfica circular

La gráfica circular representa una encuesta de opinión realizada a unos estudiantes. A los estudiantes se les pidió que dijeran cuál es su tipo de libro favorito.

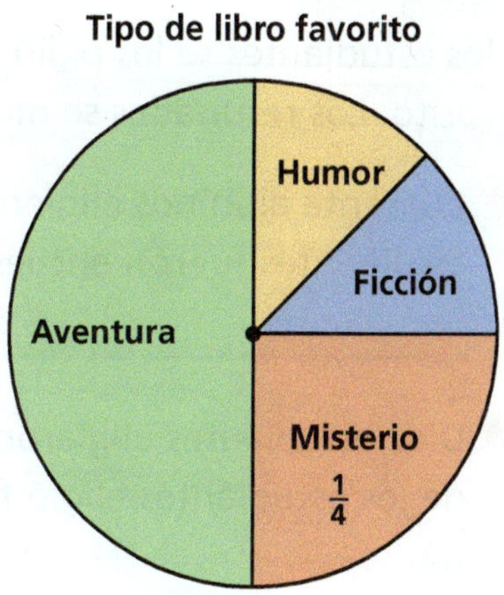

Utiliza la gráfica circular para contestar las preguntas.

1. ¿Qué fracción de los estudiantes eligió libros de humor?

2. ¿Cómo se relaciona esto con la fracción de estudiantes que eligieron los libros de misterio?

3. ¿Es el número de estudiantes que eligieron libros de misterio o libros de humor mayor o menor que el número de estudiantes que eligieron libros de aventuras? Explica cómo lo sabes.

4. Para esta encuesta, 125 estudiantes dijeron que los libros de ficción eran su tipo de libro favorito. ¿Cuántos estudiantes dijeron que los libros de misterio eran su tipo de libro favorito?

5. Consulta la información en el Ejercicio 4. ¿Cuántos estudiantes fueron encuestados en total? Explica cómo lo sabes.

Leer e interpretar una gráfica circular (continuación)

A los estudiantes se les pidió que dijeran cuál es su deporte favorito. Los resultados se muestran en la gráfica circular.

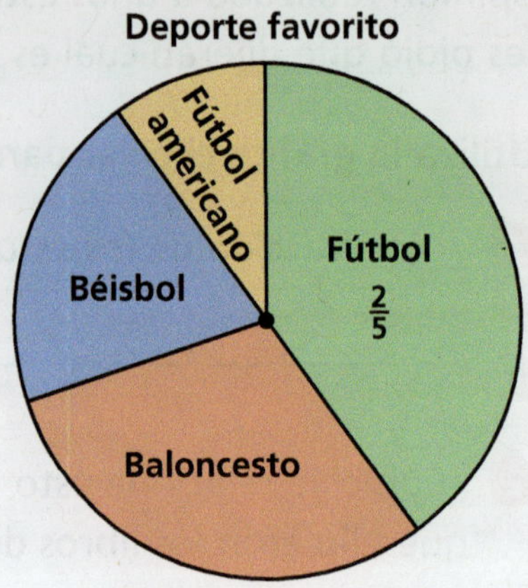

6 Cuarenta alumnos eligieron fútbol. ¿Cuántos estudiantes fueron encuestados?

7 Diez estudiantes eligieron fútbol americano. ¿Qué fracción de los estudiantes eligió fútbol americano?

8 El número de estudiantes que eligieron béisbol fue dos veces el número que eligió fútbol americano. ¿Qué fracción de los estudiantes eligió béisbol?

9 ¿Qué fracción de los estudiantes eligió baloncesto? Explica cómo lo sabes.

10 Supongamos que la encuesta se repite y 400 estudiantes dan sus respuestas. Si las fracciones de cada deporte siguen siendo las mismas, ¿cuántos estudiantes eligen cada deporte?

Baloncesto ______ Fútbol americano ______

Béisbol ______ Fútbol ______

Comprobar la comprensión

En la gráfica circular, ¿cómo se relaciona el tamaño de una región con el número de personas que respondieron?

Nombre ______________________________

VOCABULARY
diámetro
centro de un círculo
circunferencia
número irracional
pi (π)

Utilizar la fórmula de la circunferencia

El **diámetro** de un círculo es la distancia que atraviesa todo el círculo pasando por su **centro**.

La distancia alrededor de un círculo es la **circunferencia** del círculo.

La razón de la circunferencia de un círculo a su diámetro es un **número irracional** llamado **pi**. Este número está representado por el símbolo **π**.

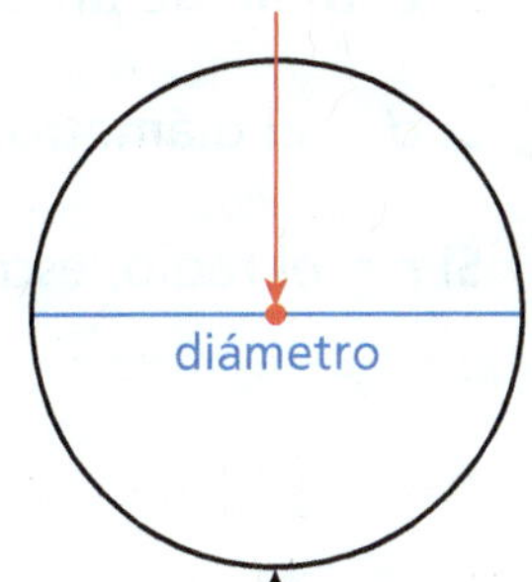

La fórmula de la circunferencia de un círculo es

$$C = \pi d$$

donde C es la circunferencia y d es el diámetro.

Usa 3.14 o $\frac{22}{7}$ como el valor aproximado de pi o π.

Completa la tabla.

Diámetro del círculo	**Circunferencia del círculo**		
	Utiliza el símbolo π.	**Utiliza 3.14 para π.**	**Utiliza $\frac{22}{7}$ para π.**
1 21 m			
2 14 cm			
3 2 pulg			

Halla la circunferencia de cada círculo. Utiliza 3.14 o $\frac{22}{7}$ para π.

4 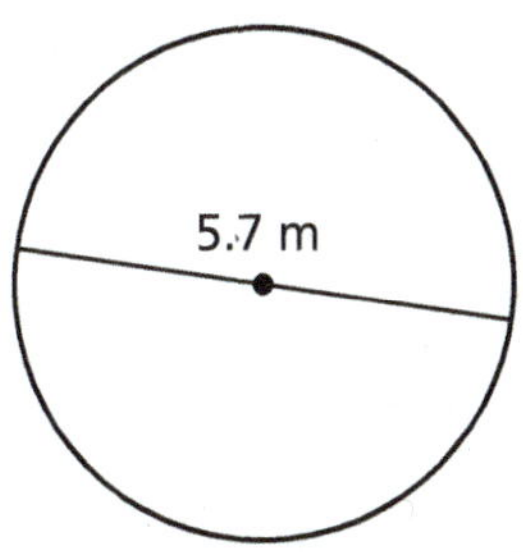

$C \approx$ ______________

5 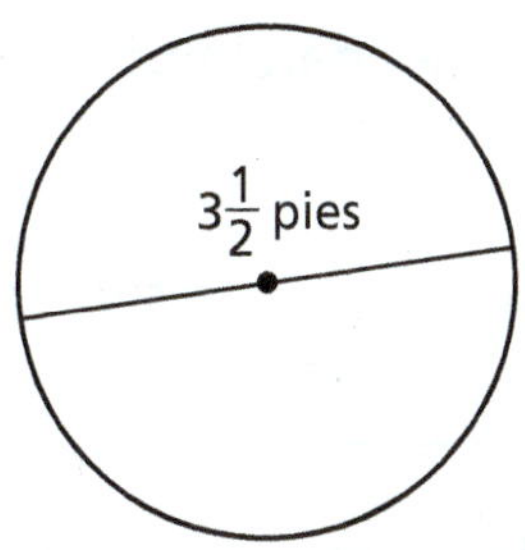

$C \approx$ ______________

6 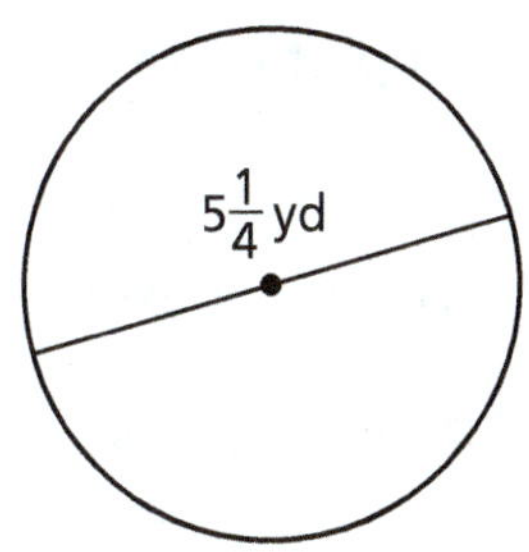

$C \approx$ ______________

Diámetro y radio

VOCABULARIO
radio

La distancia desde el centro de un círculo a cualquier punto en el círculo es el **radio** del círculo. El radio es siempre la mitad del diámetro del círculo.

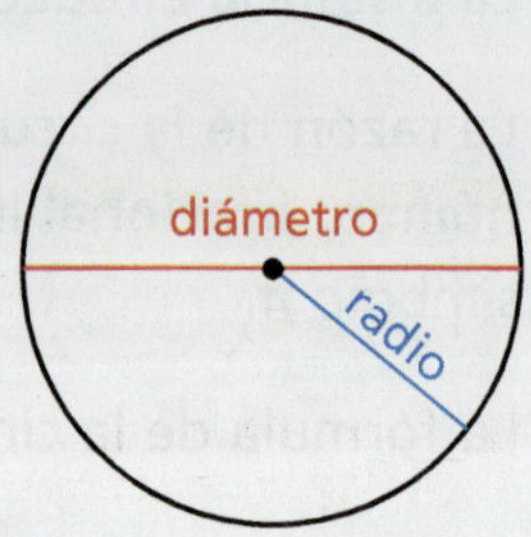

7. Si el diámetro de un círculo es de 6 cm, ¿cuál es su radio? ___

8. Si el radio de un círculo es 8 pies, ¿cuál es su diámetro? ___

9. Si d = el diámetro, escribe una expresión para el radio. ___

10. Si r = el radio, escribe una expresión para el diámetro. ___

Fórmula del area de un círculo

11. Tu maestro te dará un círculo dividido en 8 partes. Recorta las 8 partes y reordénalas para hacer una figura similar a un paralelogramo con altura igual al radio del círculo. Pega la figura con cinta adhesiva o pegamento aquí.

12. Sea d = el diámetro del círculo. Escribe una expresión para la longitud de la base de "paralelogramo" que hiciste. ___

13. Sea r = el radio del círculo. Escribe una expresión para la longitud de la base de "paralelogramo" que hiciste. ___

14. Completa esta oración: La altura de "paralelogramo" es igual al ___ del círculo.

15. Escribe una expresión utilizando r para representar el área de "paralelogramo." ___

16. Sea A = el área del círculo. Utiliza la expresión del Ejercicio 15 para escribir una fórmula para hallar el área de un círculo cuando sabes el radio r. Utiliza un exponente en tu fórmula. ___

Nombre ____________________

Utilizar la fórmula del area de un círculo

Circunferencia de un Círculo

$C = \pi d$

Área de un círculo

$A = \pi r^2$

Halla el área de cada círculo. Utiliza 3.14 para π.

17 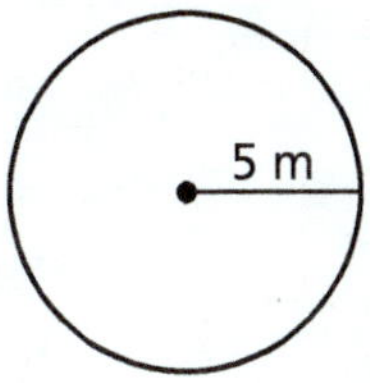

$A \approx$ ____________

18 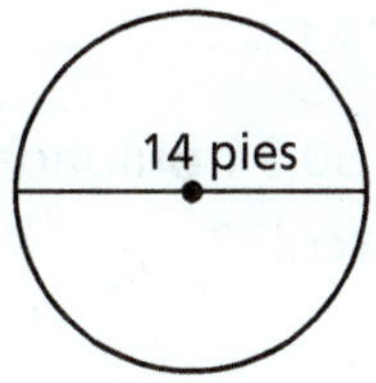

$A \approx$ ____________

Utilizar las fórmulas de la circunferencia y el área

Halla la circunferencia y el área de cada círculo.
Indica tus respuestas en términos de π.

19 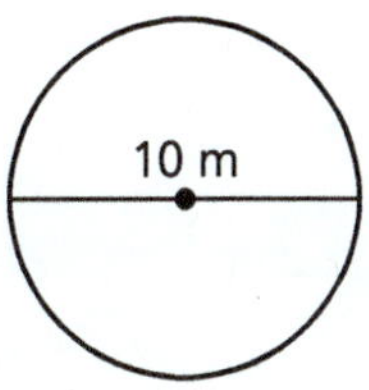

$C =$ ____________

$A =$ ____________

20 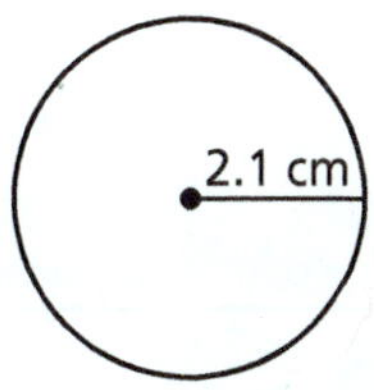

$C =$ ____________

$A =$ ____________

Halla la circunferencia y el área de cada círculo. Utiliza 3.14 para π.

21 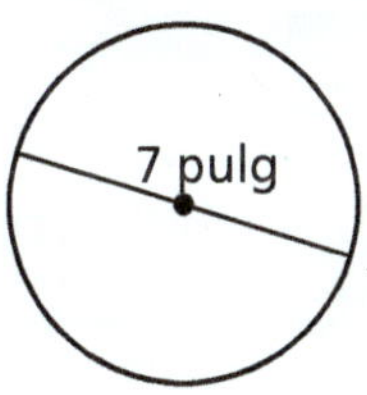

$C \approx$ ____________

$A \approx$ ____________

22 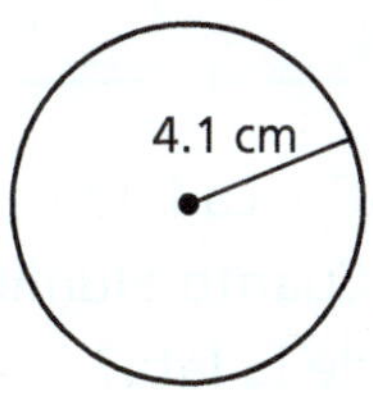

$C \approx$ ____________

$A \approx$ ____________

Halla la circunferencia y el área de cada círculo. Usa $\frac{22}{7}$ para π.

23 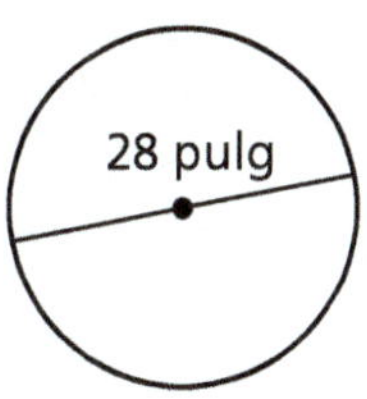

$C \approx$ ____________

$A \approx$ ____________

24 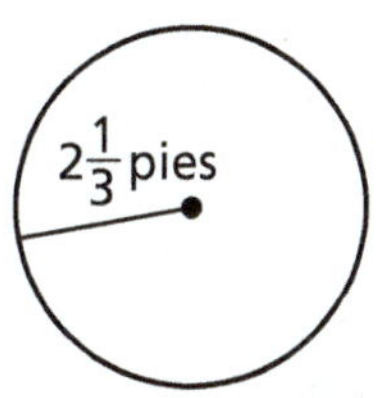

$C \approx$ ____________

$A \approx$ ____________

Resolver problemas utilizando la circunferencia y área

Resuelve todos los problemas. Utiliza 3.14 para pi.

25 El área de un círculo es aproximadamente 50.24 pulgadas cuadradas. ¿Cuál es la circunferencia del círculo?

26 La circunferencia de un círculo es aproximadamente 81.64 mm. ¿Cuál es el área del círculo?

27 La circunferencia de la diana de un tiro al blanco es 38.308 cm. ¿Cuál es el área de la diana?

28 La tapa de una lata de aluminio es un círculo. La lata es de aproximadamente 31.4 cm en alrededor. ¿Cuánto aluminio se necesita para fabricar la parte superior de la lata?

Comprobar la comprensión

Describe cómo hallar el área y la circunferencia de un círculo que tiene un diámetro de 10 cm.

Nombre ____________________

¿Es una circunferencia o un área?

Utiliza una marca de verificación para indicar si necesitas hallar la circunferencia aproximada o el área de un círculo para resolver el problema. Luego resuelve.

Muestra tu trabajo.

1. Un parque circular con un diámetro de 0.1 milla tiene un camino a lo largo del borde. Gavin corre alrededor del parque. ¿Hasta qué punto corre Gavin? Usa 3.14 para π.

   ☐ circunferencia ☐ área

   ____

2. Un neumático de bicicleta tiene un diámetro de 21 pulgadas. ¿Qué distancia se recorre con cada rotación completa del neumático? Usa $\frac{22}{7}$ para π.

   ☐ circunferencia ☐ área

   ____

3. El círculo grande en el centro de una cancha de baloncesto tiene un diámetro de 12 pies. ¿Cuántos pies cuadrados tiene el interior del círculo? Usa 3.14 para π.

   ☐ circunferencia ☐ área

   ____

4. Bethany quiere coser el borde de un mantel. El mantel es un círculo con un radio de $3\frac{1}{2}$ pies. ¿Cuántos pies de cordón utilizará? Usa $\frac{22}{7}$ para π.

   ☐ circunferencia ☐ área

   ____

5. La familia de Mark está buscando un apartamento que no esté a más de 1.5 millas de la escuela secundaria. ¿De qué tamaño es la sección de ciudad en la que deberán realizar su búsqueda? Usa 3.14 para π.

   ☐ circunferencia ☐ área

   ____

Resolver problemas sobre círculos

Resuelve.

6 Un círculo tiene una circunferencia de 44 pulgadas. ¿Cuál es su área?

____

7 Una pizza pequeña tiene un diámetro de 6 pulgadas. Una pizza extra-grande tiene un diámetro de 18 pulgadas. ¿Cuántas pizzas pequeñas serían la misma cantidad de pizza que 1 pizza extra-grande?

____

8 Mark corre 6 veces alrededor de una pista circular que tiene un radio de 100 pies. ¿Corre más o menos que $\frac{3}{4}$ de milla? (1 milla = 5,280 pies)

____

9 Ana coloca una mesa redonda con un diámetro de 7 pies en una alfombra rectangular de 10 pies por 12 pies. ¿Cuántos pies cuadrados de alfombra no están debajo de la mesa? Usa 3.14 para π.

____

10 Un rociador giratorio de césped puede rociar un área circular de 2,200 pies cuadrados. ¿Llegará el rociador a un punto que está a 30 pies desde el centro del rociador?

____

Nombre ______________________

Área de regiones sombreadas

Halla el área de cada región sombreada. Usa 3.14 para π.

11 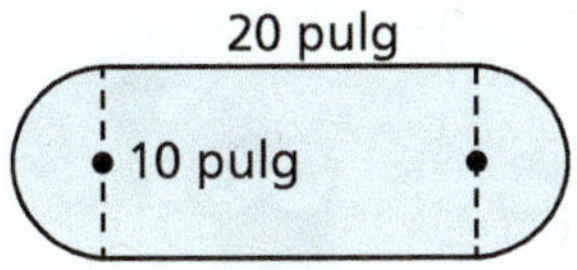

$P \approx$ ____________

$A \approx$ ____________

12 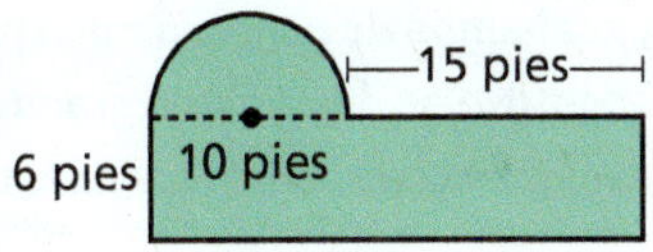

$P \approx$ ____________

$A \approx$ ____________

13 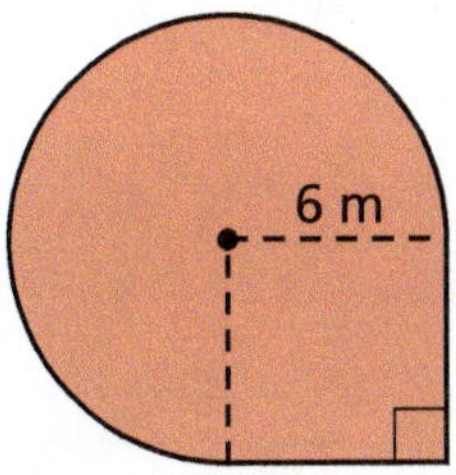

$P \approx$ ____________

$A \approx$ ____________

14 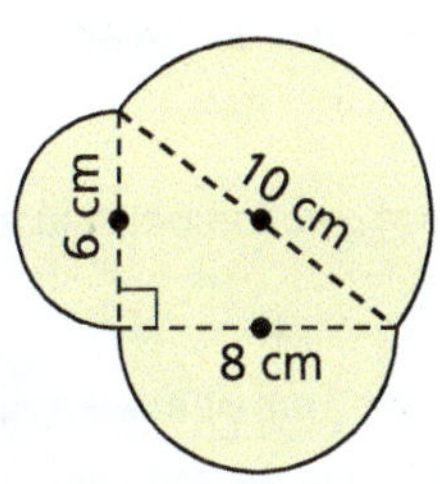

$P \approx$ ____________

$A \approx$ ____________

Área de regiones sombreadas

Halla el área de cada región sombreada. Usa 3.14 para π.

15 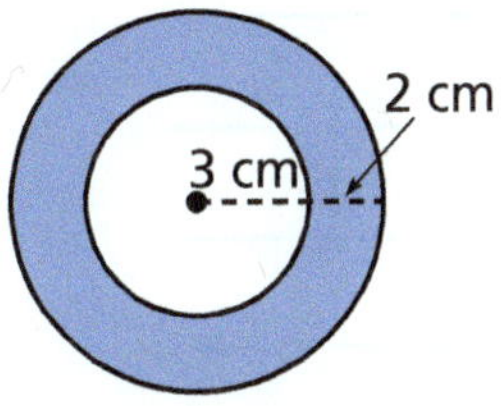

$A \approx$ ____________

16 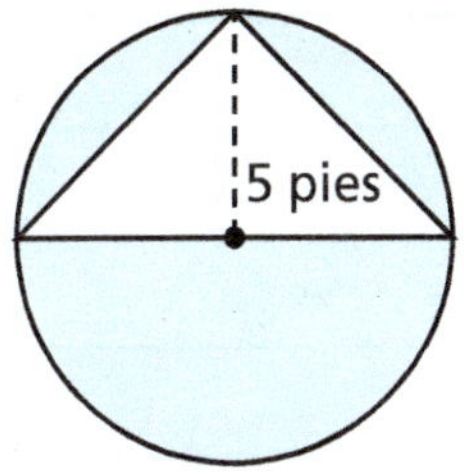

$A \approx$ ____________

¿Cuál es el error?

Queridos estudiantes de matemáticas:

En mi vecindario, acabamos de construir una pista para caminar como patos. ¡No es demasiado grande ya que no caminamos tan rápido! Así es como luce nuestra pista:

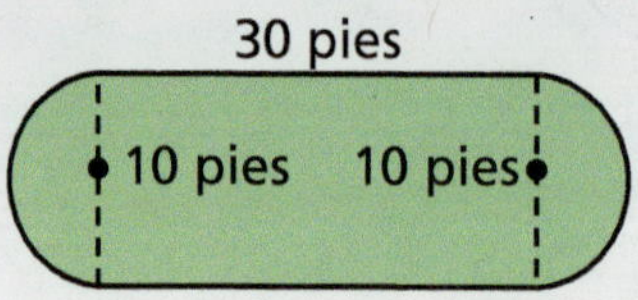

He tratado de averiguar cuánto habré caminado después de una vuelta.

Lo calculé de esta manera:

Para el rectángulo, $30 \cdot 10 = 300$.

Estimé la longitud del círculo formado por los dos semicírculos en los extremos, $3.14 \cdot 5 \cdot 5 = 78.5$.

$300 + 78.5 = 378.5$, así que la distancia de una vuelta es de unos 378.5 pies.

Mis amigos dijeron que esto no les pareció una distancia razonable.

¿Cometí un error? Si es así, ¿me puedes ayudar a corregirlo y hallar la verdadera distancia de una vuelta?

Tu amigo,
Pingüino Confundido

17 Escribe una respuesta a Pingüino Confundido.

Comprobar la comprensión

Describe cómo encontrar el área de un círculo si sabes su circunferencia.

Nombre ______________________________

VOCABULARIO
cilindro

Comentar cilindros

Estos son ejemplos de un tipo especial de figura tridimensional llamada cilindro.

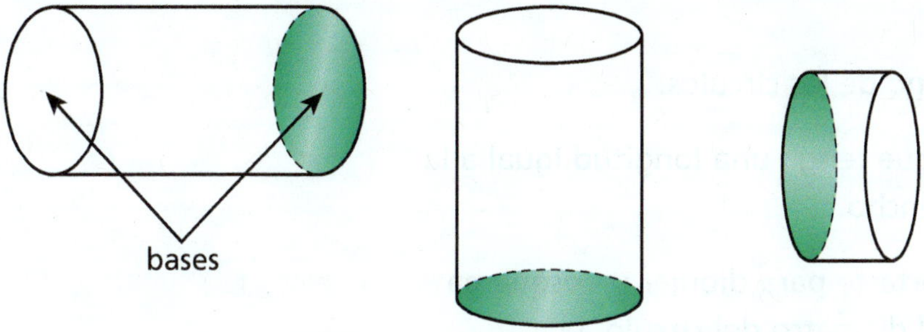

1. Enumera tres ejemplos de cilindros del mundo real.

2. ¿En qué se parece un cilindro a un prisma?

3. ¿En qué se diferencia un cilindro de un prisma?

Plantillas para cilindros

4. Explica cómo hacer un cilindro a partir de este esquema plano.

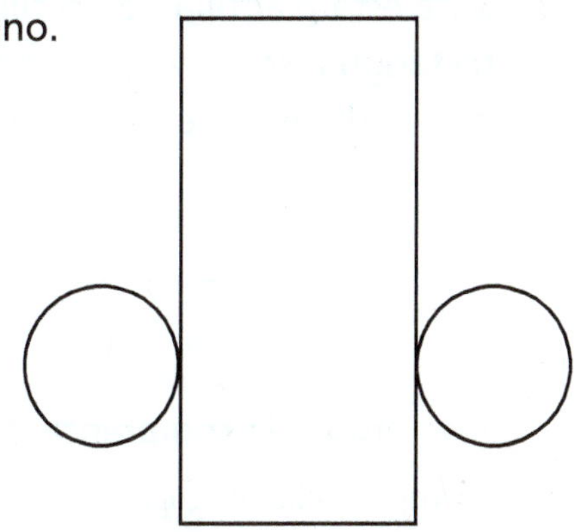

5. ¿Cómo se relaciona la longitud del rectángulo con la circunferencia de cada círculo?

Crear una plantilla de un cilindro

Sigue los pasos de los ejercicios 6 a 10.

6. Mide y corta dos círculos congruentes, cada uno con un diámetro de 3 pulgadas.
7. Calcula la circumferencia de uno de los círculos.
8. Dibuja y corta un rectángulo que tenga una longitud igual a la circunferencia; usa cualquier ancho.
9. Utiliza las tres piezas que recortaste para dibujar un esquema plano de un cilindro. Rotula el diámetro del círculo, la circunferencia de los círculos y la longitud y ancho del rectángulo.

10. Muestra que la plantilla se puede utilizar para hacer un cilindro uniendo con cinta las tres piezas.
11. Mira esta plantilla de un cilindro. La longitud y el ancho del rectángulo son *a* y *b*, y la circunferencia de la base es *c*. ¿Cuáles dos medidas deben ser las mismas?

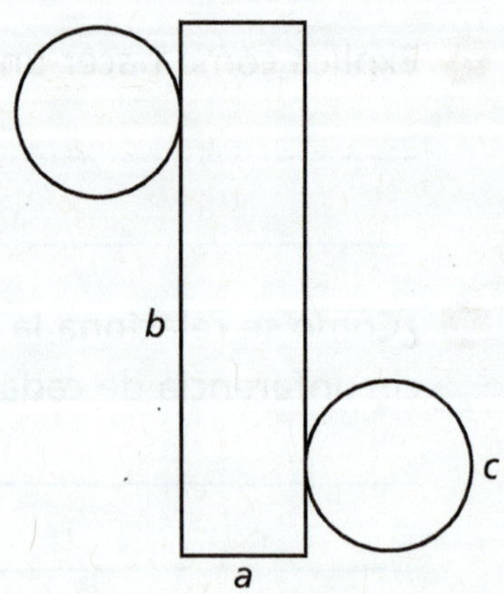

____

Comprobar la comprensión

Completa la oración.

La plantilla de un cilindro tiene dos __________ y un

__________.

Nombre ______________________

Comentar conos

Estos son ejemplos de un tipo especial de figura tridimensional llamada cono.

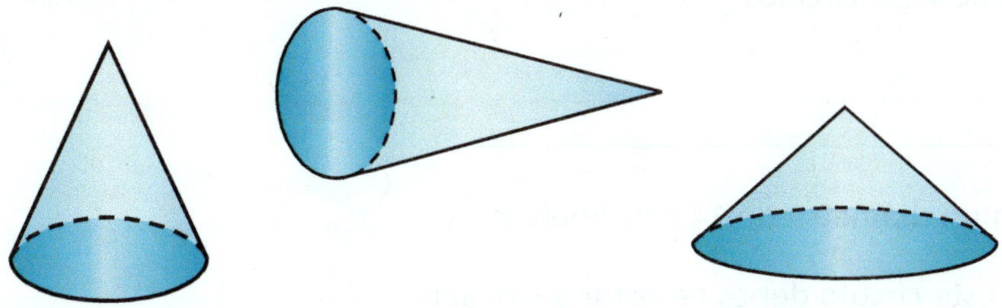

1. Enumera tres ejemplos reales de conos.

2. ¿En qué se parece un cono a un cilindro?

3. ¿En qué se diferencia un cilindro de un cono?

Plantillas para los conos

4. Explica cómo hacer un cono a partir de este esquema plano.

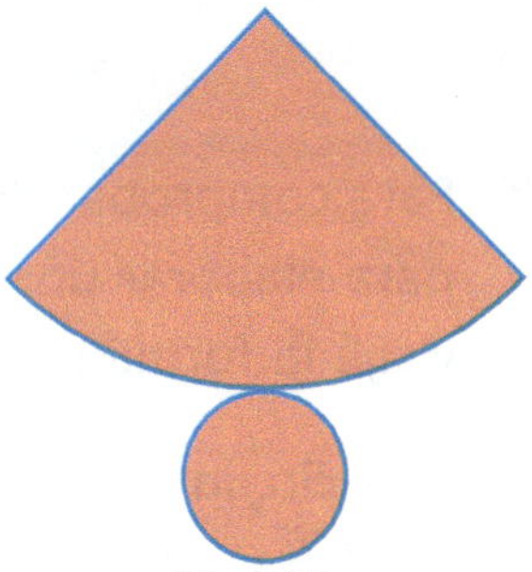

Plantilla

5. Si la cuña representa $\frac{1}{4}$ de un círculo con un diámetro de 8 pulgadas, ¿cuál es la circunferencia de la base? Indica tu respuesta en términos de π.

Hacer una plantilla de un cono

Sigue los pasos de los ejercicios 6 a 9.

6. Dibuja y recorta un círculo con un diámetro de 7 centímetros. ¿Cuál es la circunferencia del círculo?

7. Dibuja un círculo con un diámetro de 14 centímetros.

   a. ¿Qué fracción de este círculo debes recortar y extraer para que cuando juntes los radios de la cuña con cinta adhesiva, el borde de la cuña y la circunferencia del círculo más pequeño sean los mismos?

   b. Corta esa fracción del círculo más grande.

8. Utiliza las dos piezas que recortaste para formar una plantilla de un cono. Coloca las dos piezas de manera que los bordes curvos se crucen en un punto. Dibuja la plantilla.

9. Para comprobar que tu plantilla pueda usarse para elaborar un cono, conecta los radios de la cuña y fija la forma resultante al círculo.

10. Si la circunferencia de la base de un cono mide 6π centímetros, ¿qué fracción de un círculo con circunferencia de 18π centímetros podrías utilizar para construir un cono?

Comprobar la comprensión

¿Cómo describirías la plantilla de un cono?

Nombre ______________________________ Fecha ______________

Utiliza la gráfica circular para los Ejercicios 1 y 2.

La gráfica circular muestra cómo llegan todos los días a la escuela los estudiantes para asistir a la clase del Sr. Lopez.

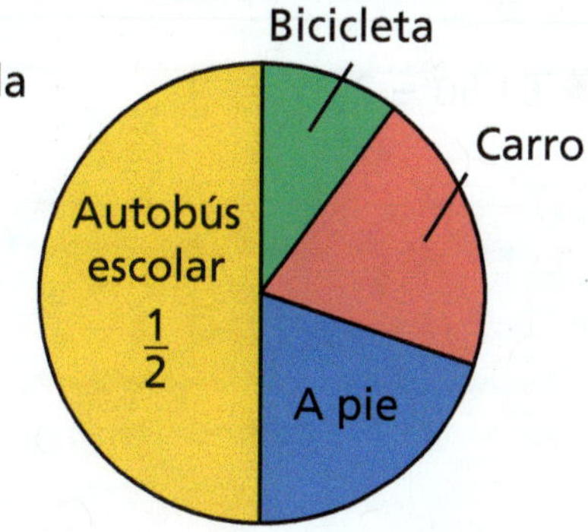

1. En la clase del Sr. López hay 30 estudiantes. ¿Cuántos toman el autobús?

   ____

2. El número de estudiantes que viajan en un carro es igual al número de estudiantes que caminan. El número de estudiantes que caminan es el doble de los que se trasladan en bicicleta. ¿Cuántos estudiantes se trasladan a la escuela en bicicleta? Explica tu respuesta.

   ____

   ____

   ____

   ____

3. ¿Cuál es el área de un círculo que tiene un diámetro de 12 pulgadas? Usa 3.14 para pi.

   ____

4. Un cilindro tiene una altura de 10 centímetros. Su tapa circular tiene un diámetro de 10 centímetros. Dibuja una plantilla del cilindro. Rotula el diámetro de los círculos, la circunferencia de los círculos y la longitud y el ancho del rectángulo. Usa 3.14 para pi.

Comprobar el conocimiento 14

Nombre ____________________ Fecha ____________________

Camino al conocimiento

1. 61.50 − 2.21 =
2. 30.76 − 8.19 =
3. 16.02 − 5.67 =
4. 95.33 − 4.94 =
5. 19.91 − 14.6 =
6. 32.07 − 30.2 =
7. 72.55 − 70.6 =
8. 45.21 − 5.29 =
9. 615 − 0.05 =
10. 210 − 0.01 =
11. 1,040 − 0.09 =
12. 4,029 − 0.25 =
13. 2,305 − 0.34 =
14. 5,771 − 5.55 =
15. 1,919 − 5.48 =

Nombre ______________________ **Fecha** ______________

1 Selecciona Verdadero o Falso para cada enunciado.

1a. El área de superficie y el volumen son medidas del espacio que ocupan las figuras sólidas. ○ Verdadero ○ Falso

1b. El área de superficie y el volumen se miden utilizando la misma unidad. ○ Verdadero ○ Falso

1c. Tanto el área de superficie como el volumen son atributos de las figuras sólidas. ○ Verdadero ○ Falso

2 Rellena el círculo al lado de la unidad utilizada para medir el volumen.

○ unidades cuadradas ○ unidades cúbicas ○ unidades lineales

Explica la respuesta que seleccionaste en palabras o en un dibujo con leyendas.

3 El volumen de un prisma rectangular se halla mediante la fórmula $V = Bh$.

Parte A Usa las baldosas para mostrar una fórmula diferente que puedas utilizar para hallar el volumen de un prisma rectangular. No necesitas usar todas las baldosas.

a *h* *B* *l* $V =$ ______________

Parte B Explica cómo se relacionan las dos fórmulas, y por qué se puede utilizar cualquiera de las fórmulas para hallar el volumen de un prisma rectangular.

4 La ecuación para hallar el volumen del prisma rectangular es $V = Mt$. Coloca leyendas al prisma.

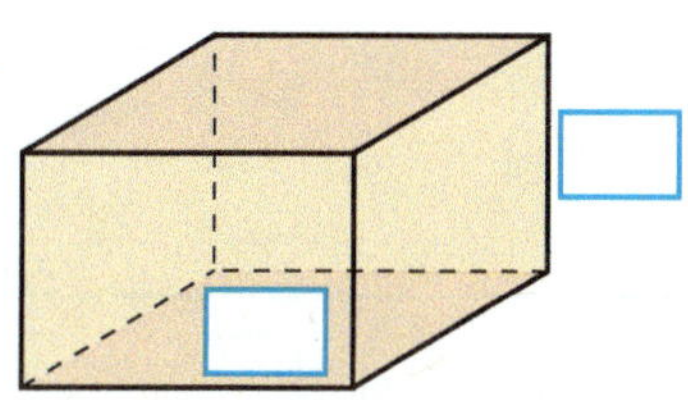

Nombre ______________________ **Fecha** ______________

5 Selecciona un solo valor en cada columna para que el volumen del prisma rectangular sea verdadero.

a	*l*
○ 3 pies	○ 1 pie
○ 5 pies	○ 2 pies
○ 9 pies	○ 3 pies
○ 10 pies	○ 4 pies

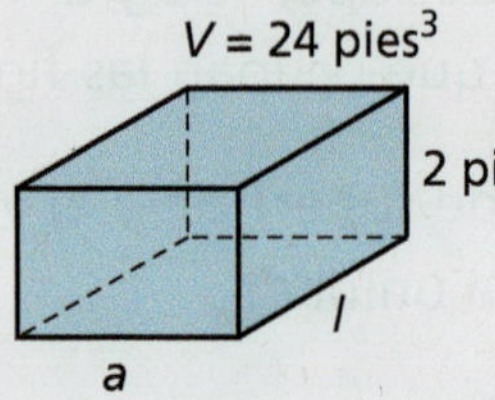

6 Usa el cálculo mental para hallar el volumen.

V = ______________

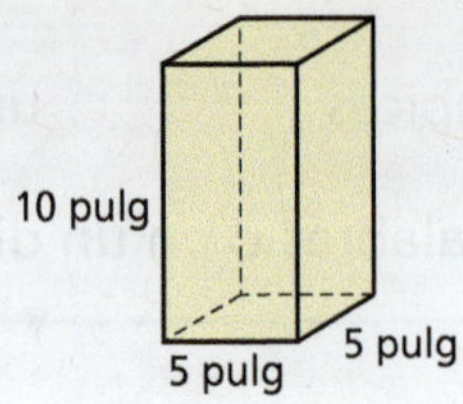

7 El volumen de un prisma se puede hallar llenándolo con cubos de unidad que tengan la longitud de arista apropiada.

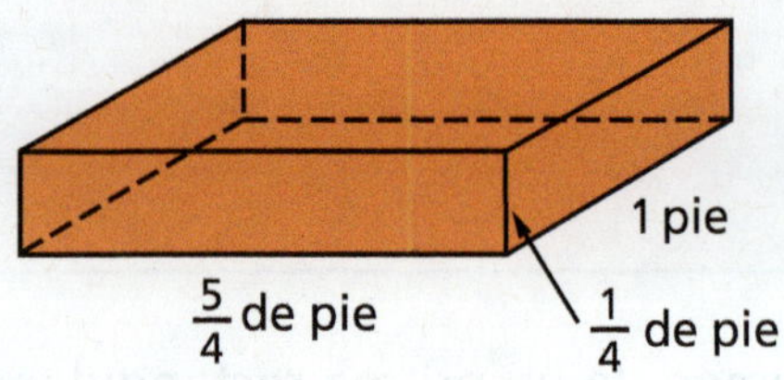

Parte A

¿Cuál es la longitud de arista más larga que sería apropiada para los cubos unitarios? Explica tu respuesta.

longitudes de arista de ______________

Parte B

Si la dimensión más larga del prisma fuera de $1\frac{1}{8}$ pies, ¿sería razonable la longitud que elegiste en la Parte A? Explica.

Nombre ______________________ Fecha ______________

8 Cecilia usa capas para hallar el volumen del siguiente prisma.

Parte A Explica cómo hallar el volumen usando capas.

Parte B Usa capas para hallar el volumen del prisma.

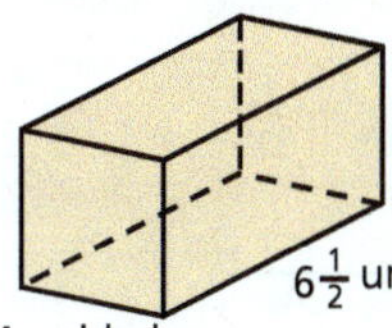

$V =$ ______________ unidades cúbicas

9 Halla el volumen. Muestra tu trabajo.

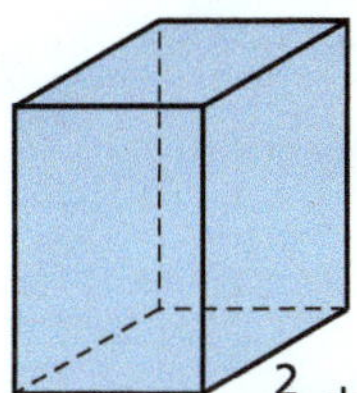

$V =$ ______________

10 **Selecciona Sí o No para indicar si la ecuación representa el volumen de un prisma con aristas de longitud *e*.**

10a. $V = e \cdot e \cdot e$ ○ Sí ○ No

10b. $V = 3e$ ○ Sí ○ No

10c. $V = e^3$ ○ Sí ○ No

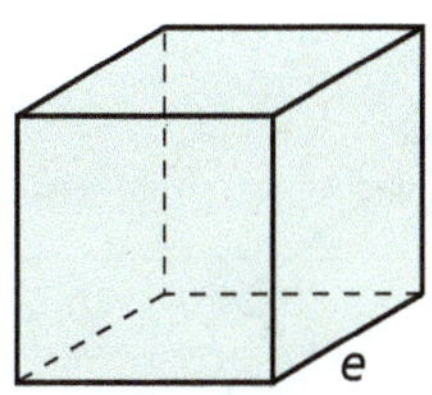

Nombre ____________________ Fecha ____________

Para los Ejercicios 11 a 14, halla la medida desconocida del ángulo.

11 $m\angle QNO =$ ________

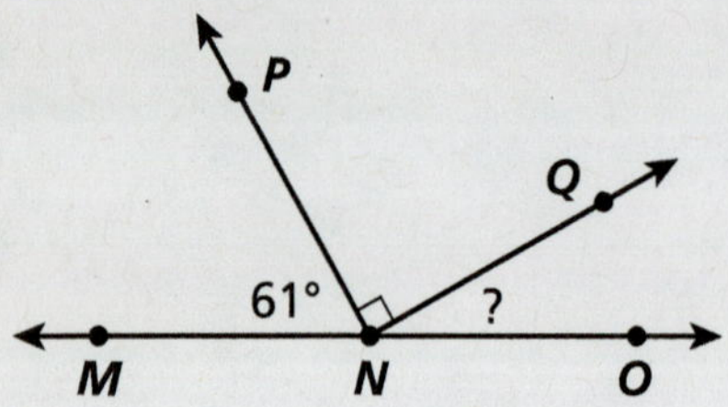

12 $m\angle ACB =$ ________

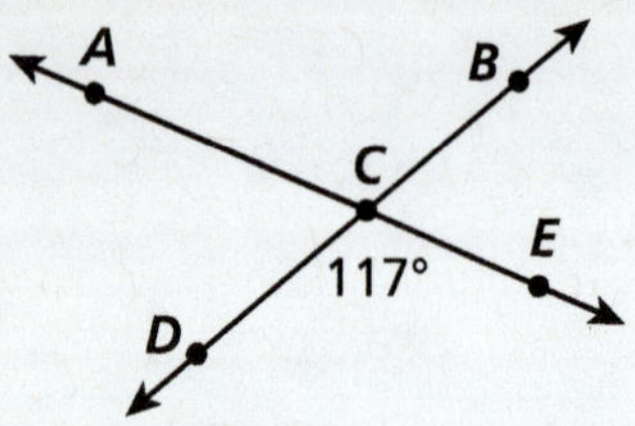

13 $m\angle U =$ ________

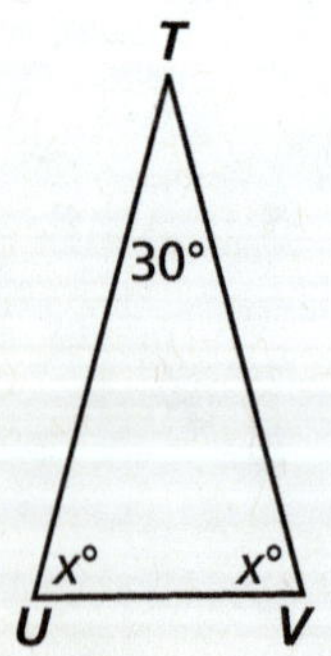

14 $m\angle D =$ ________

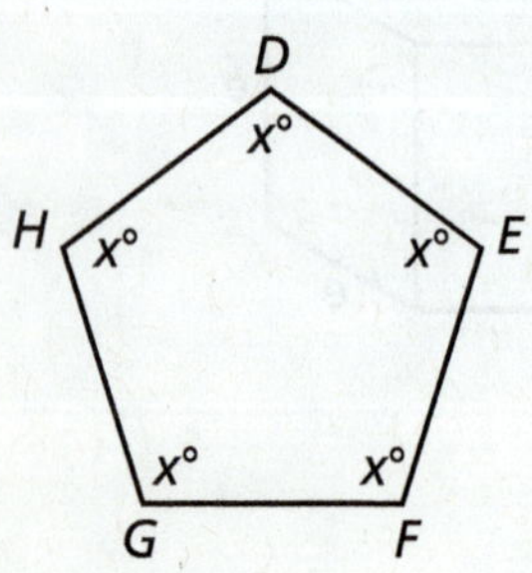

Nombre ______ Fecha ______

A los estudiantes se les pidió que dijeran cuál es su ingrediente de pizza favorito. Los resultados se muestran en la gráfica de círculo. Utiliza la gráfica para los Ejercicios 15 y 16.

Ingrediente de pizza favorito

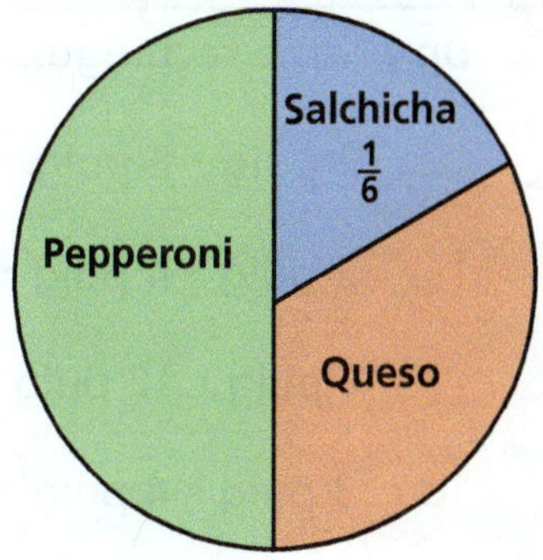

15 Se encuestaron 60 estudiantes en total. ¿Cuántos estudiantes eligieron salchicha?

______

16 Treinta estudiantes eligieron pepperoni. ¿Qué fracción de los estudiantes eligió queso? Explica cómo lo sabes.

17 Una pequeña piscina con forma de prisma rectangular tiene una longitud de $6\frac{1}{2}$ pies, un ancho de 5 pies y una altura de 24 pulg. Jeb dice que el volumen de la piscina es 780 $pies^3$.

¿Está Jeb en lo correcto? Si lo está, demuestra cómo pudo hallar el volumen. Si no, explica qué hizo mal y halla el volumen correcto.

$V =$ ______

Nombre ______________________ Fecha ______________

18 Elige Sí o No para indicar si las dimensiones dadas representan un prisma rectangular con un volumen de 96 pulgadas cúbicas.

18a. 2 pulg • 6 pulg • 8 pulg ○ Sí ○ No

18b. 2 pulg • 4 pulg • 12 pulg ○ Sí ○ No

18c. 4 pulg • 12 pulg • 4 pulg ○ Sí ○ No

18d. 3 pulg • 4 pulg • 9 pulg ○ Sí ○ No

18e. 4 pulg • 4 pulg • 6 pulg ○ Sí ○ No

19 ¿Cuál es la masa de un trozo de vidrio con un volumen de 35 cm^3 y una densidad de 2.4 g/cm^3?

____

20 Un círculo tiene una circunferencia de 31.4 pulgadas. ¿Cuál es el área del círculo? Usa 3.14 para π.

____

21 Juan quiere colocar una capa de mantillo en la parte superior de su jardín vegetal de 12 pies por 24 pies. Si una bolsa de mantillo de 1.5 $pies^3$ cuesta $4, ¿cuánto costará poner una capa de 3 pulgadas de mantillo en el jardín? Muestra tu trabajo.

$ ______________________

 Nombre ______________________ **Fecha** ______________

Cómo sembrar flores

Olivia está construyendo una maceta para sus tulipanes de 3 pies de ancho, 6 pulgadas de longitud y 6 pulgadas de alto. La madera que utiliza para construir la caja es de 1 pulgada de espesor y la maceta tiene 4 lados y fondo, pero no tiene tapa. Utiliza esta información para responder las preguntas que siguen.

1. Utiliza la cuadrícula para bosquejar una plantilla de la caja que es la construcción de Olivia.

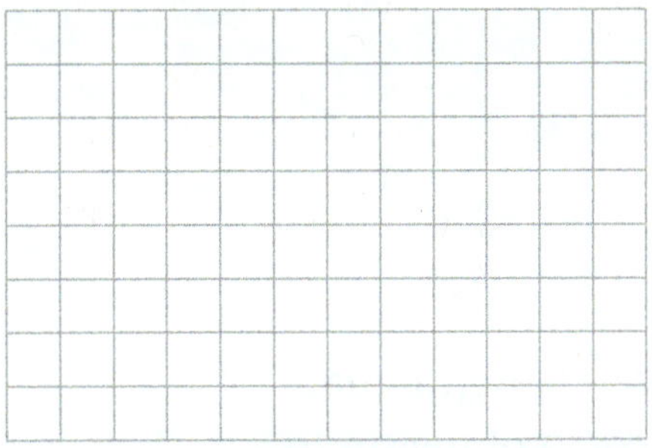

2. Olivia quiere decorar la maceta con baldosas cuadradas de 1 pulgada que costaron 4.5¢ ($0.045) cada una. Cubrirá la parte frontal, la posterior y los lados de la maceta, pero no el fondo. Halla cuánto tendrá que gastar Olivia en las baldosas. Demuestra o explica cómo obtuviste tu respuesta.

3. Olivia quiere saber cuánto espacio ocupa la maceta. Halla el volumen de la maceta. Demuestra o explica cómo hallaste el volumen.

Nombre ______________________ **Fecha** ______________

4 Olivia hizo la maceta de madera que tiene 1 pulgada de espesor. Si las dimensiones exteriores se muestran en el diagrama, ¿cuáles son las dimensiones del interior de la maceta?

☐ pulgadas de longitud ☐ pulgadas de ancho ☐ pulgadas de alto

5 Usa palabras o imágenes para explicar por qué las dimensiones del interior de la maceta son diferentes a las dimensiones del exterior de la maceta.

6 La tierra cuesta $0.02 por pulgada cúbica. ¿Cuánto costará la tierra que se necesita para llenar la maceta? Demuestra o explica cómo obtuviste tu respuesta.

7 ¿Cuál es el volumen de la madera usada para construir la maceta?

8 Supongamos que Olivia decide construir otra maceta con las mismas dimensiones, pero esta vez voltea la maceta sobre un costado, de modo que tiene 3 pies de altura y la parte superior queda abierta. Explica cómo cambiaría el costo de las baldosas y el costo de la tierra.

Dear Family:

In this unit, your child will work with both metric and customary units of measurement. Benchmarks will help your child estimate using these units. Some benchmarks your child will learn are:

- Eight large trashcans hold about 1 kiloliter.
- A pinch of salt has a mass of about 1 milligram.
- A slice of bread weighs about 1 ounce.

You can use these and other benchmarks at home to estimate measures.

Students will use units of measure as they solve problems about ratios, rates, and percents. The examples below and on the next page show how students will use tables, diagrams, and equations to solve problems.

Purple Berry juice is made from 2 cups of raspberry juice for every 3 cups of blueberry juice. How many cups of blueberry juice are needed for 11 cups of raspberry juice?

Table with unit Rate

	B	R	
	3	2	
÷ 2	$\frac{3}{2}$	1	÷ 2
· 11	$\frac{33}{2}$	11	· 11

Equation

$\frac{2}{3} = \frac{11}{x}$

$2x = 33$

$x = \frac{33}{2}$

The answer is $\frac{33}{2}$ or $16\frac{1}{2}$ cups of blueberry juice.

A juice company's KiwiBerry juice is made by mixing 2 parts kiwifruit juice with 3 parts strawberry juice. To make 20 liters of KiwiBerry juice, how much kiwifruit juice is needed?

Factor Puzzle

	k	KF
	2	5
1	2	5
4	8	20

Tape Diagram

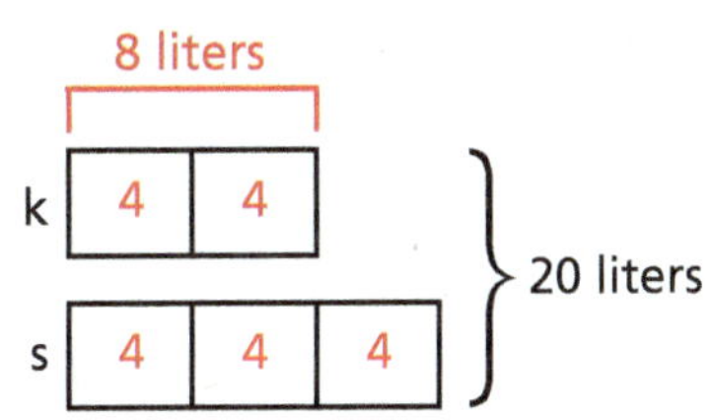

The answer is 8 liters of kiwifruit juice.

If 12 milligrams of niacin is 60% of the recommended daily allowance for niacin, then what is the recommended daily allowance for niacin?

Double Number Line Diagram

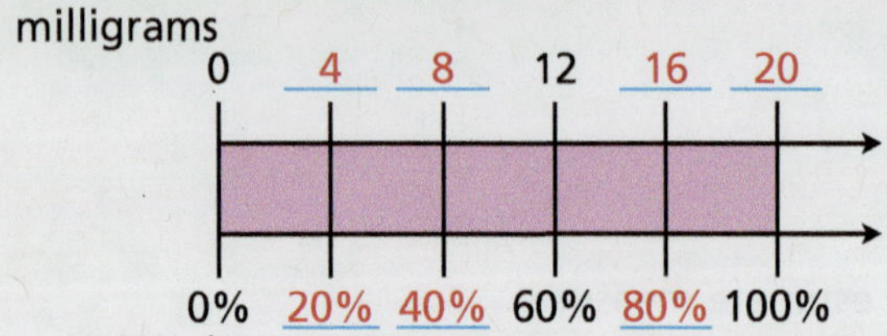

Equation

$$\frac{12}{x} = \frac{60}{100}$$
$$60x = 12 \cdot 100$$
$$x = \frac{12 \cdot 100}{60}$$
$$x = 20$$

The answer is 20 milligrams.

A double number line can be used to convert between centimeters and millimeters. Complete the double number line to show how centimeters and millimeters are related.

Double Number Line Diagram

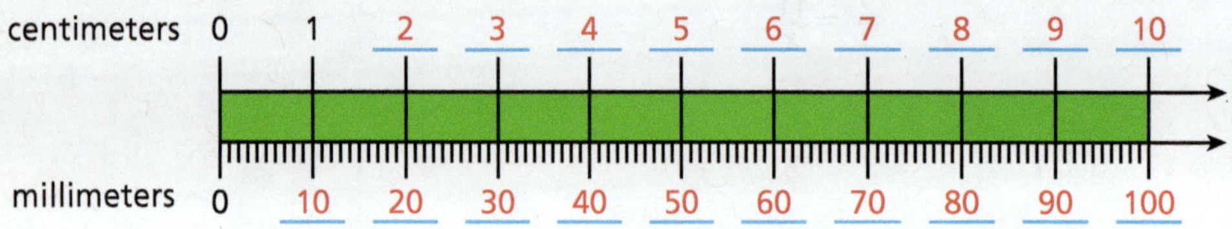

Double number line diagrams can be used to make other conversions, such as feet to inches, milliliters to liters, and kilograms to grams.

Your child will apply the strategies they have learned to also convert units of time, such as seconds to hours, weeks to hours, and hours to years. If you have any questions or comments, please contact me.

Sincerely,
Your child's teacher

Estimada familia:

En esta unidad, su hijo trabajará con unidades métricas y usuales de medida. Los puntos de referencia ayudarán a su hijo a estimar usando estas unidades. Algunos puntos de referencia que su hijo aprenderá son:

- ocho tarros grandes de basura contienen aproximadamente 1 kilolitro
- una pizca de sal tiene una masa de aproximadamente 1 miligramo
- una rebanada de pan pesa aproximadamente 1 onza

Puede usar estos y otros puntos de referencia en casa para estimar las medidas.

Los estudiantes usarán unidades de medida mientras resuelven problemas de razones, tasas y porcentajes. Los ejemplos presentados a continuación y en la siguiente página muestran cómo los estudiantes usarán tablas, diagramas y ecuaciones para resolver problemas.

Para hacer jugo azul se necesitan 2 tazas de jugo de frambuesa por cada 3 tazas de jugo de arándanos. ¿Cuántas tazas de jugo de arándanos se necesitan si se usan 11 tazas de jugo de frambuesa?

Tabla con tasa por unidad

	A	F	
	3	2	
÷ 2	$\frac{3}{2}$	1	÷ 2
· 11	$\frac{33}{2}$	11	· 11

Ecuación

$$\frac{2}{3} = \frac{11}{x}$$
$$2x = 33$$
$$x = \frac{33}{2}$$

La respuesta es $\frac{33}{2}$ o $16\frac{1}{2}$ tazas de jugo de arándanos.

Una compañía hace jugo de kiwi con fresa mezclando 2 partes de jugo de kiwi con 3 partes de jugo de fresa. Para hacer 20 litros, ¿cuánto jugo de kiwi se necesita?

Rompecabezas de factores

	k	KF
	2	5
1	2	5
4	8	20

Diagrama en forma de cinta

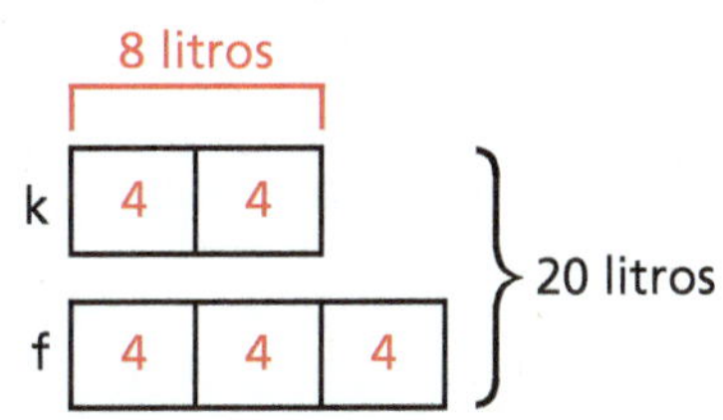

La respuesta es 8 litros de jugo de kiwi.

Si 12 miligramos de niacina equivalen al 60% del consumo diario que se recomienda, entonces, ¿cuál es el consumo diario total de niacina que se recomienda?

Diagrama de recta numérica doble

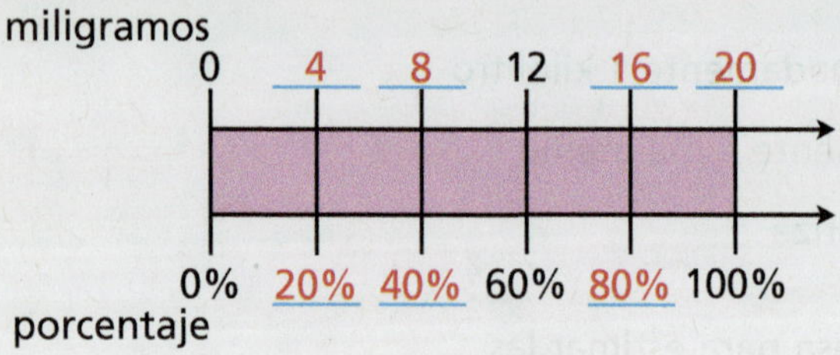

Ecuación

$$\frac{12}{x} = \frac{60}{100}$$

$$60x = 12 \cdot 100$$

$$x = \frac{12 \cdot 100}{60}$$

$$x = 20$$

La respuesta es 20 miligramos.

Se puede usar una recta numérica doble para realizar conversiones entre centímetros y milímetros. Completen la recta numérica doble para mostrar cómo se relacionan los centímetros y los milímetros.

Diagrama de recta numérica doble

Se pueden usar diagramas de rectas numéricas dobles para realizar otras conversiones como pies a pulgadas, mililitros a litros y kilogramos a gramos.

Su hijo también aplicará las estrategias que ha aprendido para convertir unidades de tiempo como segundos a horas, semanas a horas y horas a años.

Si tiene comentarios o preguntas, por favor comuníquese conmigo.

Atentamente,
El maestro de su hijo

gráfica de barras

multiplicación cruzada

gráfica circular

tiempo transcurrido

comparar razones

volumen líquido

Método que se usa para resolver proporciones basado en el hecho de que en una proporción los productos cruzados son iguales.

Ejemplo:

$\frac{10}{15} = \frac{18}{27}$ es una proporción.

Los productos cruzados son iguales.

$\frac{10}{15} = \frac{18}{27}$

$18 \cdot 15 = 10 \cdot 27$

Gráfica que usa las longitudes de las barras para representar datos. Las barras pueden ser horizontales o verticales.

Ejemplo:

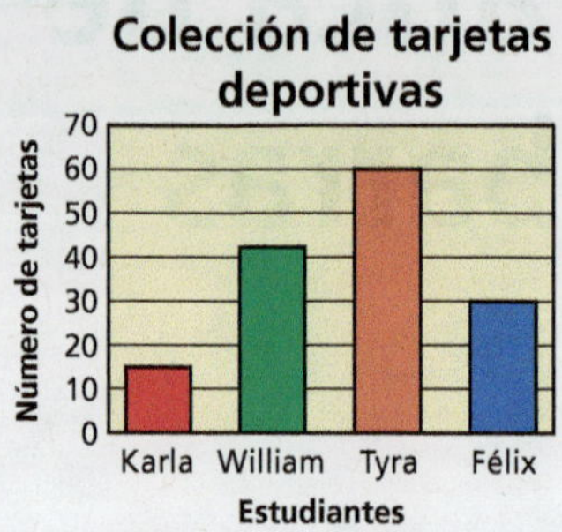

Cantidad de tiempo entre un tiempo inicial y un tiempo final.

Gráfica que se usa para representar datos que componen un todo. (También llamada *gráfica de sectores* o *diagrama de torta*).

Ejemplo:

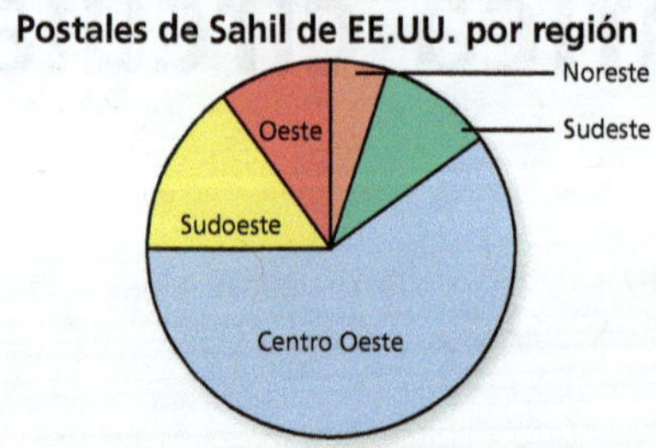

Medida de cuánto puede contener un envase. También se llama *capacidad*.

Para dos razones, establecer si el número en una cantidad de una razón es menor que, mayor que o igual a la misma cantidad en la otra razón cuando el valor de la otra cantidad en las razones es igual.

masa

porcentaje (%)

Cantidad de materia en un objeto. Las unidades métricas más comunes de masa son kilogramos, gramos y miligramos.

Cantidad de cada cien o por cien.

Ejemplo:

$34\% = \frac{34}{100}$

$124\% = \frac{124}{100}$

Nombre ______________________________

VOCABULARIO
comparar razones

Comparar razones de pintura

La pintura *verde saltamontes* tiene una razón de pintura azul:amarillo de 2:7. La pintura *verde precioso* tiene una razón azul:amarillo de 4:5.

Puedes **comparar razones**. Puedes hallar cuál razón hace que la pintura sea más azul y cuál razón hace que la pintura sea más amarilla.

Para saber cual de las pinturas es más azul, haz que los valores para el amarillo sean iguales. Una manera de lograrlo es hacer que el valor para el amarillo sea el producto de los valores del amarillo en las razones básicas.

1. ¿Cuál es el producto de los valores del amarillo en la razón básica? ______________

2. Completa estas tablas de razón.

Verde saltamontes	
Azul	**Amarillo**
2	7
	35

Verde precioso	
Azul	**Amarillo**
4	5
	35

3. ¿Cuál pintura es más azul? ¿Por qué?

____

____

____

4. ¿Cuál pintura es más azul? ______________

5. Para saber cuál de las pinturas es más azul, haz que los valores para el amarillo sean iguales. Completa estas tablas de razón.

Verde saltamontes	
Azul	**Amarillo**
2	7

Verde precioso	
Azul	**Amarillo**
4	5

6. ¿Cuál pintura es más amarilla? ______________

7. ¿Cuál pintura es menos amarilla? ______________

Hacer una gráfica y comparar las razones de pintura

8 Revisa las tablas de los ejercicios 2 y 5 en la página 397. Escribe las tres razones para cada color de pintura en las tablas.

Verde saltamontes	
Azul	Amarillo

Verde precioso	
Azul	Amarillo

9 Haz una gráfica con los puntos de cada tabla. Dibuja y rotula una línea para el *verde saltamontes* y una línea para el *verde precioso*.

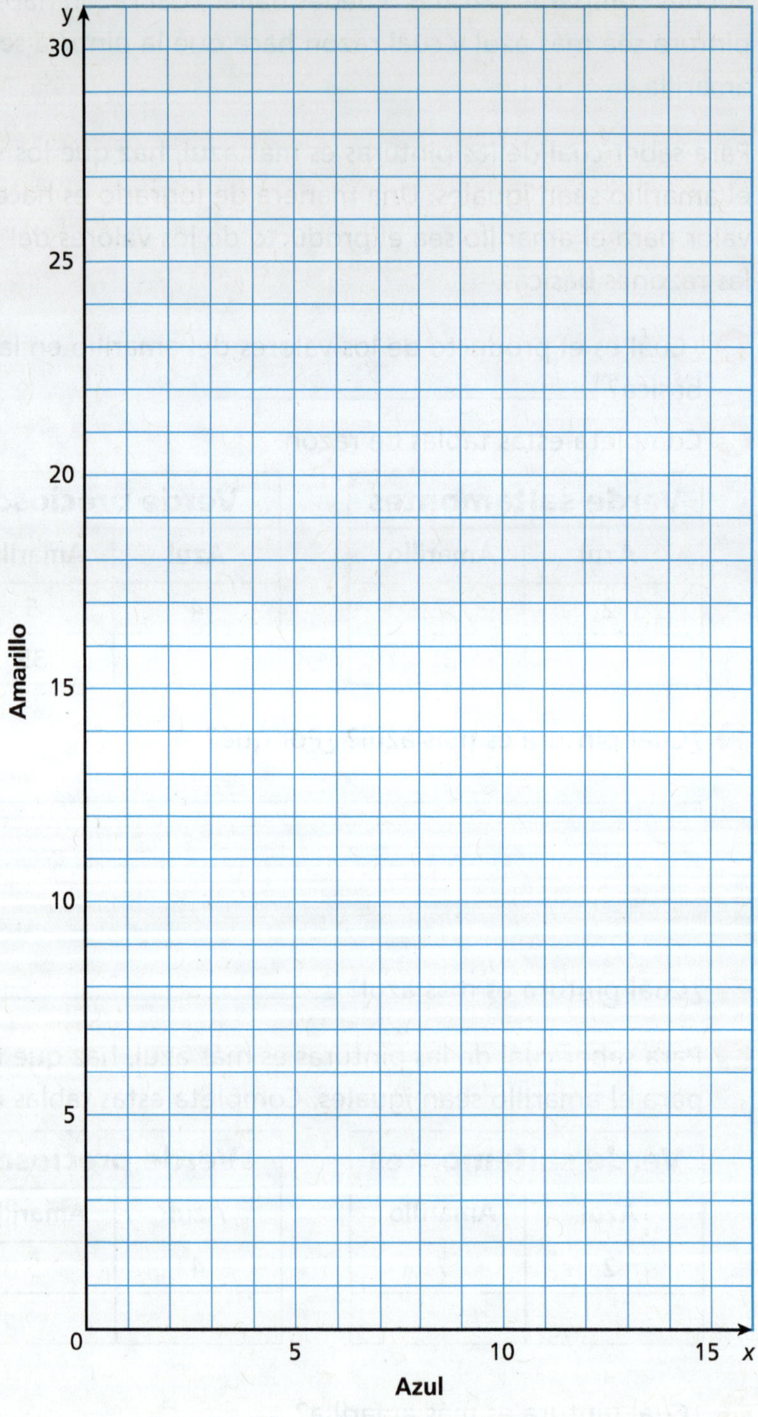

10 Comenta cómo utilizar las gráficas para decidir cuál pintura es más azul, menos azul, más amarilla y menos amarilla.

Comprobar la comprensión

Explica cómo comparar razones.

Nombre ______________________________

Razón como cociente

Puedes utilizar una tasa unitaria para describir *cualquier* razón. Una tasa unitaria para una razón indica la cantidad de la primera cantidad que tienes para cada 1 unidad de la segunda cantidad que tienes.

Observa las recetas de bebidas de Sue y Ben.

La receta de Sue tiene 5 tazas de jugo de cereza y 4 tazas de jugo de naranja.
La receta de Ben tiene 6 tazas de jugo de cereza y 5 tazas de jugo de naranja.

1 Encuentra la cantidad de jugo de cereza en cada bebida para 1 taza de jugo de naranja. Recuerda que al dividir ambas cantidades en una tabla de proporción por el mismo número, se obtiene una proporción equivalente.

La receta de Sue

Cereza : Naranja

5	4
$\frac{5}{4}$	1

$\div 4$ (ambas columnas)

$\frac{5}{4}$ es el cociente de $5 \div 4$.

Sue tiene $\frac{5}{4}$ de taza de jugo de cereza por cada taza de jugo de naranja.

La tasa unitaria de la relación 5:4 es $\frac{5}{4}$.

La receta de Ben

Cereza : Naranja

6	5
$\frac{6}{5}$	1

$\div 5$ (ambas columnas)

__________ es el cociente de $6 \div 5$.

Ben tiene __________ de taza de jugo de cereza por cada taza de jugo de naranja.

La tasa unitaria de la relación __________ es __________.

2 Encuentra la cantidad de jugo de naranja en cada bebida para 1 taza de jugo de cereza. Esta vez utiliza la relación naranja:cereza.

La receta de Sue

Naranja : Cereza

4	5
	1

Sue tiene __________ de taza de jugo de naranja por cada taza de jugo de cereza.

La tasa unitaria de la relación __________ es __________.

La receta de Ben

Ben tiene __________ de taza de jugo de naranja por cada taza de jugo de cereza.

La tasa unitaria de la relación __________ es __________.

Utilizar el lenguaje de la tasa unitaria para describir razones

Completa cada oración con una fracción.

3 Pedro utiliza una proporción de 7 cuartos de galón de pintura azul para 4 cuartos de galón de pintura blanca, una relación de 7 a 4.

a. Pedro utiliza ________ cuartos de galón de pintura azul para cada cuarto de galón de pintura blanca.

b. La tasa unitaria de la relación 7:4 es ________.

4 La sopa del abuelo tiene 3 tazas de tomates para 8 tazas de caldo, una relación de 3 a 8.

a. El abuelo usa ________ de taza de tomates por cada taza de caldo.

b. La tasa unitaria de la relación 3:8 es ________.

5 La tasa unitaria para la relación a: *b* (*b* no es igual a 0) ________.

Compara las proporciones utilizando las tasa unitarias

Recuerda la tasa unitaria que hallaste en la página 399 para responder a estas preguntas.

6 ¿De quién es la bebida con más sabor a cereza, de Sue o Ben? ¿Cómo puedes utilizar las tasas unitarias para decidir?

____

____

____

7 ¿De quién es la bebida con más sabor a cereza, la de Sue o Ben? ¿Cómo puedes utilizar las tasas unitarias para decidir?

____

____

____

Nombre ______________________________

La estrategia de tasa unitaria

Puedes utilizar la **estrategia de tasa unitaria** para hallar la incógnita en un problema de proporción.

8 La receta del jugo favorito de María tiene 4 tazas de jugo de mango y 3 tazas de jugo de fresa. ¿Cuántas tazas de jugo de fresa se deben mezclar con 5 tazas de jugo de mango para hacer su jugo favorito?

Respuesta: __________ de taza

Ya que la incógnita es el número de tazas de jugo de *fresa*, utiliza la tasa unitaria para la relación de *fresa*:mango.

Fresa : Mango

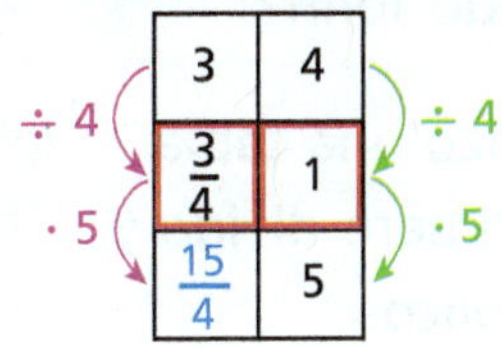

9 Adelina hace 2 dibujos en su cuaderno mientras que Jayden hace 5 dibujos en su cuaderno. Si ambos continúan con las mismas tasas constantes, ¿cuántos dibujos tendrá hechos Adelina cuando Jayden haya hecho 7 dibujos?

Respuesta: __________ dibujos

Ya que la incógnita es el número de dibujos de *Adelina*, utiliza la tasa unitaria para la razón *Adelina*:Jayden.

Adelina : Jayden

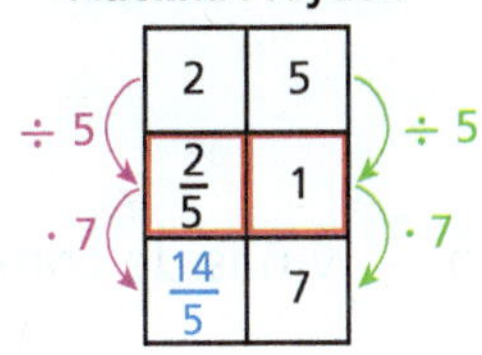

Resuelve. Utiliza la estrategia de tasa unitaria.

10 Diana puede hacer 3 abdominales en el tiempo que tarda Walter en hacer 2. ¿Cuántos abdominales habrá hecho Walter cuando Diana haya hecho 12 abdominales?

Respuesta: __________ abdominales

11 Un abuelo paga $6 por 14 manzanas. Si compro el mismo tipo de manzanas, ¿cuánto costarán 35 manzanas?

Respuesta: __________

Utilizar la estrategia de tasa unitaria

12 Gen, Claire y Joey utilizan la estrategia de la tasa unitaria para resolver este problema. Pero registran su forma de pensar de manera diferentes. Comenta cómo sus métodos son similares y cómo son diferentes.

John puede sembrar 7 viñas de tomate en el tiempo que le toma a Joanna sembrar 4 viñas de tomate. En esa proporción, cuando Joanna haya sembrado 11 viñas de tomate, ¿cuántos habrá sembrado John?

a. *Gen*: Yo utilizo una tabla de razón. Primero divido y luego multiplico.

John : Joanna

	John	Joanna	
	7	4	
÷ 4	$\frac{7}{4}$	1	÷ 4
· 11	$\frac{77}{4}$	11	· 11

Respuesta: $\frac{77}{4}$ viñas de tomate

b. *Claire*: Yo hago un rompecabezas de factor y coloco la tasa unitaria en la parte superior.

John : Joanna

	$\frac{7}{4}$	1
4	7	4
11	$\frac{77}{4}$	11

÷ 4

$11 \cdot \frac{7}{4}$

c. *Joey*: Yo utilizo el "método de reducción de la unidad". Yo ni siquiera escribo la tasa unitaria.

John : Joanna

John	Joanna
7	4
$\frac{77}{4}$	11

÷ 4 es 1
1 · 11 es 11

Así que hago lo mismo para 7: $7 \div 4 \cdot 11$

$\frac{7}{4} \cdot 11 = \frac{77}{4}$

Resuelve utilizando cualquier variación de la estrategia de tasa unitaria.

13 Shawn siembra 6 bulbos de tulipán en el tiempo le toma a Martin sembrar 7 bulbos de tulipán. ¿Cuántos bulbos de tulipán habrá sembrado Shawn cuando Martin haya sembrado 21 bulbos?

Respuesta: ____________

14 Amanda compra 3 libras de arándanos por $12. Al mismo precio por libra, ¿cuánto costarían 8 libras de arándanos?

Respuesta: ____________

Comprobar la comprensión

Revisa el problema 8 en la página 401 y usa este problema para explicar los pasos para resolver una proporción utilizando la estrategia de tasa unitaria.

Nombre ______________________________

Tablas horizontales de razón

1 Completa las tablas de razón.

Tazas de jugo

Mandarina	◯		1	8		
Cereza	◯	1		6	15	2

a. La razón básica de $\frac{\text{mandarina}}{\text{cereza}}$ es ________.

b. Hay ________ de taza de jugo de mandarina por cada taza de jugo de cereza.

c. La razón básica de $\frac{\text{mandarina}}{\text{cereza}}$ es ________.

d. Hay ________ de taza de jugo de cereza por cada taza de jugo de mandarina.

2 Una mezcla de flores tiene 21 tulipanes y 14 narcisos.

a. La razón básica de $\frac{\text{tulipanes}}{\text{narcisos}}$ es ________.

b. Hay ________ tulipanes para cada narciso.

c. La razón básica para $\frac{\text{narcisos}}{\text{tulipanes}}$ es ________.

d. Hay ________ narcisos para cada tulipán.

e. Usando la razón básica, ¿cuántos tulipanes se pueden colocar con 6 narcisos?

____

f. Utilizando la razón básica, ¿cuántos narcisos se pueden colocar con 6 tulipanes?

____

Resuelve.

3 En la granja, la razón de madres con ovejas bebés en cada campo son equivalentes. Si hay 20 madres y 24 bebés en un campo pequeño, ¿cuántos bebés están con las 45 madres en un campo grande?

____

Fracciones equivalentes y razones equivalentes

4 Muestra cómo continúa el patrón de fracciones equivalentes.

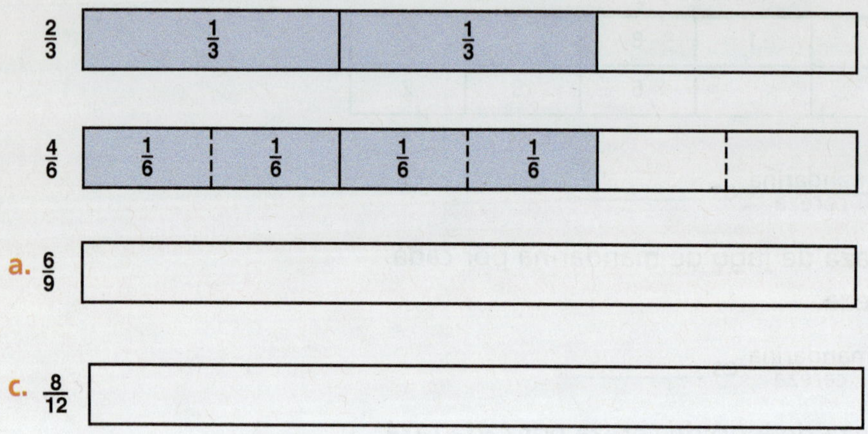

$\frac{2 \cdot 2}{2 \cdot 3} = \frac{4}{6}$

b. ______________

d. ______________

5 Muestra cómo continúa el patrón de razones equivalentes.

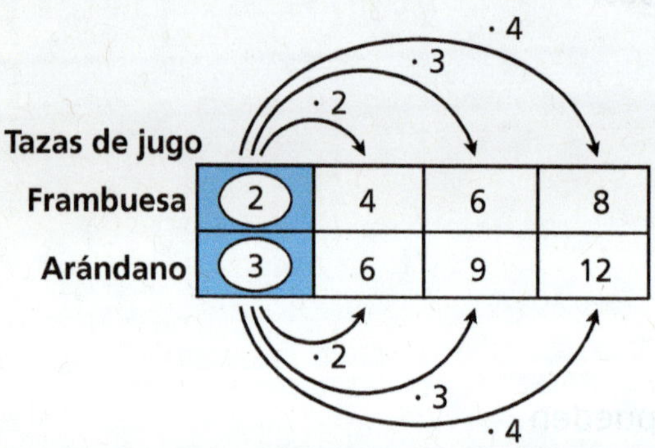

2 tazas de frambuesas:3 tazas de arándanos

4 tazas de frambuesas:6 tazas de arándanos

a. __________ tazas de frambuesas: __________ tazas de arándanos

b. __________ tazas de frambuesas: __________ tazas de arándanos

6 Haz un dibujo para mostrar el patrón de razón.

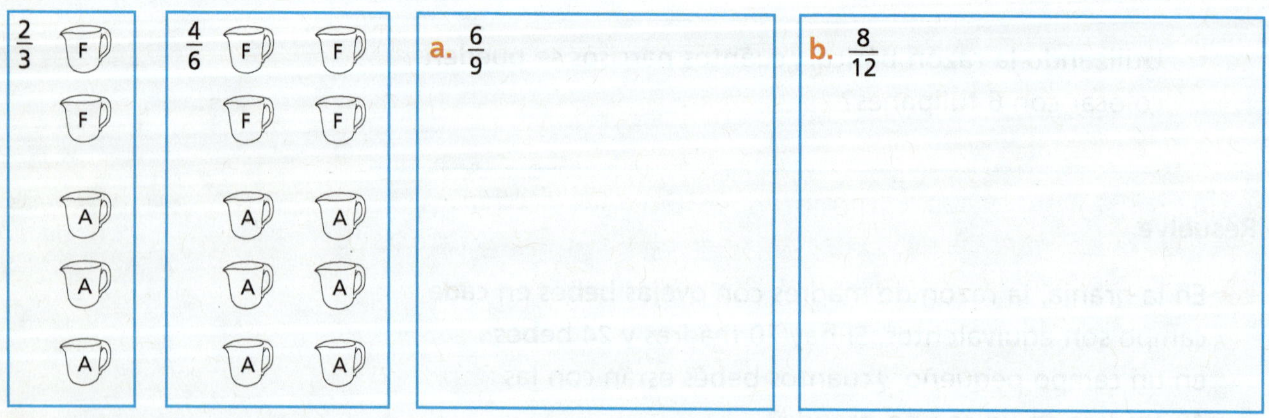

7 Comenta cómo las fracciones y razones equivalentes son similares y diferentes.

Comprobar la comprensión

Dibuja una imagen para representar la fracción $\frac{4}{5}$ y una imagen para representar la razón 4:5.

Nombre ______________________________

VOCABULARIO
multiplicación cruzada

Comprender la multiplicación cruzada

Cuando dos razones equivalentes se escriben en un rompecabezas de factor, los productos de los números en las esquinas opuestas son iguales. Ésta es una estrategia para resolver proporciones conocidas como **multiplicación cruzada**.

$\frac{10}{15} = \frac{18}{27}$

Rompecabezas de factor

	5	9
2	10	18
3	15	27

- - - ->

Se multiplican las esquinas opuestas. Los productos son iguales.

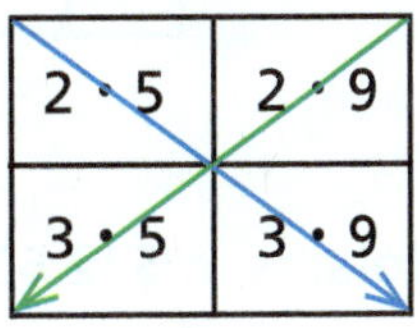

$(2 \cdot 9)(3 \cdot 5) = (2 \cdot 5)(3 \cdot 9)$

$18 \cdot 15 = 10 \cdot 27$

Realiza la multiplicación cruzada. Los productos son iguales.

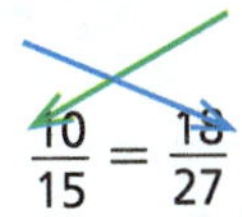

$18 \cdot 15 = 10 \cdot 27$

Realiza una multiplicación cruzada para escribir una ecuación. Luego, resuelve la incógnita.

1. $\frac{10}{15} = \frac{18}{q}$
   $18 \cdot 15 = 10q$
   $q =$ __________
2. $\frac{8}{p} = \frac{14}{21}$
   $p =$ __________
3. $\frac{10}{25} = \frac{t}{15}$
   $t =$ __________
4. $\frac{s}{40} = \frac{10}{16}$
   $s =$ __________

Escribe las razones en cada proporción en forma de fracción. Después, resuelve el ejercicio a través de la multiplicación cruzada.

5. $16{:}20 = 12{:}a$
   $a =$ __________
6. $18{:}b = 27{:}33$
   $b =$ __________
7. $6{:}15 = c{:}20$
   $c =$ __________
8. $d{:}9 = 4{:}6$
   $d =$ __________

Multiplicación cruzada y tasas unitarias

9 Zander paga $7 por 5 aguacates. ¿Cuánto costarían 9 aguacates?

Comenta cómo estas estrategias de solución se relacionan entre sí.

Tabla de tasas

$\div 5$ $\cdot 9$

Dólares	7	$\frac{7}{5}$	$\frac{63}{5}$
Aguacates	5	1	9

$\div 5$ $\cdot 9$

Rompecabezas de factor

	$\frac{7}{5}$ / 1	5	9
Dólares	$\frac{7}{5}$	7	$\frac{63}{5}$
Aguacates	1	5	9

Multiplicación cruzada

$$\frac{7}{5} = \frac{c}{9}$$

$$c \cdot 5 = 7 \cdot 9$$

$$5c = 63$$

$$c = \frac{63}{5}$$

El precio para los 9 aguacates es $\frac{63}{5}$ dólares, o $12.60.

¿Cuál es el error?

Estimados estudiantes de matemáticas:

Me tomó 15 minutos andar en bicicleta por 3 millas. Quería averiguar cuánto tiempo me tomaría andar en bicicleta por 10 millas. ¡Mi tarea no puede ser correcta porque mi respuesta es sólo 2 minutos! ¿Qué hice mal?

Gracias.
Pingüino Confundido

$$\frac{15}{3} = \frac{10}{t}$$

$$10 \cdot 3 = 15 \cdot t$$

$$30 = 15t$$

$$2 = t$$

10 Escribe una respuesta a Pingüino Confundido.

____

____

____

____

Comprobar la comprensión

Escribe las razones en cada lugar en forma de fracción.

Luego, resuelve la incógnita. 3:4 = *a*:16. __________

Unidad 7
Prueba rápida 1

Nombre ______________________ **Fecha** ______________

Resuelve.

1. Completa estas tablas de tasa.

Receta A

Avena (tazas)	Harina (tazas)
3	4
15	

Receta B

Avena (tazas)	Harina (tazas)
5	6
15	

¿Cuál receta contiene más harina para la misma cantidad de harina de avena?

____

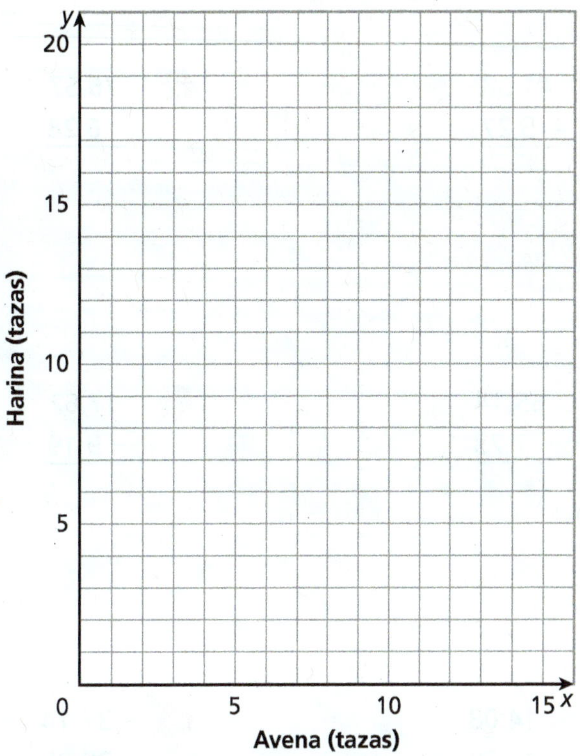

2. Haz una gráfica y traza los puntos de cada tabla. Dibuja y rotula una línea para la receta A y una línea para la receta de B.

3. Explica cómo utilizar las dos líneas y una regla para hallar cuál receta tiene más avena para la misma cantidad de harina.

____

____

____

____

____

4. Una receta de pan requiere 7 cucharaditas de semillas de linaza por cada 2 cucharaditas de levadura. ¿Qué cantidad de semillas de linaza se requiere por cada cucharadita de levadura?

____

5. Un jugo de piña y naranja se hace mezclando 3 tazas de jugo de piña y 5 tazas de jugo de naranja. ¿Cuántas tazas de jugo de naranja se deberían mezclar con 7 tazas de jugo de piña para hacer un jugo que sepa igual que el original?

____

Comprobar el conocimiento 15

Nombre ______________________ Fecha ______________________

Camino al conocimiento

1. 41.38
   − 5.27

2. 76.57
   − 6.28

3. 34.07
   − 8.23

4. 65.14
   − 7.73

5. 17.62
   − 9.19

6. 28.35
   − 24.96

7. 14.08
   − 12.79

8. 37.14
   − 28.25

9. \$82.17
   − \$ 6.45

10. \$19.33
    − \$ 6.88

11. \$54.04
    − \$ 9.35

12. \$72.56
    − \$70.78

13. \$27.11
    − \$22.94

14. \$40.68
    − \$38.72

15. \$91.60
    − \$81.75

Nombre ______________________________

Utilizar diagramas de cinta para representar las razones

Un jugo de la compañía de jugos KiwiBerry se hace mezclando dos partes de jugo de fruta de kiwi con 3 partes de jugo de fresa.

La tasa de las partes de jugo de kiwi con las partes del jugo de fresas se puede representar mediante el uso de un *diagrama de cinta*.

Jugo KiwiBerry

2 partes de kiwi

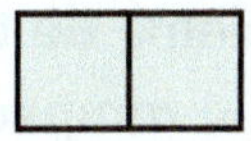

3 partes de fresa

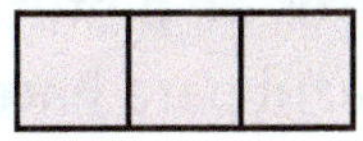

Resuelve cada problema de tres maneras diferentes: mediante el uso del diagrama de cinta, el rompecabezas de factor y la multiplicación cruzada.

1. ¿Cuántos litros de jugo de kiwi se deben mezclar con 15 litros de jugo de fresas para hacer el jugo de KiwiBerry? ________ litros

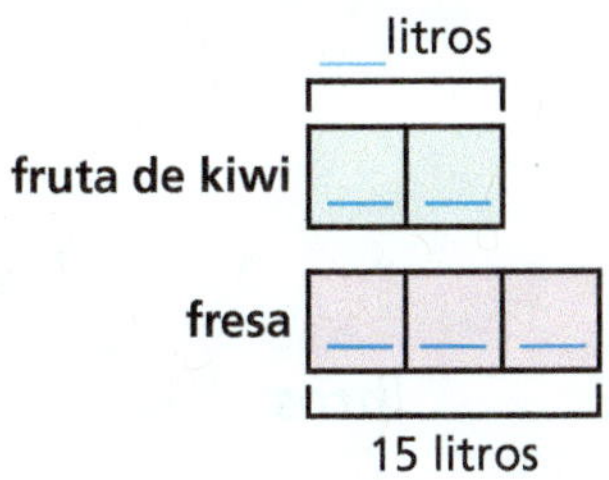

	1	
k	2	☐
f	3	15

$\frac{2}{3} = \frac{x}{15}$

2. ¿Cuántos litros de jugo de fresa se deben mezclar con 50 litros de jugo de kiwi para hacer el jugo de KiwiBerry? ________ litros

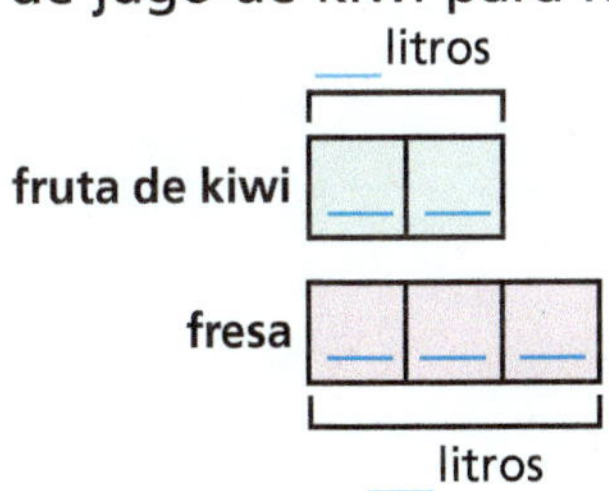

k		
f		☐

3. ¿Cuántos litros de jugo de kiwi se deben mezclar con 20 litros de jugo de fresa para hacer el jugo de KiwiBerry? ________ litros

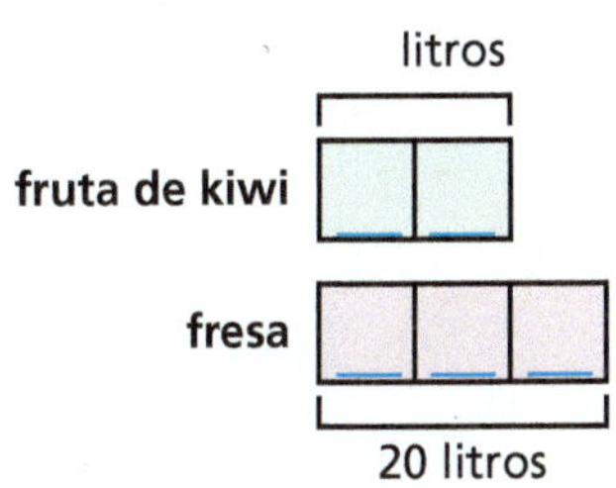

k		☐
f		

Utilizar diagramas de cinta para representar las razones (continuación)

Para hacer la pintura *púrpura perfecta*, se mezclan pintura azul y pintura roja en una proporción de 3 a 5.

Resuelve cada problema de tres maneras diferentes: mediante el uso del diagrama de cinta, el rompecabezas de factor y la multiplicación cruzada.

4. ¿Cuántos litros de pintura roja se deben mezclar con 21 litros de pintura azul para hacer la pintura *púrpura perfecta*? _______ litros

5. ¿Cuántos litros de pintura azul se deben mezclar con 23 litros de pintura roja para hacer la pintura *púrpura perfecta*? _______ litros

Elige un método para resolver.

6. Para hacer ladrillos, se puede mezclar arcilla y arena en una proporción de 2 a 3. ¿Cuánta arcilla se necesita para mezclar con 10 yardas cúbicas de arena? _______ yardas cúbicas

Nombre ______________________________

Razones de partes a enteros

Recuerda que el jugo de KiwiBerry se hace mezclando 2 partes de jugo de kiwi con 3 partes de jugo de fresa.

Para resolver los problemas se usa el total de jugo o el número total de las partes.

Resuelve cada problema de tres maneras diferentes: mediante el uso del diagrama de cinta, el rompecabezas de factor y la multiplicación cruzada.

7 ¿Cuántos litros de jugo de kiwi se deben utilizar para hacer 50 litros de jugo de KiwiBerry? ______ litros

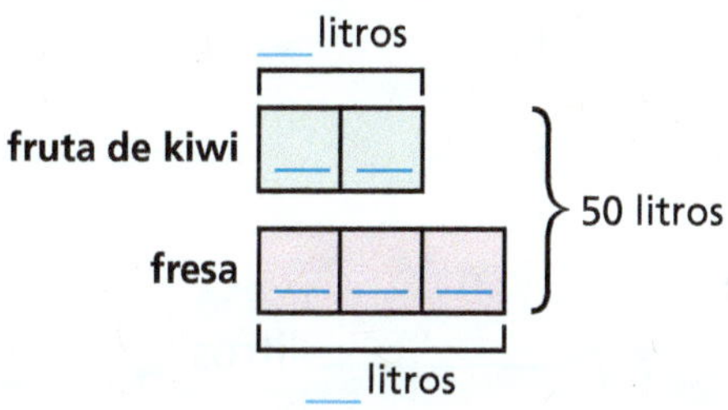

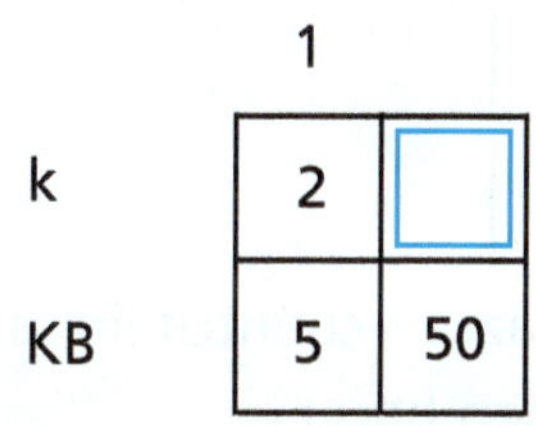

$\frac{2}{5} = \frac{x}{50}$

8 ¿Cuántos litros de jugo de fresa se deben utilizar para hacer 20 litros de jugo de KiwiBerry? ______ litros

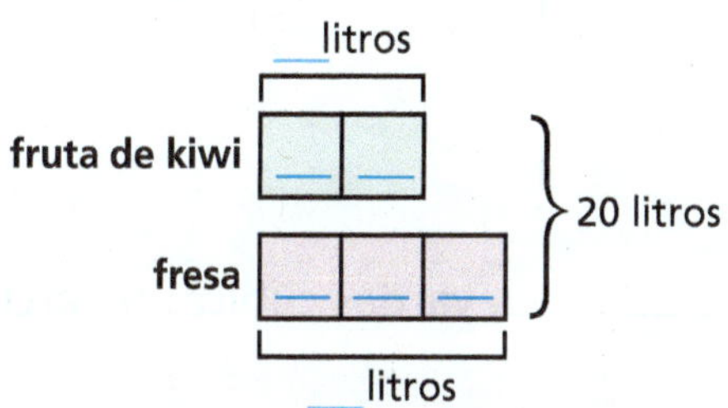

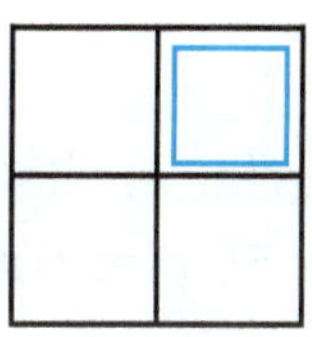

9 Si se utilizan 7 litros de jugo de kiwi, ¿cuántos litros de jugo de KiwiBerry se pueden hacer? ______ litros

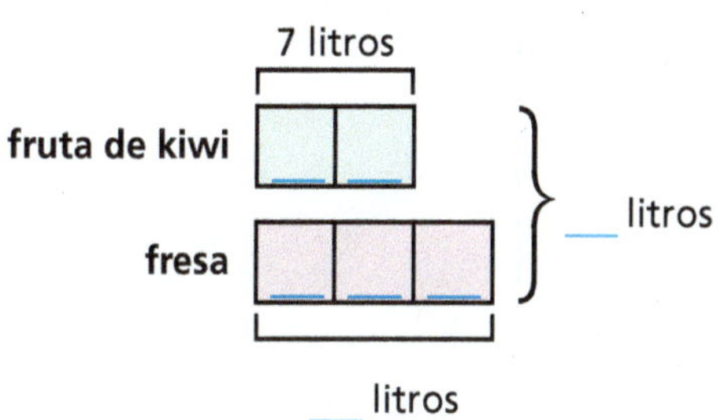

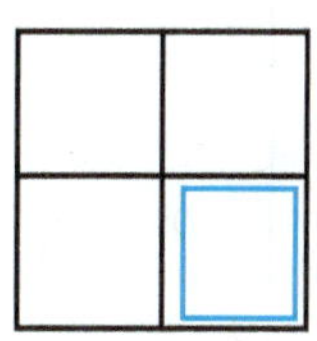

Razones de partes a enteros (continuación)

Resuelve cada problema de tres maneras diferentes: mediante el uso del diagrama de cinta, el rompecabezas de factor y la multiplicación cruzada.

Utiliza este problema para los ejercicios 10 a 11. Para hacer la pintura *púrpura perfecta,* se mezclan pintura azul y pintura roja en una proporción de 3 a 5.

10 ¿Cuánta pintura roja se necesita para hacer 20 litros de pintura *púrpura perfecta*? _______ litros

11 Si se utilizan 10 litros de pintura azul, ¿cuántos litros de pintura *púrpura perfecta* se pueden hacer? _______ litros

12 Para hacer ladrillos, se puede mezclar arcilla y arena en una razón de 2 a 3. Para hacer 55 pies cúbicos de la mezcla, ¿cuánta arena se necesita ¿Cuánta arcilla se necesita?

_______ yardas cúbicas de arcilla

_______ yardas cúbicas de arena

Comprobar la comprensión

Hacer un diagrama de cinta para hallar cuántos litros de pintura azul se necesitan para hacer de 32 litros de pintura *púrpura perfecta*.

Nombre ______________________

Diferentes maneras de describir las razones

Seth hizo una mezcla de arena al mezclar 4 partes de arena verde con 3 partes de arena amarilla.

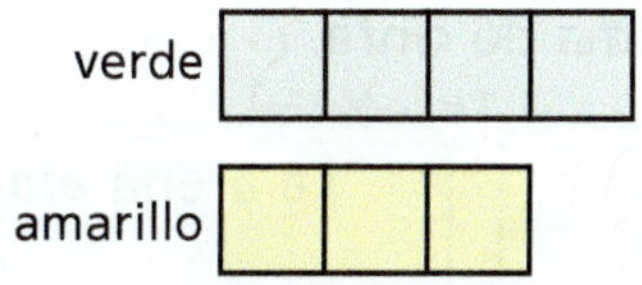

Completa cada enunciado para describir la razón de arena verde a arena amarilla.

1. La mezcla es ______ partes de verde arena y ______ partes de arena amarilla.

2. La arena verde y la arena amarilla son mezcladas en una razón de ______ a ______ o ______ : ______.

3. Por cada ______ tazas de arena verde, hay ______ tazas de arena amarilla en la mezcla.

Completa cada enunciado para describir la razón de arena verde a arena amarilla.

4. Hay ______ partes de arena verde en una mezcla total de ______ partes.

5. La arena verde y la mezcla total están en una razón de ______ a ______ o ______ : ______.

6. Por cada ______ tazas de arena verde, hay ______ tazas de la mezcla.

Describe la arena amarilla a la razón total de tres maneras.

7. ______________________________

8. ______________________________

9. ______________________________

Diferentes porciones pueden ser un entero

10 Completa cada diagrama de cinta.

La arena verde es 1.

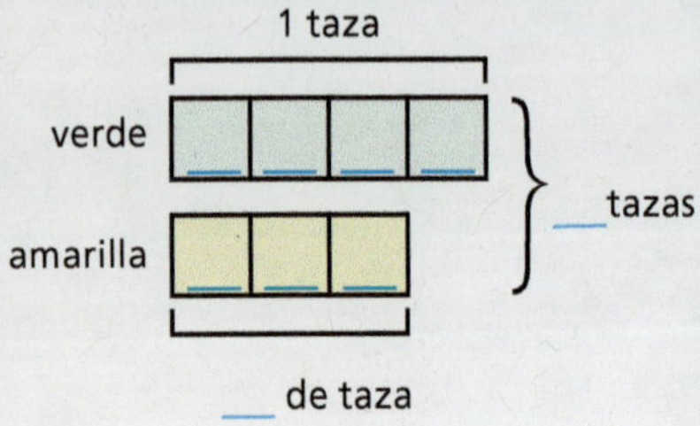

La arena amarilla es 1.

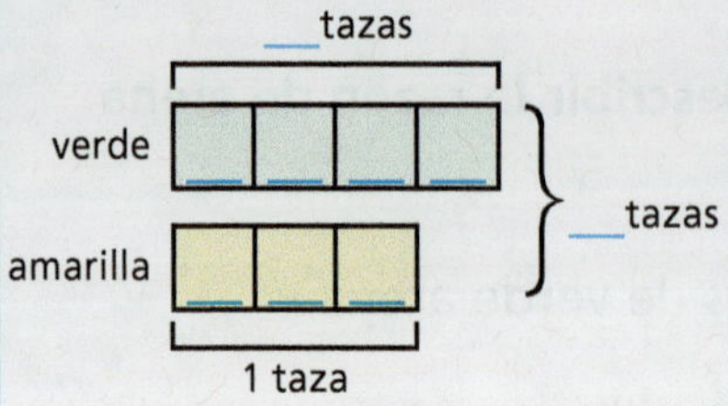

La arena total es 1.

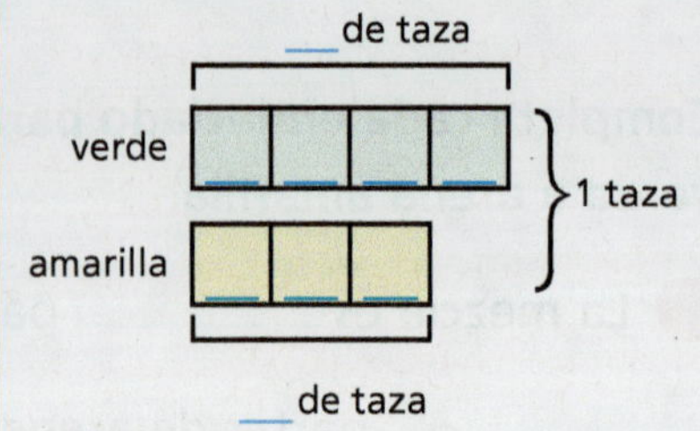

Tasa unitaria

Escribe una fracción para completar cada taza unitaria.

11 ________ de taza de arena amarilla por cada 1 taza de arena verde en la mezcla

12 ________ de taza de arena verde por cada 1 taza de arena amarilla en la mezcla

13 ________ de taza de arena verde y ________ de taza de arena amarilla por cada 1 taza de la mezcla

14 ________ de taza de la mezcla por cada 1 taza de arena verde

15 ________ de taza de la mezcla por cada 1 taza de arena amarilla

Comparaciones multiplicativas

Escribe una fracción para completar cada comparación multiplicativa.

16 La cantidad de arena amarilla es ________ veces la cantidad de arena verde.

17 La cantidad de arena verde es ________ veces la cantidad de arena amarilla.

18 La cantidad total de la mezcla es ________ veces la cantidad de arena verde.

19 La cantidad total de la mezcla es ________ veces la cantidad de arena amarilla.

Nombre ______________________________

¿Cuál es el error?

Estimados estudiantes de matemáticas:

Hice mi propia mezcla de arena. Mezclé 4 partes púrpuras y 5 partes anaranjadas.

púrpura

anaranjada

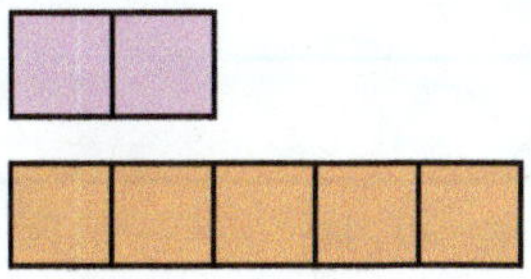

Luego escribí esta comparación multiplicativa.

- La cantidad de arena púrpura es $\frac{2}{5}$ veces la cantidad de la mezcla total.

Mi amigo dice que cometí un error. Si tiene razón, ¿puedes decirme qué error cometí y ayudarme a corregirlo?

Tu amigo,
Pingüino Confundido

20 Escribe la respuesta para Pingüino Confundido.

____

____

____

____

____

____

Utilizar ecuaciones para relacionar cantidades

21 Sea v el número de tazas de arena verde en la razón de Seth.
Sea a el número de tazas de arena amarilla en la razón de Seth.

verde

amarillo

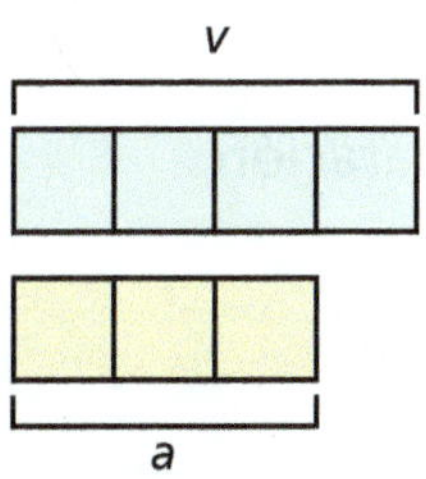

$$\frac{4}{3} = \frac{v}{a}$$

$$a = \frac{3}{4}v$$

$$\frac{4}{3}a = v$$

Explica porqué estas tres ecuaciones pueden ser todas utilizadas para relacionar v y a.

Mezclas de azul y roja

22 Realiza tu propia mezcla de arena azul y roja. La mezcla debe tener un total de 5 partes. Dibuja un diagrama de cinta para mostrar la relación de azul a rojo.

23 Describe la razón de arena azul a arena roja de tres maneras diferentes.

24 Describe la razón de arena azul a la mezcla total de tres maneras diferentes.

25 Escribe dos enunciados que usan una fracción para comparar las cantidades de los dos colores. Utiliza la palabra *veces*.

26 Supongamos que haces un gran lote de la mezcla de arena azul y roja. Sea a la cantidad de tazas de arena azul que utilizas y r el número de tazas de arena roja que utilizas. Escribe tres ecuaciones que relacionen a y r.

Comprobar la comprensión

Realiza un diagrama de cinta para mostrar la comparación multiplicativa: A es $\frac{2}{3}$ veces la cantidad de B.

Nombre ____________________

Practicar la resolución de problemas de tasa y razón

Resuelve. Usa métodos diferentes, incluyendo tablas, rompecabezas de factor, multiplicación cruzada y diagramas de cinta. ¡Busca los problemas que no se puedan resolver con ninguno de estos métodos!

Muestra tu trabajo.

1. En un laboratorio, el Químico A y el Químico B se mezclan en una proporción de 4 a 5. ¿Qué cantidad del Químico A es necesaria para mezclar con 35 litros del Químico B?

   ____

2. En un laboratorio, el Químico A y el Químico B se mezclan en una proporción de 4 a 5. ¿Qué cantidad de cada producto químico se necesita para hacer 35 litros de la mezcla?

   Químico A: __________ Químico B: __________

3. Pokey, el caracol, viaja 25 centímetros cada 2 minutos. ¿Cuán lejos llegará Pokey en 15 minutos?

   ____

4. Cuando Gary, el caracol, viaja a una velocidad constante de 15 centímetros por minuto, tarda 6 minutos en ir de la piña a la roca. ¿Cuánto tiempo le tomará a Gary en ir de la piña a la roca si viaja a una velocidad constante de 30 centímetros por minuto?

   ____

5. En una fábrica, una línea de ensamblaje produce 100 latas cada 3 minutos. ¿Cuánto tiempo le tomará a la línea de ensamblaje producir 250 latas?

   ____

6. En una fábrica, una línea de ensamblaje produce 100 latas cada 3 minutos. ¿Cuántas latas producirá la fábrica en 8 horas?

   ____

Practicar la resolución de problemas de tasa y razón (continuación)

Muestra tu trabajo.

7 En una fábrica, una línea de ensamblaje produce 100 latas cada 3 minutos. Si dos líneas de ensamblaje están trabajando, ¿cuántas latas producen en 15 minutos?

____

8 A Brittany le toma 2 horas cortar 5 acres de pasto. ¿Si Austin corta pasto a la misma tasa que Brittany, cuánto tiempo le tomará a cada uno cortar 15 acres de pasto trabajando juntos?

____

9 Jorge y Ryan dan vueltas alrededor de la pista. Jorge corre 5 vueltas por cada 4 vueltas que corre Ryan. Cuando Ryan haya corrido 15 vueltas, ¿cuántas vueltas habrá corrido Jorge?

____

10 En una fábrica de perfume, los diseñadores de fragancia están mezclando aceite de almizcle y colonia de especias en diferentes razones. La Mezcla 1 es 2 partes de aceite de almizcle por 5 partes de colonia de especias. La Mezcla 2 es 3 partes de aceite de almizcle por 7 partes de colonia de especias. ¿Cuál tendrá más de una fragancia de especias? Explica.

____

____

11 Los diseñadores de fragancia hacen el perfume Roselily mezclando perfumes de rosa y lirio. En el perfume de Roselily, la cantidad de rosa es $\frac{2}{5}$ de la cantidad de lirio. ¿Cuál es la relación de rosa a lirio en Roselily? Dibuja un diagrama de cinta para mostrar la razón.

____

Comprobar la comprensión

A Kim le toma 2 horas cortar 5 acres de pasto. A esa tasa, ¿cuánto tiempo le tomaría a Kim cortar 8 acres?

____

Unidad 7
Prueba rápida 2

Nombre ______________________ Fecha ______________

Resuelve.

Muestra tu trabajo.

1. En un laboratorio, se mezclarán la Solución A con la Solución B en una proporción 3 a 2. ¿Qué cantidad de la Solución A es necesaria si se mezcla con 750 ml de la Solución B?

____

2. Una persona de mantenimiento tarda 36 minutos en sustituir todas las bombillas de luz fluorescente en 2 salones de clase idénticos. A esa tasa, ¿cuánto tiempo tardaría en cambiar las bombillas en 12 salones de clase idénticos?

____

3. Se mezcla jugo de manzana y arándano en una razón de 5 a 3. ¿Qué cantidad de cada jugo se necesitaría para preparar una jarra de 64 onzas líquidas de jugo de manzana-arándano?

____

____

4. Una mezcla de jugo es 3 partes de jugo de piña por 5 partes de jugo de naranja. Para cada jarra de la mezcla, ¿qué fracción de la jarra es de cada tipo de jugo?

____

5. Si una penca de bananas de 3 libras cuesta $1.50, ¿cuántas libras de bananas podrías comprar por $5.25?

____

Comprobar el conocimiento 16

Nombre ____________________ Fecha ____________________

Camino al conocimiento

1. 72.60 − 3.55 =
2. 40.38 − 5.41 =
3. 14.09 − 4.29 =
4. 86.12 − 6.63 =
5. 27.72 − 14.8 =
6. 50.04 − 23.7 =
7. 31.44 − 30.9 =
8. 65.01 − 5.28 =
9. 782 − 0.08 =
10. 507 − 0.05 =
11. 3,782 − 0.06 =
12. 7,013 − 0.15 =
13. 2,902 − 0.29 =
14. 4,883 − 4.17 =
15. 1,657 − 6.38 =

Nombre ______________________________

VOCABULARIO
porcentaje

Definir porcentaje

Porcentaje significa "por 100" o "por cada 100". El símbolo para porcentaje es %.

> 37% se lee "37 por ciento".
>
> Puede significar la fracción $\frac{37}{100}$, la relación 37:100 o la tasa de 37 por 100.

Los aficionados en un concierto agotado están en 100 secciones iguales de asientos. Cada pequeño rectángulo en el diagrama representa una sección de aficionados.

1. Colorea una sección azul.

   ¿Qué fracción de los aficionados es ésta?

   ____

   ¿Qué porcentaje de los aficionados es éste?

   ____

2. Colorea tres secciones rojas.

   ¿Qué fracción de los aficionados es ésta?

   ____

   ¿Qué porcentaje de los aficionados es éste?

   ____

3. Colorea 23% de las secciones verdes.

   ¿Qué fracción de los aficionados es ésta?

   ____

4. Colorea 37% de las secciones amarillas.

   ¿Qué fracción de los aficionados es ésta?

   ____

5. Sombrea algunas secciones en púrpura. ¿Qué porcentaje sombreaste?

   ____

Porcentajes de diagramas de barra

Las barras en los Ejercicios 6 a 9 se dividen en 100 partes iguales.

6 Sombrea 5% de la barra.

7 Sombrea 15% de la barra.

8 Sombrea 45% de la barra.

9 Sombrea 85% de la barra.

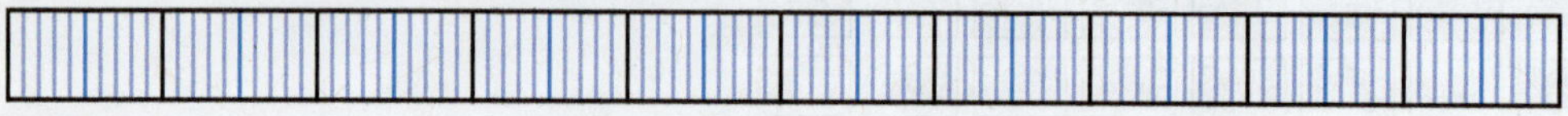

10 Rotula cada sección con el porcentaje de la barra entera que representa. Debajo de la sección, escribe la fracción que representa.

Barra A

___%	___%
___	___

Barra B

___%	___%	___%	___%	___%	___%	___%	___%	___%	___%
___	___	___	___	___	___	___	___	___	___

Barra C

___%	___%	___%	___%	___%
___	___	___	___	___

Barra D

___%	___%	___%	___%
___	___	___	___

11 Sombrea 70% de la barra B.

12 Sombrea 60% de la barra C.

13 Sombrea 75% de la barra D.

Nombre ______________________________

Relacionar porcentajes, decimales y fracciones

14 Rotula cada marca larga con un decimal, un porcentaje y con una fracción con denominador de 10. Si la fracción se puede simplificar, escribe también la forma simplificada.

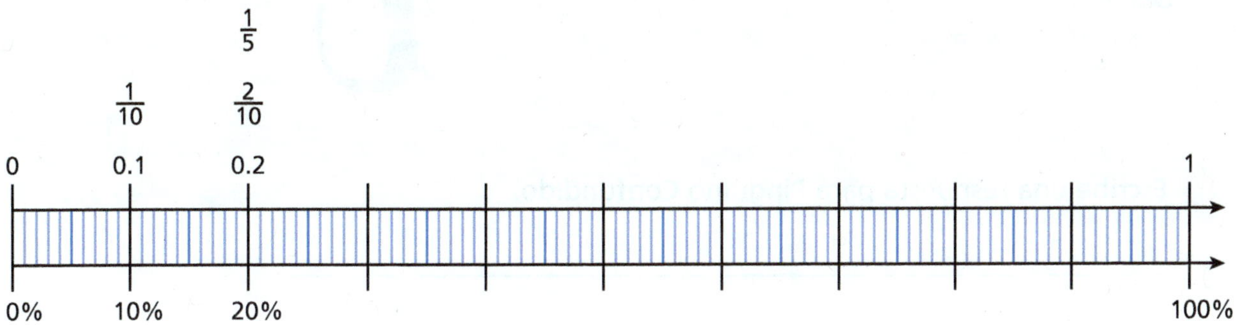

15 Escribe cada porcentaje como una fracción con denominador 100 y como un decimal. Luego coloca los porcentajes y decimales en la recta numérica.

Porcentaje	83%	51%	46%	6%	60%	27%	127%	3%	30%	130%
Fracción	$\frac{83}{100}$						$\frac{127}{100}$			
Decimal	0.83						1.27			

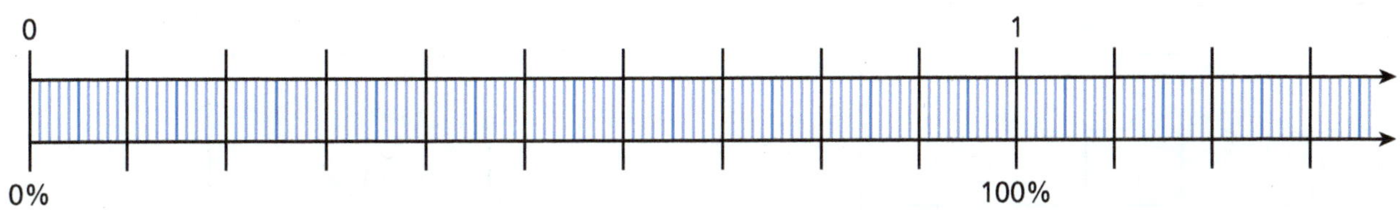

¿Cuál es el error?

Estimados estudiantes de matemáticas:

Dije que el 7% es 0.7, pero mi amigo dice que no tengo razón. ¿Por qué no? Por favor, ayúdame a entender cómo se relacionan los porcentajes y decimales.

Gracias.
Pingüino Confundido

16 Escribe una respuesta para Pingüino Confundido.

____

____

Porcentajes y área

¿Qué porcentaje de la figura está sombreada?

17 _______________

Razonamiento de Katie:
Esta parte es la mitad, por lo tanto es 50%. Estas 5 partes totalizan 50%. Por lo tanto, son 10% cada uno.

18 _______________

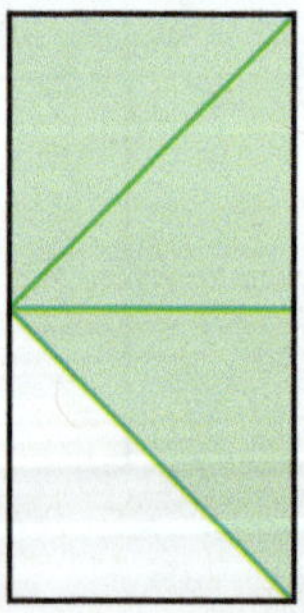

19 _______________

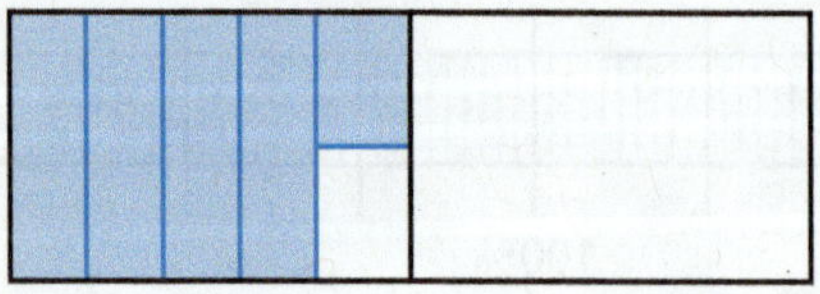

20 _______________

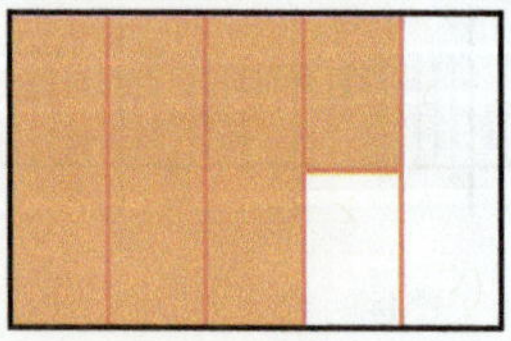

Comprobar la comprensión

Explica qué significa la palabra *porcentaje* y cómo se relacionan porcentajes con fracciones y decimales.

Nombre ______________________

Representar hallar el porcentaje de un número

Los 300 estudiantes de una escuela están en 100 grupos de 3.

1 Colorea uno grupo de azul.

¿Qué porcentaje de los estudiantes es éste?

____

¿Qué número de estudiantes es éste?

____

2 Colorea cuatro grupos de rojo.

¿Qué porcentaje de los estudiantes es éste?

____

¿Qué número de estudiantes es éste?

____

3 Colorea 17 grupos de verde.

¿Qué porcentaje de los estudiantes es éste?

____

¿Qué número de estudiantes es éste?

____

4 Colorea 9% de los estudiantes de amarillo.

¿Qué número de estudiantes es éste?

____

5 Colorea 24% de los estudiantes de anaranjado.

¿Qué número de estudiantes es éste?

____

6 Colorea 35% de los estudiantes de púrpura.

¿Qué número de estudiantes es éste?

____

Hallar un porcentaje de un número

Tres alumnos tenían ideas diferentes sobre cómo solucionar el siguiente problema.

De los 300 estudiantes de una escuela, 35% dice que van a una salida de campo. ¿Cuántos estudiantes van a la salida de campo?

Usa cada idea para resolver el problema.

Muestra tu trabajo.

7 **Idea de Anna:** Dividiré 300 por 100 para hallar el 1% de 300. Entonces, multiplicaré esa respuesta por 35 para hallar el 35% de 300.

8 **Idea de Rantavious:** Utilizaré el hecho de que el 35% de 300 es $\frac{35}{100}$ por 300.

9 **Idea de Jon:** Si f es el número de alumnos que van en el viaje, entonces la fracción de estos estudiantes es $\frac{f}{300}$ y también es $\frac{35}{100}$. Puedo escribir y resolver una proporción.

10 ¿Cuál es el 80% de 300 estudiantes? Resuelve de dos maneras.

11 ¿Cuál es el 26% de 1,200 estudiantes? Resuelve de dos maneras.

Nombre ______________________________

El porcentaje como una razón

Ahora los estudiantes de una escuela están en 3 grupos de 100.

12 Encierra en un círculo un estudiante de cada grupo en azul.

¿Qué porcentaje de los estudiantes es éste?

____

¿Qué número de estudiantes es éste?

____

13 Encierra en un círculo cuatro estudiantes de cada grupo en rojo.

¿Qué porcentaje de los estudiantes es éste?

____

¿Qué número de estudiantes es éste?

____

14 Encierra en un círculo el 45% de los estudiantes en verde.

¿Cuántos estudiantes es esto? ¿Por qué?

____

____

____

15 Encierra en un círculo el 82% de los estudiantes en amarillo.

¿Cuántos estudiantes es esto? ¿Por qué?

____

____

____

Métodos para hallar el porcentaje de un número

Cinco estudiantes tenían ideas diferentes sobre cómo resolver el siguiente problema.

De los 300 estudiantes de una escuela, 99% dice que van a una fiesta de la escuela. ¿Cuántos estudiantes son?

Usa cada idea para resolver el problema.

Muestra tu trabajo.

16 **Idea de Hilda:** 99% significa 99 de cada 100. Por lo tanto, utilizaré una tabla de proporción de 99%.

tabla de razones de 99%

porción	99		
entero	100	200	300

17 **Idea de Anna:** Dividiré 300 por 100 para hallar el 1% de 300. Entonces, multiplicaré esa respuesta por 99 para hallar el 99% de 300.

18 **Idea de Rantavious:** Utilizaré el hecho de que el 99% de 300 es $\frac{99}{100}$ veces 300.

19 **Idea de Jon:** Si *p* es el número de estudiantes que van a la fiesta, entonces la fracción de estos estudiantes es $\frac{p}{300}$ y también es $\frac{99}{100}$. Puedo escribir y resolver una proporción.

20 **Idea de Gregory:** 99% es 100% menos 1%, por lo que quitaré 1% de los 300 estudiantes del 100% de 300.

Resuelve.

21 Cuál es el 51% de 600 estudiantes?

Comprobar la comprensión

49 ¿Cuál es el 49% de 500 estudiantes? ______

Nombre ______________________________

Porcentajes de números

La dosis de adulto de un medicamento es 8 mililitros. La dosis infantil es el 75% de la dosis de adulto. ¿De cuántos mililitros es la dosis infantil?

1. Completa la recta numérica doble para resolver este problema.

2. Comenta y completa estas soluciones.

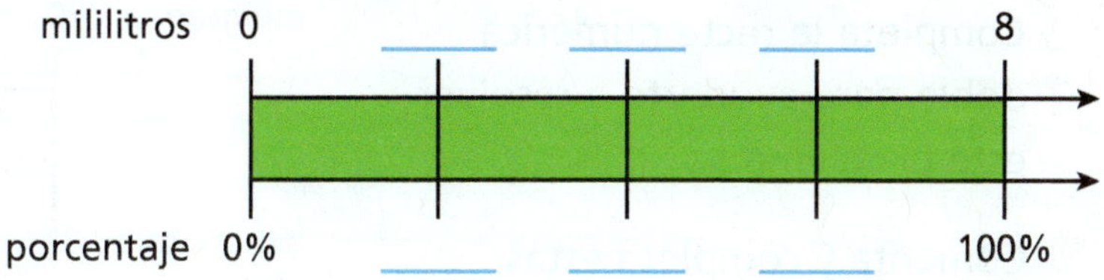

Razonamiento de Trey sobre las partes

100% es 4 partes, lo cual es 8 ml.

25% es 1 parte, lo cual es 8 ml $\div 4 = 2$ ml.

75% es 3 partes y es ______________

Rompecabezas de factor de Quowanna

	porcentaje	mililitros
	25	
porción	75	☐
entero	100	8

Ecuación de Tomaslav

m es 75% de 8.

$m = \frac{75}{100} \cdot 8 =$ ______________

Proporción de Jessica

	porcentaje		mililitros
porción / entero	$\frac{75}{100}$	=	$\frac{m}{8}$
	$\frac{3}{4}$	=	$\frac{m}{8}$
	m	=	________

Resuelve de dos maneras.

3. La dosis de adulto de un medicamento es 6 mililitros. La dosis infantil es el 75% de la dosis de adulto. ¿Cuántos mililitros es la dosis infantil?

____

4. Un químico necesita 20% de los 120 mililitros de solución en un vaso de precipitados. ¿Cuántos mililitros de solución necesita el químico?

____

Hallar el entero a partir del porcentaje y de la parte

Si 12 miligramos es el 60% de la cantidad diaria recomendada de niacina, entonces ¿cuál es la cantidad diaria recomendada de niacina?

5 Completa la recta numérica doble para ayudarte a resolver este problema.

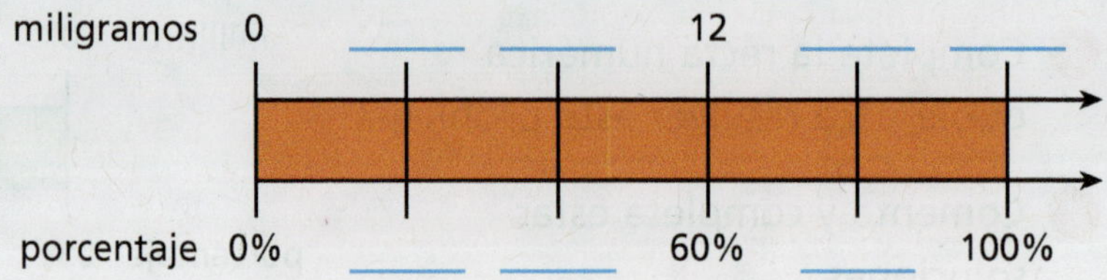

6 Comenta y completa estas soluciones.

Razonamiento de Trey sobre las partes

60% es 3 partes y es 12 mg.

20% es 1 parte, lo cual es 12 mg ÷ 3 = 4 mg.

100% es 5 partes, lo cual es ______.

Rompecabezas de factor de Quowanna

	porcentaje	mililitros
porción	60	12
entero	100	

Ecuación de Tomaslav

60% de g es 12.

$\frac{60}{100} \cdot g = 12$

Proporción de Jessica

	porcentaje		mililitros
porción / entero	$\frac{60}{100}$	=	$\frac{12}{g}$

Resuelve.

7 ¿Cuál es el 40% de 70? ______

8 ¿70 es 40% de qué número? ______

9 ¿120 es 30% de qué número? ______

10 ¿Cuál es el 30% de 120? ______

11 Si el 75% de la cantidad diaria recomendada de vitamina C es 45 mg, ¿cuál es la cantidad diaria recomendada de vitamina C? ______

Comprobar la comprensión

Haz un rompecabezas de factores para resolver el siguiente problema. ¿12 es el 80% de qué número? ______

 Nombre ____________________

Utilizar porcentajes para comparar

EL uso de porcentajes puede ayudarte a comparar dos grupos cuando los tamaños de los grupos son diferentes.

La escuela Appling tiene 300 estudiantes y 45 estudiantes van y vienen de la escuela en autobús todos los días. La escuela Baldwin tiene 500 estudiantes y 55 estudiantes viajan en un autobús.

1 Comenta y completa estos métodos para calcular el porcentaje de estudiantes en la escuela Appling que viaja en un autobús.

Ecuación de Alex

f% es $\frac{45}{300}$.

$$\frac{f}{100} = \frac{45}{300}$$

Ecuación de Jordan

f% de 300 es 45.

$$\frac{f}{100} \cdot 300 = 45$$

Rompecabezas de factor de Aliya

	porcentaje	estudiantes
porción		45
entero	100	300

Idea de Rachel de pasar por el 1%

300 estudiantes es el 100%.

$300 \div 100 = 3$; 3 estudiantes es 1%.

$45 \div 3 = 15$; 45 estudiantes es 15 grupos de 3 estudiantes, lo cual es ____________%.

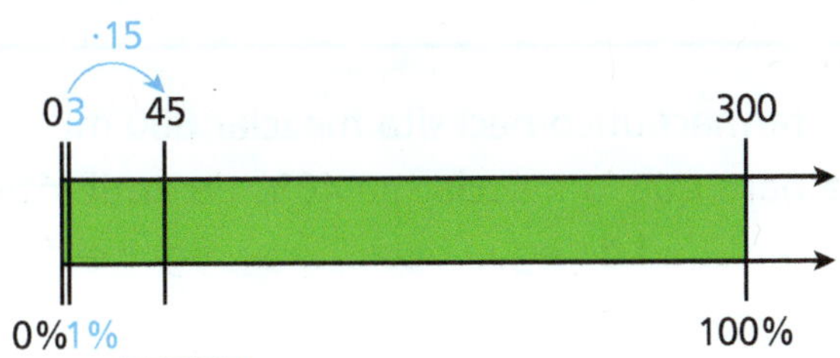

2 Utiliza dos métodos para calcular el porcentaje de estudiantes en la escuela Baldwin que viaja en un autobús.

____

Problemas mixtos de porcentaje

3 ¿26 es qué porcentaje de 130? ______

4 ¿225 es 25% de qué número? ______

5 ¿Cuál es el 75% de 280? ______

6 ¿595 es 70% de qué número? ______

Resuelve.

Muestra tu trabajo.

7 Una empresa gastó $4,500 de su presupuesto de publicidad de $18,000 en anuncios de Internet. ¿Qué porcentaje de su presupuesto de publicidad gasta la empresa en anuncios de Internet?

______

8 Si el 30% del presupuesto de publicidad de una compañía es de $7,200, entonces ¿cuál es el total del presupuesto de publicidad?

______

9 El presupuesto de publicidad de otra compañía es $7,200. La compañía gastó 30% de su presupuesto en anuncios de periódico. ¿Cuánto gastó la empresa en anuncios de periódico?

______

10 Si una mezcla de gasolina-etanol hecha con 24 litros de etanol es 15% de etanol, entonces ¿cuántos litros es la mezcla total?

______

11 Si un farmacéutico necesita mezclar 800 mL de antibiótico con agua para que la mezcla sea 40% de antibiótico, entonces ¿qué cantidad de agua necesita agregar el farmacéutico?

______

Comprobar la comprensión

Elige un método para resolver. Si 3 galones de anticongelante se mezclan con 2 galones de agua, ¿qué porcentaje de la mezcla es anticongelante? ______

¿Qué porcentaje de la mezcla es agua? ______

Unidad 7
Prueba rápida 3

Nombre ______________________ **Fecha** ____________

Resuelve.

1. Completa la recta numérica doble. Luego explica cómo utilizarla para hallar el 80% de 25 libras.

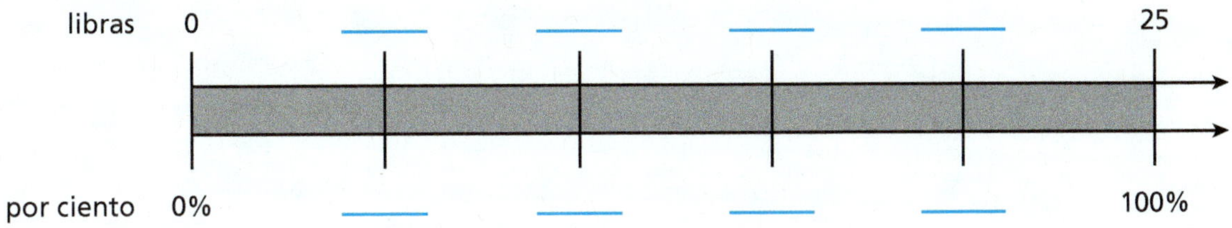

____

____

____

____

Resuelve.

Muestra tu trabajo.

2. ¿84 es 40% de qué número?

____

3. De los 190 estudiantes de una escuela primaria, 57 estudiantes tuvieron asistencia perfecta durante el segundo semestre. ¿Qué porcentaje de los estudiantes tuvo asistencia perfecta ese semestre?

____

4. Un pago de hipoteca representa 21% del presupuesto mensual de una familia. Si el pago mensual de la hipoteca es de $756, ¿de cuánto dinero es el presupuesto mensual de la familia?

____

5. De los 820 residentes de una ciudad, 35% son niños. ¿Cuántos niños viven en la ciudad?

____

Comprobar el conocimiento 17

Nombre ______________________ Fecha ______________

Camino al conocimiento

1.
$$\begin{array}{r} 0.623 \\ +\ 0.178 \\ \hline \end{array}$$

2.
$$\begin{array}{r} 0.527 \\ +\ 0.387 \\ \hline \end{array}$$

3.
$$\begin{array}{r} 0.824 \\ -\ 0.736 \\ \hline \end{array}$$

4.
$$\begin{array}{r} 0.209 \\ -\ 0.134 \\ \hline \end{array}$$

5.
$$\begin{array}{r} 2.783 \\ +\ 1.098 \\ \hline \end{array}$$

6.
$$\begin{array}{r} 4.257 \\ +\ 2.789 \\ \hline \end{array}$$

7.
$$\begin{array}{r} 1.062 \\ -\ 0.748 \\ \hline \end{array}$$

8.
$$\begin{array}{r} 1.329 \\ -\ 1.255 \\ \hline \end{array}$$

9.
$$\begin{array}{r} 12.451 \\ -\ 8.073 \\ \hline \end{array}$$

10.
$$\begin{array}{r} 18.362 \\ -\ 17.259 \\ \hline \end{array}$$

11.
$$\begin{array}{r} 20.752 \\ -\ 19.153 \\ \hline \end{array}$$

12.
$$\begin{array}{r} 40.146 \\ +\ 8.075 \\ \hline \end{array}$$

13.
$$\begin{array}{r} 11.108 \\ +\ 8.473 \\ \hline \end{array}$$

14.
$$\begin{array}{r} 15.419 \\ +\ 14.675 \\ \hline \end{array}$$

15.
$$\begin{array}{r} 23.056 \\ +\ 14.176 \\ \hline \end{array}$$

Nombre ____________________

Convertir entre centímetros y milímetros

1 Rotula la recta numérica doble para mostrar cómo se relacionan los centímetros (cm) y milímetros (mm).

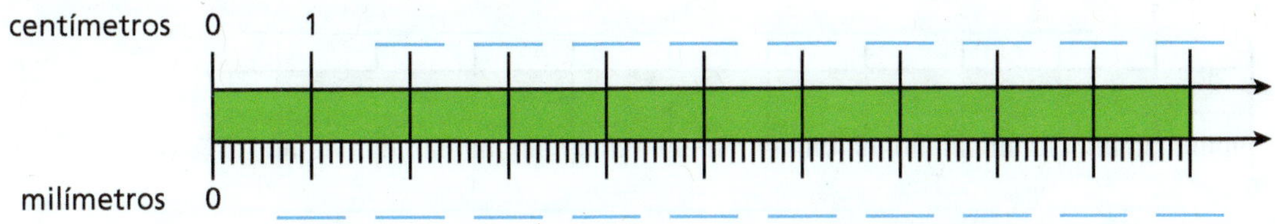

Podemos escribir la tasa de dos unidades para comparar centímetros y milímetros.

Hay 10 milímetros por centímetro.

Podemos escribir esta tasa unitaria como $10 \, \frac{\text{mm}}{\text{cm}}$.

Hay $\frac{1}{10}$ de centímetro por milímetro.

Podemos escribir esta tasa unitaria como $\frac{1}{10} \, \frac{\text{cm}}{\text{mm}}$.

Las tasas unitarias son útiles para convertir medidas de una unidad a otra.

2 Compara estos métodos de conversión de 52 centímetros a milímetros.

Escribe y resuelve una proporción

$$\frac{1 \text{ cm}}{10 \text{ mm}} = \frac{52 \text{ cm}}{x \text{ mm}}$$

$$52 \cdot 10 = 1 \cdot x$$

$$520 = x$$

Así, 52 cm = 520 mm.

Usa una tasa unitaria

$$52 \text{ cm} \cdot 10 \, \frac{\text{mm}}{\text{cm}} = 520 \text{ mm}$$

Hay 52 cm, y hay 10 mm en cada cm.

La unidad cm se cancela, dejando la unidad milímetro.

3 Compara estos métodos para convertir 85 milímetros a centímetros.

Escribe y resuelve una proporción

$$\frac{1 \text{ cm}}{10 \text{ mm}} = \frac{x \text{ cm}}{85 \text{ mm}}$$

Así, 85 mm = ________ cm.

Usa una tasa unitaria

$$85 \text{ mm} \cdot \frac{1}{10} \, \frac{\text{cm}}{\text{mm}} = \underline{\qquad\quad} \text{ cm}$$

Hay 85 mm, y hay $\frac{1}{10}$ cm en cada mm.

Convertir entre pies y pulgadas

4 Rotula la recta numérica doble para mostrar cómo se relacionan pies y pulgadas.

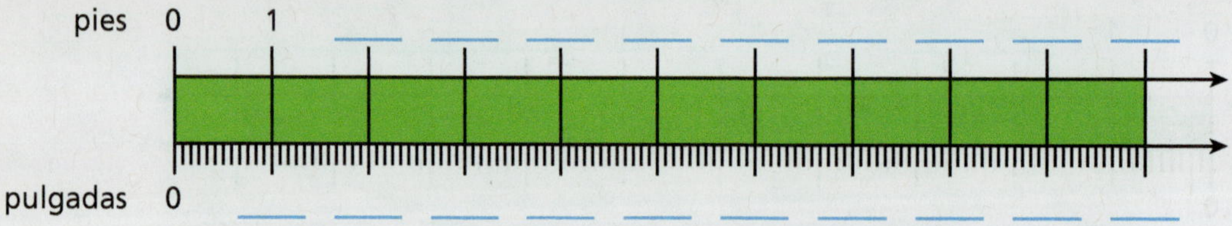

5 ¿Cuáles son las tasas unitarias en esta situación?

______ $\frac{\text{pulg}}{\text{pies}}$ y ______ $\frac{\text{pies}}{\text{pulg}}$

6 Convierte 132 pulgadas a pies multiplicando por tasa unitaria. Muestra tu trabajo.

132 pulg = ______ pies

7 Convierte $6\frac{1}{2}$ pies a pulgadas multiplicando por una tasa unitaria. Muestra tu trabajo.

$6\frac{1}{2}$ pies = ______ pulg

Practicar la conversión de unidades de longitud

8 ¿Cuáles dos tasas unitarias relacionan centímetros (cm) y metros (m)?

______

9 Convierte 7.9 metros a centímetros utilizando cualquier método.

7.9 m = ______ cm

10 Convierte 42 centímetros a metros utilizando cualquier método.

42 cm = ______ m

11 ¿Cuáles dos tasas unitarias relacionan pies (pies) y yardas (yd)?

______

12 Convierte 16 pies a yardas utilizando cualquier método.

16 pies = ______ yd

13 Convierte 24 yardas a pies usando cualquier método.

24 yd = ______ pies

Nombre ____

Hallar el área cuando las unidades son diferentes

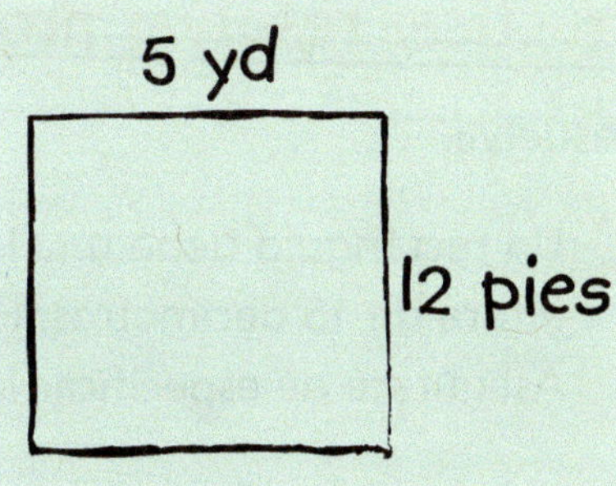

Riley y Kelsey querían hallar el área de su habitación rectangular. Riley midió la longitud y Kelsey midió el ancho. Hicieron el dibujo a la derecha para mostrar sus medidas.

A continuación se presentan los cálculos de área de las niñas.

Cálculo de Riley

Quiero hallar el área en yardas cuadradas, así que tengo que convertir 12 pies a yardas.

$12 \text{ pies} \cdot \frac{1}{3} \frac{\text{yd}}{\text{pies}} = 4 \text{ yd}$

Ahora, puedo usar la fórmula del área.

$A = la = 4 \text{ yd} \cdot 5 \text{ yd} = 20 \text{ yd}^2$

Cálculo de Kelsey

Quiero hallar el área en pies cuadrados, así que tengo que convertir 5 yardas a pies.

$5 \text{ yd} \cdot 3 \frac{\text{pies}}{\text{yd}} = 15 \text{ pies}$

Ahora, puedo usar la fórmula del área.

$A = la = 15 \text{ pies} \cdot 12 \text{ pies} = 180 \text{ pies}^2$

14 Comenta los cálculos de Riley y de Kelsey.

15 Explica cómo el diagrama a la derecha demuestra que $1 \text{ yd}^2 = 9 \text{ pies}^2$.

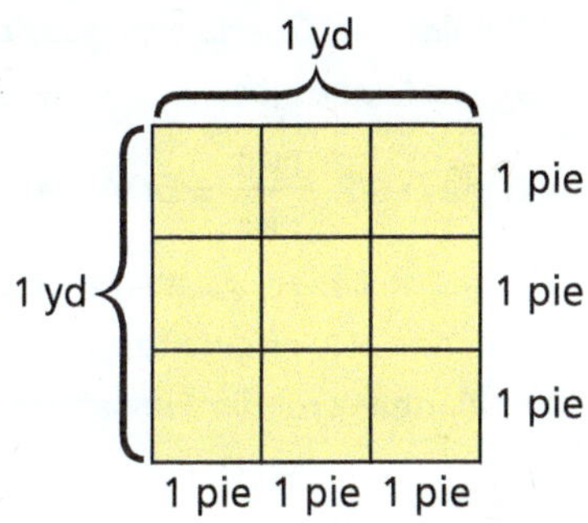

____

____

____

16 Escribe dos tasas unitarias relacionando yardas cuadradas y pies cuadrados.

________ $\frac{\text{pies}^2}{\text{yd}^2}$ y ________ $\frac{\text{yd}^2}{\text{pies}^2}$

17 Usa una de las tasas unitarias del Ejercicio 16 para convertir el área de Riley de 20 yd^2 a pies cuadrados. ¿Coincide la respuesta con el área que Kelsey?

$20 \text{ yd}^2 =$ ________

Practicar resolver problemas de área

Resuelve.

18 Un rectángulo tiene una longitud de base de 3 metros y una altura de 15 decímetros. Halla el área del rectángulo. Asegúrate de especificar la unidad en tu respuesta.

____

19 Calcula el área de superficie del prisma rectangular a la derecha. Asegúrate de especificar la unidad en tu respuesta.

____

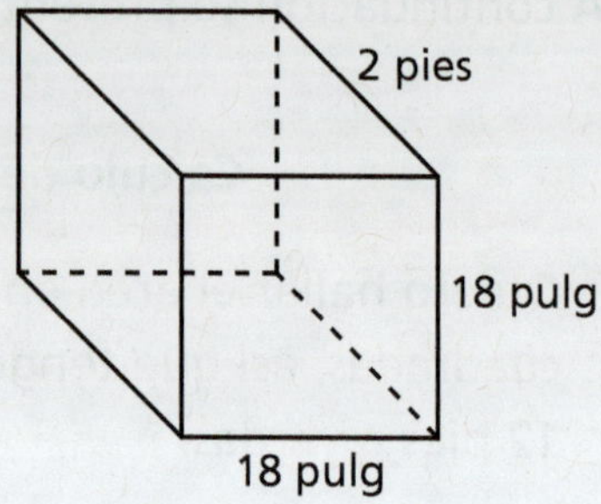

¿Cuál es el error?

Estimados estudiantes de matemáticas:

La enfermera de la escuela dijo que yo tengo una altura de 42 pulgadas. Quería averiguar cuántos pies es esto. Esto es lo que hice:

$42 \text{ pulg} \cdot 12 \frac{\text{pulg}}{\text{pies}} = 504 \text{ pies}$

¡Sé que no tengo una altura de 504 pies! Por favor ayúdenme a averiguar lo que hice mal y a calcular mi verdadera estatura en pies.

Gracias,
Pingüino Confundido

Escribe la respuesta a Pingüino Confundido.

____

____

____

____

Comprobar la comprensión

Explica cómo convertir unidades de longitud utilizando una razón y utilizando una tasa unitaria.

Nombre ______________________________

VOCABULARIO
volumen líquido

Estimar volumen líquido en unidades métricas

Las unidades métricas más comunes de volumen líquido o capacidad, son mililitros y litros. Puedes utilizar los siguientes indicadores para estimar capacidad.

1 mililitro (mL)	1 litro (L)	1 kilolitro (kL)
1 mL = 0.001 L		1 kL = 1,000 L

gotero	botella de agua grande	8 barriles de basura grandes

Elige la mejor estimación para cada uno.

1. Capacidad de una bañera a. 80 mL b. 80 L c. 80 kL
2. Capacidad de una pila para pájaros a. 2 mL b. 2 L c. 2 kL

Estimar volumen líquido en unidades usuales

Las unidades usuales de capacidad más comunes son la taza, pinta, cuarto de galón y galón. Puedes utilizar los siguientes indicadores para estimar capacidad.

1 taza (tz)	1 pinta (pint)	1 cuarto (ct)	1 galón (gal)
1 tz = 8 onzas líquidas	1 pt = 2 tz	1 ct = 2 pt = 4 tz	1 gal = 4 ct

Elige la mejor estimación para cada uno.

3. Capacidad del tanque de gasolina de un carro a. 12 tazas b. 12 cuartos c. 12 galones
4. Capacidad de un tubo de pasta de dientes a. 0.5 taza b. 0.5 cuarto c. 0.5 galón

Convertir unidades métricas de volumen líquido

Las unidades métricas más comunes de volumen líquido, o capacidad, son mililitros y litros.

5 Rotula la recta numérica doble para mostrar cómo se relacionan los litros (L) y mililitros (mL).

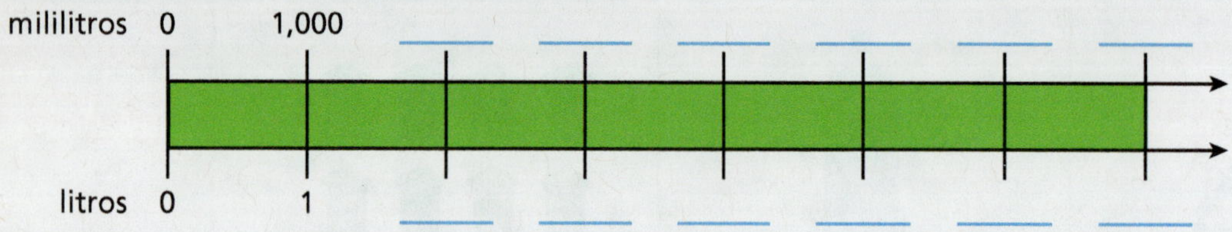

6 ¿Cuáles dos tasas unitarias relacionan litros y mililitros?

____

7 Una lata contiene 344 ml de soda. ¿Cuánto es en litros? Halla tu respuesta de dos maneras: escribiendo y resolviendo una proporción y utilizando una tasa unitaria.

Escribe y resuelve una Proporción	**Usa una tasa unitaria**

344 mL = __________ L

Resuelve usando cualquier método.

8 Una botella contiene 1.89 litros de agua. ¿Cuánto es esto en mililitros?

____

9 Un dispensador de jabón contiene 220 mL de jabón. Una botella de recarga de jabón contiene 1.76 L. ¿Cuántas veces se puede rellenar el dispensador con la botella?

____

Nombre ______________________

Convertir unidades del sistema usual de volumen líquido

En el sistema usual, las unidades de volumen líquido incluyen tazas, pintas, cuartos de galón y galones.

Unidades del sistema usual de volumen líquido

2 tazas = 1 pinta
2 pintas = 1 cuarto de galón
4 cuartos = 1 galón

10. Escribe dos tasa unitarias entre cuartos de galón (ct) y galones (gal).

____

11. ¿Cuántos cuartos se requerirían para llenar una ponchera de $2\frac{3}{4}$ galones?

____

12. Una de las vacas en la granja de Tessa produce un promedio de 22 cuartos de leche cada día. ¿Cuánto es en galones?

____

13. ¿Cuántas pintas hay en 1 galón?

____

14. Utiliza tu respuesta al Ejercicio 9 para ayudarte a escribir dos tasas unitarias entre pintas (pt:) y galones (gal).

____

15. La cafetería de la escuela vende 300 cartones de leche de media pinta todos los días. ¿Cuánta leche es en galones?

____

16. Cuál es mayor, 72 tazas o 20 cuartos? Explica cómo obtuviste tu respuesta.

____

____

____

Estimar masa en unidades métricas

VOCABULARIO
masa

Las unidades métricas más comunes de masa son miligramos, gramos y kilogramos. Puedes utilizar los siguientes puntos de referencias para estimar masa.

1 miligramo (mg)	1 gramo (g)	1 kilogramo (kg)
1,000 mg = 1g  approximadamente la masa de una pizca de sal	 approximadamente la masa de un clip	1 kg = 1,000 g  approximadamente la masa de 5 bananas

Elige la mejor estimación para cada uno.

17 La masa de una manzana — a. 102 mg b. 102 g c. 102 kg

18 La masa de un conejo — a. 4 mg b. 4 g c. 4 kg

Estimar peso en unidades usuales

Las unidades usuales de peso más comunes son onza, libra y tonelada. Puedes utilizar los siguientes indicadores para estimar peso.

1 onza (oz)	1 libra (lb)	1 tonelada (T)
 aproximadamente el peso de una rebanada de pan	1 lb = 16 oz  	1 T = 2,000 lb  aproximadamente el peso de un carro pequeño

Elige la mejor estimación para cada uno.

19 El peso de una naranja — a. 6 onzas b. 6 libras c. 6 toneladas

20 El peso de un gato — a. 15 onzas b. 15 libras c. 15 toneladas

Nombre ______________________

Convertir unidades de masa

En el sistema métrico, las unidades más comunes de masa son gramos (g) y kilogramos (kg).

21 Completa.

1 kg = ____________ g   1 g = ____________ kg

22 Escribe dos relaciones de unidad entre gramos y kilogramos.

____

23 Convierte 3,575 gramos a kg.

3,575 g = ____________ kg

24 Convierte 3,575 kilogramos a gramos.

3,575 kg = ____________ g

25 Una moneda de 5¢ tiene una masa de 5 g. Una bolsa contiene 2 kg de monedas de 5¢. ¿Cuántas monedas hay en la bolsa? Explica.

____

____

Convertir unidades de peso

En el sistema usual, las unidades más comunes de peso son onzas (oz) y libras (lb). Si la respuesta es igual o mayor que 1, escribe la respuesta como un número entero o mixto.

26 Hay 16 onzas en 1 libra. Escribe dos relaciones de unidad entre onzas y libras.

____

27 Convierte 420 libras a onzas.

420 lb = ____________ oz

28 Convierte 420 onzas a libras.

420 oz = ____________ lb

29 Donelle adoptó dos cachorros. Daisy pesa $7\frac{1}{2}$ libras. Bandit pesa 108 onzas. ¿Qué perrito pesa más? Explica.

____

____

Convertir unidades de tiempo

VOCABULARIO
tiempo transcurrido

Las unidades más comunes del tiempo son año, semana, día, hora y minutos.

Unidades de tiempo	
1 año (año) = 365 días	1 día = 24 horas (h)
= 12 meses (mes)	1 hora = 60 minutos (min)
= 52 semanas	1 minuto = 60 segundos (s)
1 semana = 7 días	

30 Hay 60 minutos en 1 hora. Escribe dos relaciones de unidad entre minutos y horas.

____

31 Convierte 2 min 23 s a segundos.

____

32 Convierte 630 min a horas.

____

33 Convierte 2 semanas a horas.

____

34 Convierte 5 años a semanas.

____

La cantidad de tiempo entre el inicio y el final de un periodo de tiempo se llama tiempo transcurrido.

35 Una película comienza a las 11:45 am y dura 2 horas 20 minutos. ¿A qué hora termina la película?

____

36 Usas 2 horas y 48 minutos de un cinta de video de 6 horas para grabar la obra de la escuela de tu hermana. ¿Cuánto tiempo queda en la cinta?

____

Nombre ______________________________

Problemas de conversión

Resuelve.

Muestra tu trabajo.

37 Una caja de cereal FruitBlaster contiene 450 g de cereal.

a. ¿Cuántos kilogramos de cereal necesitará la empresa para llenar 15,000 cajas?

____

b. ¿Cuántas cajas de cereal FruitBlaster puede llenar la empresa con 15,000 kg de cereal?

____

38 El jueves por la noche, Rose dedicó 28 minutos a la tarea de matemáticas, 38 minutos a la tarea de ciencias y 45 minutos a la tarea de estudios sociales. ¿Cuánto tiempo en total dedicó Rosa a en sus deberes? Da tu respuesta en horas y minutos.

____

39 Una botella de perfume contiene 5 mL. La empresa de perfume quiere llenar 25,000 botellas. ¿Cuántos litros de perfume necesitará la empresa?

____

40 En promedio, Sophia bebe 14 cuartos de galón de agua por semana. ¿Cuántas pintas de agua bebe por día?

____

41 Lisette hizo 32 pintas de limonada para una fiesta. Necesita transportar la limonada en botellas de 1 galón. ¿Cuántas botellas necesita Lisette?

____

42 Un grupo de amigos trabaja en un lavado de autos. Si les toma 15 minutos lavar un automóvil, ¿alrededor de cuántos autos pueden lavar en 3 horas?

____

Problemas de conversión (continuación)

Muestra tu trabajo.

43 Taylor tomó un tour del Gran Cañón. El recorrido comenzó a las 11:30 am y terminó a 13:45 pm. ¿Cuánto duró el recorrido?

44 Un avión programado para llegar a 10:35 a. m. se retrasó 3 horas y 20 minutos. ¿A qué hora llegó?

45 Rae y Calvin están midiendo la masa de rocas en su clase de ciencias. La roca de Rae tiene una masa de 480 g. La roca de Calvin tiene una masa de 0.05 kg. ¿Cuál roca tiene mayor masa? ¿Cuánto mayor es su masa? Explica tu razonamiento.

46 Un restaurante tiene con un acuario de visualización que contiene 70 galones de agua. ¿A cuantas tazas equivale esa cantidad de agua?

47 Hay 75 alumnos de sexto grado en la escuela media Wilson. Cada alumno tiene un libro de ciencias que tiene 5 cm de espesor. Si todos los alumnos de sexto grado apilan sus libros de ciencias uno encima del otro, ¿la pila sería tan alta como el edificio de la escuela de 4 metros de altura? Explica.

Comprobar la comprensión

¿Cuál es mayor, 72 pintas o 12 galones? Explica cómo obtuviste tu respuesta.

Nombre ______________________________

VOCABULARIO
gráfica de barras
gráfica circular

Gráficas y representación

La gráfica de barras y la gráfica circular muestran datos sobre la colección de tarjetas postales de Sahil.

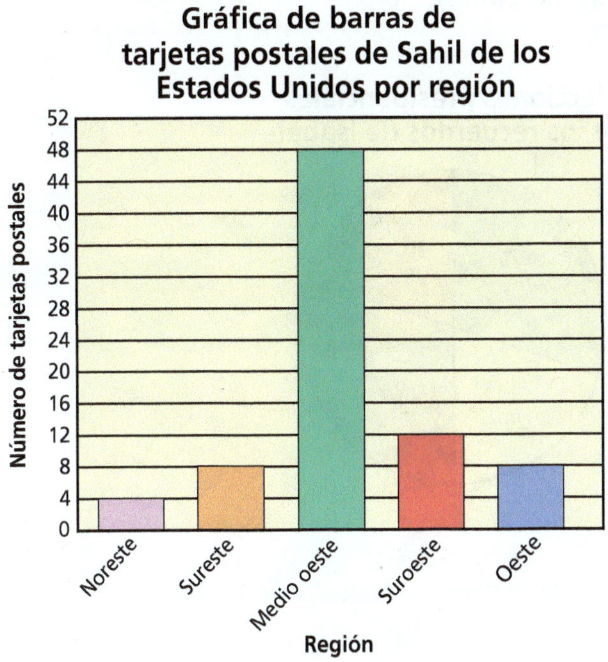

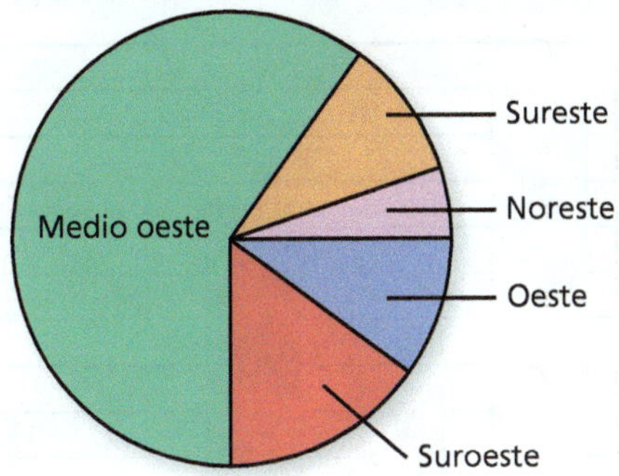

Resuelve. Utiliza la gráfica de barras.

1. ¿Cuál es la razón de tarjetas del Noreste a las tarjetas del Oeste? ______________________________

2. ¿Cuál es la razón de tarjetas del Oeste a las tarjetas del Noreste? ______________________________

Resuelve. Usa la gráfica circular.

3. ¿Son más o menos del 50% de las tarjetas de Sahil del Medio Oeste? ______________________________

4. ¿Son más o menos del 25% de las tarjetas de Sahil del Suroeste? ______________________________

5. ¿Cómo podrías comprobar tus respuestas a los Ejercicios 3 y 4 usando la gráfica de barras?

____

____

Elegir gráficas para resolver

Isabel tiene una colección de recuerdos de las elecciones presidenciales de Estados Unidos. Los gráficos siguientes muestran los tipos de recuerdos que ha coleccionado y las fechas de las elecciones presidenciales de sus recuerdos.

Recuerdos de elecciones presidenciales de Isabel

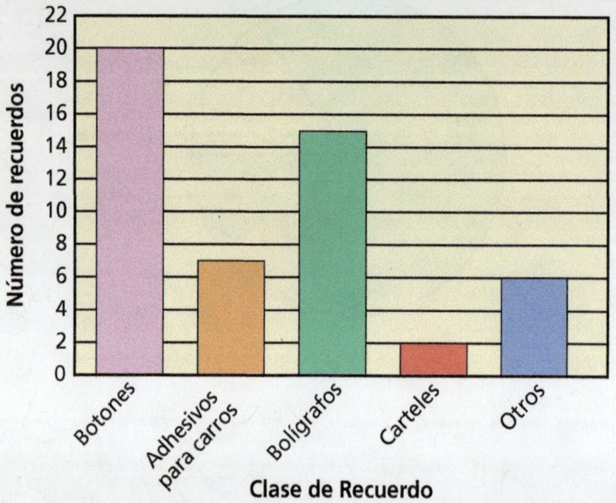

Elecciones presidenciales de los recuerdos de Isabel

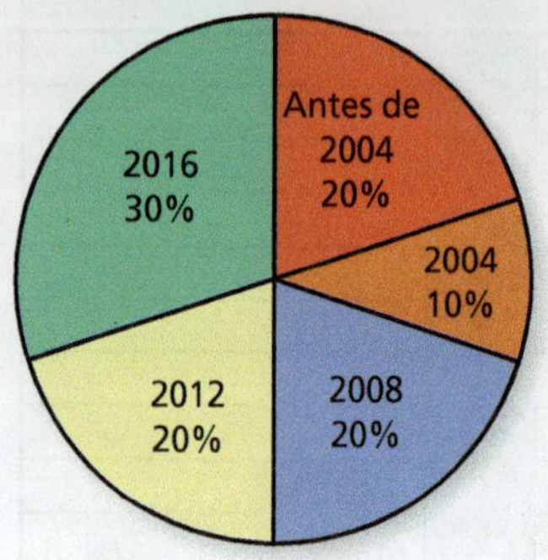

Resuelve. Para los Ejercicios 6 a 8, escribe si usaste la gráfica de barras, la gráfica circular o ambas.

6. ¿Qué porcentaje de los recuerdos de Isabel son botones?

7. ¿Qué porcentaje de los recuerdos de Isabel son de las elecciones de 2008 o posteriores?

8. ¿Cuántos de sus recuerdos son de la elección de 2016?

9. Héctor dice que las gráficas aclaran que 6 de los botones deben ser de la elección de 2016. ¿Estás de acuerdo? Explica.

Nombre ______ Fecha ______

Resuelve.

Muestra tu trabajo.

1. Escribe dos tasas unitarias que relacionen milímetros (mm) y centímetros (cm).

   ______

   Convierte 450 milímetros a centímetros.

   ______

2. Escribe dos tasas unitarias que relacionen metros (m) y kilómetros (km).

   ______

   Convierte 2.9 kilómetros a metros.

   ______

3. ¿Cuántos vasos de jugo, con una capacidad de 125 mL cada uno, podrían llenarse de una jarra que contiene 2 L de jugo?

   ______

4. El piso de un salón de clases tiene forma de rectángulo y tiene una longitud de 42 pies. La alfombra que cubre todo el piso tiene una superficie de 168 yardas cuadradas. ¿Cuál es el ancho del salón de clases en pies?

   ______

5. El cereal para el desayuno favorito de Shauna estaba en oferta, por lo cual compró 12 cajas. Cada caja contenía 12 onzas de cereal. ¿Cuántas libras de cereal compró Shauna?

   ______

Comprobar el conocimiento 18

Nombre ______ Fecha ______

Camino al conocimiento

Suma o resta.

1.
$$\begin{array}{r} 45.6 \\ +\ 3.52 \\ \hline \end{array}$$

2.
$$\begin{array}{r} 15.644 \\ -\ 4.951 \\ \hline \end{array}$$

3.
$$\begin{array}{r} \$12.75 \\ +\ \$\ 6.48 \\ \hline \end{array}$$

4. 819.2 + 43.6

5. 17.24 − 5.6

6. 7 + 0.15

7.
$$\begin{array}{r} 0.168 \\ +\ 0.275 \\ \hline \end{array}$$

8.
$$\begin{array}{r} 518.39 \\ +\ \ \ 6.12 \\ \hline \end{array}$$

9.
$$\begin{array}{r} 78.61 \\ -\ 12.9 \\ \hline \end{array}$$

10. 41.92 − 8.64

11. 238 − 0.31

12. 36.9 + 1.21

13.
$$\begin{array}{r} \$35.12 \\ -\ \$31.60 \\ \hline \end{array}$$

14.
$$\begin{array}{r} 27.56 \\ -\ 4.81 \\ \hline \end{array}$$

15.
$$\begin{array}{r} 1.521 \\ +\ 4.806 \\ \hline \end{array}$$

Unidad 7 Repaso/Prueba Nombre ______________________ Fecha ______________

1 Para la ensalada de papas, Dotti utiliza 5 papas grandes y 2 huevos.
Selecciona Verdadero o Falso para cada enunciado.

1a. La ensalada utiliza papas y huevos en una proporción de 5:2. ○ Verdadero ○ Falso

1b. La ensalada utiliza 2 papas por cada 5 huevos. ○ Verdadero ○ Falso

1c. La ensalada utiliza $\frac{5}{2}$ papas por huevo. ○ Verdadero ○ Falso

2 ¿En que se parece la comparación de dos fracciones a la comparación de dos proporciones? ¿En qué son diferentes?

Se parecen en que:

Son diferentes en que:

3 La recta numérica doble muestra que el 100% de una cantidad tiene una masa de 24 gramos.

Parte A

Completa la recta numérica doble y explica tu método.

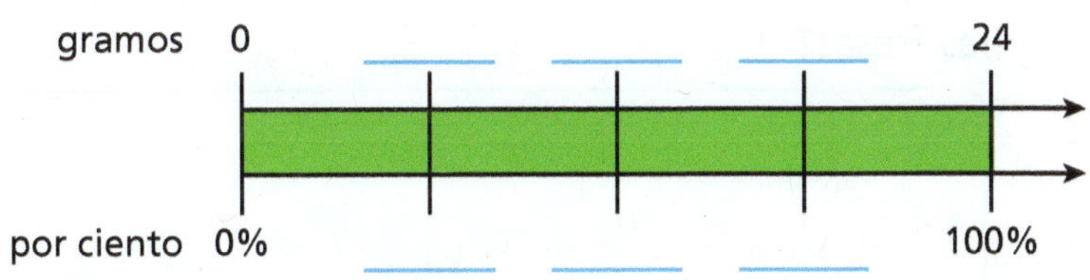

Parte B

Explica cómo puedes utilizar la recta numérica doble para hallar el 75% de 24 gramos.

Nombre ______________________________ Fecha ______________

4 Llena la burbuja que está al lado de la medida que hace que la oración sea verdadera.

4 cuartos = 1 galón, así que ______ = 1 cuarto de galón.

○ $\frac{1}{4}$ de galón ○ 0.4 de galón ○ $\frac{4}{1}$ galones

5 Selecciona Sí o No para indicar si la expresión es equivalente a la razón 3:2.

5a.	$\frac{3}{2}$	○ Sí	○ No
5b.	6:3	○ Sí	○ No
5c.	$\frac{9}{4}$	○ Sí	○ No
5d.	12:8	○ Sí	○ No
5e.	$\frac{2}{3}$	○ Sí	○ No

6 Hay 420 calabazas en el huerto de calabazas de Jennifer. Recogió 15% de ellas. ¿Cuántas calabazas recogió Jennifer?

Ⓐ 15 calabazas
Ⓑ 28 calabazas
Ⓒ 42 calabazas
Ⓓ 63 calabazas

7 Carly compra 4 libras de fresas en $9.00. ¿Cuál es el costo unitario de las fresas?

______________ por libra

8 Elige números de las fichas con números para escribir dos fracciones que harán que el enunciado sea verdadero. Puedes escribir los números más de una vez.

4	5	9

Una mezcla de pintura es 4 partes de pintura roja y 5 partes de blanca. Por cada

1 galón de pintura, __________ de galón es roja y __________ de galón es blanca.

Nombre ______________________ Fecha ______________

Resuelve. Muestra tu trabajo.

9 $\frac{4}{x} = \frac{3}{5}$

$x =$ ______________

10 $\frac{1}{7} = \frac{b}{18}$

$b =$ ______________

11 ¿14 es qué porcentaje de 56? ______________

12 ¿35 es 25% de qué número? ______________

13 ¿Qué distancia es equivalente a 8 metros? Selecciona todas las respuestas que correspondan.

Ⓐ 80 cm

Ⓑ 800 cm

Ⓒ 0.08 km

Ⓓ 0.008 km

14 Convierte 8,900 mL a L.

____

15 Se mezcla jugo de naranja y piña en una proporción de 4 a 5. Elige un número de cada columna para mostrar la cantidad de cada jugo necesaria para preparar 36 galones de jugo de naranja y piña.

naranja	piña
○ 12 gal	○ 16 gal
○ 16 gal	○ 18 gal
○ 18 gal	○ 20 gal
○ 20 gal	○ 24 gal

16 Savitri compra 3 libras de pavo en rodajas por $12. A ese precio, ¿qué cantidad de pavo en rodajas se puede comprar con $25? Muestra tu trabajo.

______________ libras

Nombre ______________________________ Fecha ______________

17 Si el 35% del presupuesto de publicidad de una compañía es de $7,000, ¿cuál es el total del presupuesto de publicidad? Muestra tu trabajo.

$ ____________

18 Un rectángulo tiene una base de 4 pies y una altura de 18 pulgadas. El área del rectángulo es:

- (A) 34 pulgadas cuadradas
- (B) 72 pulgadas cuadradas
- (C) 6 pies cuadrados
- (D) 4.5 pies cuadrados

19 Una botella vacía de aceite de oliva tiene una capacidad de 750 mL. ¿Cuántas botellas vacías se podrían llenar con 4.5 L de aceite de oliva? Muestra tu trabajo.

____________ botellas

20 En un laboratorio, la sustancia Química A y la sustancia Química B se mezclan en una proporción de 2 a 3.

Parte A ¿Qué cantidad de la sustancia Química B se necesita mezclar con 18 litros de la sustancia Química A? Explica tu respuesta.

____________ litros

Parte B ¿Qué porcentaje de la sustancia Química A contiene la mezcla? Explica tu respuesta.

____________ %

Parte C Supón que la razón de la sustancia Química A a la sustancia Química B es 4 a 5. ¿Sería el porcentaje de la mezcla constituida por la sustancia Química A mayor o menor que el porcentaje en la razón 2 a 3? Explica.

Nombre Fecha

21 El viernes, Pizza Place vendió un total de 120 pizzas.

Parte A

30% de las pizzas vendidas fueron pizzas queso. ¿Cuántas pizzas de queso se vendieron? Muestra o explica cómo obtuviste tu respuesta.

se vendieron ________ pizzas de queso

Parte B

Treinta de las pizzas vendidas fueron pizzas vegetarianas. ¿Qué porcentaje de las pizzas vendidas fueron pizzas vegetarianas? Muestra o explica cómo obtuviste tu respuesta.

________ %

Parte C

El sábado, Pizza Place vendió otra vez 30 pizzas vegetarianas, que fue 10% del número total de pizzas vendidas ese día. ¿Cuál fue el número total de pizzas vendidas el sábado? Muestra o explica cómo obtuviste tu respuesta.

el sábado se vendieron ________ pizzas

Nombre ______________________ Fecha ______________________

22 La salsa de mostaza a la miel de Arun tiene 3 tazas de miel y 4 tazas de mostaza. La salsa de mostaza a la miel de Ben tiene 5 tazas de miel y 8 tazas de mostaza.

Parte A

Haz una gráfica y marca una línea para representar cada razón.

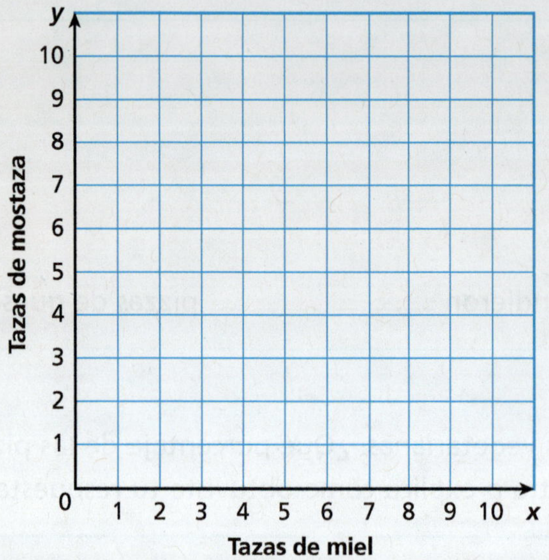

Parte B

Explica cómo utilizas las dos líneas y una regla para determinar cuál salsa de mostaza a la miel sabe más a miel.

Parte C

Jenna hace una salsa con 4 tazas de miel y 6 tazas de mostaza. Ordena las tres salsas de mayor a menor sabor a miel. Explica tu razonamiento.

 Nombre ____________ Fecha ____________

¿Estas escuchando?

Supongamos que tu escuela tiene una licencia para operar una estación de radio de baja potencia y eres el director del programa de la estación. (La emisión de una estación de baja potencia viaja sólo unas pocas millas.)

Tu estación estará al aire durante 50 minutos cada día después de la escuela. Tu trabajo es planificar la programación durante 50 minutos. Debes incluir tiempo para:

- anuncios de servicio público para tu comunidad
- anuncios sobre eventos escolares pasados y futuros
- una entrevista con un profesor, estudiante u otro miembro de la comunidad
- un anuncio comercial de una empresa local
- música

También incluye otros tipos de programación que puedan gustarles a tus oyentes.

1. En la primera columna de la tabla a continuación, lista los diferentes tipos de programación que incluirá la emisión de 50 minutos.

Descripción del programa	Duración en minutos	Fracción de 50 minutos	Porcentaje de 50 minutos
Total	**50 minutos**		

Nombre ______________________ Fecha ______________

2. En la segunda columna de la tabla, escribe el período de tiempo, en minutos, para cada programa. (Cada programa debe ser un número diferente de minutos).

3. En la tercera columna de la tabla, escribe una fracción de la porción de la emisión que cada programa representa. Escribe cada fracción en su mínima expresión.

4. En la tercera columna de la tabla, escribe un porcentaje de la porción de la emisión que representa cada programa.

5. Calcula la suma de tus fracciones y la suma de tus porcentajes y escribe las sumas en la fila Total en la parte inferior de cada columna de la tabla. Muestra tu trabajo.

6. Explica cómo puedes utilizar estas sumas para estar seguros de que los cálculos de los ejercicios 3 y 4 son correctos.

7. Elige un programa de tu emisión. En un año escolar de 180 días, ¿cuántas horas se utilizarán para ese programa? Demuestra o explica cómo obtuviste tu respuesta.

Dear Family:

The math unit your child is beginning to study now involves numerical data in the form of statistics and probability.

Some of the important words we will be working with in this unit are shown at the right. Some of the data displays we will be working with are shown below.

Histogram

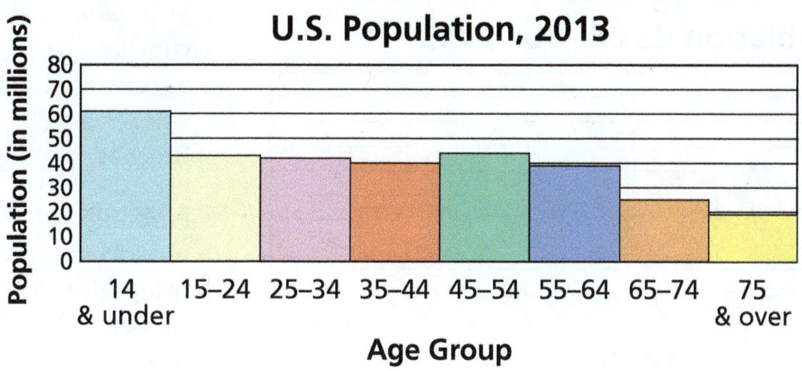

Dot Plot

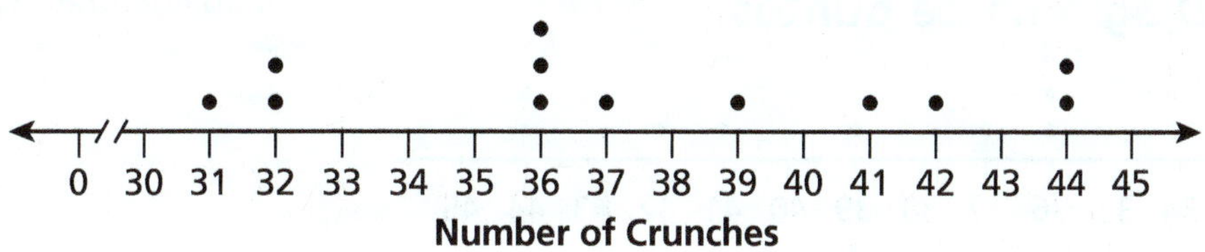

Box Plot

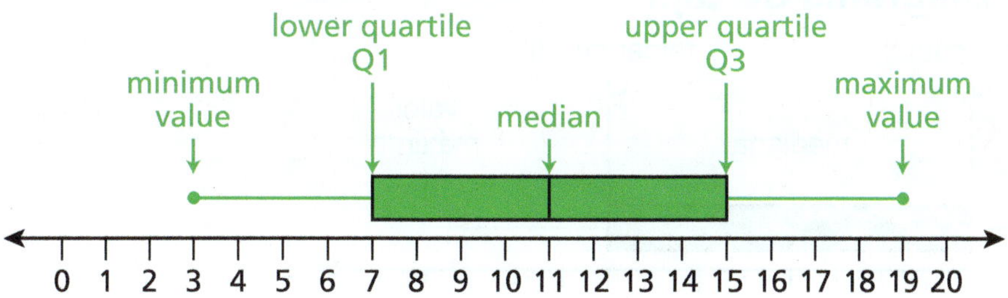

In addition to learning about ways to display data, your child will be learning about ways to analyze and summarize it.

Your child will also be introduced to the basic concepts of probability.

If you have any questions or comments, please contact me.

Sincerely,
Your child's teacher

Important Words

Statistics
mean or average
median
mode
range
interval
quartiles
clusters
peaks
gaps

Probability
sample space
outcomes
event
relative frequency
experimental probability
theoretical probability

Estimada familia:

La unidad de matemáticas que vamos a estudiar trata sobre datos numéricos en forma de estadísticas y probabilidad.

Algunas de las palabras importantes que usaremos en esta unidad se muestran a la derecha. Algunas de las representaciones de datos que estaremos usando se muestran debajo.

Palabras importantes

Estadísticas
media o promedio
mediana
moda
rango
intervalo
cuartiles
agrupamientos
valores pico
brechas

Probabilidad
espacio muestral
resultados
suceso
frecuencia relativa
probabilidad experimental
probabilidad teórica

Histograma

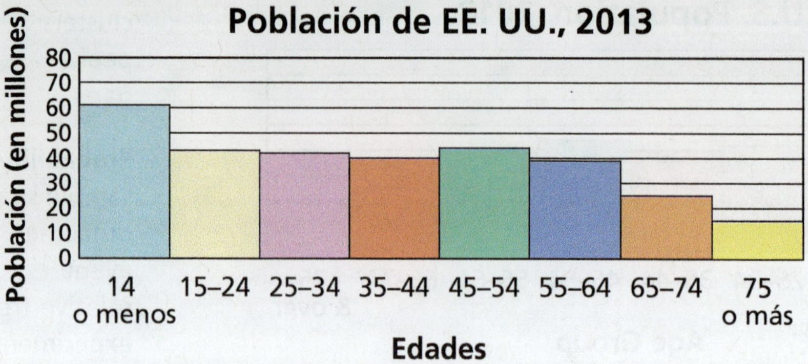

Diagrama de puntos

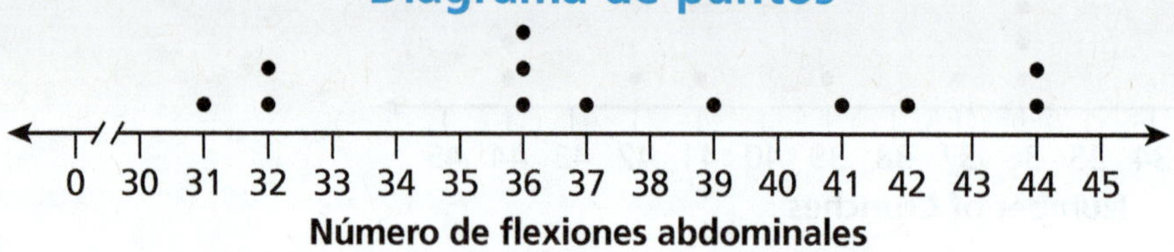

Diagrama de caja

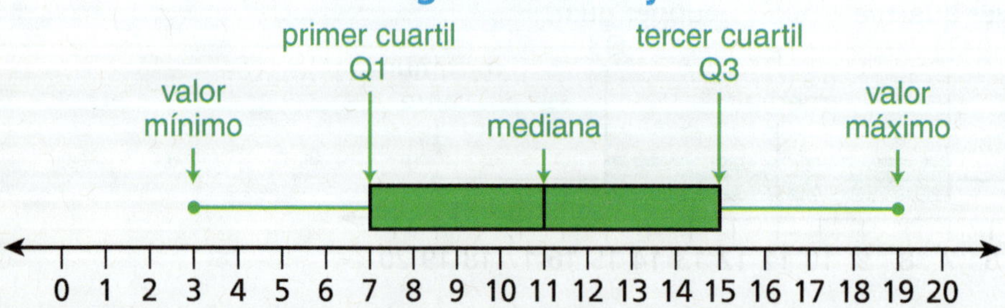

Además de aprender acerca de diferentes maneras de representar datos, su hijo aprenderá cómo analizarlos y resumirlos.

Se le presentará también a su hijo los conceptos básicos de probabilidad.

Si tiene preguntas o comentarios, por favor comuníquese conmigo.

Atentamente,
El maestro de su hijo

diagrama de caja	equiprobable
agrupación	evento
diagrama de puntos	experimento

Todos los resultados de un evento tienen la misma probabilidad de ocurrir.

Resumen gráfico que muestra la mediana, los cuartiles y los valores máximo y mínimo de un conjunto de datos.

Ejemplo:

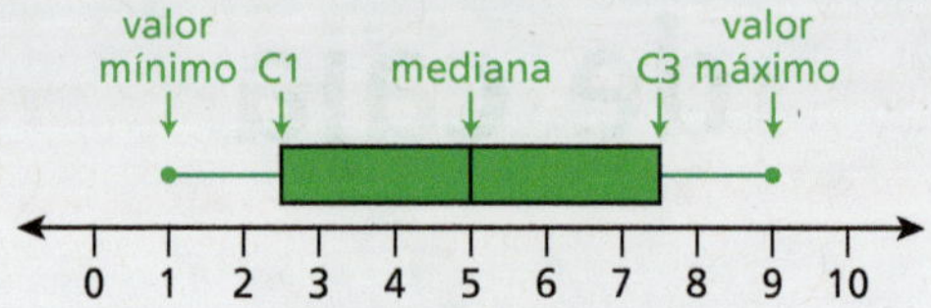

Conjunto de los resultados posibles de un experimento.

Grupo de valores de datos. Un conjunto de datos puede no tener agrupaciones, una agrupación o más de una agrupación.

Ejemplo:

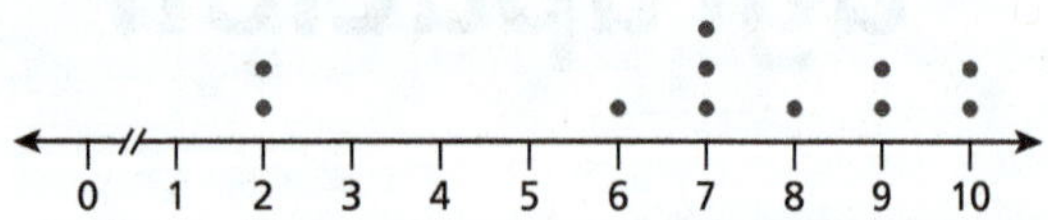

Los datos forman una agrupación del 6 al 10.

Situación que involucra probabilidad y que produce resultados.

Representación que muestra la frecuencia de datos numéricos. Un diagrama de puntos usa una recta numérica para mostrar con qué frecuencia ocurren los números en un conjunto de datos numéricos. También se llama **gráfica de líneas**.

Ejemplo:

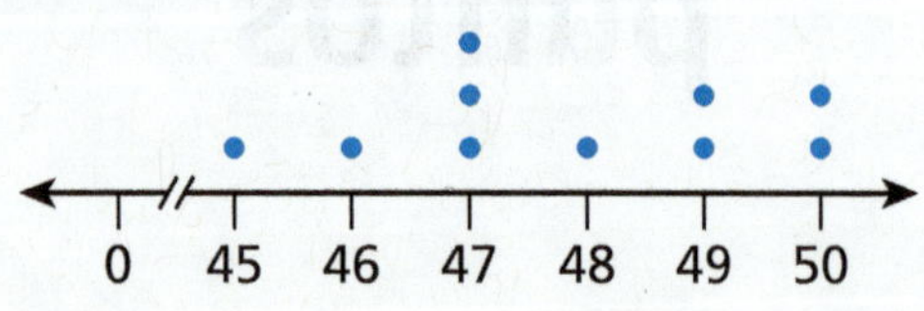

probabilidad experimental	**brecha**
primer cuartil (C1)	**histograma**
frecuencia	**rango intercuartílico (RIC)**

Intervalo sin datos. Un conjunto de datos puede no tener brechas, una brecha o más de una brecha.

Ejemplo:

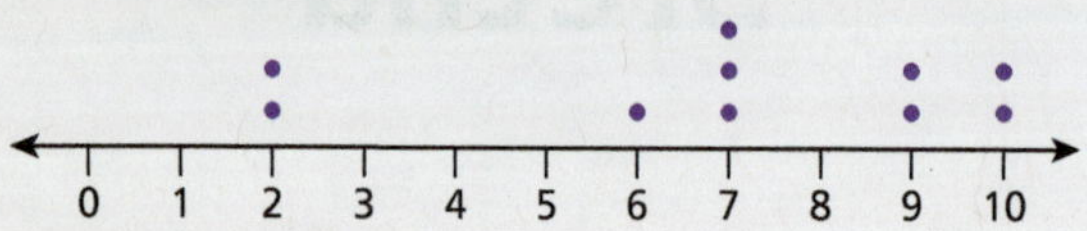

Los datos tienen una brecha del 3 al 5 y en el 8.

Frecuencia relativa de un resultado en un experimento probabilístico.

Representación de frecuencias que usa barras para mostrar la distribución de los datos en un conjunto. Cada barra representa un intervalo o rango de datos.

Ejemplo:

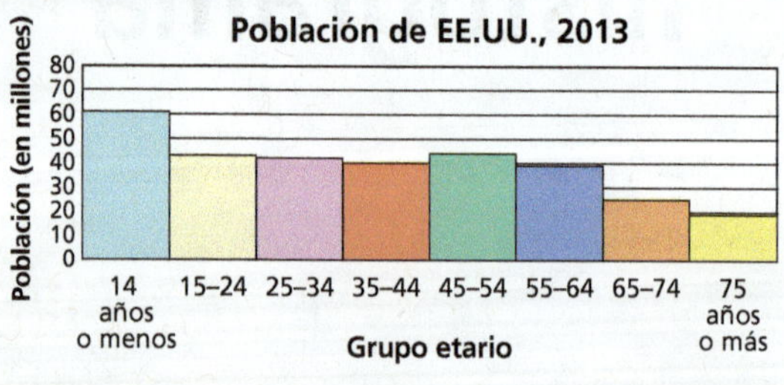

Número intermedio o media de los dos números intermedios de la mitad inferior de un conjunto de datos.

Ejemplo:

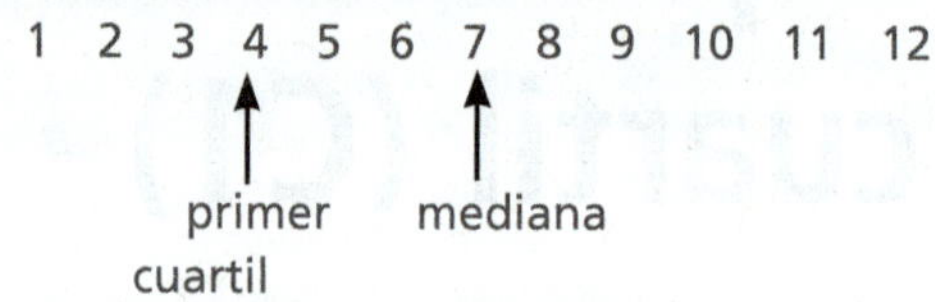

Por lo tanto, C1 = 3.5.

Medida de la diferencia entre el cuartil superior y el inferior. El RIC es una manera de describir la dispersión o variabilidad de los datos en un conjunto.

Ejemplo:

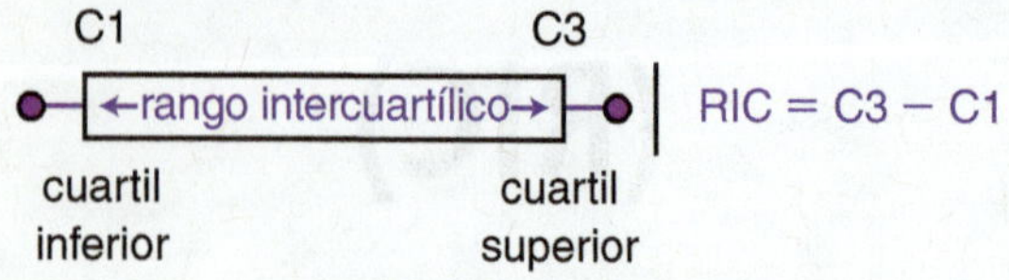

Número de veces que ocurre un resultado durante un experimento probabilístico.

intervalo

media

posibilidad

desviación absoluta media

probable

mediana

Número único que resume todos los valores en un conjunto de datos numéricos. La media es una medida de tendencia central que muestra cuál sería el valor común si todos los valores fuesen iguales. La media se calcula al sumar todos los valores de datos y dividir la suma entre el número de valores.

Rango de números en una representación de frecuencias como un histograma. Algunas veces también se le llama *casilla*.

Medida de variabilidad que muestra la distancia promedio de los valores de datos a la media en un conjunto.

Ejemplo:

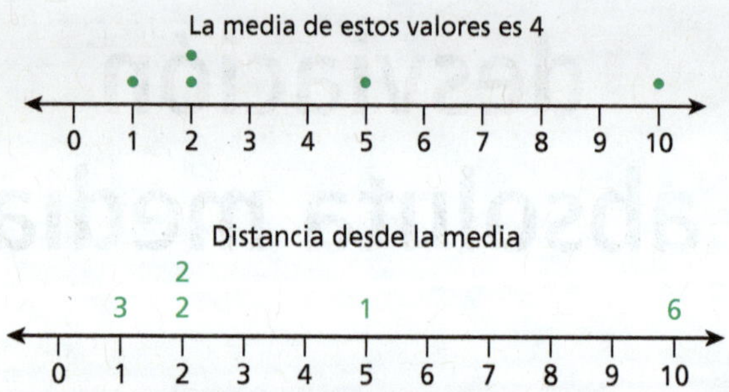

La desviación absoluta media es $(3 + 2 + 2 + 1 + 6) \div 5 = 2.8$.

Descripción de la posibilidad de que ocurra un evento.

Número único que resume el centro de un conjunto de datos numéricos. La mediana es el número intermedio o la media de los dos números intermedios, cuando los datos se han ordenado de menor a mayor o de mayor a menor. Después de calcular la mediana, una mitad de los números restantes en el conjunto será menor que la mediana y la otra mitad será mayor.

Descripción de un evento que tiene más posibilidad de que sí ocurra.

datos numéricos	**pico**
resultados	**probabilidad**
valor atípico	**cuartiles**

Valor (o valores) que aparecen con mayor frecuencia. Un conjunto de datos puede no tener pico, tener un pico o más de un pico.

Ejemplos:

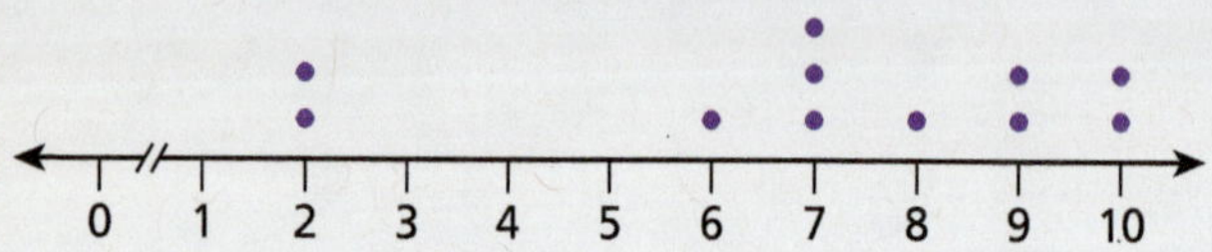

Los datos tienen el pico en 7.

Datos que involucran números y cantidades.

Ejemplo:

- El número de estudiantes en cada clase en una escuela.
- La población de una ciudad cada año durante los últimos diez años.

Número del 0 al 1 inclusive que describe la posibilidad de que ocurra un evento.

Los resultados posibles de un experimento probabilístico.

Valores de los puntos que separan un conjunto de datos en cuatro partes aproximadamente iguales.

Valor extremo o distante. Un conjunto de datos puede no tener valores atípicos, tener un valor atípico o más de un valor atípico.

Ejemplos:

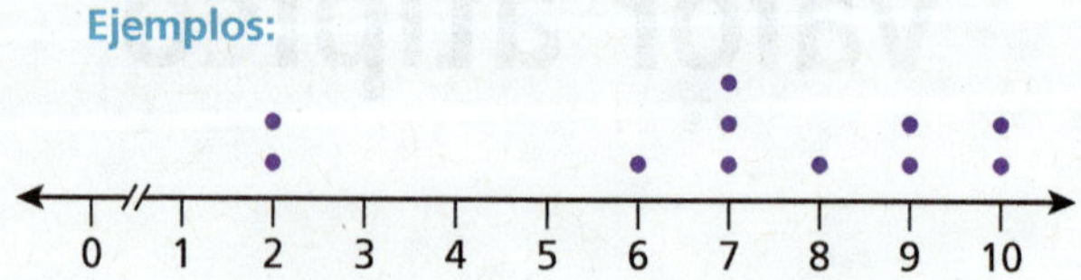

Los valores en 2 son valores atípicos.

rango	**datos simétricos**
frecuencia relativa	**probabilidad teórica**
espacio muestral	**tercer cuartil (C3)**

Distribución de datos que contiene un eje de simetría. La forma de los datos en un lado del eje de simetría es igual a la forma de los datos en el otro lado del eje.

Ejemplos:

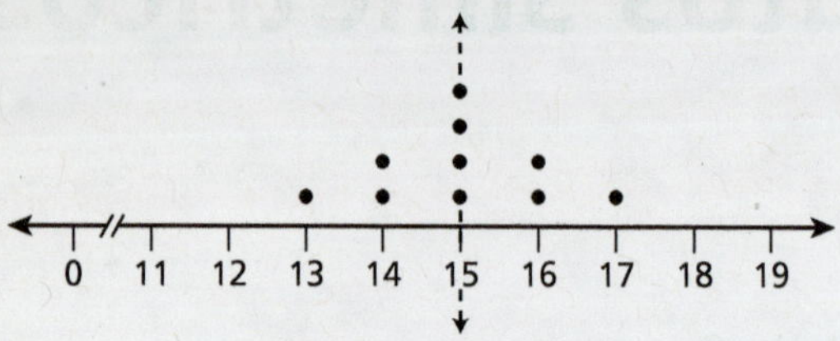

Número único que resume la variabilidad de los datos en un conjunto. El rango se calcula restando el menor del mayor de los números en un conjunto de datos.

Ejemplos:

{5 2 16 10} ← El mayor de los valores en el conjunto es 16. El menor valor es 2.

$16 - 2 = 14$ ← Resta. El rango de los datos es 14.

En un experimento probabilístico, la razón del tamaño del evento al tamaño del espacio muestral.

En un experimento probabilístico, la razón de la frecuencia de un resultado al número total de ensayos.

Número intermedio o media de los dos números intermedios de la mitad superior de un conjunto de datos.

Ejemplo:

1 2 3 4 5 6 7 8 9 10 11 12

↑ mediana (entre 6 y 7) ↑ tercer cuartil (entre 9 y 10)

Por lo tanto, C3 = 9.5.

Conjunto de todos los resultados posibles de un experimento probabilístico.

ensayo

poco probable

Procedimiento que se puede repetir en un experimento probabilístico.

Descripción de un evento que tiene mayor posibilidad de que no ocurra.

Nombre ______________________

VOCABULARIO
datos numéricos

Los datos numéricos pueden variar

Los datos numéricos comprenden números y cantidades. Un ejemplo de datos numéricos es el número de estudiantes en tu clase. Las respuestas a las siguientes preguntas comprenden datos numéricos: ¿Cuántos estudiantes hay en tu clase? ¿Cómo se compara el número de estudiantes en tu clase con el número de estudiantes de otras clases en tu escuela, o en tu ciudad o estado?

Para cada grupo de personas mencionadas a continuación, describe cómo se puede recopilar un tipo de datos numéricos. Luego decide si crees que todos los datos serían iguales o si podrían variar. Explica por qué. El Ejercicio 1 muestra un ejemplo.

1. Para cada estudiante en tu escuela:

   La cantidad de tiempo que tarda cada estudiante en llegar a la escuela en la mañana. Estos tiempos van a variar porque los estudiantes viven a diferentes distancias de la escuela.

2. Para cada estudiante en tu clase: ______________________

3. Para cada estudiante de sexto grado en tu estado: ______________________

4. Para cada maestro en tu escuela: ______________________

5. Escribe tu propio ejemplo. ______________________

Comparar los datos numéricos

Un grupo de estudiantes de sexto grado tuvo una prueba física al principio y al final del año escolar. Estas tablas indican el número de abdominales que hicieron en 1 minuto durante cada prueba.

Inicio del año	
Estudiante	**Número de abdominales**
Lucas	32
Ava	34
Tyler	38
Alexis	40
Jada	33
Chase	50
Sabrina	34

Final del Año	
Estudiante	**Número de abdominales**
Lucas	38
Ava	30
Tyler	38
Alexis	46
Jada	35
Chase	45
Sabrina	36

Utiliza los datos de las tablas.

6. Ten en cuenta la siguiente pregunta, "¿este grupo fue mejor haciendo abdominales al principio del año o al final del año?" ¿Por qué es difícil responder la pregunta?

7. ¿De qué otra forma se podrían representar los dos conjuntos de datos para que sea más fácil comparar los conjuntos?

8. Selecciona una de las formas que nombraste en Ejercicio 7. ¿Por qué sería más fácil comparar los datos de esta manera?

Nombre ______________________________

Datos numéricos y diagrama de puntos

VOCABULARIO
diagrama de puntos

Aquí están los datos de los abdominales para otro grupo estudiantes. Los datos son numéricos.

Grupo 2	
Estudiante	**Número de abdominales**
Matteo	36
Kat	32
Conor	44
Grace	36
Abi	37
Ian	41

Grupo 2 (continuación)	
Estudiante	**Número de abdominales**
Reyna	32
Julien	42
Lía	36
Omar	44
Jorge	31
Geeta	39

Un **diagrama de puntos** representa la frecuencia de los datos numéricos. Utiliza puntos para indicar la frecuencia en que se presentan los números.

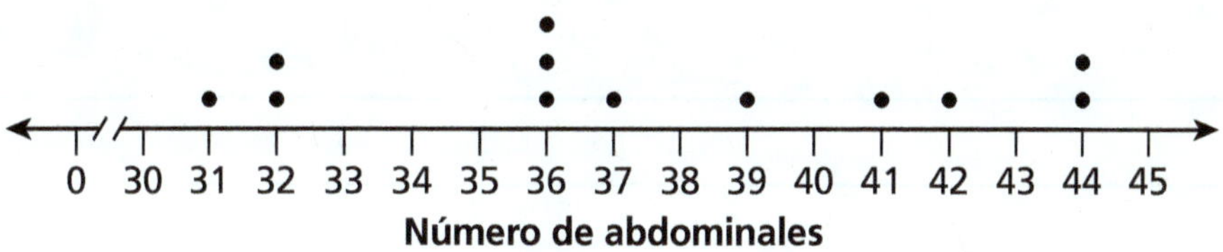

9. La tabla de datos indica cuántos abdominales hicieron varios estudiantes. ¿Es el número de estudiantes mostrado en las tablas el mismo número del diagrama de puntos?

____

10. ¿Cómo representa el diagrama de puntos a los datos en las tablas?

____

____

11. En el diagrama de puntos, tres puntos están por encima de 36. ¿Cuáles son los tres estudiantes que representan estos puntos? Explica cómo lo sabes.

____

____

Analizar un diagrama de puntos

Utiliza el siguiente diagrama de puntos para los Ejercicios 12–14. El diagrama de puntos indica cuántas letras tienen los apellidos de un grupo de estudiantes.

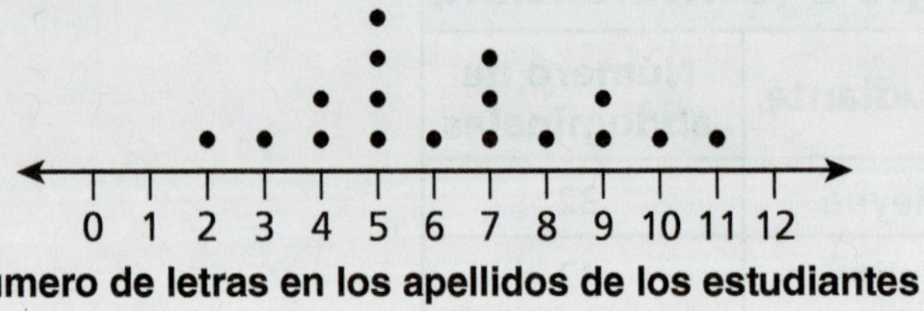

12. ¿A cuántos estudiantes representa el diagrama de puntos? Explica cómo lo sabes.

13. ¿Cuántas letras tiene el apellido más común de estos estudiantes? Explica cómo lo sabes.

14. ¿Hay más estudiantes que tienen apellidos cortos o largos? Explica tu razonamiento.

Comprobar la comprensión

Describe un diagrama de puntos y explica cómo se utiliza para representar los datos numéricos.

Nombre ______________________________

Hacer un diagrama de puntos

Los datos a continuación indican el número de horas que un grupo de estudiantes dedicó a hacer la tarea la semana pasada.

5, 4, 1, 6, 0, 5, 3, 3, 5, 6, 1, 3, 8, 5, 4

1. Haz un diagrama de puntos para representar los datos. Pon un título a tu diagrama.

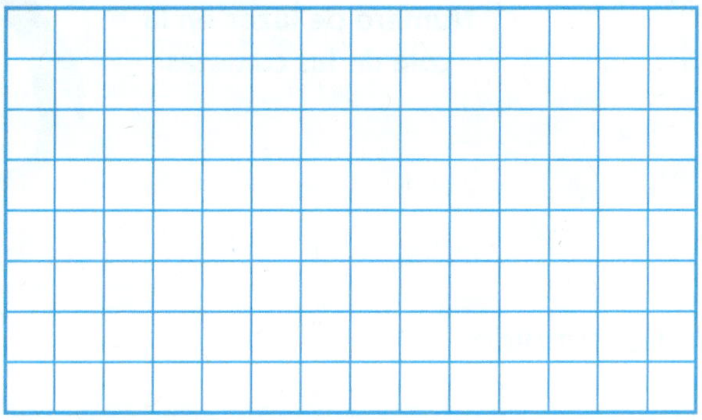

2. ¿Cuántos estudiantes representa tu diagrama de puntos? Explica cómo sabes que el número de estudiantes es correcto.

3. **Analiza** ¿Por qué no aparecen puntos en el 2 y en el 7?

4. **Analiza** ¿Por qué crees que 5 horas es el número más frecuente de horas? Explica.

5. **Predice** Los datos representan 15 estudiantes. ¿Podría cambiar la escala del diagrama si incluyera más estudiantes? Explica.

6. **Predice** Supongamos que los datos representan estudiantes de sexto grado. ¿Cambiarían los datos si representaran a estudiantes de secundaria? Explica.

¿Cuál es el error?

Queridos estudiantes de matemáticas:

El diagrama de puntos a la derecha indica información sobre las cometas que fueron vistas en la playa.

Interpreté el diagrama de puntos para mostrar que 2 cometas tenían colas con cinco lazos en cada cola y 4 cometas tenían colas con un solo lazo en cada cola.

¿Está correcta mi interpretación del diagrama de puntos? Explica.

Tu amigo,
Pingüino Confundido

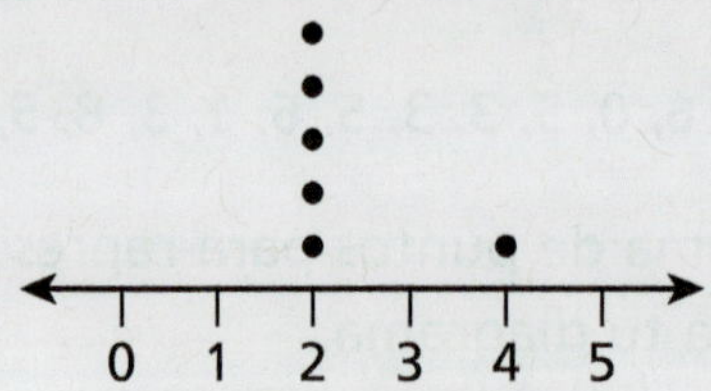

Número de lazos en la cola de las cometas

7 Escribe una respuesta para el Pingüino Confundido.

Queridos estudiantes de matemáticas:

Cinco de mis amigos hicieron un diagrama de puntos para mostrar el número de veces que comieron el almuerzo escolar el mes pasado.

Mis tres amigos representaron los puntos en el lado izquierdo del diagrama que indica que todos comieron el almuerzo escolar más veces que mis dos amigos representados por los puntos a la derecha del diagrama.

¿Puedes ayudarme a decidir si es correcto?

Tu amigo,
Pingüino Confundido

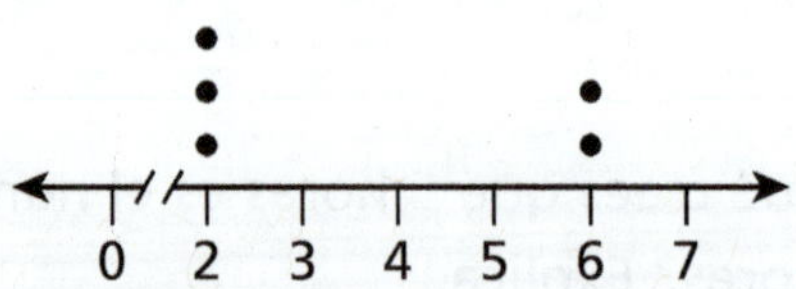

Número de veces que los amigos comieron un almuerzo escolar

8 Escribe una respuesta para Pingüino Confundido.

Nombre ______________________________

VOCABULARIO
histograma
intervalo

Leer un histograma

Un **histograma** es una representación visual de la frecuencia que utiliza barras para mostrar la distribución de datos en un conjunto. Los datos se representan en intervalos. Un **intervalo** es un rango de números.

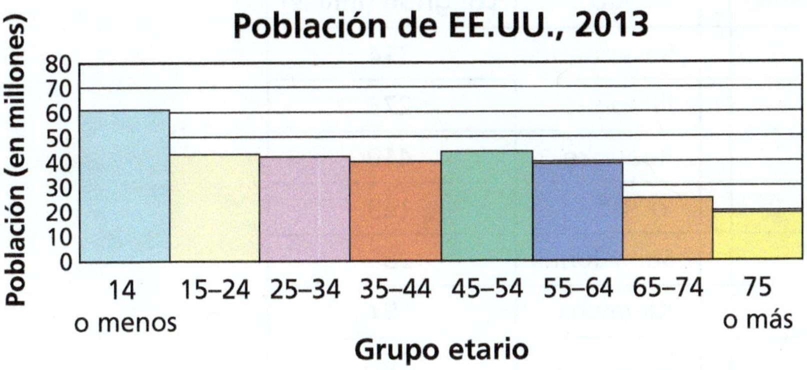

Los histogramas se usan cuando queremos mostrar gráficamente un gran conjunto de datos. Los intervalos usualmente son del mismo tamaño. Las barras están juntas para que incluyan todos los datos en el conjunto.

El alto y ancho son las dos características importantes de las barras. La altura vertical (eje *y*) de una barra muestra la frecuencia o número de veces que ocurre un valor de datos. El ancho horizontal (eje *x*) muestra los intervalos en que se agrupan los datos.

Utiliza el histograma a continuación para los Ejercicios 9–13

9. ¿Qué grupo etario tiene el menor número de personas? ______________

10. ¿Cuáles pares de grupos etarios tienen casi el mismo número de personas?

____

11. ¿Cuál grupo etario tiene unos 25 millones de personas? ______________

12. ¿Cerca de cuántas personas tienen 14 años o menos o 75 años o más?

____

13. **Comenta** ¿Qué lugar en la gráfica crees que ocuparía una persona que tiene $34\frac{1}{2}$ años de edad?

Hacer un histograma

La siguiente tabla muestra las longitudes de varios ríos de los Estados Unidos.

Ríos seleccionados de los Estados Unidos

Río	Longitud (millas)	Río	Longitud (millas)
Connecticut	407	Savannah	314
Hudson	306	Illinois	273
Mobile	45	Roanoke	410
Potomac	287	Yazoo	169
Apalachicola	90	Saint Johns	285
Monongahela	129	Kanawha	97
Sacramento	374	Delaware	367

14. En la siguiente cuadrícula, dibuja y rotula un histograma de los datos.

Comprobar la comprensión

Compara y contrasta los diagramas de puntos e histogramas y describe las ventajas y desventajas de cada imagen.

Unidad 8
Prueba rápida 1

Nombre ______________________ Fecha ______________

Resuelve.

1. Escribe una pregunta estadística que muestre la variabilidad en su respuesta. ¿Cómo sabes si tu respuesta es correcta?

Utiliza los siguientes datos para los Ejercicios 2 y 3.

Los estudiantes en una clase de ciencias obtuvieron las siguientes calificaciones en la primera prueba del año.

92	96	100	94	100	92	94
94	100	98	92	90	94	98

2. Elabora un diagrama de puntos de los datos.

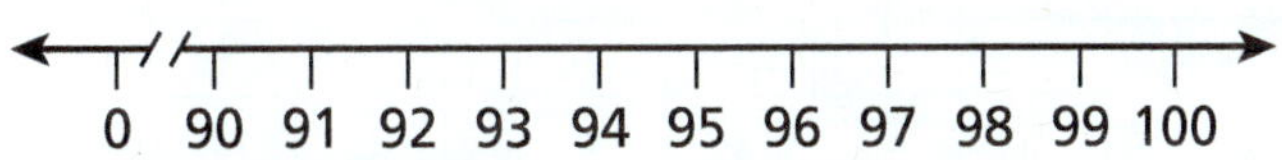

Calificaciones – Prueba de ciencias 1

3. ¿A cuántos estudiantes representa el diagrama de puntos? Explica cómo lo sabes.

Nombre ______________________ **Fecha** ____________

Utiliza los siguientes datos para los Ejercicios 4 y 5.

En la tabla se muestra la población estimada de las 16 ciudades más grandes de Wyoming.

Ciudad	Población
Rock Springs	18,708
Lander	6,867
Evanston	11,507
Sheridan	15,804
Torrington	5,776
Riverton	9,310
Cheyenne	53,011
Rawlins	8,538

Ciudad	Población
Worland	5,250
Gillette	19,646
Cody	8,835
Casper	49,644
Douglas	5,288
Río Verde	11,808
Powell	5,373
Laramie	27,204

4 En la cuadrícula, indica los datos en un histograma.

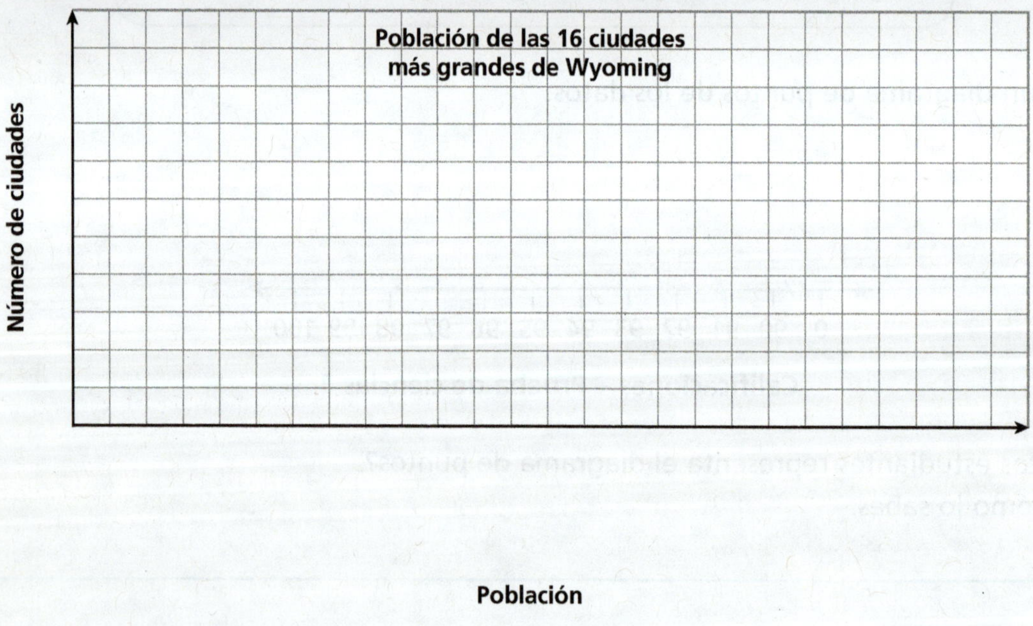

5 ¿Qué intervalo o rango de población, elegiste para tu histograma? Explica por qué elegiste ese intervalo.

____

____

____

Nombre ____________________

VOCABULARIO
media

Igualar y partes equitativas

La **media** es el valor central de un conjunto de datos numéricos. Resume todos los valores en un sólo número. Utiliza los tres grupos de cubos que se muestran a continuación para los Ejercicios 1 y 2.

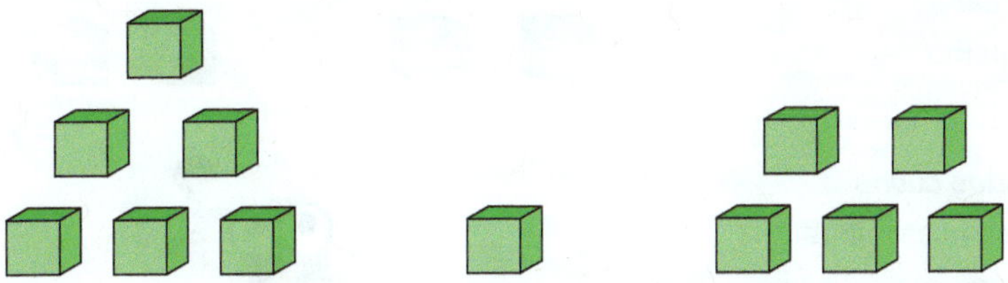

1. Supongamos que dos cubos se mueven desde el grupo de la izquierda al grupo del centro y dos cubos se mueven desde el grupo de la derecha para el grupo del centro. ¿Estarán los grupos igualados y representarán partes equitativas? Explica.

   ____

   ____

2. Explica cómo igualar los tres grupos para que cada grupo represente una parte equitativa. Utiliza las palabras *suma* y *resta* en tu respuesta. Luego dibuja la parte equitativa en el espacio a la derecha.

   ____

   ____

Calcular la media

Ocho estudiantes tomaron un examen de 10 preguntas. El número de respuestas correctas que obtuvo cada estudiante se muestra en la tabla a la derecha. Utiliza la tabla para los Ejercicios 3 y 4.

Calificaciones de la prueba

Estudiante	Calificaciones (Número correcto)
Blaise	6
Dani	7
Olivia	8
Jamaal	9
William	5
Shanika	8
Cora	6
Enrico	7

3. ¿Cuál es el cociente cuando la suma de las calificaciones se divide entre el número de calificaciones? ________

4. ¿Cuál es la media de los datos? Explica.

   ____

   ____

¿Cuál es el error?

Queridos estudiantes de matemáticas:

Me pidieron que halle la media de los números 3 y 6.

Sé que hallar la media es igual que reordenar los cubos para que cada grupo tenga el mismo número de cubos.

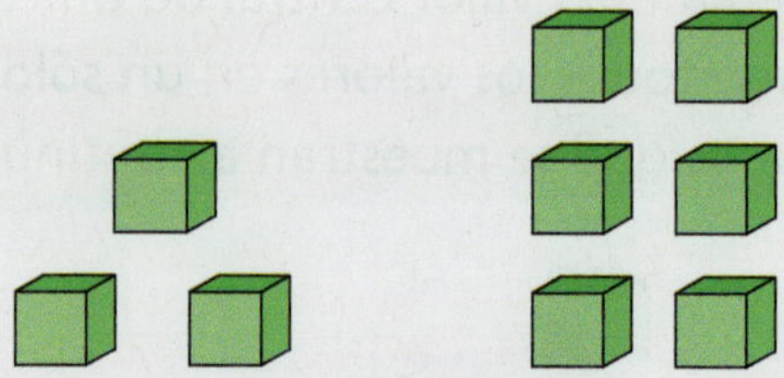

Cuando reordeno los cubos, hay demasiados cubos para hacer dos grupos de 4 y no hay suficientes cubos para hacer dos grupos de 5. Por ello, no creo que haya una media para los números 3 y 6. ¿Estoy en lo correcto?

Tu amigo,
Pingüino Confundido

5 Escribe una respuesta a Pingüino Confundido.

Queridos estudiantes de matemáticas:

Me pidieron que halle la media de los números 12, 1 y 2.

Cuando utilicé la suma y la división para calcular la media, obtuve como respuesta 5, la cual no me pareció correcta porque el conjunto de números no contiene el número 5. ¿Puedes explicarme qué hice mal?

Tu amigo,
Pingüino Confundido

6 Escribe una respuesta a Pingüino Confundido.

Comprobar la comprensión

Explica cómo nivelar grupos de cubos diferentes para obtener partes equitativas se relacionan con hallar la media.

Nombre ______________________

Resumir datos

Una manera de resumir un conjunto de datos es utilizar la media. Si todos los valores de los datos son los mismos, el valor común sería la media.

1. Hannah quiere mostrarle a su familia sus calificaciones de las tareas que se indican en la tabla a la derecha. Hannah cree que sería más fácil para su familia comprender la media de las calificaciones que asimilar las calificaciones individuales.

   Explica en tus propias palabras, cómo hallar la media de las calificaciones.

   ____

Calificación de las tareas	
Día	**Calificación**
Lunes	90
Martes	84
Miércoles	93
Jueves	97
Viernes	91

2. Calcula la media de las calificaciones. ______________________

3. Escribe una oración para explicar qué representa tu respuesta en el Ejercicio 2. Incluye tu respuesta del Ejercicio 2 en la oración.

   ____

Comparar los conjuntos de datos

Una manera de comparar dos conjuntos de datos es comparar la media de un conjunto con la media de otro conjunto.

4. En la tabla a la derecha se muestra el número de puntos que anotaron dos jugadores de baloncesto. Uno de los jugadores se perdió los dos primeros juegos de la temporada.

   ¿Qué jugador contribuyó más puntos por partido a su equipo en los partidos jugados? Explica la respuesta.

   ____

   ____

   ____

   ____

Puntos anotados		
Juego	**Jugador A**	**Jugador B**
1	5	
2	8	
3	1	11
4	12	7
5	9	6
6	4	6
7	10	8
8	7	10

Resolver problemas del mundo real

5 En la clase de ciencias de la Sra. Dixon, la media de las calificaciones de cuatro pruebas y la calificación de la prueba final determinan la calificación trimestral. Durante el primer trimestre, las calificaciones de las cuatro pruebas de Yunhee fueron 95, 99, 86 y 94.

a. ¿Cuál es la suma de las cuatro calificaciones de las pruebas de Yunhee?

b. ¿Cuál sería la suma de las cinco calificaciones de Yunhee para obtener un promedio 90 o más en las cuatro pruebas y la prueba final? Explica tu respuesta.

c. ¿Cuál es la puntuación mínima que Yunhee debe sacar en la prueba final para obtener una calificación mínima de 90 por trimestre? Explica tu respuesta.

6 La edad promedio en años de las cuatro personas en la familia de Jorge es de 25. Jorge tiene 12 años, su madre tiene 38 años y su padre tiene 41 años de edad. ¿Cuántos años tiene la hermana de Jorge?

Comprobar la comprensión

En un viaje por carretera, Jo condujo 420 millas con 14 galones de gasolina mientras que Kelly condujo 190 millas con 5 galones de gas.

El millaje de Jo: ______ millas por galón   El millaje de Kelly: ______ millas por galón

¿Quién obtuvo el mejor millaje? ______

Nombre ______________________________

Dibujar modelos para balancear los datos

En esta lección, la media indica el punto de equilibrio.

Haz una diagrama de puntos para mostrar la nueva distribución de los puntos.

1. Mueve un punto hacia la izquierda y mueve un punto hacia la derecha para que el punto de equilibrio permanezca igual.

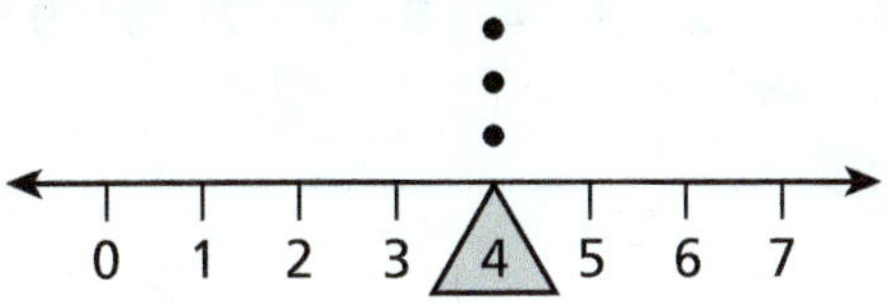

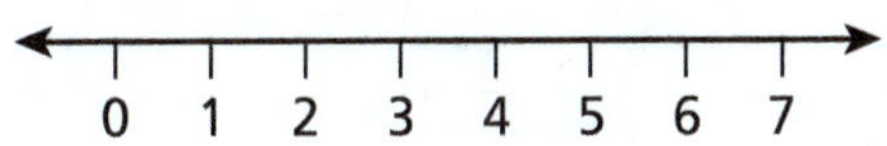

2. Mueve todos los puntos para que el punto de equilibrio permanezca igual.

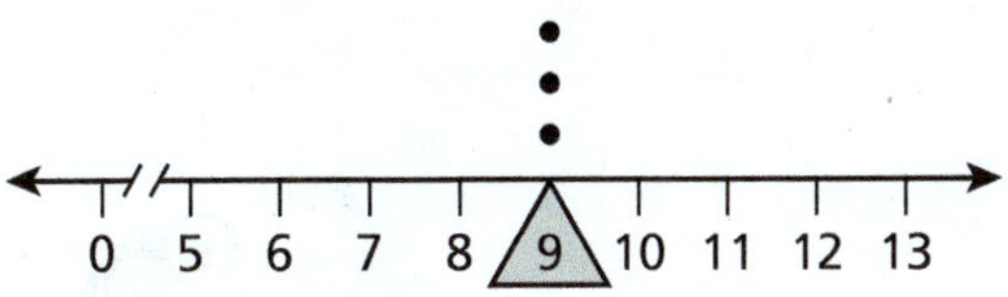

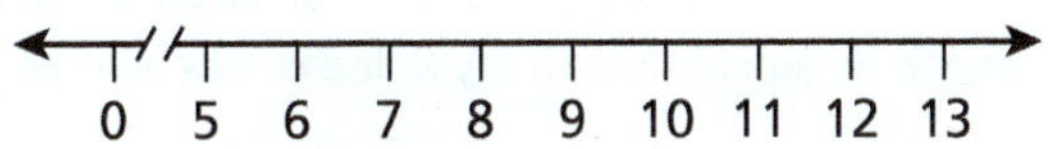

3. Mueve todos los puntos para que el punto de equilibrio cambie a un número entero diferente. Dibuja el nuevo punto de equilibrio.

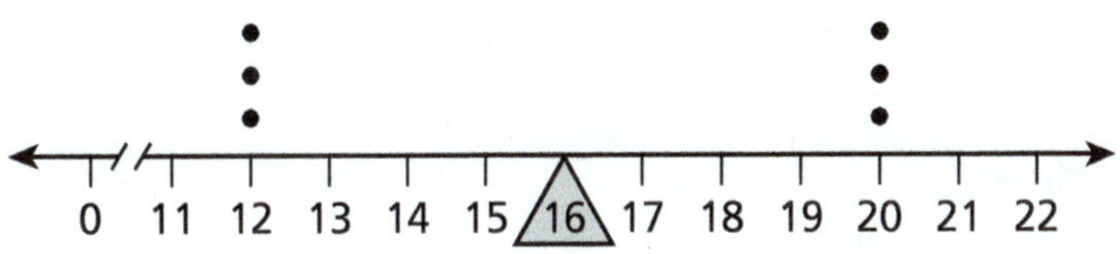

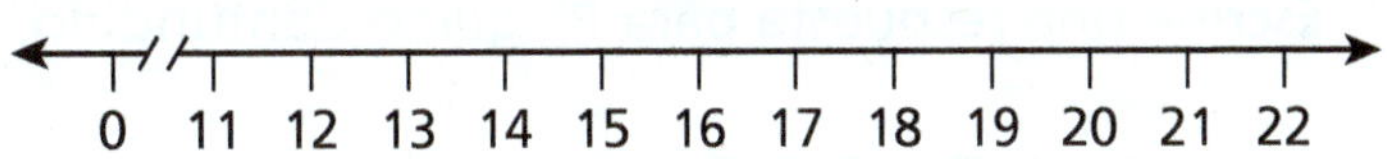

4. Mueve todos los puntos para que el punto de equilibrio sea 6.

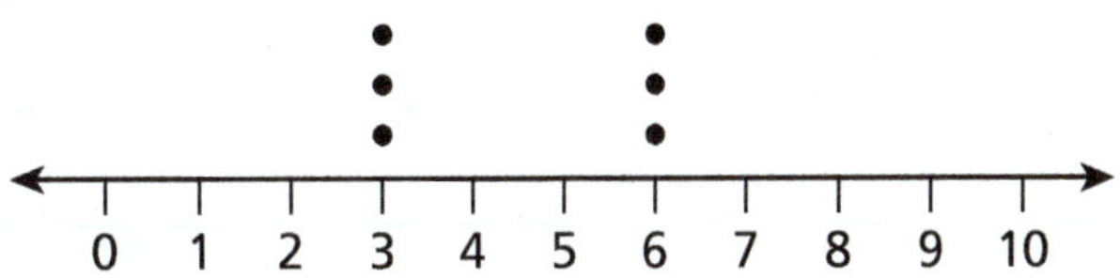

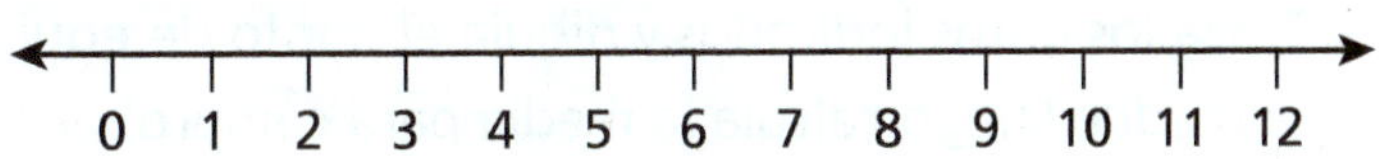

Predecir la media

Traza los datos indicados. Dibuja el punto de equilibrio para predecir dónde crees que se halla la media. Luego calcula la media para comprobar tu predicción.

5. 10, 17, 9, 18, 11

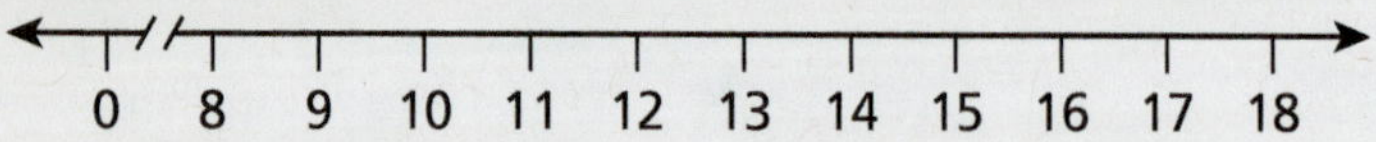

media: ______________________

6. 8, 10, 7, 5, 10, 2

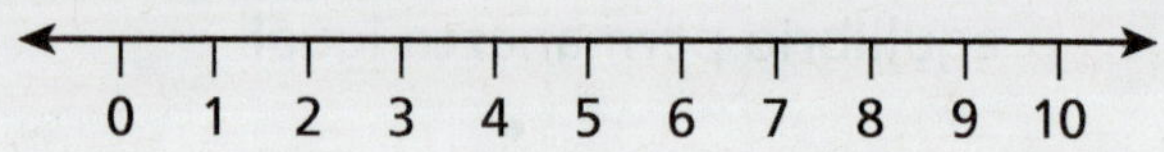

media: ______________________

¿Cuál es el error?

Queridos estudiantes de matemáticas:

Me pidieron que decida si el punto de equilibrio del diagrama de puntos a la derecha estaba correcto.

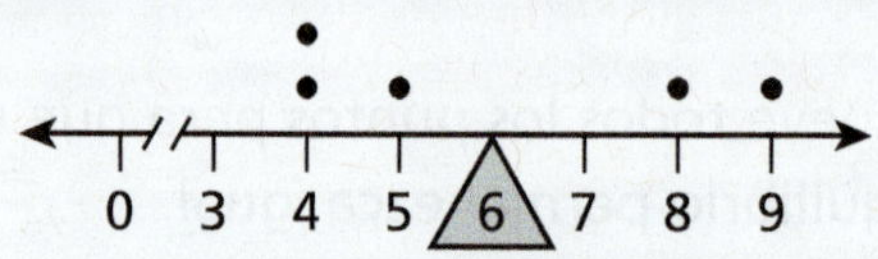

Los números a la izquierda del punto de equilibrio son 4, 4 y 5, los cuales suman 13. Los números a la derecha del punto de equilibrio son 8 y 9, los cuales suman 17.

He decidido que el punto de equilibrio no es correcto ya que el total en un lado del punto de equilibrio no es igual al total en el otro lado. ¿Puedes ayudarme a corregir mi respuesta?

Tu amigo,
Pingüino Confundido

7. Escribe una respuesta para Pingüino Confundido.

____

____

____

____

Comprobar la comprensión

Traza los datos indicados y dibuja el punto de equilibrio para predecir la media. Luego calcula la media para comprobar tu predicción.
4, 5, 7, 8, 5, 7

Nombre ________________________________

VOCABULARIO
mediana
moda

Hallar la mediana

La **mediana** es un número único que resume el centro de un conjunto de datos numéricos. Si el número de elementos de los datos es impar, la mediana es el número central cuando los datos se escriben en orden de menor a mayor o de mayor a menor. Si el número de elementos de los datos es par, la mediana es la media de los dos números centrales cuando los datos se escriben en orden de menor a mayor o de mayor a menor.

1. Los números a la derecha están ordenados de menor a mayor. Halla la mediana.

   10 21 22 37 46

   ____

2. El diagrama de puntos a la derecha muestra 10 valores de datos. Halla la mediana de los datos.

   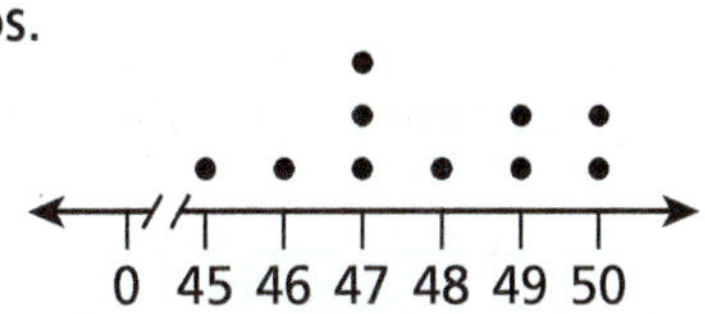

   ____

3. Algunos animales pueden moverse muy rápido en distancias cortas. La tabla a la derecha muestra las velocidades máximas que algunos animales pueden alcanzar. Halla la mediana de la velocidad.

   ____

   ____

Animal	Velocidad (mph)
Jirafa	32
Conejo	35
Elefante	25
Zorro gris	42
Cebra	40
Jabalí	30

Hallar la moda

La **moda** es un número único que resume el centro de un conjunto de datos numéricos. La moda es el valor de los datos o valores que ocurren con más frecuencia.

4. Utilizando el diagrama de puntos de arriba, halla la moda.

   ____

   ____

5. Utilizando la tabla de arriba que muestra las velocidades máximas que alcanzan algunos animales, halla la moda.

   ____

   ____

¿Cuál es el error?

Queridos estudiantes de matemáticas:

Me pidieron hallar la mediana del conjunto de números a la derecha.

7 4 5 1 6 8 9

Al contar, descubrí que hay tres números a la izquierda del 1 y tres a la derecha del 1. Así que decidí que 1 es la mediana ya que es el número medio.

¿Pueden decirme qué hice mal?

Su amigo,
Pingüino Confundido

6 Escribe una respuesta a Pingüino Confundido.

Queridos estudiantes de matemáticas:

Me pidieron hallar la moda del conjunto de números a la derecha.

5 5 5 6 8 8 8 9 9

Hay 9 números y 8 es el número medio. Así que, decidí que la moda es 8 porque es el número medio.

¿Pueden decirme qué hice mal?

Su amigo,
Pingüino Confundido

7 Escribe una respuesta para Pingüino Confundido.

Nombre ______________________________

Igual media y mediana

VOCABULARIO
datos simétricos

Compara los diagramas de puntos a continuación. El diagrama A tiene un eje de simetría. Los datos en el Diagrama A son **simétricos** porque la forma de los datos a un lado del eje de simetría es la misma forma de los datos al otro lado del eje. El Diagrama B tiene el mismo número de valores de datos que el Diagrama A, pero en comparación al Diagrama A, algunos valores en el Diagrama B se han desplazado a la izquierda.

Diagrama A

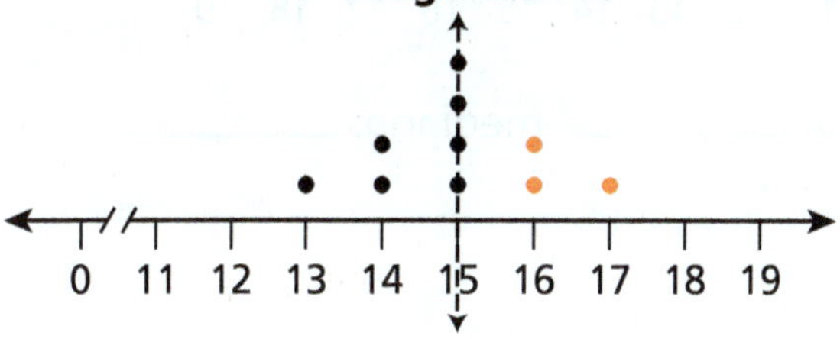

Diagrama B

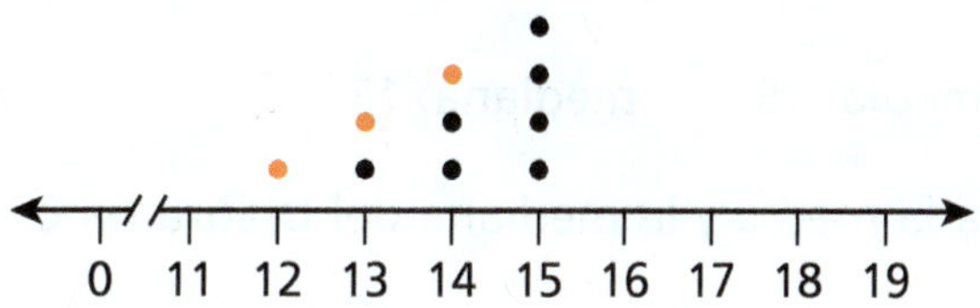

8 Calcula la media y la mediana del Diagrama A.

Media del Diagrama A: ________ Mediana del Diagrama A: ________

9 El Diagrama A es un diagrama simétrico de puntos. ¿Cómo se relaciona el eje de simetría con la media y la mediana de los datos?

____

____

10 En palabras, predice cómo la media y la mediana del Diagrama B pueden ser diferentes a la media y la mediana del Diagrama A.

____

____

11 Calcula la media y la mediana del Diagrama B. Fue correcta la predicción que hiciste en el Ejercicio 10?

____

____

12 ¿Por qué crees que el desplazamiento de puntos a la izquierda, como se muestra en el Diagrama B, disminuyó la media y la mediana del Diagrama A?

____

____

Igual mediana, diferente media

Compara los dos diagramas de punto. Dos valores de datos en el Diagrama A simétrico han sido desplazados a la derecha.

Diagrama A

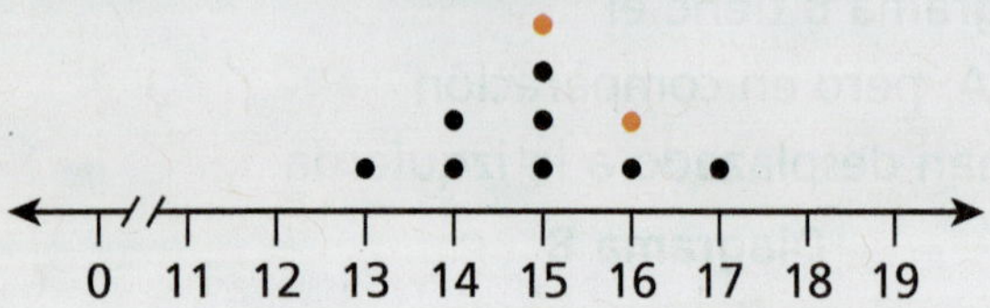

media: 15 mediana: 15

Diagrama C

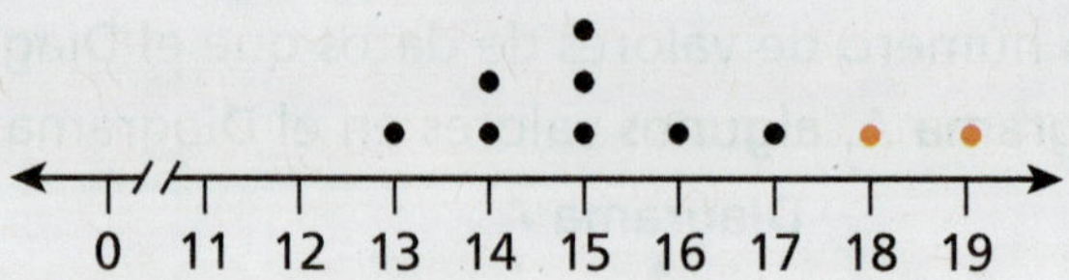

media: ________ mediana: ________

13 Calcula la media y la mediana del Diagrama C.

14 ¿Cómo afectó el desplazamiento de puntos a la derecha, como se muestra en el Diagrama C, a la media y mediana del Diagrama A?

____

15 ¿Por qué un cambio a la derecha aumenta la media?

____

Compara estos dos diagramas de puntos. Dos valores de los datos en el Diagrama simétrico A se han desplazado a la izquierda.

Diagrama A

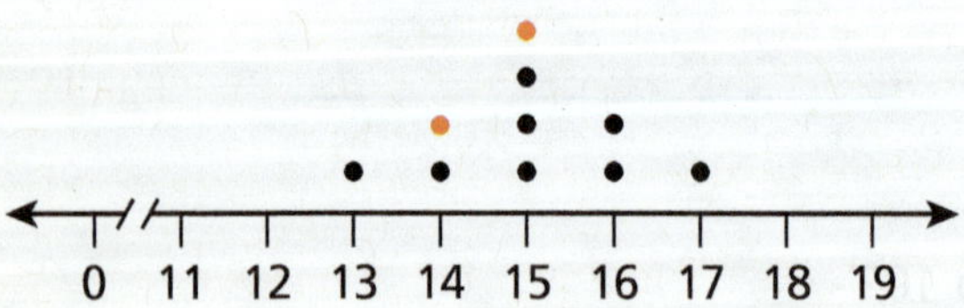

media: 15 mediana: 15

Diagrama D

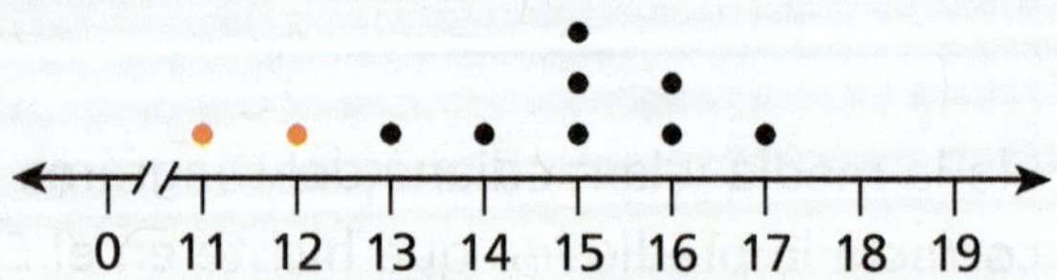

media: ________ mediana: ________

16 Calcula la media y la mediana del Diagrama D.

17 ¿Cómo afectó el desplazamiento de puntos a la izquierda como se muestra en el Diagrama D, a la media y mediana del Diagrama A?

____

18 ¿Por qué un desplazmiento a la izquierda aumenta la media?

____

Nombre ______________________________

Diferente media y mediana

Compara los dos diagramas de puntos. Tres valores de los datos en el Diagrama simétrico A han sido desplazados a la derecha.

Diagrama A

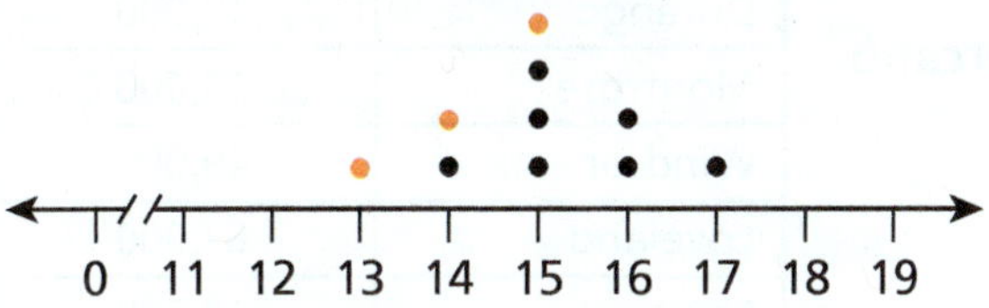

media: 15 mediana: 15

Diagrama E

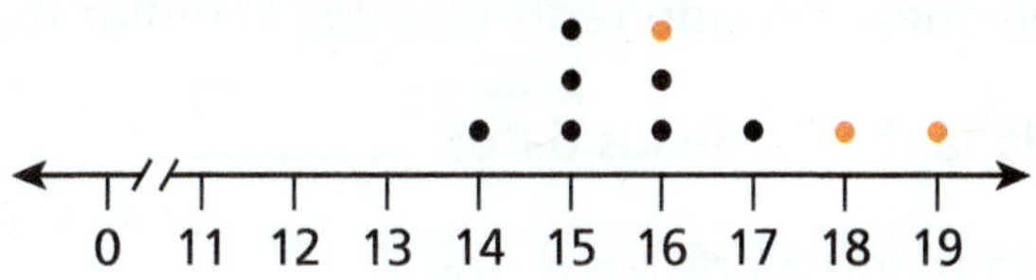

media: ________ mediana: ________

19 Calcula la media y la mediana del Diagrama E.

20 ¿Cómo afectó el desplazamiento de puntos a la derecha, como se muestra en el Diagrama E, a la media y mediana del Diagrama A?

____

21 ¿Por qué el desplazamiento aumentó la media y la mediana?

____

Compara los dos gráficos de punto. Tres valores de los datos en el Diagrama simétrico A se han sido desplazados a la izquierda.

Diagrama A

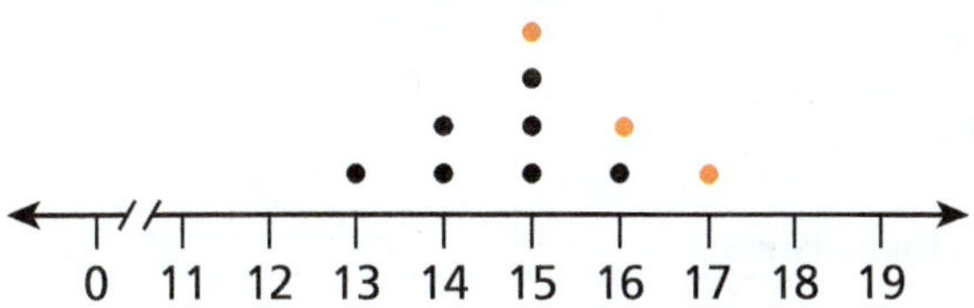

media: 15 mediana: 15

Diagrama F

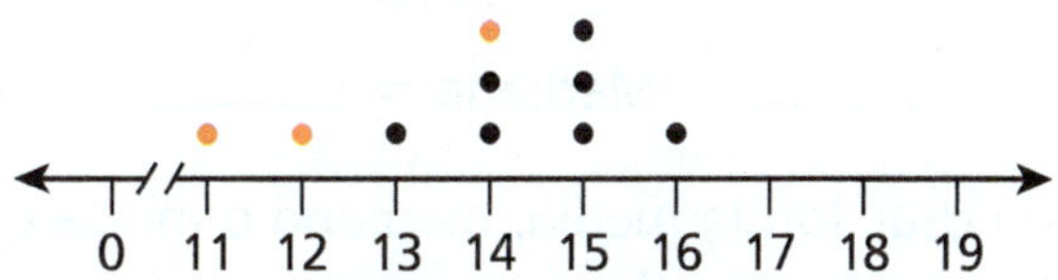

media: ________ mediana: ________

22 Calcula la media y la mediana del Diagrama F.

23 ¿Cómo afectó el desplazamiento de puntos a la izquierda como se muestra en el Diagrama F, a la media y mediana del Diagrama A?

____

24 ¿Por qué el desplazamiento disminuyó la media y la mediana?

____

Elegir la mejor medida

Resuelve.

Las estimaciones de las poblaciones de siete ciudades en Colorado se muestran en la tabla a la derecha. Las poblaciones han sido redondeadas al millar más cercano.

Ciudad	Población
Durango	17,000
Montrose	19,000
Windsor	19,000
Loveland	67,000
Erie	18,000
Cañon City	16,000
Golden	19,000

25 Calcula la media de los datos. ______

26 Halla la mediana de los datos. ______

27 Halla la moda de los datos. ______

28 ¿Cómo podrías resumir las poblaciones de las siete ciudades utilizando sólo un número? ¿Elegirías la media, la mediana o la moda para resumir las poblaciones? Da una razón para soportar tu respuesta.

______

______

______

Jon está escribiendo un artículo para el periódico escolar sobre la competencia de aviones de papel. En la categoría de distancia, el avión de Ana voló 17 pies, 16 pies, 18 pies, 15 pies y 4 pies.

29 Halla la media, mediana y moda.

Media = ______ Mediana = ______ Moda = ______

30 ¿Debería usar Jon la media, mediana o moda para describir mejor los resultados de Anna? Explica tu razonamiento.

______

______

______

______

______

Comprobar la comprensión

Halla la mediana del conjunto de datos a continuación. ______

1.6, 2.9, 2.9, 4.7, 5.8. 6.7

Unidad 8
Prueba rápida 2

Nombre ______________________ Fecha ______________

Utiliza los siguientes números para los Ejercicios 1 a 3.

10	14	5	11	8	1	9	14

1. Halla la media. media = ____________

2. Halla la mediana. mediana = ____________

3. Halla la moda. moda = ____________

Utiliza el siguiente diagrama de puntos para el Ejercicio 4.

Una clase de 12 estudiantes realizó una prueba de ortografía al final del año. El siguiente diagrama de puntos muestra las calificaciones que obtuvo cada estudiante.

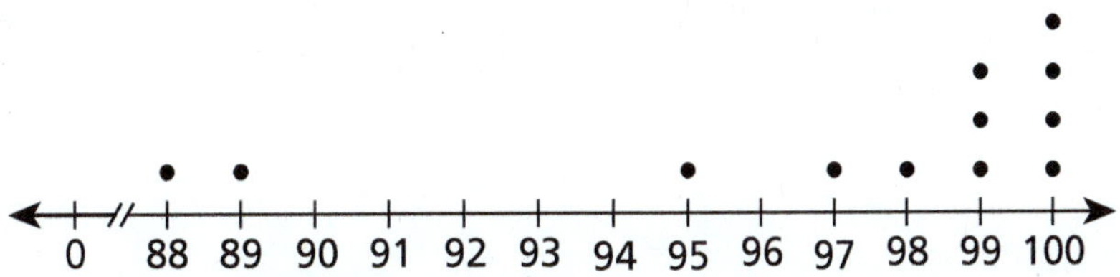

Calificaciones de pruebas de ortografía de fin de año

4. ¿Cuál es mayor, la mediana o la moda de las calificaciones?

____

Utiliza el siguiente diagrama de puntos para el Ejercicio 5.

Diagrama A

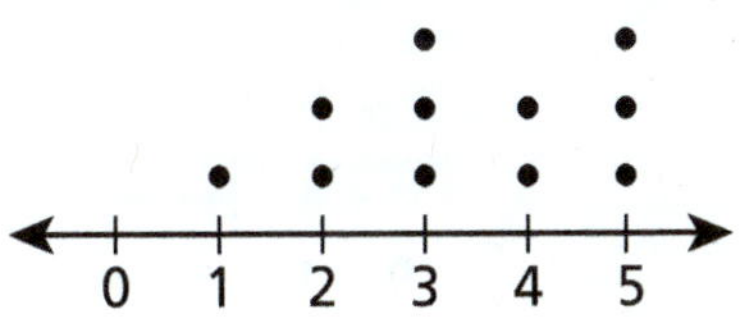

Diagrama B

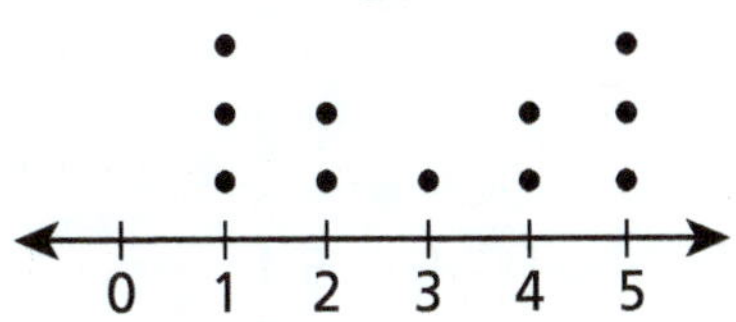

5. identifica el diagrama de puntos que muestra los datos simétricos. Explica cómo sabes que tu respuesta es correcta.

____

____

____

Comprobar el conocimiento 19

Nombre ______________________ Fecha ______________

Camino al conocimiento

Suma o resta.

1. $\begin{array}{r} 56.32 \\ +5.91 \\ \hline \end{array}$

2. $\begin{array}{r} 119.26 \\ -15.7 \\ \hline \end{array}$

3. $\begin{array}{r} \$10.45 \\ +\$\ 8.79 \\ \hline \end{array}$

4. 59.21 − 7.6

5. 1.08 + 6.39

6. 43 − 0.86

Multiplica o divide.

7. $3.2\overline{)185.6}$

8. $\begin{array}{r} 0.12 \\ \times\ 45 \\ \hline \end{array}$

9. $14\overline{)218.4}$

10. $3.6\overline{)93.96}$

11. $\begin{array}{r} 5.1 \\ \times\ 1.6 \\ \hline \end{array}$

12. $92\overline{)197.8}$

13. $\begin{array}{r} 0.63 \\ \times\ 84 \\ \hline \end{array}$

14. $43\overline{)402.05}$

15. $\begin{array}{r} 2.2 \\ \times\ 4.9 \\ \hline \end{array}$

Nombre ______________________________

VOCABULARIO
rango

Calcular el rango

Jayla y Sophie son miembros de un equipo de baloncesto de sexto grado. Los siguientes diagramas de puntos muestran el número de puntos anotados por cada jugadora durante los 10 primeros juegos de la temporada.

Jayla

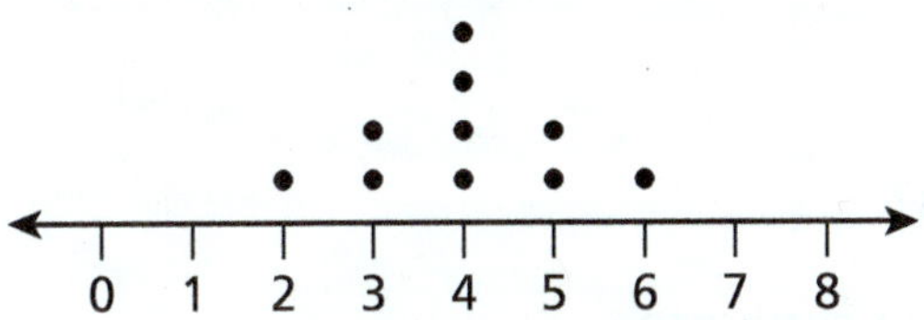

Puntos por juego

Sophie

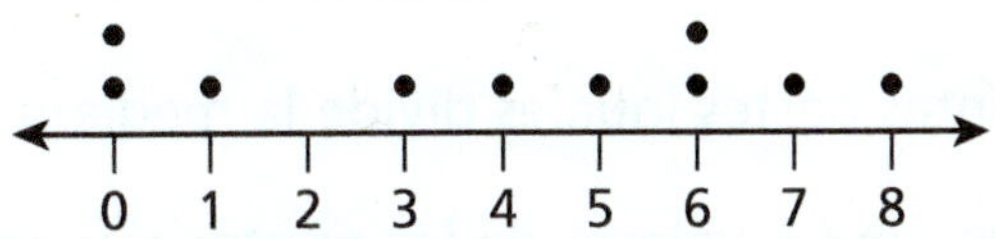

Puntos por juego

El rango es un número único que resume la variabilidad de un conjunto de datos. Puedes calcular el **rango** de un conjunto de números restando el número menor al número mayor en el conjunto.

1. Calcula el rango de cada diagrama de puntos.

   Jayla: rango ____________ Sophie: rango ____________

2. Calcula la media, mediana y moda del número de puntos por juego de Jayla y de Sophie.

   Jayla: media ____________ mediana: ____________ moda(s) ____________

   Sophie: media ____________ mediana: ____________ moda(s) ____________

3. Supón que se calcularon la media, mediana y moda para los otros jugadores en el equipo. ¿Serían tus respuestas las mismas para la media, mediana y moda de Jayla y Sophie, o tus respuestas serían diferentes? Explica.

   ____

   ____

4. Las cuatro medidas (media, mediana, moda y rango) describen los datos de alguna manera. ¿Qué te dice el rango sobre los datos?

   ____

   ____

   ____

¿Qué son los cuartiles?

VOCABULARIO
cuartiles
primer cuartil
tercer cuartil

A continuación se muestra un conjunto de datos numéricos.
La mediana es la media o promedio de los dos números medios.

1 2 3 4 5 6 7 8 9 10 11 12

↑

mediana = 6.5

5 ¿En cuántas partes iguales divide la mediana los datos? ____________

Los cuartiles son los valores de los puntos que separan a un conjunto de datos en cuatro partes iguales. El **primer cuartil** separa la mitad inferior de los datos en dos partes iguales. El **tercer cuartil** separa la mitad superior de los datos en dos partes iguales.

Mira a continuación los números a la *izquierda* de la mediana.
El primer cuartil es la media o promedio de los dos números medios.

1 2 3 4 5 6 7 8 9 10 11 12

primer cuartil ↑ mediana ↑

6 ¿En cuántas partes iguales divide el primer cuartil los datos a la izquierda de la mediana? ____________

7 ¿Qué número representa el primer cuartil? ____________

Mira a continuación los números a la *derecha* de la mediana.
El tercer cuartil es la media o promedio de los dos números medios.

1 2 3 4 5 6 **7 8 9 10 11 12**

primer cuartil ↑ mediana ↑ **tercer cuartil** ↑

8 ¿En cuántas partes iguales divide el tercer cuartil los datos a la derecha de la mediana? ____________

9 ¿Qué número representa el tercer cuartil? ____________

Nombre ____________________

Hallar cuartiles

Mira el Conjunto A. Cuando un conjunto de datos tiene un número impar de valores, la mediana es un valor en el conjunto.

Conjunto A	
	101
primer cuartil →	133
	137
mediana →	210
	212
tercer cuartil →	275
	284

10. ¿Qué número es la mediana, o el número medio, del conjunto? ________

11. Explica por qué 133 es el primer cuartil del conjunto y 275 es el tercer cuartil.

____

____

Mira el Conjunto B. Cuando un conjunto de datos tiene un número par de valores, la mediana no es un valor en el conjunto.

Conjunto B	
	26
primer cuartil →	28
	51
mediana →	
	55
tercer cuartil →	64
	87

12. Explica cómo calcular la mediana, o número medio, del conjunto. Luego calcula la mediana.

____

____

13. Explica por qué 28 es el primer cuartil del conjunto y 64 es el tercer cuartil.

____

____

Halla la mediana, el primer cuartil y el tercer cuartil de los datos en cada diagrama de puntos. Escribe cada respuesta como un número entero o decimal.

Diagrama A

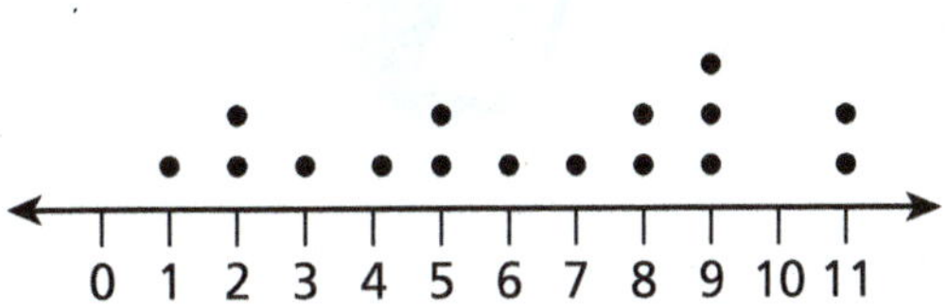

Diagrama B

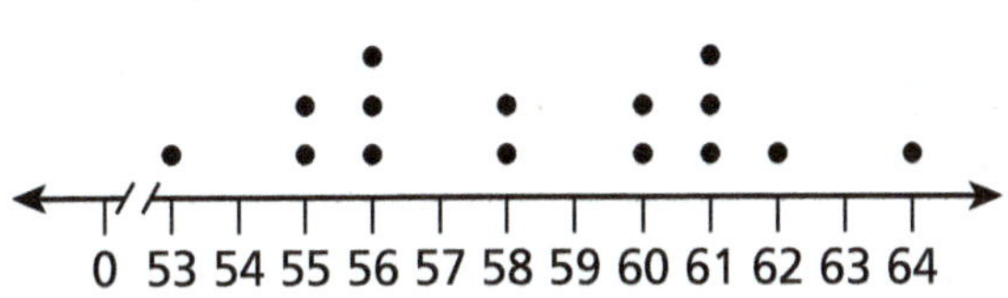

14. Diagrama A: mediana: ________

primer cuartil: ________

tercer cuartil: ________

15. Diagrama B: mediana: ________

primer cuartil: ________

tercer cuartil: ________

¿Cuál es el error?

Queridos estudiantes de matemáticas:

Puedo usar el cálculo mental para calcular el rango y la mediana de los números a la derecha.

10
30
40
50
70

El rango es 60 porque $70 - 10 = 60$. Y la mediana es 30 porque $60 \div 2 = 30$. ¿Es correcto?

Su amigo,
Pingüino Confundido

16 Escribe una respuesta a Pingüino Confundido.

Queridos estudiantes de matemáticas:

Me pidieron calcular el primer cuartil del conjunto de datos que se muestra a la derecha.

2,	2,	3,	4,	4,	6,	8,	8,	8,	10

Para calcular el primer cuartil, dividí el rango por 4, así:

Primer cuartil = Rango ÷ 4

Primer cuartil = $(10 - 2) \div 4$

Primer cuartil = $8 \div 4$

Primer cuartil = 2

Así que decidí que el primer cuartil es 2. ¿Pueden explicar lo que hice mal y explicar cómo puedo calcular correctamente el primer cuartil?

Su amigo,
Pingüino Confundido

17 Escribe una respuesta a Pingüino Confundido.

Comprobar la comprensión

Explica cómo hallar los cuartiles de un conjunto de datos numéricos.

Nombre ____________________

VOCABULARIO
diagrama de caja

Comparar un diagrama de puntos y un diagrama de caja

El diagrama de puntos y el diagrama de caja siguientes representan el mismo conjunto de datos. Un **diagrama de caja** es un resumen gráfico que muestra la mediana, los cuartiles y el valor máximo y mínimo de un conjunto de datos.

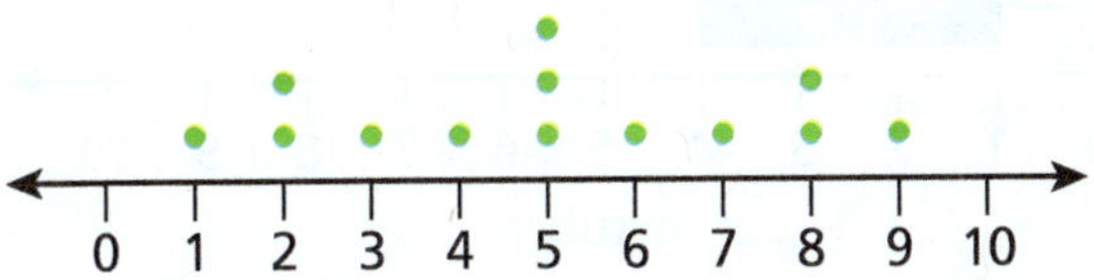

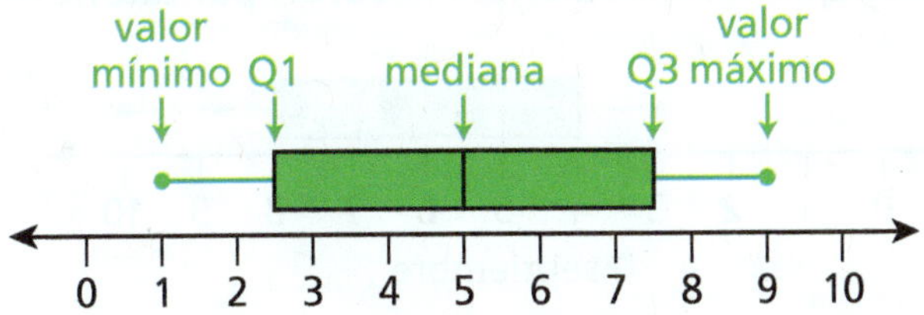

1. ¿En cuál presentación, el diagrama de puntos o diagrama de caja, es más fácil identificar la mediana y los cuartiles de los datos? Da una razón para apoyar tu respuesta.

2. Usa el diagrama de caja para nombrar la mediana, los cuartiles y el valor mínimo y máximo de los datos. Explica cómo lo sabes.

3. ¿En cuál presentación, el diagrama de puntos o diagrama de caja, es más fácil identificar el rango en el cual se encuentra la mitad de los datos? Explica tu respuesta.

Hacer un diagrama de caja

4. Haz un diagrama de caja para representar los datos del diagrama de puntos.

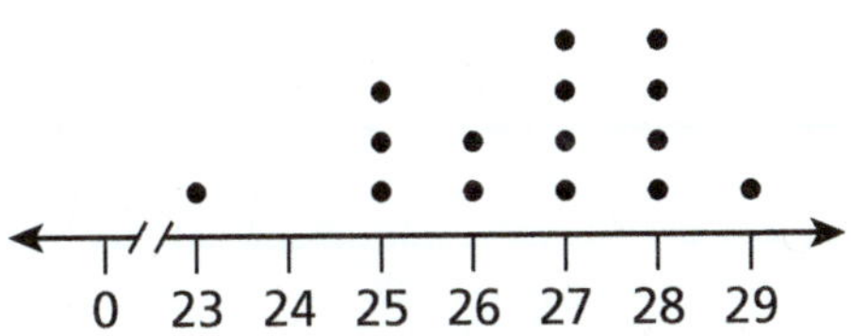

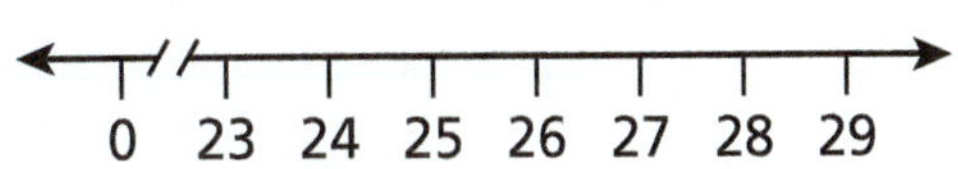

Interpretar un diagrama de caja

Compara los diagramas de caja que se muestran a continuación. El diagrama de caja a la izquierda muestra el número de veces que los estudiantes en la clase del Sr. Rayburn llevaron pantalones cortos en septiembre. El diagrama de caja a la derecha muestra el número de veces que los estudiantes llevaron pantalones cortos en octubre.

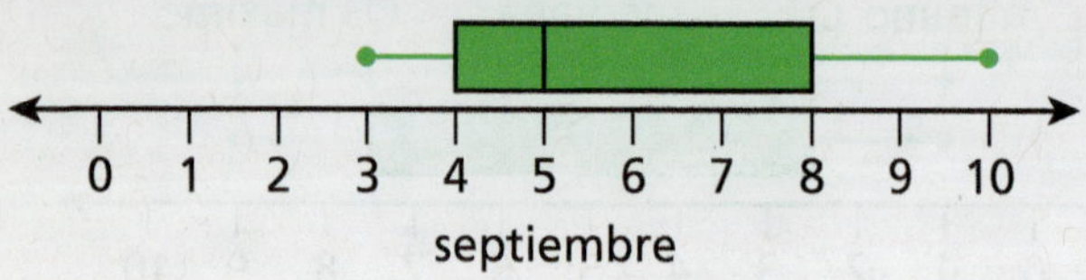

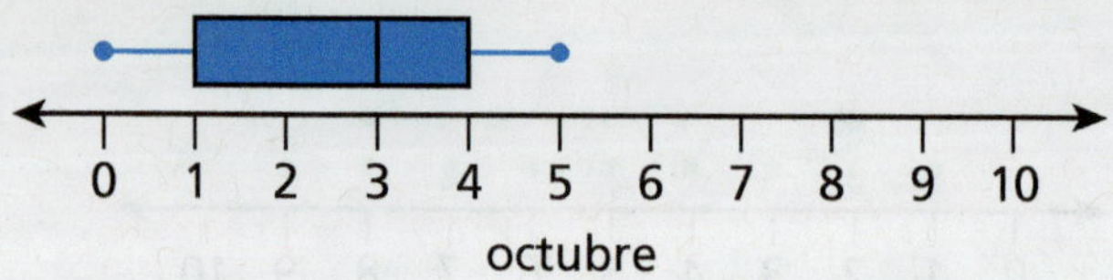

Utiliza el diagrama de cajas para los Ejercicios 5 y 6.

5. ¿Cómo se comparan la mediana y cuartiles para septiembre con la mediana y cuartiles para octubre?

6. ¿Qué sugiere tu respuesta al Ejercicio 5 sobre las temperaturas de septiembre y octubre? Explica tu respuesta.

A la derecha se muestran valores de Q1, la mediana y Q3 para un conjunto de datos. Utiliza estos datos para los Ejercicios 7 y 8.

Q1 = 13.5
mediana = 16.02
Q3 = 44

7. ¿Dónde colocarías un valor de datos de 37.79 en el conjunto de datos con respecto a Q1, la mediana y Q3? Explica tu respuesta.

8. ¿Cómo se diferencia el rango desde la mediana hasta Q1 del rango desde la mediana hasta Q3, y qué sugiere esto acerca de la distribución de los datos?

Nombre ______________________________

Presentar el rango intercuartil

VOCABULARIO
rango intercuartíl

En un diagrama de caja, Q1 se conoce como el cuartil inferior y Q3 se conoce como el cuartil superior. El **rango intercuartil** (o RIC) es la diferencia entre los cuartiles superiores e inferiores, y es una manera de describir la distribución de datos en un conjunto.

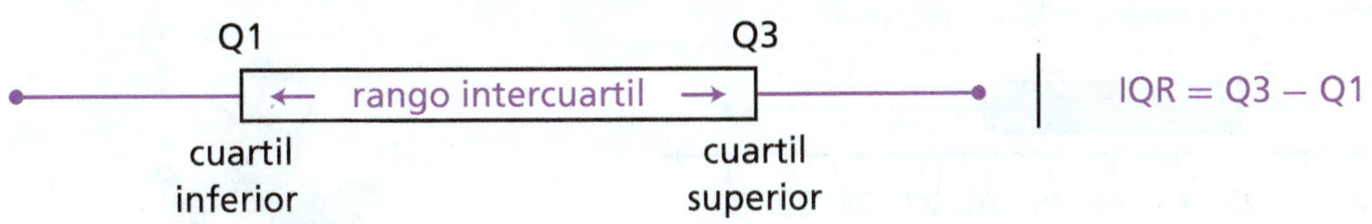

Utiliza el siguiente diagrama de cajas para los Ejercicios 9 a 11.

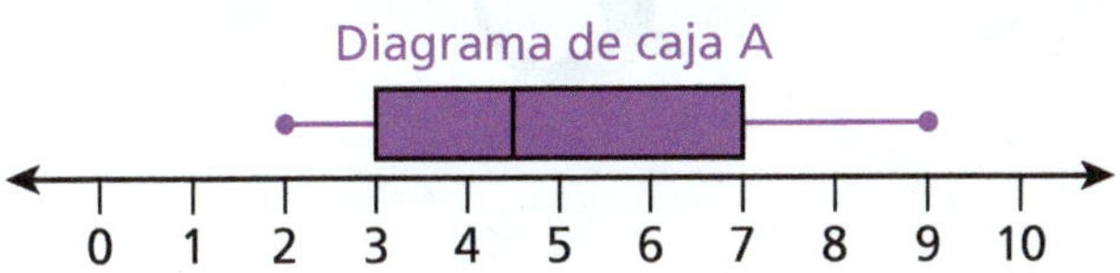

9 Calcula el RIC del Diagrama de caja A.

____

10 Calcula el RIC del Diagrama de caja B.

____

11 Compara el RIC del Diagrama de la caja A con el RIC del Diagrama de caja B. ¿Qué sugiere la comparación sobre la distribución de datos en el diagrama A cuando se compara con la dispersión de datos en el diagrama B?

____

____

Los datos a la derecha resumen los resultados de una prueba de dos clases de matemáticas. El cuestionario fue el mismo para cada clase y cada clase tiene el mismo número de estudiantes.

Clase de la mañana	Clase de la tarde
Q1 = 74	Q1 = 81
mediana = 87	mediana = 87
Q3 = 89	Q3 = 95

12 Supón que una puntuación de 90 o más obtiene una calificación A. ¿Cuál clase obtuvo más As? Da una razón para respaldar tu respuesta.

____

____

____

____

¿Cuál es el error?

Queridos estudiantes de matemáticas:

Me dieron este conjunto de datos. 21 21 22 23 24 25 26 26 26 29 30

Aquí está el diagrama de caja que hice para representar los datos. ¿Me pueden ayudar a entender lo que hice mal?

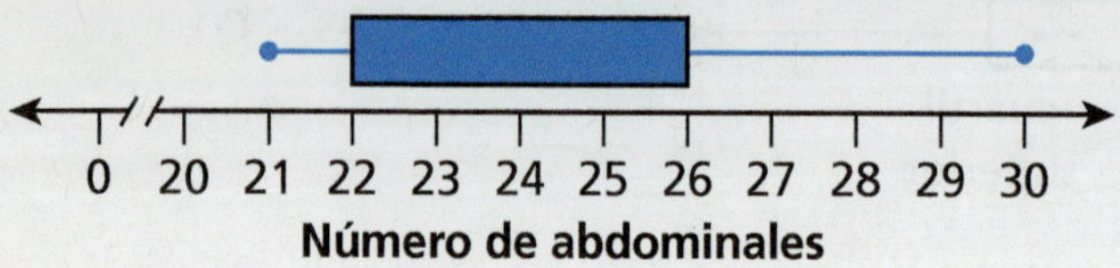

Su amigo,
Pingüino Confundido

13 Escribe una respuesta a Pingüino Confundido.

Queridos estudiantes de matemáticas: 203 204 205 206 207 208 209

Me pidieron que dibuje un diagrama de caja para mostrar el conjunto de datos a la derecha. A continuación se muestra el diagrama de caja que hice. ¿Me pueden ayudar a entender lo que hice mal?

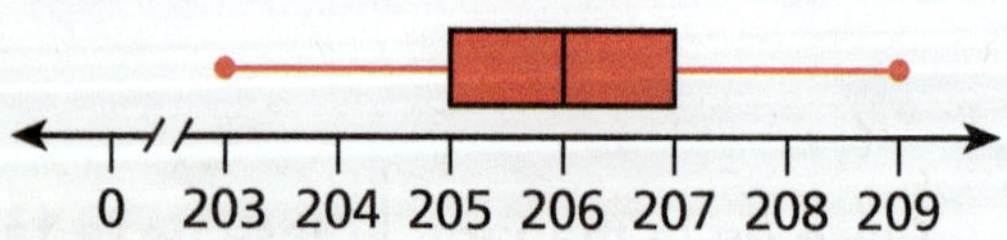

Su amigo,
Pingüino Confundido

14 Escribe una respuesta a Pingüino Confundido

Comprobar la comprensión

Explicar cómo el rango intercuartil de un diagrama de caja se relaciona con la distribución de los datos.

Nombre ______________________________

Determinar la distancia de la media

Este diagrama de puntos muestra seis valores. La media de los valores es 5.

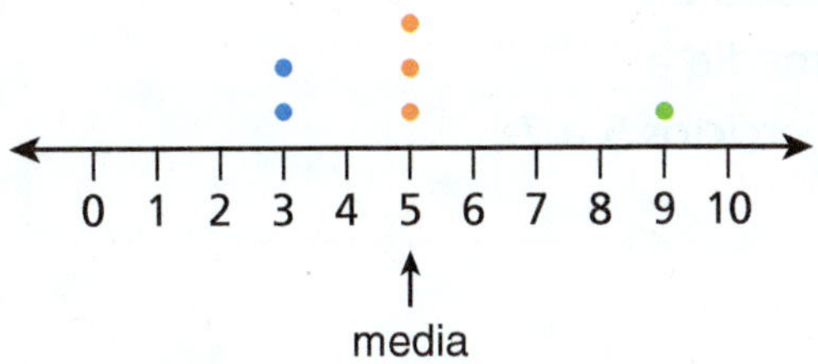

Los siguientes números representan la distancia entre cada punto y la media.

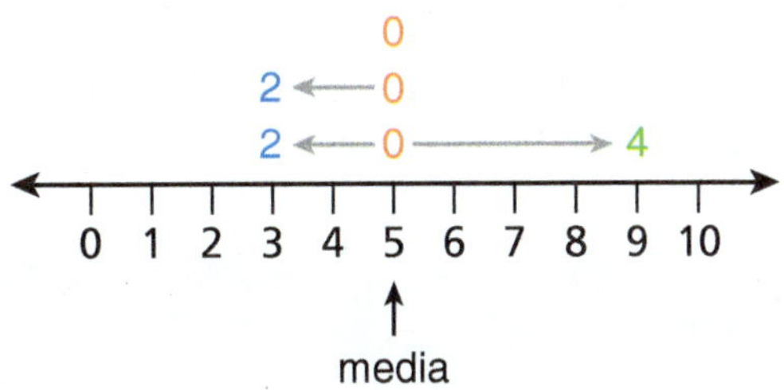

1. ¿Por qué la media es 5?

____

2. ¿Qué suma se utiliza para calcular la distancia desde la media hasta los puntos azules?

____

3. ¿Qué resta se utiliza para calcular la distancia desde la media hasta el punto verde?

____

4. Calcula la media del diagrama de puntos y rotúlala. En la recta numérica a la derecha, escribe un número para cada punto que represente la distancia de la media al punto.

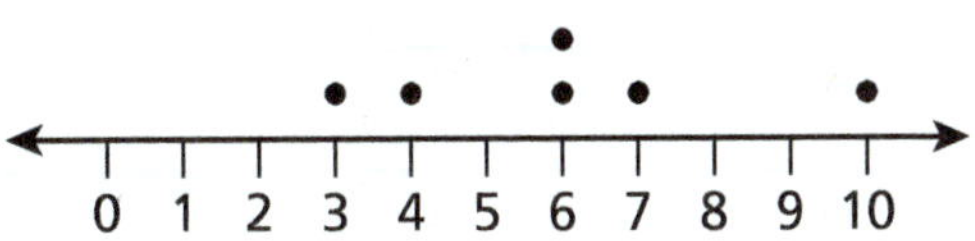

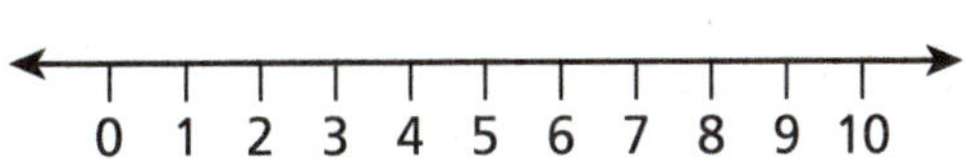

Hallar la desviación media absoluta

Cada presentación a continuación representa el mismo conjunto de datos. La segunda presentación muestra un número en verde para indicar la distancia de la media a cada punto. Utiliza las presentaciones para los Ejercicios 5 a 7.

La media de estos valores es 4

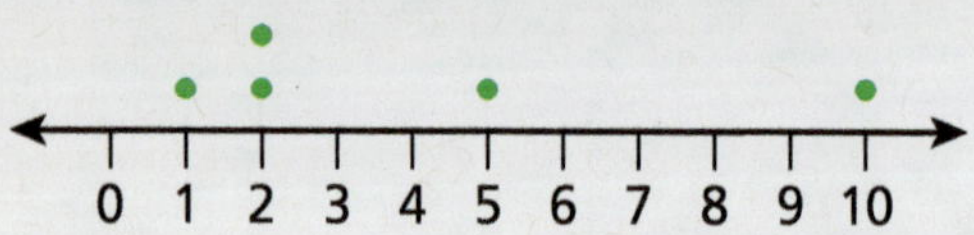

Distancia hasta la media

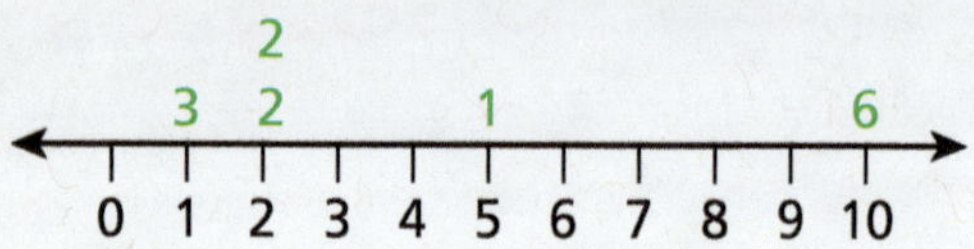

5. Halla la suma de las distancias desde la media.

____

6. Divide la suma de las distancias hasta la media entre el número de valores.

____

7. ¿Qué representa la respuesta al Ejercicio 6?

____

____

____

____

Nombre ______________________

Hallar la Desviación Media Absoluta (continuación)

VOCABULARIO
desviación media absoluta

En un conjunto de datos, la **desviación media absoluta** es la distancia media o distancia promedio entre cada valor de datos y la media. La desviación media absoluta es una medida de la variabilidad o distribución de los datos en un conjunto.

Sigue los pasos a continuación para calcular la desviación media absoluta del conjunto de datos mostrados a la derecha.

1	1	3	5	9	9	10	10

8. Halla la media de los datos.

____

9. Halla la distancia de cada valor desde la media.

____

____

____

____

10. Escribe la suma de las distancias.

____

11. Calcula la desviación media absoluta dividiendo la suma de las distancias entre el número de valores.

____

12. ¿Cuál conjunto tiene datos que están más esparcidos de la media?

____

____

____

____

Comparar desviaciones de la media absoluta

Un equipo de baloncesto consta de dos grupos de jugadores con cinco jugadores en cada grupo. Las tablas siguientes muestran el número de puntos que los jugadores han anotado hasta ahora esta temporada.

Grupo A	Puntos anotados
Nick	10
Kurtis	31
Raul	68
Cory	26
Hector	45

Grupo B	Puntos anotados
Casey	29
Pedro	43
Zack	32
Andre	45
Tommy	31

13 Calcula la media de puntos anotados por los jugadores en cada grupo.

Media del Grupo A: ______________________

Media del Grupo B: ______________________

14 Calcula la distancia desde la media hasta el número de puntos anotados de cada jugador y escribe las distancias en las tablas siguientes.

Grupo A	Distancia de la media
Nick	
Kurtis	
Raul	
Cory	
Hector	

Grupo B	Distancia de la media
Casey	
Pedro	
Zack	
Andre	
Tommy	

Nombre ______________________________

Comparar las desviaciones de la media absoluta (continuación)

15. Calcula la desviación media absoluta de cada grupo. ¿Qué sugiere tu cálculo?

Desviación media absoluta del Grupo A: ______

Desviación media absoluta del Grupo B: ______

16. ¿Qué jugador en cada grupo tiene la mayor desviación de la media?

Jugador del grupo A: ________________

Jugador del grupo B: ________________

17. ¿Qué sugiere la mayor desviación de la media de los dos jugadores que nombraste en el Ejercicio 16?

¿Cuál es el Error?

Queridos estudiantes de matemáticas:

El último día de escuela, a los estudiantes en una clase de grado sexto les preguntaron cuántos días estuvieron ausentes ese año.

La tabla muestra los datos que fueron recogidos.

Yo calculé la desviación media absoluta para cada conjunto de datos.

Llegué a la conclusión de que los datos para las niñas mostraron mayor variación que los datos para los niños.

Me dijeron que mi conclusión estaba equivocada. ¿Pueden decirme por qué?

Tu amigo,
Pingüino Confundido

Número de días ausentes	
Niños	Niñas
2	0
0	3.5
8	1
5	3
0	4
3	0
0	4.5
9	3
0	5
1	2

18 Escribe una respuesta a Pingüino Confundido.

Número de días ausentes	
Distancia de la media	Distancia de la media
Niños	Niñas

Comprobar la comprensión
Describe qué mide una desviación media absoluta, y explica cómo se relaciona con la dispersión o variabilidad de los datos en un conjunto.

Nombre ______________________

VOCABULARIO
agrupación
pico
brecha
valor atípico

Analizar la forma de los datos

Un conjunto de datos puede ser descrito por su forma. Una **agrupación** es un grupo de valores de datos. **Pico** es el valor que aparece más a menudo.Una **brecha** es un intervalo sin datos. Un **valor atípico** es un valor extremo o lejano.

Usa el diagrama de puntos abajo para Ejercicios 1 a 4.

1. Describe la forma de los datos. Usa las palabras *agrupación, pico, brecha* y *valor atípico* en tu respuesta.

____

____

____

2. La mediana de los datos es 8. ¿Podría cambiar la mediana si fuera calculada una segunda vez sin incluir el valor en 19? Explica por qué o por qué no.

____

____

3. La media de los datos es 7. ¿Podría cambiar la media si fuera calculada una segunda vez sin incluir el valor en 19? Explica por qué.

____

____

4. ¿Cuál medida, media o mediana, describe mejor el conjunto de datos? Da una razón para apoyar tu respuesta.

____

____

Mostrar y resumir los datos

Veinticinco estudiantes de sexto grado fueron encuestados con la pregunta, "Por la mañana, ¿cuánto tiempo tardas en estar listo para la escuela?" Sus respuestas se muestran en la tabla a la derecha.

Número de minutos
30
60
45
60
25
90
55
60
50
60
30
60
10
45
25
45
30
60
50
60
45
90
60
30
50

Use la tabla para los Ejercicios 5 a 7.

5. En el siguiente espacio haz un diagrama de puntos de los datos para ver su forma general.

6. Describe la forma de los datos. Usa las palabras *agrupación, pico, brecha* y *valor atípico* en tu respuesta.

7. ¿Cuál medida: media, mediana, moda, rango, rango intercuartil, o desviación media absoluta; describe mejor los datos? Incluye una razón para apoyar tu respuesta.

Comprobar la comprensión

En papel cuadriculado, dibuja un diagrama de puntos que tenga una agrupación, un pico y una brecha.

Nombre ______________________________

Recopilar y anotar datos

1 Investiga Escribe la pregunta que estás investigando.

____

2 Predice ¿Qué distancia crees que puede volar un avión de papel? Anota tu predicción.

____

3 Realiza los pasos que se muestran a la derecha.

4 Compara Mira la predicción que hiciste en el Ejercicio 2 y compárala con los datos recolectados durante la investigación. ¿Tu predicción fue razonable? Explica tu respuesta.

____

____

____

____

Pasos de Investigación

- Repasa la pregunta que se necesita responder.
- Sigue los pasos de la página 502 o utiliza tu propio diseño para hacer un avión de papel.
- Mide la distancia que el avión de papel vuela.
- Anota los datos que recopilaste.
- Con tus compañeros, haz una representación gráfica de los datos.
- Analiza los datos.
- Formula una conclusión.

5 Resume Mira los datos que recopilaste durante la investigación. Escribe un resumen de los datos. Incluye la distancia que un avión de papel puede volar en tu resumen.

____

____

____

6 Elige una medida ¿Cuál medida estadística de los datos usarías para describir mejor la distancia que puede volar un avión de papel? Explica tu razonamiento.

____

____

____

Hacer un avión de papel

Vas a hacer un avión de papel para responder a la pregunta "¿Qué distancia volará un avión de papel?"

Si sabes cómo hacer un avión de papel, haz uno con tu propio diseño. O, haz el avión de papel que se muestra a continuación.

Paso 1 Dobla una hoja de papel por la mitad.

Paso 2 Ábrela. Dobla dos esquinas hacia adentro.

Paso 3 Dobla dos lados hacia adentro.

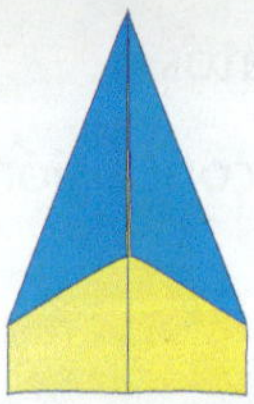

Paso 4 Dobla por la mitad.

Paso 5 Dobla ambos lados por la mitad.

Paso 6 Escribe tu nombre en el avión.

Comprobar la comprensión

Cuatro personas van a comer, y los costos de sus pedidos son \$6, \$9, \$10 y \$11. Quieren dividir la cuenta equitativamente. Halla la cuota justa de cada persona. Explica tu trabajo.

Nombre ______________________________

Matemáticas y huellas de manos

Si alguna vez trazaste el contorno de tu mano, quizás lo hiciste con tus dedos separados.

En la actividad de hoy, calcularás el área de tu mano con tus dedos juntos.

1. **Predice** ¿Cuál crees que será el área de la mano de un típico estudiante de sexto grado? Anota tu predicción en centímetros cuadrados.

   ____

2. **Predice** ¿Crees que los datos recopilados por tu clase variarán? Da una razón para apoyar tu respuesta.

   ____

   ____

   ____

   ____

3. Realiza los pasos que se muestran a la derecha.

4. **Compara** Mira los datos recopilados por tu clase. ¿Fue razonable tu predicción en el Ejercicio 1? Explica.

   ____

   ____

5. **Elige una medida** ¿Cuál medida estadística de los datos describe mejor el área de la mano de un típico estudiante de sexto grado? Explica tu razonamiento.

   ____

Pasos de investigación

- Repasa el objetivo de la actividad.
- Traza tu mano en el papel cuadriculado en centímetros.
- Estima el área contando los centímetros cuadrados totales y parciales dentro del contorno.
- Registra los datos que recolectes.
- Con tus compañeros, haz una representación gráfica de los datos.
- Analiza los datos.
- Formula una conclusión.

Herramientas y unidades de medición informal

Antes de la invención de herramientas de medición formal y unidades estándares de medida, las antiguas civilizaciones utilizaban herramientas y unidades informales, como los palmos.

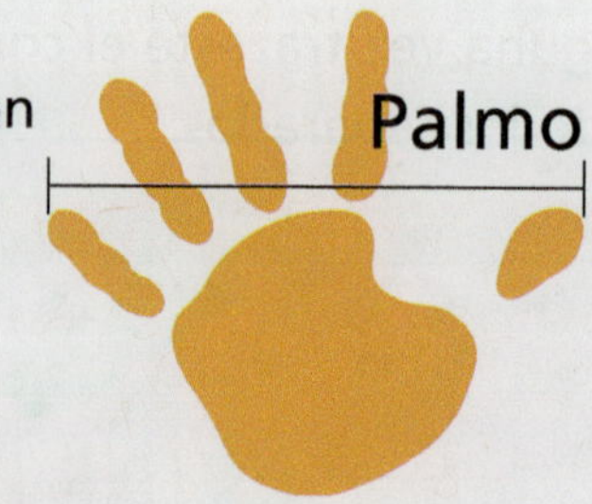

Un ejemplo de un *palmo* es la distancia a lo largo de tu mano, desde la punta del pulgar a la punta del dedo meñique con tus dedos lo más separados posible.

Resuelve.

6 **Estima** ¿Cuál es una estimación razonable en pulgadas de un palmo de tu mano?

____

7 **Compara** Mide el palmo de tu mano en pulgadas. ¿Fue razonable la estimación que hiciste en el Ejercicio 6? Explica.

____

____

8 **Predice** ¿Cuál es una estimación razonable de la longitud y el ancho en palmos de la mano de tu salón de clases?

____

____

9 **Mide** Usando palmos de la mano, mide y anota la longitud y el ancho de tu salón de clases. ¿Fueron razonables las predicciones que hiciste en el Ejercicio 8? Explica.

____

____

10 **Decide** ¿Crees que el uso del palmo de la mano es una forma precisa de medir? Explica por qué o por qué no.

____

____

____

Nombre ______________________ Fecha ____________

Resuelve.

1. Un diagrama de cajas muestra cinco resúmenes numéricos de un conjunto de datos. ¿Cuáles son?

____

Utiliza el diagrama de cajas a la derecha para los Ejercicios 2 y 3.

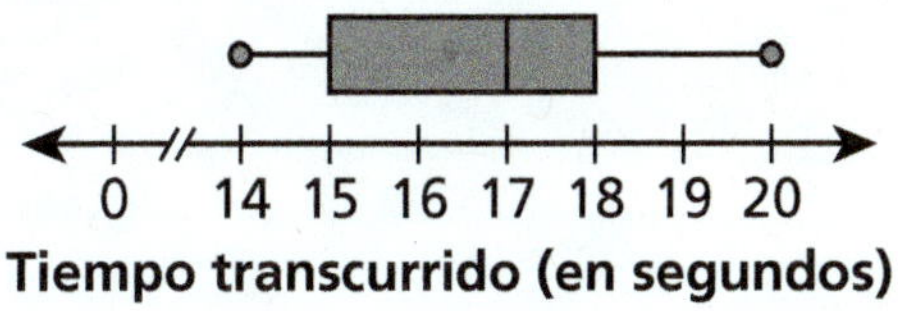

2. Calcula el rango de los datos.

   rango = ____________

3. Calcula el rango intercuartil (RIC) de los datos.

   RIC = ____________

Utiliza el siguiente diagrama de puntos para los Ejercicios 4 a 14.

Los estudiantes en clase de matemáticas del Sr. Jackson registraron las calificaciones de sus tareas. El diagrama de puntos a la derecha muestra el número de calificaciones A que sacaron los estudiantes en sus tareas la semana pasada.

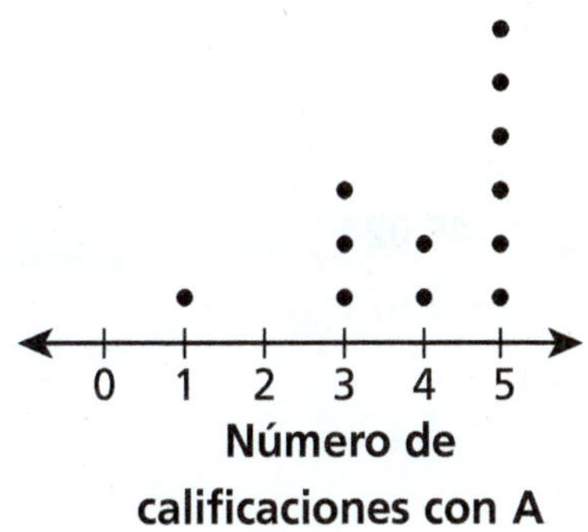

4. Calcula la desviación media absoluta de los datos.

   desviación media absoluta = ____________

Utiliza el diagrama de cajas a la derecha para el Ejercicio 5.

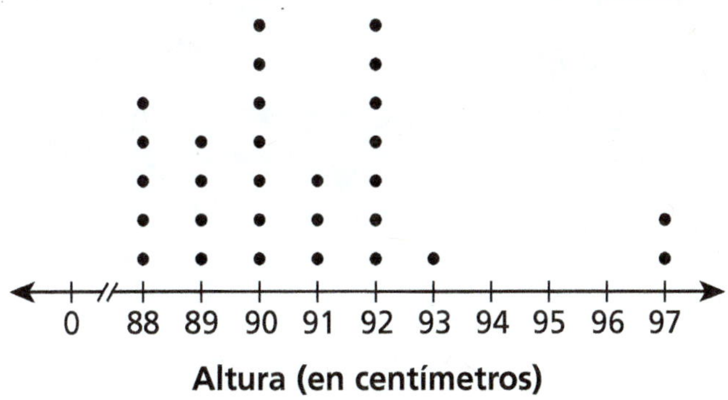

5. Describe la forma general de los datos. Incluye las palabras *agrupación*, *brechas*, *pico(s)* y *valores atípico(s)* en la descripción.

____

____

____

____

Comprobar el conocimiento 20

Nombre ____________________ Fecha ____________

Camino al conocimiento

Suma o resta.

1. $\begin{array}{r} 5.218 \\ +\ 2.942 \\ \hline \end{array}$

2. $\begin{array}{r} 136.74 \\ +\ 2.55 \\ \hline \end{array}$

3. $\begin{array}{r} \$15.62 \\ -\$\ 3.08 \\ \hline \end{array}$

4. $29.5 + 0.38$

5. $412.61 + 0.73$

6. $59 - 0.17$

7. $\begin{array}{r} 45.024 \\ -\ 3.671 \\ \hline \end{array}$

8. $\begin{array}{r} 48.74 \\ +\ 19.2 \\ \hline \end{array}$

9. $\begin{array}{r} 0.825 \\ +\ 0.197 \\ \hline \end{array}$

Multiplica.

10. $\begin{array}{r} 0.73 \\ \times\ 45 \\ \hline \end{array}$

11. $\begin{array}{r} 8.1 \\ \times\ 2.6 \\ \hline \end{array}$

12. $\begin{array}{r} 0.24 \\ \times\ 0.9 \\ \hline \end{array}$

Divide.

13. $34\overline{)537.2}$

14. $92\overline{)51.52}$

15. $8.3\overline{)365.2}$

Nombre ______________________________

VOCABULARIO
espacio muestral
experimento
resultados

Espacio muestral

Para que una situación sea **experimento** de probabilidad, debe tener más de un resultado posible. Los resultados posibles se llaman **resultados** del experimento. El **espacio muestral** es el conjunto de todos los resultados posibles de un experimento de probabilidad. Piensa, por ejemplo, en el lanzamiento de la moneda al comienzo de un partido de fútbol para ver cual equipo va primero como un experimento.

Los dos posibles resultados de lanzar una moneda son cara o cruz, así, cara o cruz son los miembros del espacio muestral.

Puedes escribir el espacio muestral como {Ca, Cr}.

Utiliza corchetes para incluir los miembros del espacio muestral y comas para separarlos.

Lanzar un dado para ver cuántos espacios mover al jugar un juego de mesa es otro experimento.

1. Lista los seis resultados posibles de lanzar un dado.

   ____

2. Escribe el espacio muestral para lanzar un dado. Recuerda los corchetes.

   ____

Un experimento puede tener más de una parte. Lanzar una moneda y lanzar un dado es un experimento. Un resultado posible (Ca, 2) es lanzar cara y lanzar 2. Utiliza paréntesis para mantener unidas las dos partes de un resultado.

3. Hallas los 12 posibles resultados de lanzar una moneda y lanzar un dado. Escribe el espacio muestral.

   ____

   ____

4. ¿Cuál es el espacio muestral para un experimento de lanzar 2 monedas?

   ____

Formas de representar el espacio muestral

Los dibujos, las tablas y los diagramas de árbol son formas de representar el espacio muestral de un experimento.

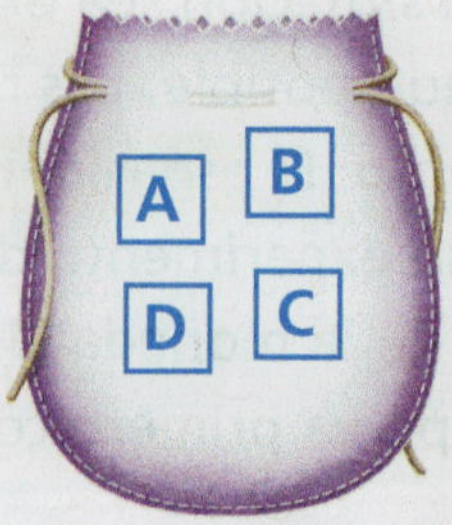

Rick toma una ficha de letra de una bolsa y lanza un dado para un experimento de probabilidad. Devuelve la ficha a la bolsa cada vez. Rick quiere representar el espacio muestral.

5. Rick hace este dibujo para mostrar los resultados.

A 1 A 2 A 3 A 4 A 5 A 6

B 1 B 2 B 3 B 4 B 5 B 6

C 1 C 2 C 3 C 4 C 5 C 6

D 1 D 2 D 3 D 4 D 5 D 6

Explica cómo el dibujo de Rick representa los resultados.

____

____

6. Completa la tabla de resultados para el experimento de Rick.

Ficha / Número	1	2	3	4	5	6
A	A 1	A 2	A 3	A 4		
B	B 1					
C	C 1				C 5	
D						D 6

7. Rick también dibuja un diagrama de árbol de los resultados.

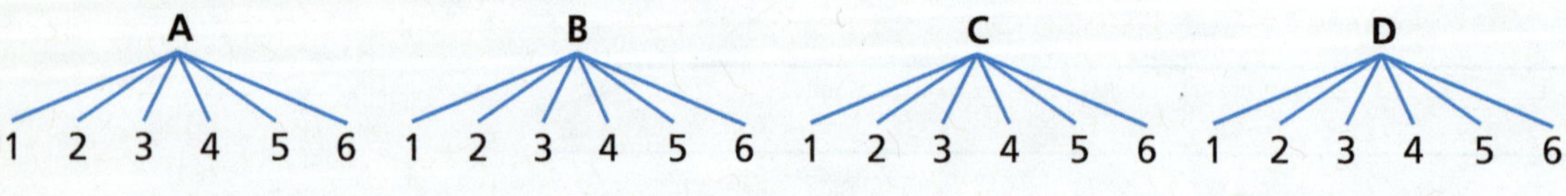

Explica cómo el diagrama de árbol representa los resultados.

____

____

8. ¿Cuántos resultados posibles tiene el experimento de Rick? _______

Nombre ______________________________

Resolver problemas sobre espacio muestral

Vocabulario
evento

El tamaño del espacio muestral es el número de resultados posibles de un experimento.

Para un experimento de lanzar 3 monedas consecutivamente, puedes utilizar un diagrama de árbol para hallar el tamaño del espacio muestral.

9 Completa el diagrama de árbol para mostrar los resultados.

Primera moneda: Ca (/ \), Cr (/ \)

Segunda moneda: Ca (/ \), Ca (/ \), Ca (/ \), Cr (/ \)

Tercera moneda: __ __ __ __ __ __ __ __

10 Cuenta los resultados posibles del experimento para hallar el tamaño del espacio muestral. ______

11 ¿Qué es el espacio muestral?

____

____

12 Halla el tamaño del espacio muestral de un experimento de lanzar dos dados. ______

¿Qué es un evento?

Un experimento, como lanzar un dado, puede tener diferentes eventos. Un evento es un conjunto de resultados que incluye todos los miembros relacionados con el espacio muestral.

Espacio muestral: {1, 2, 3, 4, 5, 6}

Evento	Miembros relacionados del espacio muestral
Lanzar un 1	1
Lanzar un número par	2, 4, 6
Lanzar 3 o 5	3, 5

13 ¿Cuáles miembros del espacio muestral para lanzar un dado están relacionados con el evento *Lanzar un número impar*? ______

14 ¿Cuáles miembros del espacio muestral de lanzar dos monedas están relacionados con el evento *Dos caras o dos cruces*? ______

Analizar un experimento

Josie desea hacer un experimento de probabilidad que implica girar una rueda giratoria de 4 partes y lanzar una moneda. Los cuatro colores de la rueda giratoria son **Rojo**, **Amarillo**, **Verde** y **Púrpura**.

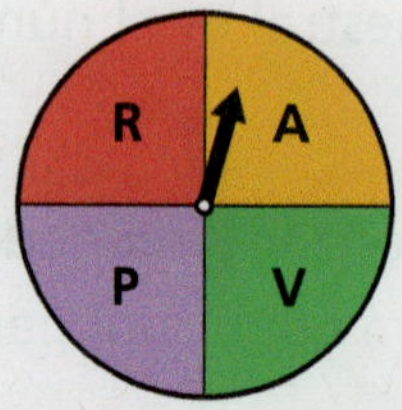

15 Haz un dibujo, una tabla o un diagrama de árbol para representar los resultados posibles.

16 Explica por qué tu trabajo representa todos los resultados posibles.

____

____

____

17 Escribe el espacio muestral para este experimento.

____

18 ¿Cuál es el tamaño del espacio muestral para este experimento? ________

19 Para cada evento de este experimento, nombra los miembros relacionados del espacio muestral.

Evento	Miembros relacionados del espacio muestral
Giro Amarillo, Lanzamiento Ca	
Giro Rojo, Lanzamiento Ca o Cr	
Giro Amarillo o Púrpura, Lanzamiento Cr	
Giro Rojo, Amarillo o Verde, Lanzamiento Ca	
Giro Amarillo o Púrpura, Lanzamiento Ca o Cr	

Comprobar la comprensión

Dibuja un diagrama de árbol para representar los resultados posibles de lanzar un dado y lanzar una moneda.

Nombre ______________________________

VOCABULARIO
probabilidad
posibilidad
probablemente
improbable
igual de probable

Probabilidad y posibilidad

Una **probabilidad** es un número del 0 al 1 inclusive que describe la probabilidad de que ocurra un evento. Esta recta numérica muestra como la probabilidad describe la **posibilidad** de un evento.

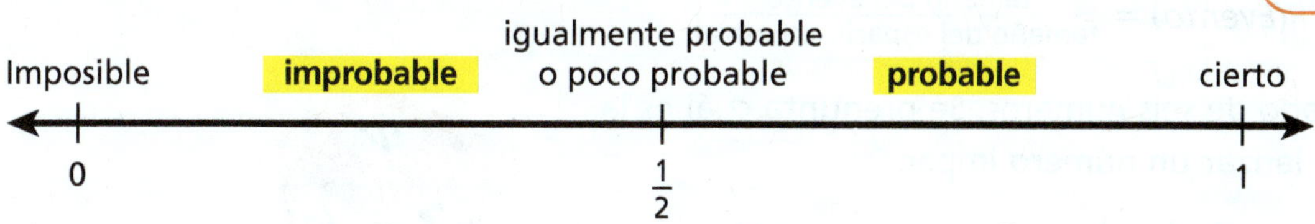

1 Para cada evento en la tabla, utiliza las palabras en la recta numérica para describir la probabilidad.

Evento	Posibilidad
Un dado de seis números cae en 8.	
Un dado de seis números cae en 3.	
Una moneda lanzada cae en cara.	
Un dado de seis números cae en 3, 4, 5, o 6.	
Una moneda lanzada cae en cara o cruz.	

Para que todos los resultados de un experimento sean **igualmente probables**, cada resultado debe tener la misma oportunidad de ocurrir.

- Cuando lanzas un dado, cada número del 1 al 6 tiene la misma oportunidad de ser lanzado, así que los resultados 1, 2, 3, 4, 5, 6 son igualmente probables.
- Cuando lanzas un dado numerado con dos 2s, dos 4s y dos 6s, cada número del 1 al 6 no tiene la misma probabilidad de ser lanzado y los resultados 1, 2, 3, 4, 5, 6 no son igualmente probables.

2 Escribe *igualmente probable* o *no es igualmente probable* para describir los resultados de giro de cada rueda giratoria.

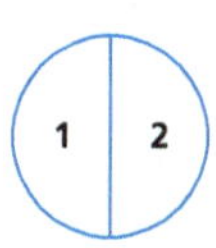

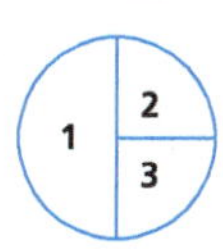

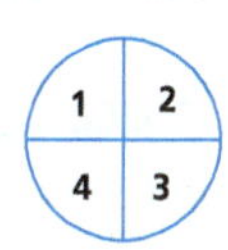

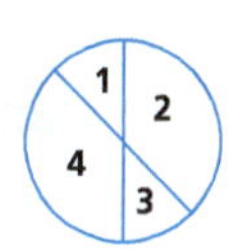

______________ ______________ ______________ ______________

Calcular probabilidad

Cuando todos los resultados de un experimento de probabilidad son igualmente probables, la probabilidad de un suceso es la razón entre el tamaño del evento y el tamaño del espacio muestral.

$$P(Evento) = \frac{\text{tamaño del evento}}{\text{tamaño del espacio muestral}}$$

Lucy lanza un dado de seis números. Se pregunta cuál es la probabilidad de lanzar un número impar.

Halla el espacio muestral y el evento y sus tamaños.

- El espacio muestral es {1, 2, 3, 4, 5, 6}.
- El tamaño del espacio muestral es 6.
- El evento es (1, 3, 5).
- El tamaño del evento es de 3.

Utiliza esta información para calcular la probabilidad.

$$P(1, 3, 5) = \frac{\text{tamaño del evento}}{\text{tamaño del espacio muestral}} = \frac{3}{6}$$

La probabilidad de que Lucy lance un número impar es $\frac{3}{6}$. Esto significa que hay 3 posibilidades de 6 que Lucy lance un 1, 3 o 5.

Sam toma una bolsa que contiene 12 fichas con números con los números del 1 al 12. Saca una ficha sin mirar. Halla la probabilidad de cada evento.

3 El número de la ficha es un múltiplo de 3. ______

4 El número de la ficha es impar. ______

5 El número de la ficha es 5 o 7. ______

6 El número de la ficha es 9. ______

7 El número de la ficha es 0. ______

8 El número de la ficha es un múltiplo de 4. ______

9 Supón que lanzas una moneda 2 veces. Halla la probabilidad de que ambos lanzamientos sean cruces. ______

Nombre ______

Expresar probabilidad como una fracción, un decimal o un porcentaje

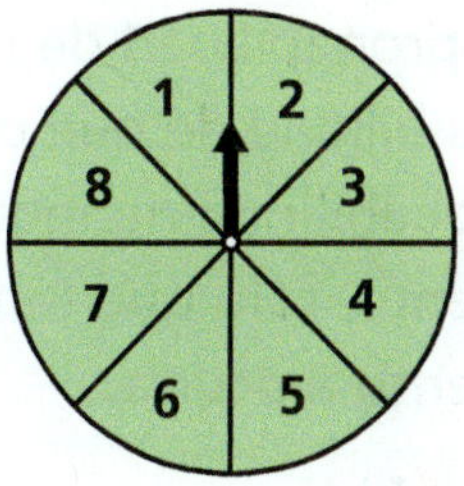

Roger está haciendo un juego para esta rueda. Para hallar la probabilidad de que salga un número primo, Roger necesita hallar el espacio muestral y el evento y sus tamaños.

10 ¿Cuál es el espacio muestral? ______

11 ¿Cuál es el tamaño del espacio muestral? ______

12 ¿Cuál es el evento? ______

13 ¿Cuál es el tamaño del evento? ______

14 Halla la probabilidad del evento. ______

La probabilidad se puede expresar como fracciones, decimales o porcentajes, por lo que Roger puede escribir la probabilidad de lanzar un número primo como $\frac{4}{8}$ o $\frac{1}{2}$, 0.5 o 50%.

15 ¿Escribir la probabilidad de un evento de maneras diferentes cambia la probabilidad del evento? Explica tu razonamiento.

______

Para el juego de rueda giratoria de Roger, escribe la probabilidad de cada evento como una fracción, un número decimal y un porcentaje.

16 Girar un múltiplo de 3

______ ______ ______

17 Girar un número impar

______ ______ ______

18 Girar 0

______ ______ ______

19 Girar 9

______ ______ ______

20 Girar cualquier número excepto 1 o 5

______ ______ ______

21 Girar 1, 2, 3, 4, 5, 6, 7 u 8.

______ ______ ______

Describir posibilidad

La probabilidad de un evento indica la posibilidad de que ocurra el evento. La probabilidad no indica cuál será el próximo evento, sólo qué tan probable es que el evento a ocurra.

Probabilidad	Posibilidad
0	imposible
> 0 y $< \frac{1}{2}$	poco probable
$\frac{1}{2}$	igualmente probable o poco probable
$> \frac{1}{2}$ y < 1	probable
1	cierta

Harold tira una moneda 4 veces. La moneda cae en cara 4 veces. Para describir la posibilidad de este evento, halla la probabilidad de que la moneda caiga en cara cuando lance la moneda otra vez.

22 ¿Cuál es el evento para la moneda lanzada? ______

23 ¿Cuál es el espacio muestral para la moneda lanzada? ______

24 Halla la probabilidad del evento. ______

25 Describe la posibilidad de la moneda caiga en cara si lanza la moneda otra vez.

______

Sara lanza un dado de seis números.

26 ¿Qué tan probable es que lance un 3? ______

27 ¿Qué tan probable es que lance 1, 2, 3 o 4? ______

28 ¿Qué tan probable es que lance un 8? ______

Utiliza la rueda giratoria para los Ejercicios 29 a 31. Encierra en un círculo la posibilidad de cada evento.

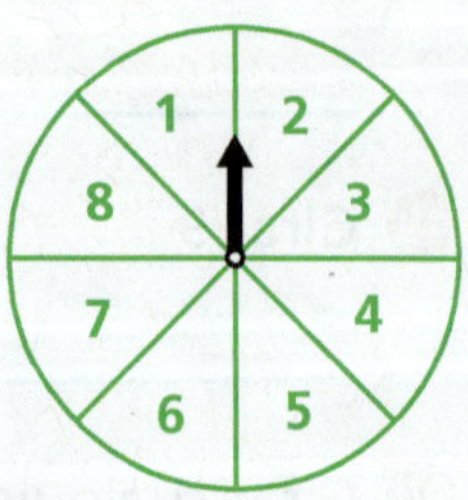

29 Girar 2 o 3

imposible poco probable probable cierto

30 Girar un número que no sea 2 o 3

imposible poco probable probable cierto

31 Girar 10

imposible poco probable probable cierto

Comprobar la comprensión

Explica cómo se relacionan probabilidad y posibilidad.

Nombre ____________________

Frecuencia relativa y probabilidad

VOCABULARIO
ensayo
frecuencia
frecuencia relativa
probabilidad experimental
probabilidad teórica

Durante un experimento de probabilidad, se registra el resultado de cada **ensayo**. La **frecuencia** de un resultado es el número de veces que ocurre ese resultado. Luego se halla la frecuencia relativa de cada resultado. La frecuencia relativa es la relación entre la frecuencia de un resultado y el número total de ensayos.

Jeff lanzó un cubo numerado de seis números 24 veces. Utilizó marcas de conteo para registrar los resultados.

1	2	3	4	5	6
II	卌 I	卌 II	卌	III	I

1. Completa esta tabla de frecuencias para el experimento de Jeff. Registra la frecuencia de cada resultado. Halla la frecuencia relativa de cada resultado como una fracción y como un decimal redondeado al milésimo más cercano.

Resultado	Frecuencia	Frecuencia relativa
1	2	$\frac{2}{24}$ o $\frac{1}{12}$, 0.083
2		
3		
4		
5		
6		

Cuando llevas a cabo un experimento de probabilidad y hallas la frecuencia relativa de un resultado, la frecuencia relativa es la **probabilidad experimental** de ese resultado.

Cuando sabes los resultados que conforman un evento y el espacio muestral de un experimento de probabilidad, la razón entre el tamaño del evento y el tamaño del espacio muestral es la **probabilidad teórica** de ese evento.

En un experimento con un número muy grande de ensayos, la probabilidad experimental está generalmente muy cerca de la probabilidad teórica.

2. ¿Cómo se comparan las frecuencias relativas en el experimento de Jeff con la probabilidad teórica de cada resultado?

____

Carol usó una simulación por computadora para llevar a cabo un experimento de probabilidad de lanzar un cubo numerado de seis números 2,400 veces.

3 ¿Cuál es la probabilidad teórica de lanzar un 1?

____

4 Carol registró los resultados en una tabla de frecuencias. Calcula la frecuencia relativa de cada resultado como una fracción y como un decimal redondeado al milésimo más cercano.

Resultado	Frecuencia	Frecuencia relativa
1	396	
2	398	
3	400	
4	402	
5	404	
6	400	

5 ¿Cuál es la frecuencia relativa de lanzar un 1 en el experimento de Carol?

____

6 ¿Cómo se comparan las frecuencias relativas en el experimento de Carol con la probabilidad teórica de cada resultado?

____

7 Compara las frecuencias relativas del experimento de Jeff con las del experimento de Carol. Explica las diferencias.

____

____

____

____

____

8 ¿Cómo son similares una frecuencia relativa y una probabilidad teórica?

____

Nombre ______________________________

Hallar las frecuencias relativas para un experimento

9. Si lanzas dos cubos numerados de seis números y sumas los números que salen, ¿crees que una suma saldrá con más frecuencia? Si es así, ¿cuál suma?

____

10. Lanza dos cubos numerados de seis números, suma los números que lanzaste y coloca una marca debajo de la suma en esta tabla. Haz 20 ensayos.

2	3	4	5	6	7	8	9	10	11	12

11. Ingresa tus datos y los datos de la clase en esta tabla de frecuencias y calcula las frecuencias relativas como decimales.

	Mi experimento		Datos de la clase	
Suma	**Frecuencia**	**Frecuencia relativa**	**Frecuencia**	**Frecuencia relativa**
2				
3				
4				
5				
6				
7				
8				
9				
10				
11				
12				

12. Compara tus datos y los datos de la clase. ¿Qué observas?

____

Comparar frecuencias relativas y las probabilidades teóricas

13 Completa esta tabla para hallar el espacio muestral para el lanzamiento de una suma con dos cubos numerados de seis números.

	+	**Primer cubo**					
		1	2	3	4	5	6
Segundo cubo	1	2					
	2						
	3						
	4						
	5						
	6						

14 ¿Cuál es el tamaño del espacio muestral?

15 ¿Cuál suma será probablemente lanzada con más frecuencia?

16 ¿Cuál es el tamaño del evento de una suma de 7?

17 ¿Cuál es la probabilidad teórica de lanzar una suma de 7? ____________

18 Compara la probabilidad teórica de lanzar una suma de 7 con la frecuencia relativa de lanzar un 7 en tu experimento.

19 Compara la probabilidad teórica de lanzar una suma de 7 con la frecuencia relativa de lanzar un 7 en el total de la clase.

Comprobar la comprensión

¿Cuál es la probabilidad teórica de lanzar un número par cuando lanzas un cubo numerado de seis números? ____________ Si lanzas un cubo numerado 100 veces, ¿alrededor de cuántas veces esperarías lanzar un número par?

____

Nombre ______________________________

Utilizar probabilidad experimental para hacer una predicción

Jennifer tiene una bolsa que contiene cubos de 20 centímetros. Los cubos son de color rojo y azul. Realiza un experimento de probabilidad para predecir cuántos de cada color están en la bolsa.

Para cada ensayo, busca en la bolsa, mezcla los cubos, saca un cubo, registra el color y lo devuelve a la bolsa. En 25 ensayos, ella saca 4 cubos rojos y 21 azules.

1. Completa esta tabla de frecuencias para los 25 ensayos.

Resultado	Frecuencia	Frecuencia relativa
Rojo		
Azul		

2. Halla la probabilidad experimental (en porcentaje) de dibujar un cubo rojo.

____

3. Halla la probabilidad experimental (en porcentaje) de dibujar un cubo azul.

____

4. Predice el número de cubos rojos y azules en la bolsa.

____

5. Jennifer continúa su experimento para incluir 250 ensayos. Ha dibujado un cubo rojo 55 veces y un cubo azul 195 veces.

Resultado	Frecuencia	Frecuencia relativa
Rojo		
Azul		

Completa la tabla de frecuencia para estos resultados. Utiliza los nuevos datos para predecir el número de cubos rojos y azules.

____

Cuando Jennifer mira los cubos para comprobar las predicciones, halla que la predicción con 250 ensayos es cierta.

Compara las probabilidades experimentales y teóricas

Trabaja con un compañero para llevar a cabo un experimento de probabilidad. Girarás dos números y hallarás su suma.

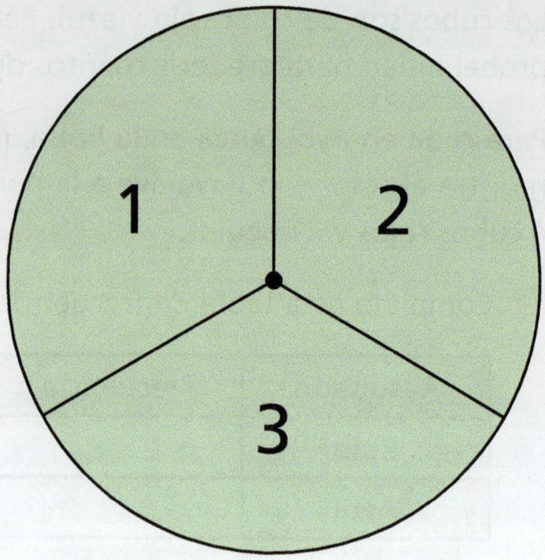

Para empezar, coloca una rueda giratoria sobre el círculo, asegurándote de que el centro de la rueda esté exactamente sobre el centro.

6. Lleva a cabo al menos 25 ensayos.
   Para llevar a cabo 1 ensayo:
   - Cada compañero gira un número.
   - Halla la suma de los números.
   - Registra la suma en la tabla siguiente.

Calcula la frecuencia relativa de cada suma.

Suma	Marcas para esta suma	Frecuencia	Frecuencia relativa
2			
3			
4			
5			
6			

7. Halla la probabilidad experimental para una suma de 6. ________

8. Halla la probabilidad experimental para una suma de 6. Redondea al milésimo más cercano. ________

9. Compara las probabilidades teórica y experimental para una suma de 6.

____

____

Nombre ____________________

Usar frecuencias relativas

Los resultados para hacer girar un color en esta rueda giratoria no son igualmente probables porque las partes no son todas del mismo tamaño. Haz un experimento para hallar la probabilidad experimental de cada color de obtenido.

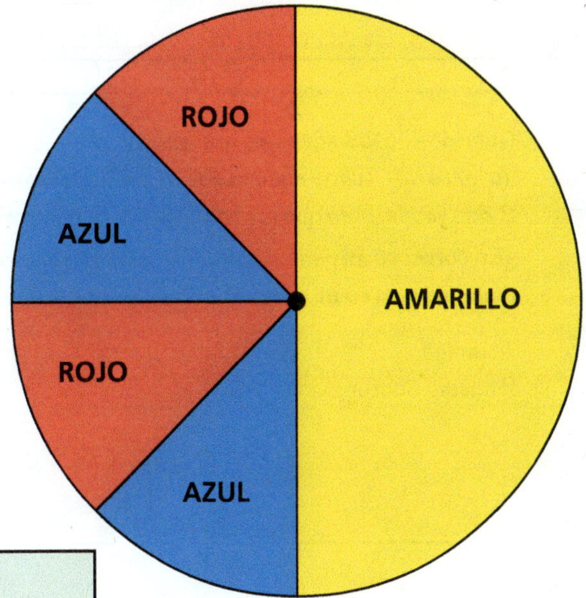

10 Coloca una rueda giratoria sobre el círculo. Registra los resultados de al menos 24 giros.

Color	Número de giros
ROJO	
AMARILLO	
AZUL	

11 Halla la frecuencia relativa para el giro de cada color. Escribe la probabilidad experimental de giro de cada color como una fracción, un decimal y un porcentaje.

Color	Frecuencia	Frecuencia relativa	Probabilidad experimental
ROJO			
AMARILLO			
AZUL			

12 La parte amarilla de la rueda es $\frac{1}{2}$ del círculo. Las partes rojas son $\frac{2}{8}$ del círculo y las partes azules son $\frac{2}{8}$ del círculo. ¿Qué tanto coinciden las probabilidades experimentales que hallaste para cada color con las fracciones del círculo?

____

____

____

¿Cuál es el error?

Queridos estudiantes de matemáticas:

Yo lancé dos cubos numerados de seis números. Lancé el número 2 dos veces; creo que la probabilidad de hacer esto es $\frac{2}{12}$ o $\frac{1}{6}$. ¿Es correcto mi pensamiento? Si cometí un error, por favor díganme cuál es mi error.

Tu amigo,
Pingüino Confundido

13 ____

____

____

Queridos estudiantes de matemáticas:

Lancé una moneda 20 veces. Cayó 8 veces en cara y 12 veces en cruz. Escribí la razón entre cara y cruz para hallar una probabilidad experimental de lanzar cara de $\frac{8}{12}$.

Creo que cometí un error. Por favor expliquen mi error y díganme como puedo hallar la probabilidad experimental.

Tu amigo,
Pingüino Confundido

14 ____

____

____

Comprobar la comprensión

Para un evento determinado, la probabilidad teórica es la ______________ entre el tamaño del evento y el ______________, y la probabilidad experimental es la ______________ del evento.

Nombre ______________________ Fecha ______________

Jenna está haciendo un experimento de probabilidad que consiste en escoger una ficha de una bolsa y lanzar un cubo numerado del 1 al 6.

1. Haz un dibujo, una tabla o un diagrama de árbol para representar los resultados posibles.

2. ¿Cuál es el tamaño del espacio muestral para este experimento?

   ____

3. ¿Cuál es la probabilidad teórica de sacar la ficha de triángulo y lanzar un número par? Escribe tu respuesta como una fracción.

   ____

4. Jenna hace 30 ensayos de su experimento. Recoge la ficha de círculo 12 veces. ¿Cómo se compara la probabilidad experimental de Jenna de sacar la ficha de círculo con la probabilidad teórica de sacar la ficha de círculo?

   ____
   ____
   ____
   ____
   ____

Comprobar el conocimiento 21

Nombre ____________ Fecha ____________

Camino al conocimiento

Suma o resta.

1. $\begin{array}{r} 4.482 \\ +\ 3.319 \\ \hline \end{array}$

2. $\begin{array}{r} 127.92 \\ +\ \ 4.69 \\ \hline \end{array}$

3. $\begin{array}{r} \$17.71 \\ -\$\ 4.52 \\ \hline \end{array}$

4. 30.6 + 0.32

5. 718.66 + 0.41

6. 49 − 0.12

7. $\begin{array}{r} 57.087 \\ -\ \ 4.331 \\ \hline \end{array}$

8. $\begin{array}{r} 56.65 \\ +\ 17.7\ \ \\ \hline \end{array}$

9. $\begin{array}{r} 0.745 \\ +\ 0.116 \\ \hline \end{array}$

Multiplica.

10. $\begin{array}{r} 0.65 \\ \times\ \ \ 31 \\ \hline \end{array}$

11. $\begin{array}{r} 9.7 \\ \times\ 1.6 \\ \hline \end{array}$

12. $\begin{array}{r} 0.11 \\ \times\ \ 0.5 \\ \hline \end{array}$

Divide.

13. $32\overline{)454.4}$

14. $22\overline{)74.8}$

15. $6.6\overline{)481.8}$

Nombre ____________________ Fecha ____________

1. ¿Se trata de una pregunta estadística? Selecciona Sí o No para cada pregunta.

1a. ¿Cuántas mascotas tienes en tu casa? ○ Sí ○ No

1b. ¿Cuál es la altura de los jugadores de baloncesto? ○ Sí ○ No

1c. ¿Quién es el estudiante más alto del sexto grado? ○ Sí ○ No

1d. ¿Cuántos minutos dura un periodo de almuerzo en una escuela? ○ Sí ○ No

1e. ¿Cuánto tiempo pasan los estudiantes del sexto grado haciendo la tarea todas las noches? ○ Sí ○ No

2. ¿Cuál es la probabilidad de sacar un número impar al lanzar un cubo numerado del 1 al 6? Escribe tu respuesta como un decimal.

____

3. Supongamos que en un diagrama de puntos los datos son simétricos y los datos en un diagrama de puntos relacionado no son simétricos. Explica cuál sería la diferencia entre los diagramas de puntos.

4. ¿Por qué los cuartiles de un conjunto de datos dividen los datos en cuatro partes iguales?

Nombre ______________________ Fecha ____________

5 Explica por qué se puede considerar que hallar la media podría equivaler a igualar y desigualar datos.

6 Norberto recopiló los siguientes datos.

21	16	10	6	12	4

6a. Halla la media. ____________

6b. Halla la mediana. ____________

6c. Halla la moda. ____________

7 La nota final de grado de Trina es el promedio de cinco calificaciones, cuatro pruebas trimestrales y un examen final. Las notas de los exámenes trimestrales fueron 72, 80, 84 y 76. ¿Cuál es la nota mínima que debe sacar en el examen final, si su meta es tener una nota promedio de 80?

Escoge la respuesta correcta.

7a. ○ 80 **7b.** ○ 84

7c. ○ 88 **7d.** ○ 92

8 Elige un número de las fichas con números para mostrar la mediana, el primer cuartil (Q1) y tercer cuartil (Q3) de los datos en el el diagrama de puntos.

2	3	4	5
6	9	10	11

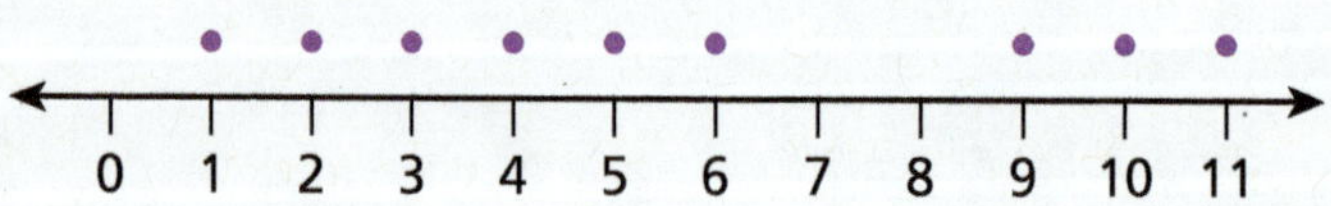

Mediana: ☐ Q1: ☐ Q2: ☐

Nombre ______________________________ **Fecha** ______________

9 El diagrama de puntos indica el número de respuestas correctas que obtuvo un grupo de estudiantes en un concurso.

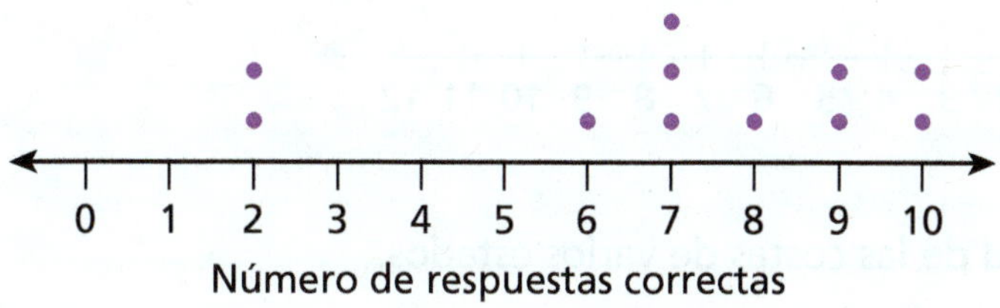

9a. Calcula la desviación media absoluta de los datos.

9b. Toma en cuenta la forma de los datos en el diagrama del puntos anterior. ¿El diagrama de puntos muestra una *agrupación* o *agrupaciones* de datos? Explica.

10 Utilizando el diagrama de puntos del problema 9, establece una categoría para cada dato como un pico o una brecha. No todos los valores de datos serán utilizados.

1 | 2 | 3 | 4 | 5 | 6 | 7 | 8 | 9 | 10

BRECHA	PICO

11 ¿Hay algún valor atípico en los datos? Explica por qué o por qué no

Nombre ____________________ **Fecha** ____________

12 Repasa el problema 9. En el siguiente espacio, realiza una representación en un diagrama de caja de los datos.

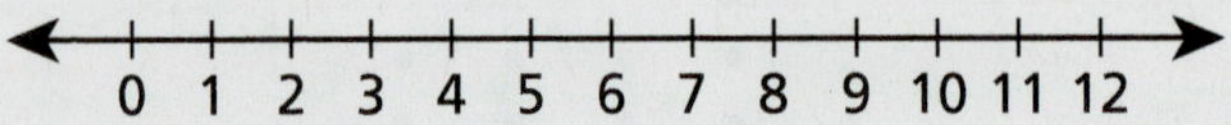

13 La siguiente tabla indica la longitud de las costas de varios estados.

13a. En la cuadrícula, dibuja un histograma de los datos.

Costas de los estados seleccionados	
Estado	**Longitud (millas)**
Texas	3,359
Rhode Island	384
Georgia	2,344
California	3,427
Hawái	1,052
Alabama	607
Nueva Jersey	1,792
Maine	3,478
Oregon	1,410
Carolina del Sur	2,876
Connecticut	618
Massachusetts	1,519
Washington	3,026
Nueva York	1,850

Costas de los estados seleccionados

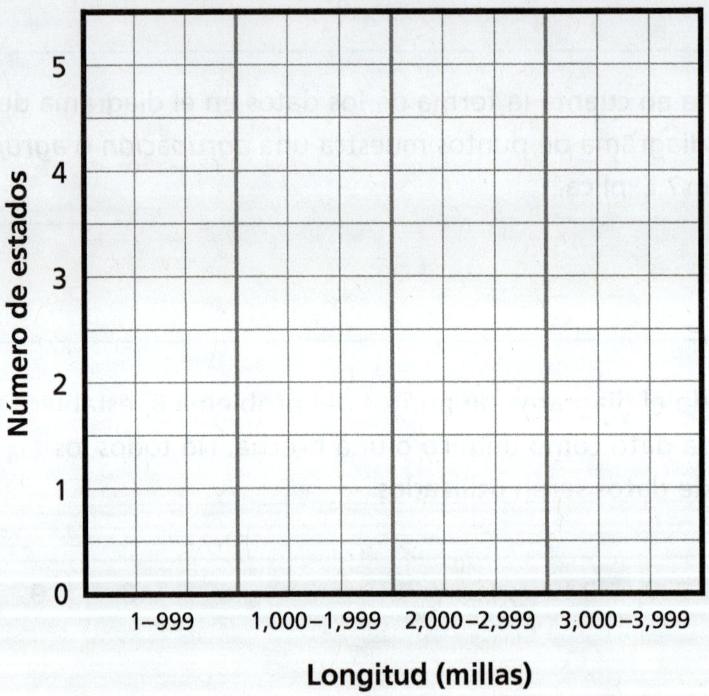

13b. ¿En el histograma para problema 13a, cuál intervalo de longitud tiene el mayor número de estados?

- ○ 1 – 999
- ○ 1,000 – 1,999
- ○ 2,000 – 2,999
- ○ 3,000 – 3,999

Nombre ______________________________ **Fecha** ______________

14 Calcula el rango y el rango intercuartil de los datos del diagrama de caja.

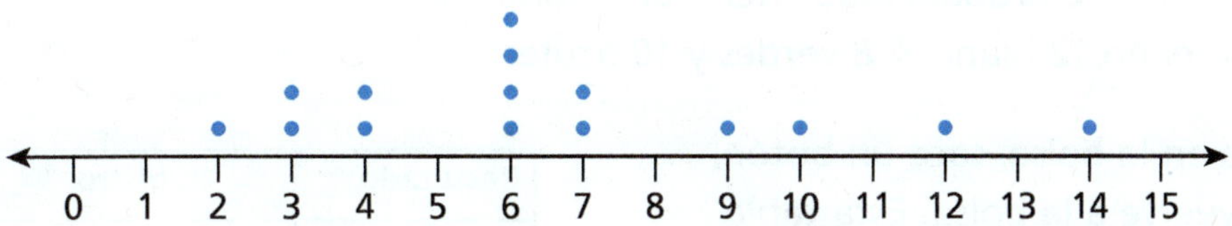

Rango: ______________ Rango intercuartil: ______________

15 En el siguiente diagrama de caja, el valor de los datos en 15 representa un(a) ______________.

- agrupación
- brecha
- valor atípico
- pico

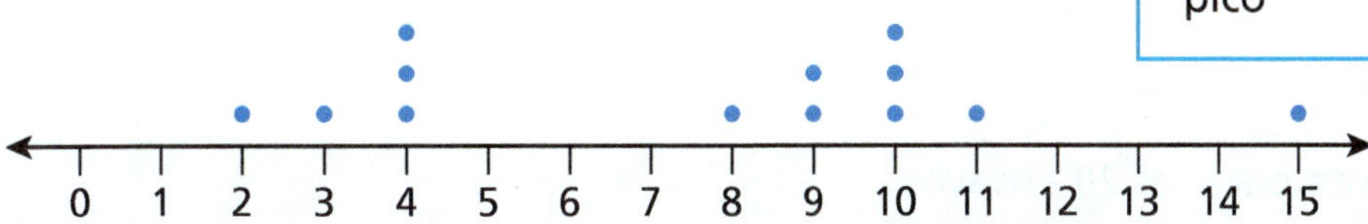

16 Supongamos que quieres saber el tamaño promedio de los pies de los estudiantes del sexto grado.

16a. ¿Qué unidad de medida utilizarías?

____

____

16b. ¿Cómo tomarías las medidas?

____

17 Calcula el rango y el rango intercuartil para los datos mostrados en el diagrama de caja.

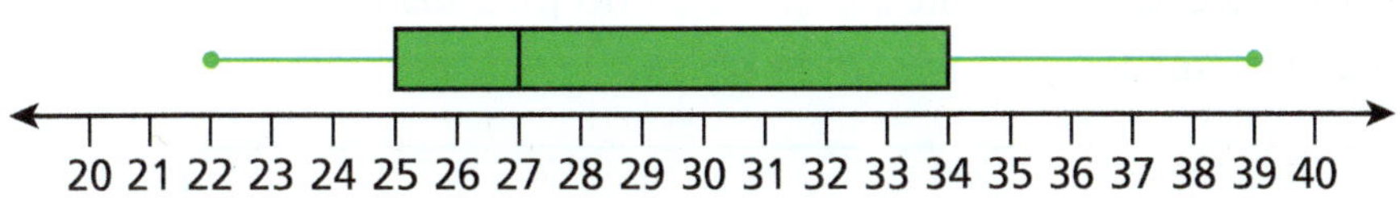

Rango: ______ Rango intercuartil: ______

Nombre ______________________ Fecha ______________

Usa la siguiente información para los Ejercicios 18 a 20.

Maya realiza un experimento de probabilidad. Tiene una bolsa con 30 botones del mismo tamaño;12 blancos, 8 verdes y 10 azules.

Para cada ensayo, busca en la bolsa, saca un botón, registra el color y lo devuelve a la bolsa. Esta tabla muestra los resultados de sus primeros 20 ensayos.

Resultado	Registro
Blanco	~~IIII~~ ~~IIII~~
Verde	~~IIII~~ I
Azul	IIII

18 Escribe la probabilidad teórica de cada evento como una fracción, un decimal y un porcentaje. Redondea los decimales al centésimo más cercano.

Sacar un botón blanco: ______________________

Sacar un botón verde: ______________________

Sacar un botón azul: ______________________

19 Completa lo siguiente para los 20 ensayos.

19a. Completa la tabla de frecuencia. Escribe la frecuencia relativa como una fracción y un decimal.

Resultado	Frecuencia	Frecuencia relativa
Blanco		
Verde		
Azul		

19b. Escribe la probabilidad experimental como un porcentaje.

Sacar un botón blanco: ______________

Sacar un botón verde: ______________

Sacar un botón azul: ______________

20 Con base en las probabilidades experimentales, explica cómo podrías predecir el número de botones blancos, verdes y azules en la bolsa.

Nombre ______________________ Fecha ______________

En un abrir y cerrar de ojos

¿Alguna vez te has preguntado cuantas veces parpadea la gente en un minuto? Esta actividad te ayudará a responder esa pregunta.

1. Recoge datos sobre el número de veces que diez de tu compañeros de clase parpadean en 1 minuto.

2. Muestra tus datos en un diagrama de puntos.

3. Describe la forma de los datos en tu diagrama de puntos, utilizando términos como simétrico, brecha, pico, valor atípico y/o agrupación.

4. **Halla** el primer cuartil Q_1 y el tercer cuartil Q_3 de los parpadeos por minuto. Demuestra o explica cómo obtuviste tu respuesta.

5. Dibuja un diagrama de caja de los datos que recogiste.

Nombre ______________________ **Fecha** __________

6 ¿Cuál gráfica es la más adecuada para mostrar los datos? ¿Hay otra gráfica que podría mostrar mejor la información? Explica.

7 Halla la media, mediana y moda de parpadeos por minuto. Demuestra o explica cómo obtuviste tu respuesta.

8 Nombra la medida de centro que mejor describe los datos que recopilaste. Explica tu razonamiento y explica cómo la medida que nombraste se relaciona con el contexto de los datos.

9 Qué respuesta darías a la pregunta "¿Cuántas veces parpadea una persona típica en 1 minuto?" Explica tu respuesta.

10 Si recoges los mismos datos para todos los estudiantes en tu escuela, crees que los datos serían casi los mismos? Explica tu razonamiento.

Dear Family:

Your child will be learning about numbers throughout the school year. The math unit your child is beginning to study now introduces rational numbers. A rational number can be positive, negative, or zero. Examples of rational numbers include integers, fractions, and decimals.

Some of the lessons and activities in the unit will involve number lines. An example of a number line is shown below.

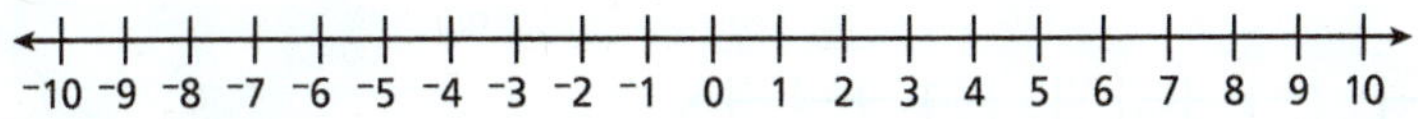

Your child will learn to plot and locate points on a number line, and use a number line to compare and order numbers.

This unit will also introduce your child to a four-quadrant coordinate plane, shown below. The plane is formed by the intersection of two number lines.

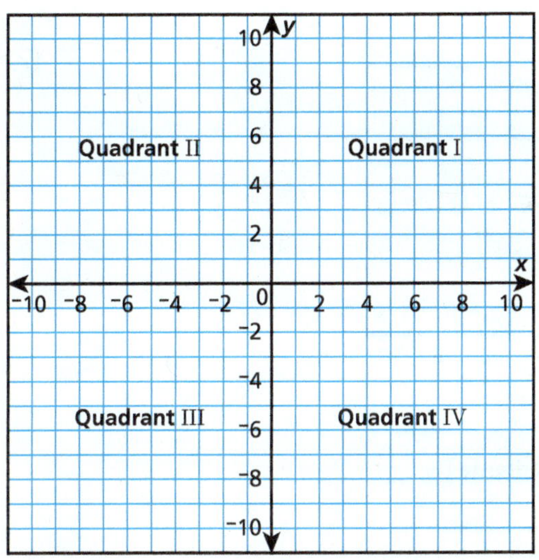

In previous units, your child has plotted and located points for ordered pairs in Quadrant I of the coordinate plane. In this unit, your child will be working in all four quadrants of the plane.

If you have any questions or comments, please contact me.

Sincerely,
Your child's teacher

Examples of Rational Numbers

Integers

$^{-}8$ $^{+}3$ 0

Fractions

$-\frac{1}{2}$ $\frac{3}{4}$

Decimals

$^{-}0.5$ 6.29

Examples of Ordered Pairs in the Coordinate Plane

$(2, 1)$ (x, y) $(^{-}7, ^{-}4)$

Estimada familia:

A lo largo del año escular, su hijo aprenderá diferentes conceptos relacionados con los números. La unidad de matemáticas que estamos por estudiar presenta los números racionales. Un número racional puede ser positivo, negativo o puede ser cero. Algunos de números racionales incluyen enteros, fracciones, y decimales.

Algunas de las lecciones y actividades tendrán rectas numéricas. A continuación se muestra un ejemplo de una recta numérica.

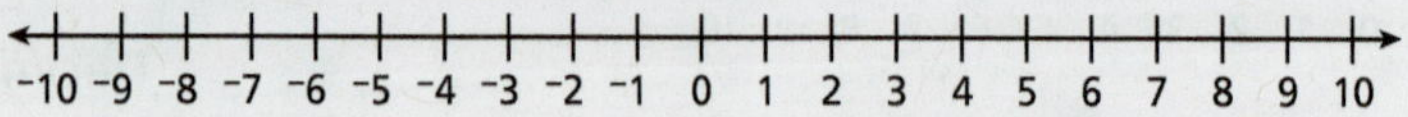

Su hijo aprenderá a localizar y marcar puntos en rectas numéricas. También aprenderá a usarlas para comparar y ordenar números.

En esta unidad también se introduce un plano de coordenadas dividido en cuatro cuadrantes, como el que se muestra abajo. El plano se forma por la intersección de dos rectas numéricas.

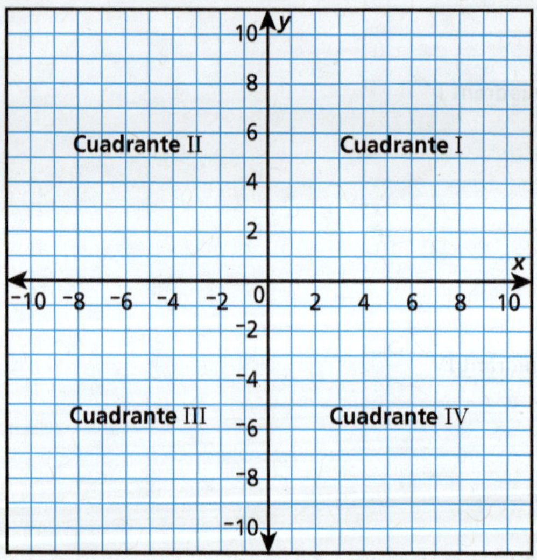

En unidades anteriores, su hijo ha localizado y marcado puntos para pares ordenados en el Cuadrante I del plano de coordenadas. En esta unidad trabajará en los cuatro cuadrantes del plano de coordenadas.

Si tiene preguntas o comentarios, por favor comuníquese conmigo.

Atentamente,
El maestro de su hijo

Ejemplos de números racionales

Números enteros

$^-8$ $^+3$ 0

Fracciones

$-\frac{1}{2}$ $\frac{3}{4}$

Decimales

$^-0.5$ 6.29

Ejemplos de pares ordenados en el plano de coordenadas

(2, 1) (x, y) ($^-7$, $^-4$)

valor absoluto

números negativos

plano de coordenadas (cuatro cuadrantes)

opuestos

enteros

origen

Los números negativos están a la izquierda del cero en una recta numérica horizontal o debajo del cero en una recta numérica vertical.

Medida de la distancia a la que está un número del cero en una recta numérica.

Dos números son opuestos si están a la misma distancia del cero en una recta numérica, pero en direcciones opuestas.

Ejemplos:

$^{-}5$ y 5
12 y $^{-}12$

Plano formado por dos rectas numéricas perpendiculares que se intersecan en el 0 de cada recta. El plano de coordenadas está dividido en cuatro cuadrantes por los ejes *x* e *y*.

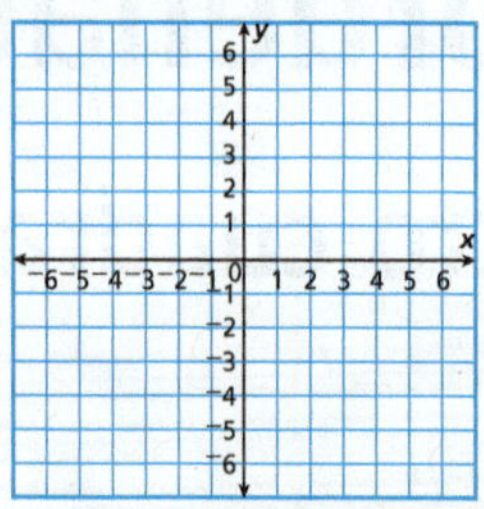

El origen de una recta numérica es el punto en 0. El punto de intersección de los ejes *x* e *y* en un plano de coordenadas se llama el origen del plano de coordenadas.

El conjunto de enteros incluye números enteros, sus opuestos y el cero.

números positivos	**punto reflejado**
cuadrante	
número racional	

Un punto dado y su punto reflejado son imágenes especulares sobre el eje *x* o el eje *y* del plano de coordenadas.

Ejemplo:

El punto *N* es un reflejo del punto *M* sobre el eje *x*.

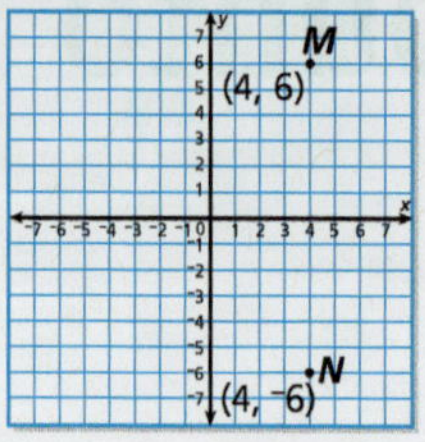

Los números positivos están a la derecha del cero en una recta numérica horizontal y por encima del cero en una recta numérica vertical.

Los ejes *x* e *y* dividen el plano de coordenadas en cuatro regiones llamadas *cuadrantes.* Comenzando en el cuadrante superior derecho y moviéndose en sentido de las manecillas del reloj, los cuadrantes están numerados con números romanos I, II, III y IV.

Ejemplo:

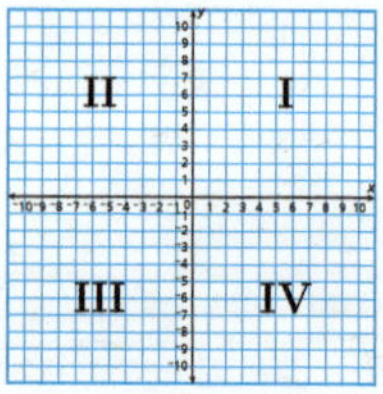

Cualquier número que se puede expresar como fracción $\frac{a}{b}$, donde *a* y *b* son enteros y $b \neq 0$.

Nombre ____________________

Comentar situaciones del mundo real

Analiza cada situación y diagrama.

1. La clavdista se prepara para saltar desde la cima de un acantilado que está a 60 pies sobre el nivel del agua.

Si la distancia que ella nada por debajo del agua es aproximadamente de $\frac{1}{4}$ de la distancia que recorre por encima del agua, ¿cómo describirías su ubicación en la parte más profunda de la inmersión?

____

____

2. Los protones y los electrones son partes de un átomo. Los protones tienen carga eléctrica positiva (+), y Los electrones tienen carga eléctrica negativa (−).

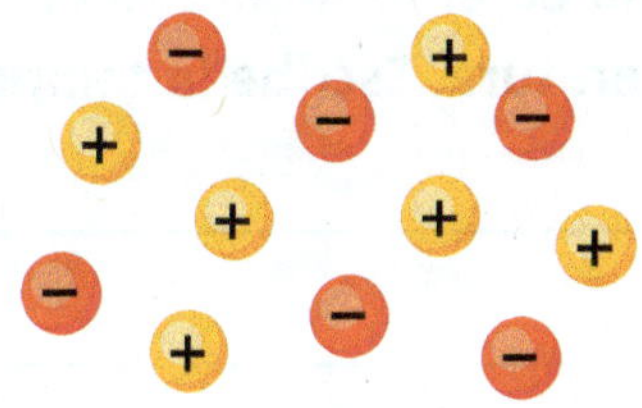

En esta ilustración, ¿hay una carga eléctrica positiva por cada carga eléctrica negativa? Explica.

____

____

3. Una cuenta corriente tiene un saldo de $80.

Número de cheque	Cantidad	Saldo
		$80.00

Supongamos que escribimos un cheque por $100.

Número de cheque	Cantidad	Saldo
		$80.00
409	$100.00	−$100.00

Describe el nuevo saldo con palabras.

____

____

Identificar y escribir las temperaturas opuestas

VOCABULARIO
opuestos

Dos números son **opuestos** si tienen la misma distancia desde cero en una recta numérica, pero en direcciones opuestas. Si las dos temperaturas son opuestas, están a la misma distancia de cero en un termómetro. Si una temperatura está sobre cero, la otra estará por debajo de cero. El opuesto de cero es cero.

Cada flecha en el termómetro en Farenheit apunta a una temperatura. Escribe la temperatura.

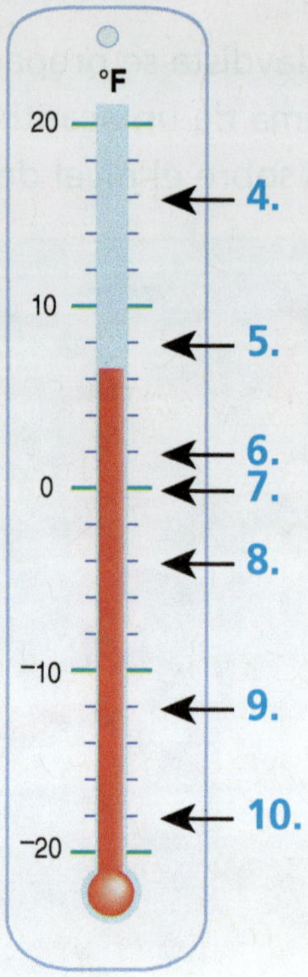

4 ______

5 ______

6 ______

7 ______

8 ______

9 ______

10 ______

Cada flecha en el termómetro en Celsius apunta a una temperatura de 20. Escribe la temperatura opuesta.

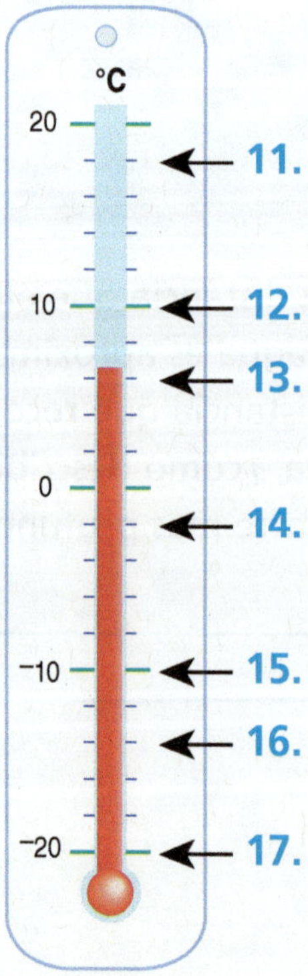

11 ______

12 ______

13 ______

14 ______

15 ______

16 ______

17 ______

Comprobar la comprensión

Escribe la temperatura opuesta para los anteriores Ejercicios 4 y 8. ______

Nombre ______________________________

VOCABULARIO
origen
números positivos
números negativos
números enteros

Comprender las rectas numéricas

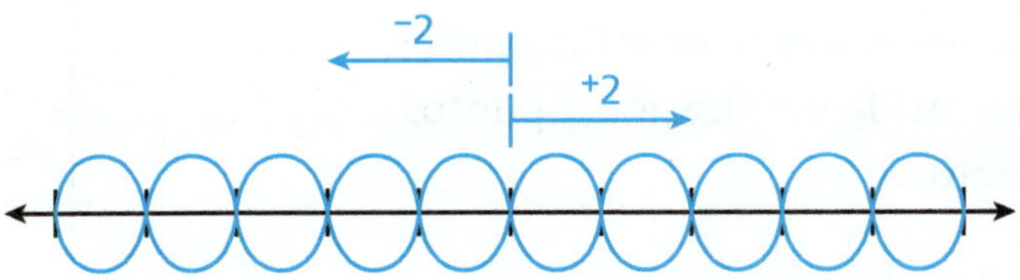

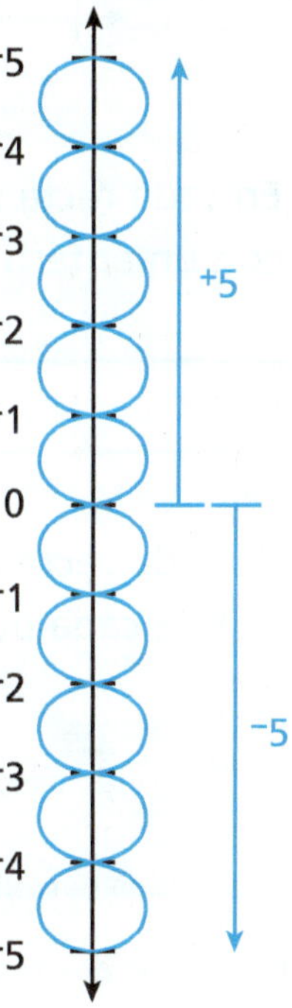

El **origen** de una recta numérica es el punto 0. Los **números positivos** están a la derecha, o arriba del origen. Los **números negativos** están a la izquierda, o debajo del origen.

El conjunto de los números **enteros** incluye números enteros (0, 1, 2, 3 y así sucesivamente) y sus opuestos. Representan números enteros tanto en unidades de longitud para la *distancia* (se muestra en el numeral) y para la *dirección* (se señalan con + o −).

1. ¿Qué muestran los lazos en cada recta numérica?

   ____

2. ¿De qué manera muestran las flechas azules sobre la recta numérica horizontal tanto la dirección como la distancia?

   ____

   ____

3. ¿De qué manera muestran las flechas azules a la derecha de la recta numérica vertical tanto la *dirección* como la *distancia?*

   ____

   ____

4. ¿Son $^{+}2$ y $^{-}2$, y $^{+}5$ y $^{-}5$ enteros opuestos? Explica.

   ____

   ____

5. ¿Qué significan las flechas al final de cada recta?

   ____

6. Escribe un número de 3 dígitos y su opuesto. ______________________________

Distancia y puntos en una recta numérica

Una forma de representar la distancia en una recta numérica es encerrar en un círculo las unidades de longitud. Otra manera es marcar los puntos. Las rectas numéricas en esta página usan marcas de verificación y puntos para mostrar el origen y las unidades de longitud.

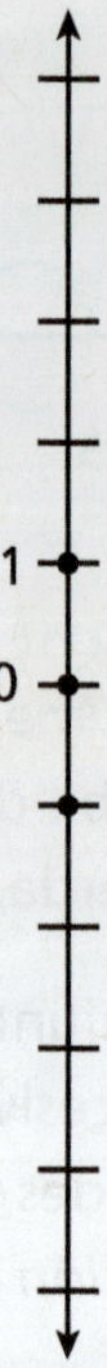

7 En cada recta numérica hay un punto que no está rotulado. Rotula cada punto con un entero y explica por qué elegiste ese entero.

____

____

8 En cada recta numérica, dibuja un punto en cada marca de verificación. Rotula cada punto.

¿Cuál es el error?

Estimados estudiantes de matemáticas:

Hoy dibujé dos rectas numéricas para mostrar los enteros desde $^{+}2$ a $^{-}2$.

Recta Numérica A

Recta Numérica B

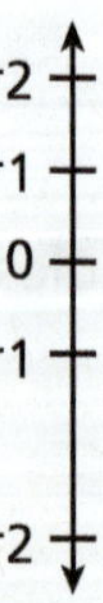

Mis amigos dicen que no dibujé ninguna de las rectas numéricas correctamente. ¿Puedes decirme qué hice mal?

Tu amigo,
Pingüino Confundido

9 Escribe la respuesta para Pingüino Confundido.

Recta Numérica *A*: ______________________________

____

Recta Numérica *B*:

____

____

Nombre ______________________________

Juego de recta numérica de enteros

____
Iniciales del jugador

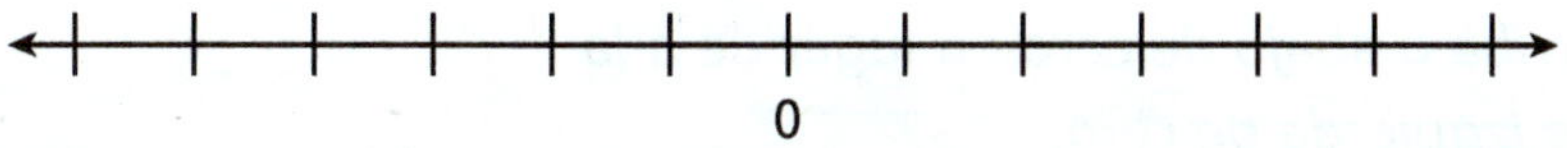

____
Iniciales del jugador

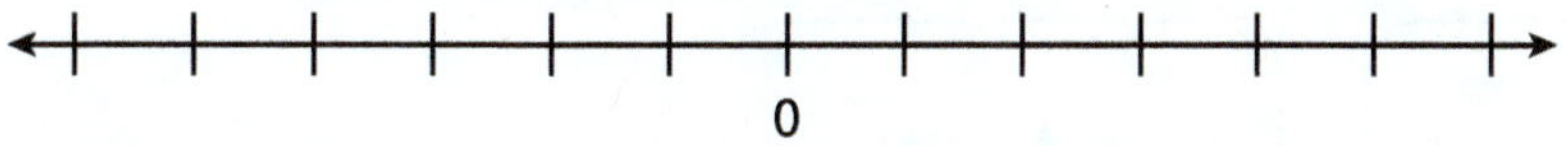

Instrucciones para cada pareja

Usando adhesivos, rotula un cubo numérico en blanco con los enteros del 1 al 6, y rotula otro cubo en blanco con tres signos + y tres signos −.

Cada jugador rotula una recta numérica horizontal con números enteros desde el $^{-}6$ al $^{+}6$.

Con su pareja, se turnan para lanzar dos cubos y trazar un punto en la recta numérica para mostrar el resultado. Dice:

- *Estoy trazando un punto en* (decir el número entero).
- *Mi número entero es* (por ejemplo, positivo o negativo), *por lo que corresponde* (di a la derecha o a la izquierda) *de cero.*
- *Es* (decir el número) *unidades de longitud desde cero.*

Si el resultado es un punto que ya trazaste, lanza el cubo +/− si necesitas el resultado opuesto, y dices:

- *Quiero un signo negativo para que* (di tu entero) *cambie a su opuesto, que es* (di el entero opuesto).

Si lanzas un punto que ya está trazado, lanza otra vez hasta llegar a un punto diferente.

Si lanzas un signo negativo, dibuja un punto en el opuesto de su entero original.

Gana el primer jugador que dibuje un punto en cada entero positivo y negativo en la recta numérica.

Juego de recta numérica de enteros (continuación)

Repite el juego utilizando las rectas numéricas verticales. Esta vez, di *arriba* o *abajo de cero* en lugar de *a la derecha* o *a la izquierda de cero.*

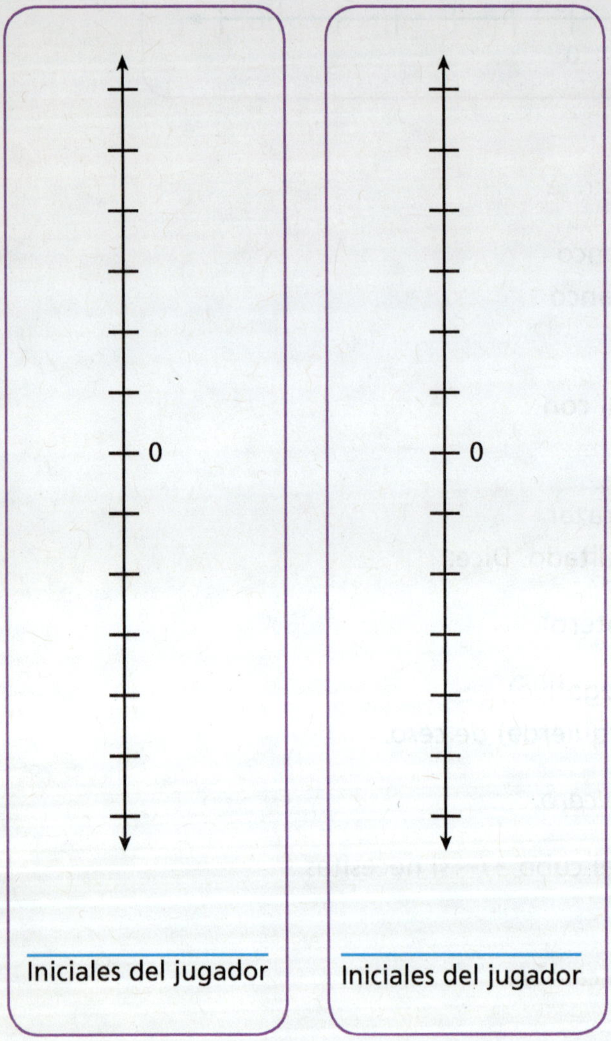

Comprobar la comprensión

Explica la relación que comparte la distancia con los enteros en una recta numérica.

Nombre ______________________________

Comparar y ordenar Enteros

Utiliza la recta numérica a continuación para los Ejercicios 1 a 22.

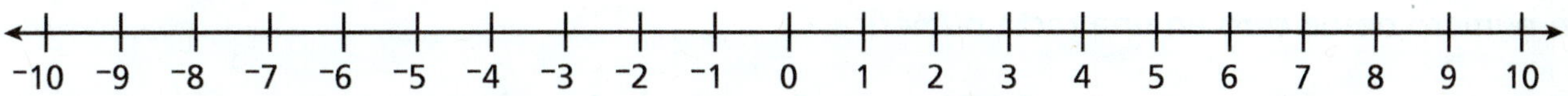

Esta recta numérica tiene dos direcciones: izquierda y derecha.

1. En la medida en que te mueves a la derecha en la recta numérica, ¿los números aumentan o disminuyen? ______________

2. En la medida en que te mueves a la izquierda en la recta numérica, ¿los números aumentan o disminuyen? ______________

3. Si se colocan dos números en una recta numérica, ¿es el número más a la derecha el número mayor o el número menor? ______________

4. Si se colocan dos números en una recta numérica, ¿es el número más a la izquierda el número mayor o el número menor? ______________

Compara. Escribe $<$, $>$ o $=$.

5. $^{-}1$ ◯ $^{-}4$
6. 2 ◯ $^{-}2$
7. 4 ◯ 5
8. $^{-}5$ ◯ 5
9. 0 ◯ $^{-}7$
10. $^{-}3$ ◯ $^{-}2$
11. $^{-}2$ ◯ $^{-}6$
12. $^{-}4$ ◯ 0
13. $^{-}3$ ◯ 1
14. $^{-}8$ ◯ $^{-}8$
15. 9 ◯ 7
16. $^{-}1$ ◯ $^{-}7$

Escribe los números en orden de *menor* a *mayor*.

17. $^{-}2, 0, ^{-}1$ ______________
18. $6, ^{-}3, 7$ ______________
19. $^{-}9, ^{-}1, ^{-}6$ ______________

Escribe los números en orden de *mayor* a *menor*.

20. $^{-}3, 0, 5, ^{-}1$ ______________
21. $^{-}10, ^{-}7, ^{-}5, 6$ ______________
22. $^{-}1, ^{-}9, 0, ^{-}2$ ______________

Valor absoluto

VOCABULARIO
valor absoluto

El símbolo | | se utiliza para indicar el valor absoluto. El **valor absoluto** es una medida de la distancia de un número desde cero en una recta numérica.

Esta recta numérica muestra que 4 está a una distancia de 4 unidades de longitud desde cero.

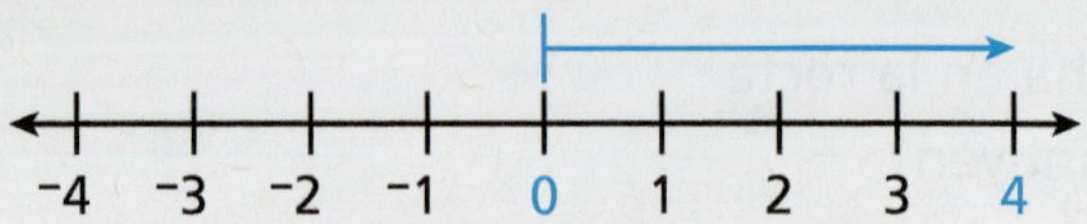

Dado que 4 está a 4 unidades de longitud desde cero, el valor absoluto de 4 es 4, y para registrarlo se escribe $|4| = 4$.

El valor absoluto es una medida de distancia, y la distancia entre dos puntos no puede ser nunca un número negativo, y por ello el valor absoluto nunca es un número negativo.

Esta recta numérica muestra que 3 está a una distancia de 3 unidades de longitud desde cero.

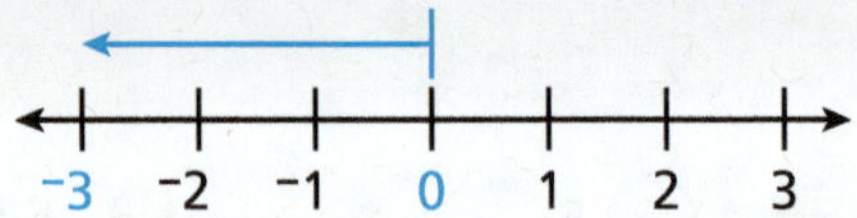

Dado que 3 está a 3 unidades de longitud desde cero, el valor absoluto de 3 es 3, y para registrarlo se escribe $|3| = 3$.

El valor absoluto es una medida de la distancia de un número desde cero en una recta numérica. Por lo tanto, el valor absoluto de cero es cero.

Escribe el valor absoluto de cada número.

23 $|5| =$ ______ 24 $|^-1| =$ ______ 25 $|2| =$ ______ 26 $|^-4| =$ ______

27 $|^-2| =$ ______ 28 $|3| =$ ______ 29 $|0| =$ ______ 30 $|^-5| =$ ______

Reescribe cada oración usando sólo símbolos y números enteros

31 El valor absoluto de diez positivo es igual a diez. ____________

32 El valor absoluto de dieciocho negativo equivale a dieciocho. ____________

33 El valor absoluto de veinticinco es igual a veinticinco. ____________

34 El valor absoluto de treinta negativo es treinta. ____________

Nombre ______________________________

Valor absoluto y opuestos

Utiliza la recta numérica a continuación para los Ejercicios 35 a 37.

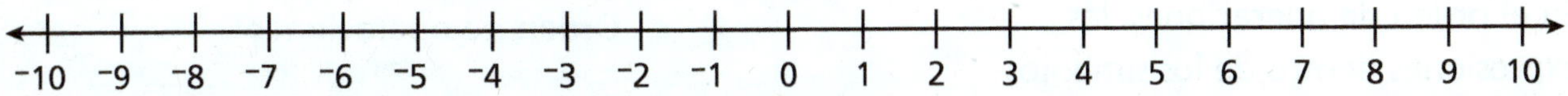

35 Traza un punto en 8 y traza un punto en $^-8$. ¿Cuál es el valor absoluto de cada número? $|8| =$ ______ $|^-8| =$ ______

36 ¿Son 8 y $^-8$ números enteros opuestos? Explica por qué o por qué no

____

37 Escribe una generalización acerca de los valores absolutos de los números enteros opuestos.

____

Utilizar el valor absoluto para comparar

Utiliza el valor absoluto para comparar los números. Escribe <, > o =.

38 $^-5$ ◯ $^-4$ 39 $^-1$ ◯ $^-3$ 40 $^-2$ ◯ $^-5$ 41 $^-6$ ◯ $^-6$

¿Cuál es el error?

Estimados estudiantes de matemáticas:

Me pidieron que utilizara el valor absoluto para comparar dos enteros positivos y dos enteros negativos. Los enteros positivos eran 10 y 5, y los enteros negativos eran −10 y −5.

Sé que 10 es el valor absoluto tanto de 10 y −10, y sé que 5 es el valor absoluto tanto de 5 y −5.

Decidí que el mayor valor absoluto era el número mayor. Así que escribí 10 > 5 y −10 > −5.

¿Puedes explicarme qué hice mal?

Tu amigo,
Pingüino Confundido

42 Escribe la respuesta para Pingüino Confundido.

____

____

Expresar expresiones numéricas con valor absoluto

En el orden de operaciones, las expresiones dentro de los símbolos de valor absoluto se evalúan primero, al igual que las operaciones se hallan entre paréntesis.

Orden de operaciones

1. Realiza todas las operaciones entre paréntesis y dentro de los símbolos de valor absoluto.
2. Simplifica las potencias.
3. Multiplica y divide de izquierda a derecha.
4. Suma y resta de izquierda a derecha.

Simplifica. Sigue el Orden de operaciones.

43 $|{}^{-}5| + 7$

44 $|6 - 4| \cdot 5 + 3$

45 $7 - |{}^{-}3|$

46 $|{}^{-}15| - 2^3 + 1$

47 $3 \cdot |11 - 5| - 4^2$

48 $4 \cdot |10 - 3| + |{}^{-}8|$

Evaluar las expresiones algebraicas con valor absoluto

Evalúa cada expresión para $a = 6$, $b = 10$ y $c = 5$.

49 $|b - a|$

50 $|{}^{-}a| - |{}^{-}c| + |{}^{-}b|$

51 $8 \cdot c - |a + b|$

52 $|{}^{-}a| \cdot c^2 - |b|$

53 $|b - a + c| + a^2$

54 $2 \cdot |{}^{-}b| - |a + c|$

Nombre ______________________________

¿Cuál es el error?

Estimados estudiantes de matemáticas:

Estaba tratando de evaluar la expresión $|5 - 2|$. Pensé que el valor absoluto significaba que debía cambiar el signo menos a más, así que escribí $5 + 2 = 7$.

El maestro escribió que lo hice mal. ¿Me puedes ayudar a entender mi error? ¿Cuál debería ser la respuesta correcta?

Tu amigo,
Pingüino Confundido

55 Escribe la respuesta para Pingüino Confundido.

____

____

____

____

____

Estimados estudiantes de matemáticas:

He tenido día pesado. Esta vez estaba tratando de evaluar la expresión $|^{-}a| - |^{-}b|$ para $a = 6$ y $b = 3$.

Sustituí los valores de a y b y escribí $|^{-}6| - |^{-}3|$.

Entonces seguí evaluando y escribí $6 + 3 = 9$.

Una vez más, el maestro dijo que lo hice mal. ¿Me puedes ayudar a entender mi error? ¿Cuál debería ser la respuesta correcta?

Tu amigo,
Pingüino Confundido

56 Escribe la respuesta para Pingüino Confundido.

____

____

____

____

Comparar y ordenar enteros en situaciones del mundo real

Resuelve. Usa la siguiente situación para los Ejercicios 57 y 58.

Un termómetro muestra una temperatura de ⁻10 °F. Un termómetro cercano muestra una temperatura de ⁻12 °F.

57 Explica cómo se puede utilizar una recta numérica para hallar la temperatura *más cálida*. A continuación, indica la temperatura más cálida.

58 Explica cómo se puede utilizar el valor absoluto para hallar la temperatura *más fría*. A continuación, indica la temperatura más fría.

Resuelve. Usa la siguiente situación para los Ejercicios 59 y 60.

En un juego jugado por cinco amigos, los puntos pueden sumarse o pueden restarse del puntaje. A continuación se enumeran los puntos obtenidos por cada jugador a la mitad del juego. El juego termina cuando un jugador obtiene 50 puntos.

Jugador	Puntaje
A	⁻15
B	30
C	0
D	15
E	⁻35

59 ¿Cuáles puntajes de dos jugadores son enteros opuestos? ______

60 ¿Qué jugador tiene que ganar el menor número de puntos para ganar el juego? Explica cómo se puede utilizar una recta numérica para hallar la respuesta.

Comprobar la comprensión

Utiliza la tabla para los Ejercicios 59 y 60 de arriba. Escribe los resultados en orden de menor a mayor. ______

Nombre ______________________________

VOCABULARIO
plano de coordenadas

Trazar en el plano de coordenadas

Un plano de coordenadas está formado por dos rectas numéricas perpendiculares que se intersecan en el origen, 0.

Utiliza el plano de coordenadas para los Ejercicios del 1 al 8.

Escribe la ubicación de cada punto.

1. Punto *A* __________
2. Punto *B* __________
3. Punto *C* __________
4. Punto *D* __________

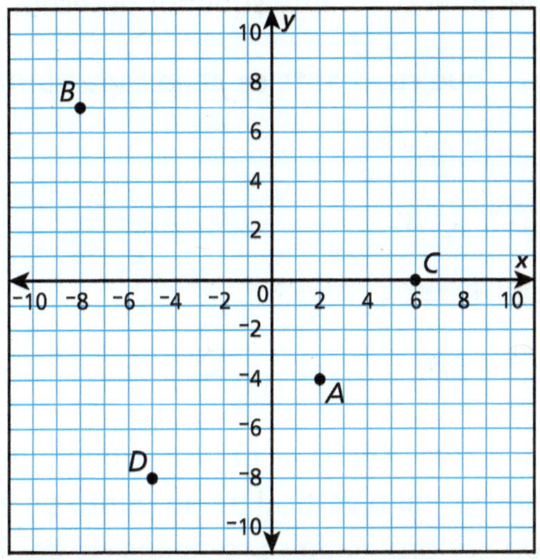

Traza y rotula cada punto.

5. El punto *E* en (0, 4)
6. El punto *F* en $(^-9, ^-2)$
7. El punto *G* en (7, 9)
8. El punto *H* en $(9, ^-6)$

¿Cuál es el error?

Estimados estudiantes de matemáticas:

Me pidieron trazar un punto en $(^-3\ ^-6)$ en el plano de coordenadas. Mi trabajo se muestra a la derecha.

Me dijeron que no tracé el punto en el lugar correcto. ¿Puedes explicarme lo que hice mal y explicarme cómo trazar correctamente el punto?

Tu amigo,
Pingüino Confundido

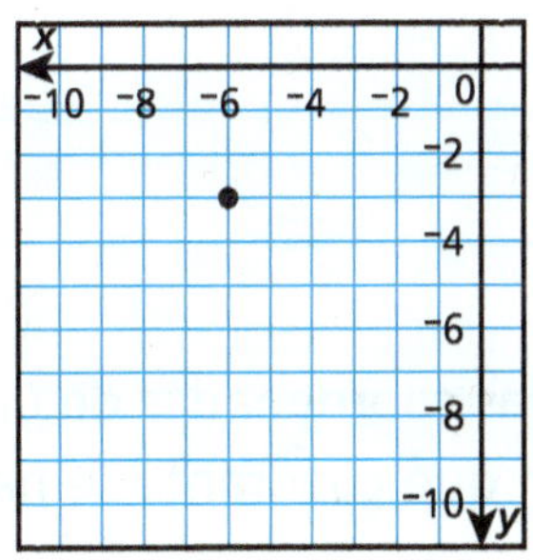

9. Escribe la respuesta para Pingüino Confundido.

____

____

____

____

Cuadrantes en el plano de coordenadas

VOCABULARIO
cuadrante

Las dos rectas numéricas perpendiculares (los ejes *x* y *y*) dividen el plano de coordenadas en cuatro regiones llamadas **cuadrantes**. Los cuadrantes se numeran con los números romanos I, II, III y IV en sentido del reloj desde el cuadrante superior derecho.

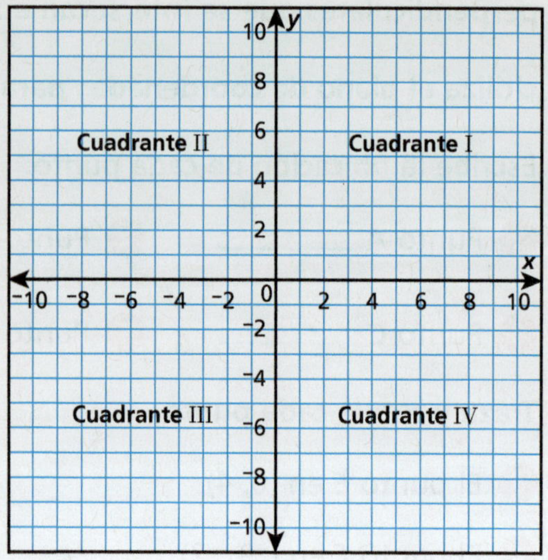

¿En qué cuadrante se halla cada punto?

10. (5,4) ________

11. (⁻5, ⁻4) ________

12. (5, ⁻4) ________

13. (⁻5,4) ________

Una coordenada es un número que determina la posición horizontal o vertical de un punto en el plano de coordenadas. Un par ordenado se compone de dos coordenadas.

14. Los signos de las coordenadas de un par ordenado son (−, +). ¿En qué cuadrante se halla el punto? Explica tu respuesta.

____

____

____

15. Los signos de las coordenadas de un par ordenado son (+, −). ¿En qué cuadrante se halla el punto? ________

16. Los signos de las coordenadas de un par ordenado son (−, −). ¿En qué cuadrante se halla el punto? ________

17. Los signos de las coordenadas de un par ordenado son (+, +). ¿En qué cuadrante se halla el punto? ________

18. En el plano de coordenadas anterior, traza el Punto *T* en (0, 0).

Nombre ______________________

El plano de coordenadas y una sección transversal

Un equipo de investigación estudia los grillos de la cueva. En el plano de coordenadas a la derecha se muestra un dibujo de una sección transversal de un pasaje de la cueva. Los puntos *A, B, C, D* y *E* representan los lugares en el pasaje donde se realiza la investigación.

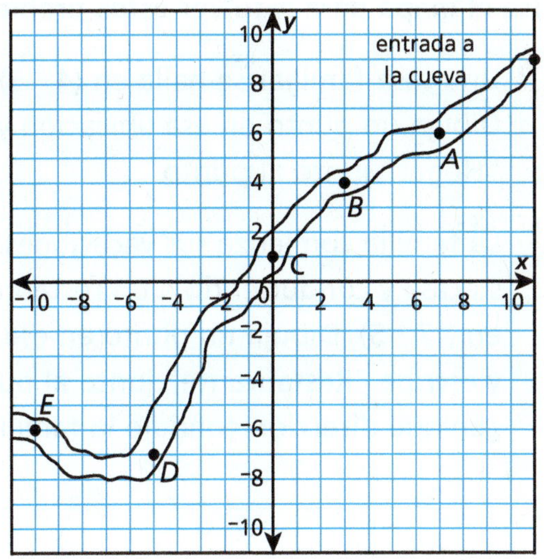

19 Escribe un par ordenado para representar la la ubicación de cada investigación y la ubicación de la entrada de la cueva.

____

____

20 Los investigadores están pensando en realizar una investigación en una nueva ubicación en el mismo pasaje de la cueva. ¿Puede un lugar que no tiene signo para la coordenada *x* y una coordenada *y* negativa representar una posible ubicación de investigación? ¿Por qué o por qué no?

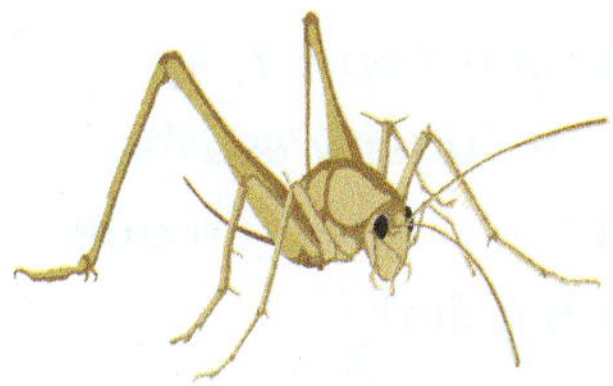

Un típico grillo de cueva mide hasta 2 pulgadas de largo y sus patas traseras miden hasta 4 pulgadas.

____

____

Supongamos que el lado de cada unidad cuadrada en el plano de coordenadas representa 10 pies. La elevación de la entrada de la cueva es de 640 pies sobre el nivel del mar. Las localidades de cinco investigaciones en la cueva representan una elevación que es de menos de 640 pies sobre el nivel del mar.

21 ¿Cuál es la ubicación del punto *A*, y a cuánto por debajo de la entrada cueva se halla su elevación?

____

22 ¿Cuál de las ubicaciones de investigación tiene una altura de 560 pies sobre el nivel del mar? ¿Qué par ordenado describe su ubicación?

____

23 ¿Cuál de las ubicaciones de investigación se halla en la elevación más baja? ¿Qué par ordenado describe su ubicación y cuál es su altura?

____

El plano de coordenadas y un mapa

El plano de coordenadas representa un mapa. Usa el mapa para resolver estos problemas.

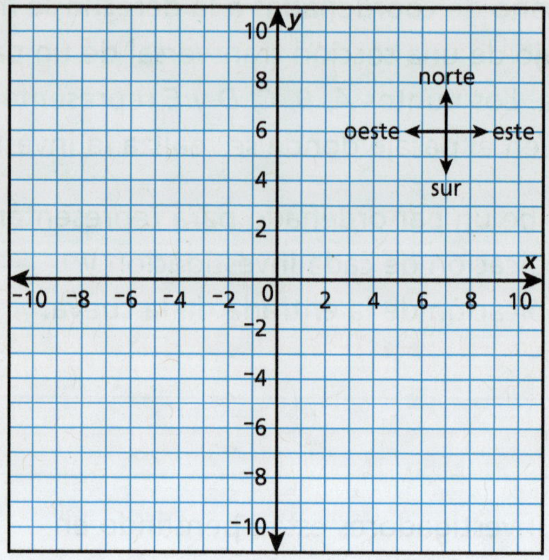

24 Una casa familiar se halla en (4, ⁻5). Dibuja un punto en esa ubicación y escribe "Hogar" junto al punto.

25 La familia comienza sus vacaciones dejando su casa y conduciendo a un restaurante en (⁻7, ⁻5). Dibuja un punto en ese lugar y escribe "Restaurante" junto al punto. ¿En qué dirección condujo la familia?

____

26 Desde el restaurante, la familia condujo a un campamento en (⁻7, 1). Dibuja un punto en ese lugar y escribe "Campamento" junto al punto. ¿En qué dirección condujo la familia?

____

27 Desde el campamento, la familia condujo a una zona de descanso en (⁻3, 1). Dibuja un punto en ese lugar y escribe "Zona de descanso" junto al punto. ¿En qué dirección condujo la familia?

____

28 Desde la zona de descanso, la familia condujo a (−3, 9), a (2, 9) y luego a su destino final (2, 10). Traza puntos en cada lugar, y escribe "Destino" junto al punto en (2, 10). Durante esta parte del viaje, ¿en qué direcciones no condujo la familia?

____

29 Comenzando en la casa, dibuja segmentos de línea para mostrar la ruta de la familia. Supongamos que cada lado de cada unidad cuadrada representa 25 millas. ¿Cuál es una estimación razonable del número de millas que la familia viajó desde su casa a su destino?

____

Comprobar la comprensión

Utiliza tu MathBoard para trazar y rotular los siguientes puntos. Luego halla la distancia entre los puntos: el Punto *A* en (⁻7, ⁻4) y el Punto *B* en (⁻7, 8).

Unidad 9
Prueba rápida 1

Nombre ______________________ Fecha ____________

Escribe el entero opuesto.

1. $^{-}7$ ____________

2. 3 ____________

Utiliza la recta numérica a continuación para los Ejercicios 3 y 4.

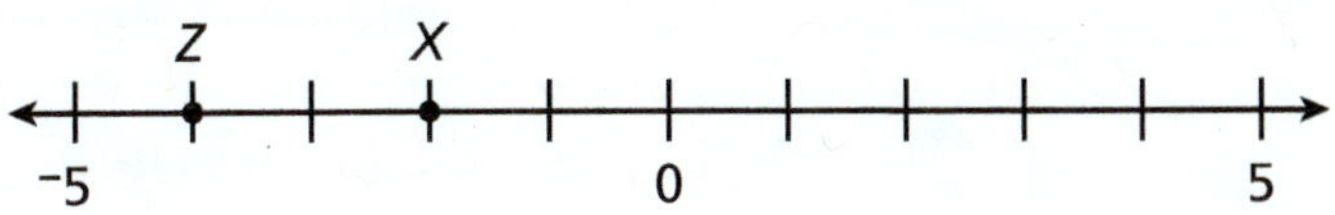

3. Escribe el valor del punto *X*. ____________

4. Escribe el valor del punto *Z*. ____________

Compara. Escribe <, > o =.

5. $^{-}3$ ◯ $^{-}1$

6. 5 ◯ $^{-}5$

7. Evalúa la expresión para $a = -10$ y $b = 2$.

   $|-a| - b^2$

   ____

El plano de coordenadas a la derecha muestra la ubicación de algunos edificios en un pueblo histórico.

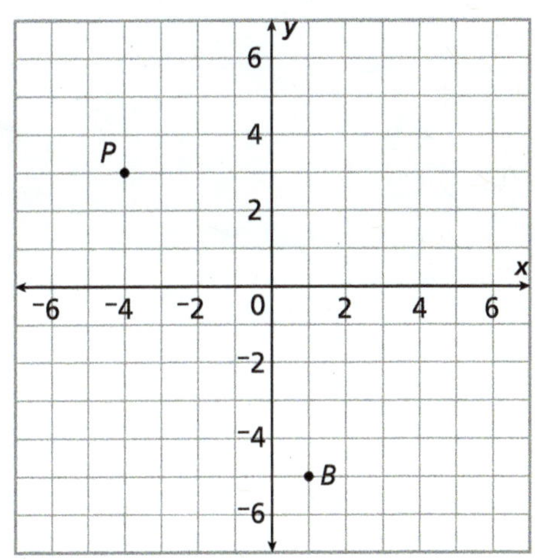

Utiliza el plano de coordenadas para los Ejercicios del 8 al 11.

8. El punto *P* es el consultorio médico. Escribe la ubicación del punto *P*.

   ____

9. El punto *B* es el banco. Escribe la ubicación del punto *B*.

   ____

10. El punto *M* es la ubicación del comerciante. Traza y rotula el punto *M* en ($^{-}3$, $^{-}3$).

11. El punto *W* es la ubicación de la fábrica de remolques. Traza y rotula el punto *W* en (3, 2,).

Comprobar el conocimiento 22

Nombre ______________________ Fecha ______________

Camino al conocimiento

Suma o resta.

1. $\begin{array}{r} 8.415 \\ -\ 2.623 \\ \hline \end{array}$

2. $\begin{array}{r} 0.724 \\ -\ 0.356 \\ \hline \end{array}$

3. $\begin{array}{r} 5.96 \\ +\ \ 8.5 \\ \hline \end{array}$

4. $28.59 - 2.6$

5. $583 + 0.24$

6. $86.7 + 19.43$

Multiplica.

7. $\begin{array}{r} 0.56 \\ \times\ \ 38 \\ \hline \end{array}$

8. $\begin{array}{r} 7.4 \\ \times 1.2 \\ \hline \end{array}$

9. $\begin{array}{r} 0.35 \\ \times\ \ 0.6 \\ \hline \end{array}$

10. $\begin{array}{r} 6.8 \\ \times 4.2 \\ \hline \end{array}$

11. $\begin{array}{r} 0.91 \\ \times\ \ 0.7 \\ \hline \end{array}$

12. $\begin{array}{r} 0.29 \\ \times\ \ 15 \\ \hline \end{array}$

Divide.

13. $21\overline{)747.6}$

14. $52\overline{)39.52}$

15. $4.16\overline{)249.6}$

Nombre ____________________

VOCABULARIO
número racional

Fracciones en una recta numérica

Utiliza la recta numérica a continuación para los Ejercicios 1 a 8.

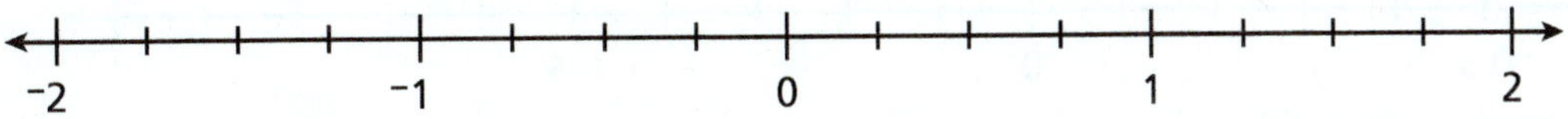

1. ¿Cuántas longitudes iguales hay entre 0 y 1? ______

2. ¿Qué unidad fraccionaria muestra la recta numérica? ______

3. Etiqueta cada marca de verificación de la recta numérica con una fracción o número mixto en mínima expresión.

4. Dibuja un punto en $\frac{-1}{4}$. Rotúlalo con *A*.

5. Dibuja un punto en $\frac{3}{4}$. Rotúlalo con *B*.

6. Dibuja un punto en $^{-}1\frac{1}{2}$. Rotúlalo con *C*.

7. Dibuja un punto en el $\frac{6}{4}$. Rotúlalo con *D*.

Un **número racional** es cualquier número que se expresa como una fracción $\frac{a}{b}$, donde *a* y *b* son enteros y $b \neq 0$.

8. ¿Los puntos *C* y *D* representan números racionales *opuestos*? Explica. Dibuja flechas por encima de la recta numérica para justificar tu respuesta.

______

______

Escribe el número racional opuesto.

9. $\frac{-2}{3}$ ______

10. $\frac{7}{10}$ ______

11. $\frac{-11}{12}$ ______

12. $\frac{1}{6}$ ______

Simplifica

13. $^{-}(\frac{-3}{5})$ ______

14. $^{-}(1\frac{3}{4})$ ______

15. $^{-}(^{-}1\frac{2}{5})$ ______

16. $^{-}(\frac{4}{7})$ ______

Dibuja y rotula una recta numérica de -2 a 2 por terceras partes. Entonces utilízalo para trazar y etiquetar cada punto.

17. El punto E en $^{-}1\frac{2}{3}$

18. El punto F en $1\frac{1}{3}$

19. El punto G en $\frac{2}{3}$

20. El punto H en $\frac{-1}{3}$

Decimales en una recta numérica

Utiliza la recta numérica a continuación para los Ejercicios 21 a 26.

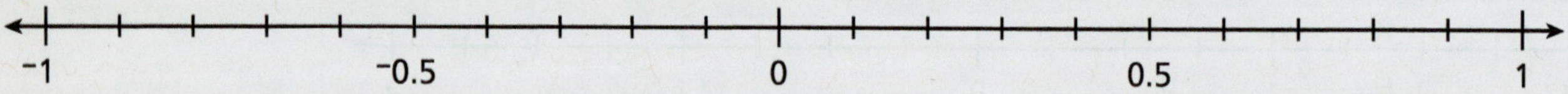

21 ¿Cuántas longitudes iguales hay entre 0 y 1? ______

22 ¿Qué posición decimal aparece en la recta numérica? ______

23 Rotula cada marca de verificación en la recta numérica con un decimal.

24 Dibuja un punto en -0.3. Rotúlalo con B. 25 Dibuja un punto en 0.7. Rotúlalo con C.

26 Dibuja un punto en 0.2 y rotúlalo *M*. Dibuja un punto en su opuesto y asígnale la etiqueta *N*. Dibuja flechas por encima de la recta numérica para mostrar que los números son opuestos.

¿Cuál es el error?

Estimados estudiantes de matemáticas:

Me pidieron que escriba un enunciado acerca de los números opuestos. Esto es lo que escribí:

Un número y su opuesto son el mismo número.

Escribí la oración porque sé que el opuesto de cero es cero. Puesto que el opuesto de cero es cero, pensé que tenía sentido decir que un número y su opuesto son el mismo número. ¿Puedes ayudarme a corregir mi respuesta?

Tu amigo,
Pingüino Confundido

27 Escribe una respuesta para Pingüino Confundido.

______

______

______

Nombre ____________________

Juego de recta numérica de los números racionales

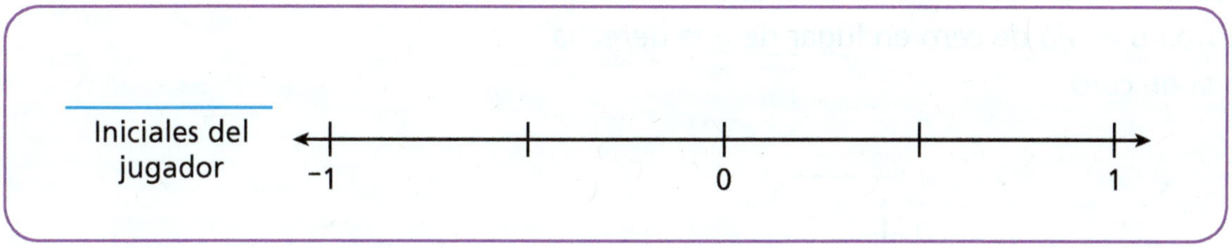

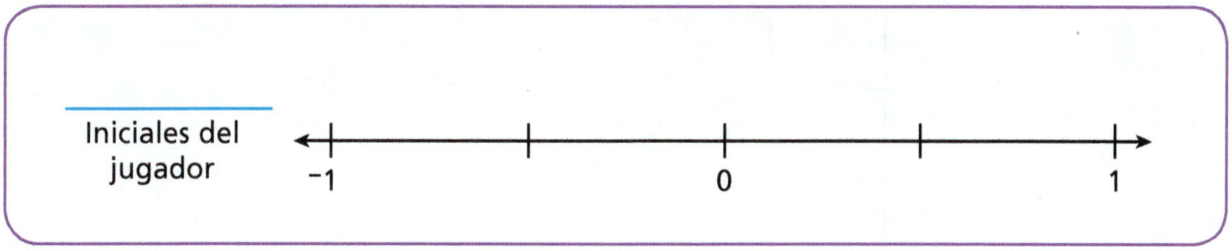

Instrucciones para cada pareja

Rotula un cubo numerado en blanco con estos adhesivos: -1; -0,5; 0; $\frac{1}{2}$; 1; Lanza otra vez.

Cada jugador rotula las marcas de verificación en una recta numérica horizontal con un decimal y una fracción de mínima expresión.

En parejas, se turnan para lanzar el cubo y trazan un punto en la recta numérica para mostrar el resultado. Di:

- *Estoy trazando un punto en* (di tu número entero).
- *Mi número entero es* (di positivo o negativo), *por lo que corresponde a* (di a la derecha o a la izquierda) *de cero.*
- *Está a* (di el número) *unidad(es) de longitud del cero.*

Si lanzas un punto que ya está trazado, lanza otra vez hasta llegar a un punto diferente.

Si lanzas 0, dibuja un punto en el 0. Si sale *Lanza otra vez* puedes lanzar de nuevo.

Gana el primer jugador que dibuja un punto en cada entero positivo y negativo en la recta numérica.

Juego de recta numérica de números racionales (continuación)

Repite el juego utilizando las rectas numéricas verticales. Esta vez, di *arriba* o *abajo de cero* en lugar de *a la derecha* o *a la izquierda de cero*.

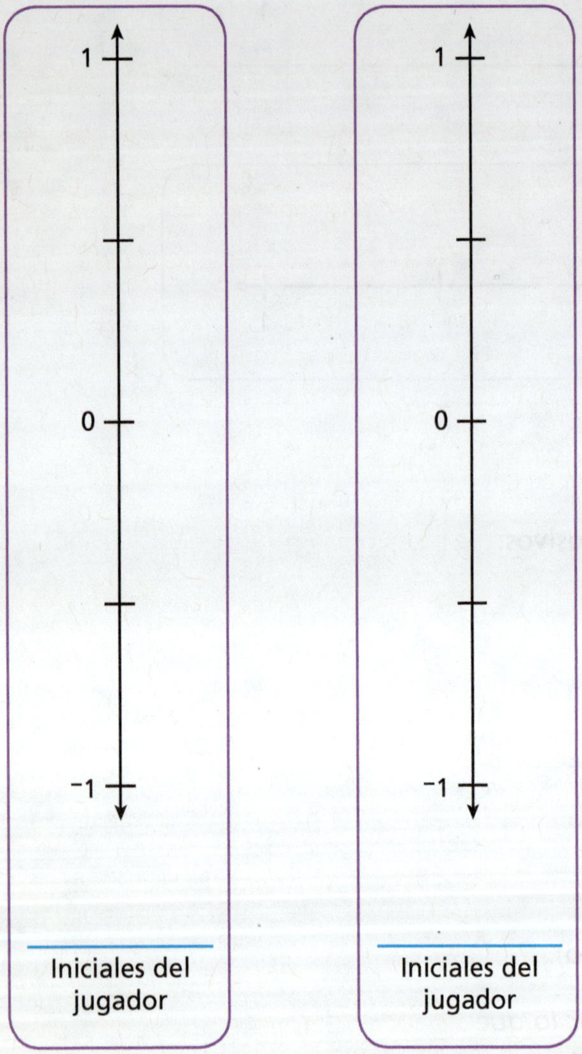

Comprobar la comprensión

Explica la relación que comparte la distancia con los enteros en una recta numérica.

Nombre ______________________________

Comparar y ordenar números racionales

Una recta numérica horizontal tiene dos direcciones: izquierda y derecha. Una recta numérica vertical tiene dos direcciones, arriba y abajo.

1. Supongamos que dos números racionales se trazan en una recta numérica *horizontal*. ¿El número que está más a la izquierda es mayor o menor? ______________

2. Supongamos que dos números racionales se trazan en una recta numérica *vertical*. ¿El número que está más arriba es mayor o menor? ______________

Utiliza la recta numérica a continuación para los Ejercicios 3 a 20.

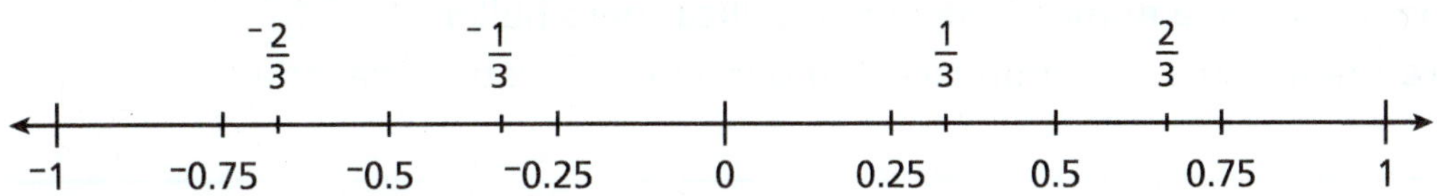

Compara. Escribe <, > o =.

3. $^{-}0.5 \bigcirc {}^{-}1$
4. $\frac{2}{3} \bigcirc 0.75$
5. $0 \bigcirc \frac{-1}{3}$
6. $^{-}0.5 \bigcirc {}^{-}0.25$
7. $\frac{1}{3} \bigcirc \frac{-1}{3}$
8. $|{}^{-}0.5| \bigcirc |{}^{-}0.75|$
9. $^{-}1 \bigcirc 1$
10. $|\frac{-2}{3}| \bigcirc |{}^{-}0.5|$
11. $\frac{-1}{3} \bigcirc {}^{-}({}^{-}0.5)$
12. $\frac{2}{3} \bigcirc {}^{-}|\frac{-2}{3}|$
13. $\frac{1}{3} \bigcirc {}^{-}({}^{-}0.75)$
14. $\frac{1}{4} \bigcirc {}^{-}({}^{-}0.25)$

Escribe los números en orden de mayor a menor.

15. $^{-}0.25, {}^{-}1, {}^{-}0.75$ ______________
16. $\frac{1}{3}, \frac{-2}{3}, \frac{-1}{3}$ ______________
17. $0, \frac{2}{3}, {}^{-}0.5$ ______________

Escribe los números en orden de menor a mayor.

18. $\frac{1}{3}, 0, {}^{-}0.5, \frac{-1}{3}$ ______________
19. $\frac{-2}{3}, 0, {}^{-}1, {}^{-}0.5$ ______________
20. $^{-}0.75, \frac{2}{3}, 0.5, {}^{-}0.25$ ______________

Comparar y ordenar números racionales en el mundo real

Resuelve. Usa la siguiente situación para los ejercicios 21 a 23.

Al principio de un experimento de ciencia, la temperatura de un líquido era de –19.4 °F. Cinco minutos más tarde, la temperatura era de –8.7 °F.

21 Supón que marcas –19.4 en una recta numérica horizontal. Explica por qué saber la ubicación de –8.7 puede ayudarte a decidir si la temperatura aumentó o disminuyó.

22 Explica cómo una recta numérica se puede utilizar para hallar la temperatura más fría. A continuación, indica la temperatura más fría.

23 Explica cómo el valor absoluto se puede utilizar para hallar la temperatura más caliente. A continuación, indica la temperatura más caliente.

Resuelve. Usa la siguiente situación para el Ejercicio 24.

Cinco compañeros participan en un juego con números racionales. A continuación se enumeran los puntos obtenidos por cada jugador a la mitad del juego.

$0.5 \qquad \frac{-1}{3} \qquad 1.25 \qquad \frac{-5}{6} \qquad {}^{-}0.6$

Siempre que sea posible, los resultados se registran con terminación decimal. Si los decimales se repiten, los resultados se registran en fracciones.

24 Escribe los puntajes en orden de mayor a menor. ______

Comprobar la comprensión

Dibuja una recta numérica de –1 a 2 y traza los puntajes en el Ejercicio 24.

Nombre ______________________________

VOCABULARIO
punto reflejado

Distancia en el plano de coordenadas

En la cuadrícula de coordenadas, un aeropuerto se halla en el punto *A*. Los puntos *B* y *C* son aviones. Utiliza la cuadrícula para los Ejercicios 1 al 4.

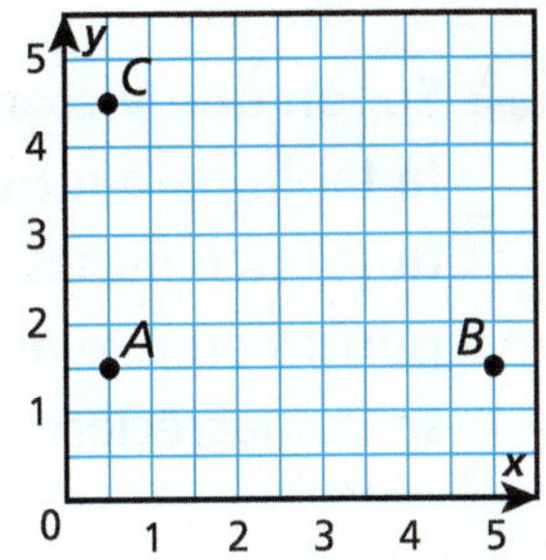

1. Escribe la ubicación de cada punto.

   Punto *A* __________ Punto *B* __________ Punto *C* __________

2. Explica cómo se puede restar para hallar el número de longitudes unitarias del avión en el Punto *B* desde el aeropuerto. Luego escribe la distancia.

   ____

   ____

3. Explica cómo restar para hallar el número de longitudes unitarias del avión en el Punto *C* desde el aeropuerto. Luego escribe la distancia.

   ____

   ____

4. El avión *B* está a 225 millas al este del aeropuerto. ¿A cuántas millas al norte del aeropuerto está el avión *C*? __________

Reflexiones en el plano de coordenadas

Un punto dado y su **punto reflejado** son dobles especulares en el eje *x*, el eje *y* o dos ejes del plano de coordenadas.

5. Supongamos que un punto en $(^{-}1\frac{3}{4}, {}^{-}2\frac{1}{4})$ se refleja en el eje *x*. Explica cómo hallar la ubicación del punto reflejado y luego escribe su ubicación.

   ____

   ____

6. Supongamos un punto en $(1\frac{1}{2}, {}^{-}1\frac{1}{4})$ se refleja en el eje *y*. Explica cómo hallar la ubicación del punto reflejado y luego escribe su ubicación.

   ____

   ____

Trazar situaciones del mundo real

La cuenta corriente de Víctor tiene un saldo de $10 y se cobra un cargo por servicio de $2 al final de cada mes.

7 Supón que Víctor nunca utiliza la cuenta. Completa la tabla para mostrar el saldo mensual en la cuenta durante 6 meses. Luego utiliza los datos para trazar puntos en el plano de coordenadas para mostrar el saldo decreciente a través del tiempo.

Mes	Saldo (en dólares)
0	10
1	8
2	6
3	
4	
5	
6	

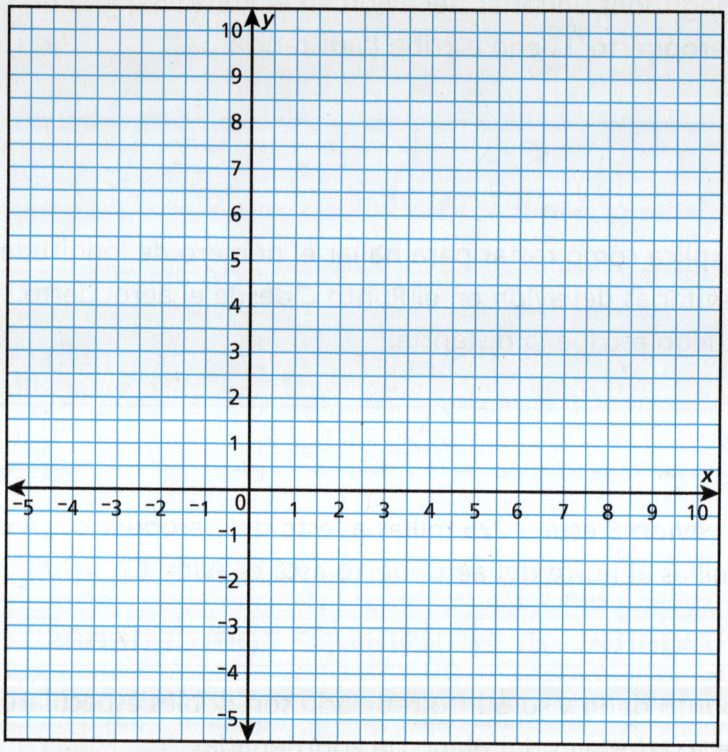

8 Agrega puntos en el gráfico que muestren el balance que Víctor tendría cada mes si la tarifa del servicio fuera de $2.50, en vez de $2.00.

9 ¿Cómo se diferencian los gráficos para la tarifa del servicio de $2.00 y la tarifa del servicio de $2.50?

Nombre ______________________________

Juego de plano de coordenadas

Instrucciones para cada pareja

Usando los adhesivos, rotula los dos cubos numerados en blanco con 0.25, 0.5, 0.75, 1, 1,25 y 1,5.

En parejas, se turnan para lanzar ambos cubos y sombrean el círculo o los círculos de la cuadrícula para mostrar el resultado. Por ejemplo, si lanzas 0.25 y 1.5, sombrea el círculo (0.25, 1.5) y el círculo en (1.5, 0.25).

El primer jugador en rellenar todos los círculos en su cuadricula gana.

Utiliza las cuadrículas de abajo para jugar dos veces más.

Comprobar la comprensión

Explica cómo se puede restar para hallar distancias horizontales o verticales entre puntos en el Cuadrante I del plano de coordenas.

Nombre ______________________________

Comentar acerca de la latitud y la longitud

En la tierra, la latitud se mide al norte y al sur del Ecuador. La longitud se mide al este y al oeste del Meridiano principal. La latitud y la longitud son parte de un sistema de coordenadas que permite identificar cualquier ubicación en la tierra con un par ordenado de números. Los sistemas de posicionamiento global (GPS) utilizan este sistema de coordenadas.

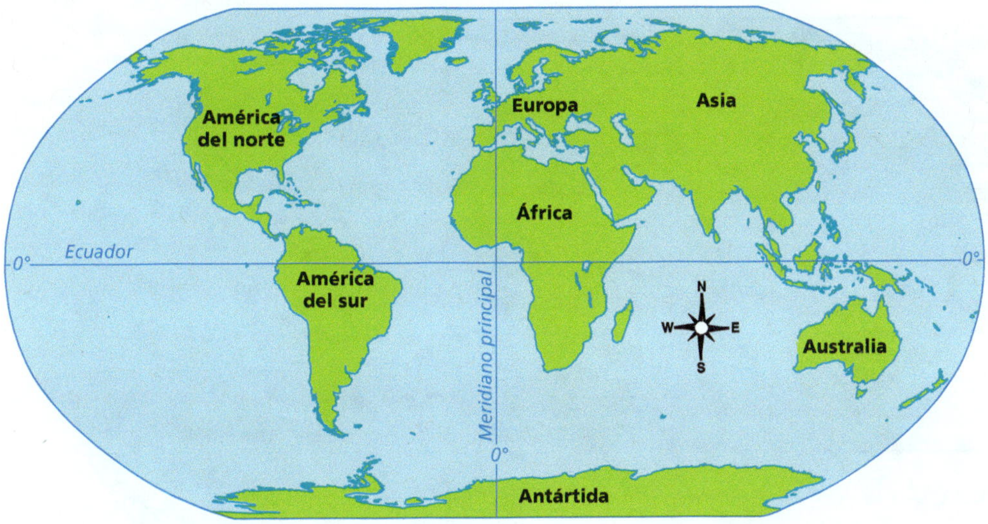

La primera coordenada en un par ordenado es una medida de la latitud. Si una ubicación está al norte del Ecuador, el signo de la coordenada es +. Si una ubicación está al sur del Ecuador, el signo de la coordenada es −.

La segunda coordenada en un par ordenado es una medida de longitud. Si una ubicación está al este del Meridiano principal, el signo de la coordenada es +. Si una ubicación está al sur del Ecuador, el signo de la coordenada es −.

Por ejemplo, los signos de las coordenadas que identifican la ubicación de Chicago, Illinois, son (+, −). La primera coordenada es + ya que Chicago está al norte del Ecuador. La segunda coordenada es − porque Chicago está al oeste del Meridiano principal.

Escribe los signos de las coordenadas que identifican la ubicación de cada país.

1. Canadá ________
2. Australia ________
3. Argentina ________
4. India ________

Ubicaciones y pares ordenados

Además de los signos + o −, cada coordenada de un par ordenado identifica también un número de grados. El número máximo de grados de la primera coordenada, o la medida de la latitud, es 90°. El número máximo de grados para la segunda coordenada, o medida de longitud, es de 180°.

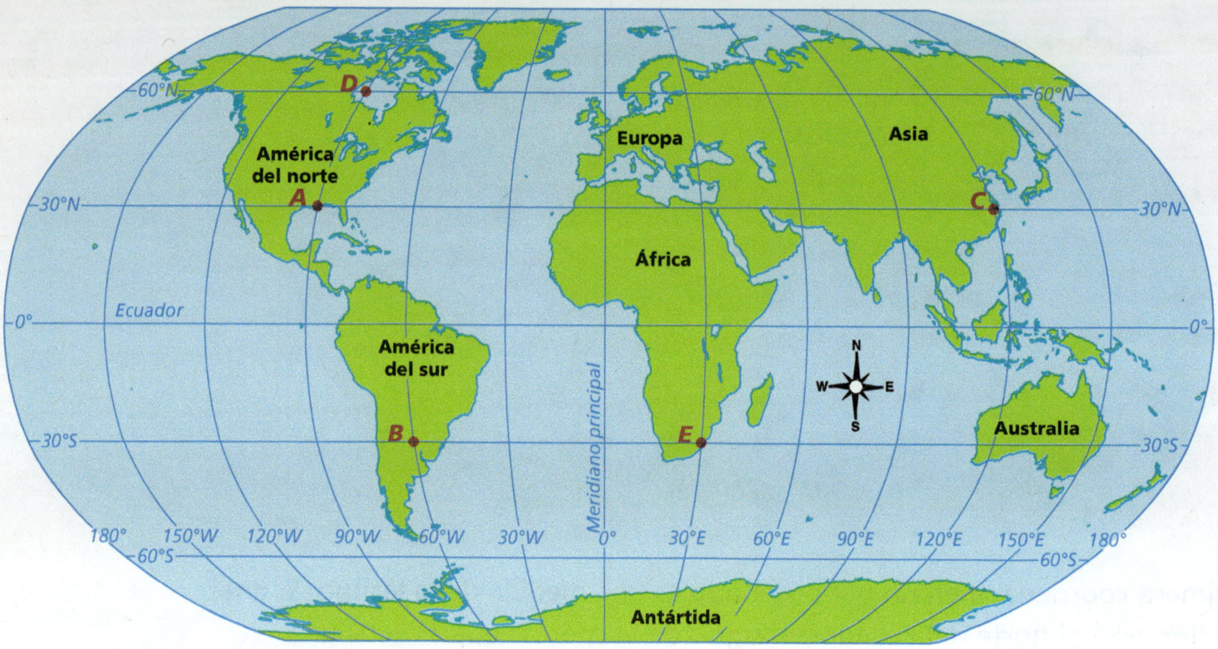

En el mapa de arriba, la ciudad de Nueva Orleans, Luisiana, está situada cercana al punto *A*. Desde el punto *A* son 30° al norte del Ecuador y 90 ° al oeste del Meridiano principal, el par ordenado (+30°, −90°) identifica la ubicación de Nueva Orleans.

Escribe un par ordenado para identificar cada ubicación. No olvides incluir un signo y un número de grados para cada coordenada que escribes.

5. La ciudad de Goya, Argentina, situada cercana al punto *B*: ____________

6. La ciudad de Shanghái, China, situada cercana al punto *C*: ____________

7. Un barco en la bahía de Hudson, Ontario, situado cercano al punto *D*: ____________

8. La ciudad de Durban, Sudáfrica, situada cerca del punto *E*: ____________

Nombre ______________________ Fecha ______________

Escribe el número racional opuesto.

1. $^{-}\frac{3}{8}$ ____________

2. $^{-}1.5$ ____________

Escribe el valor del punto *K* y del punto *Q* como fracción y como decimal.

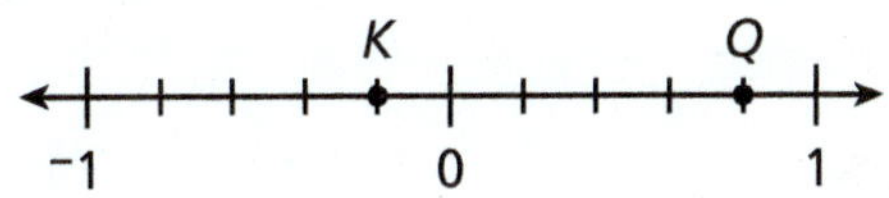

3. Punto *K* ____________

4. Punto *Q* ____________

Compara. Escribe <, > o =.

5. $^{-}\frac{3}{8}$ ◯ $^{-}\frac{5}{8}$

6. $|^{-}0.75|$ ◯ 0.75

Un urbanista está dibujando un parque en el plano de coordenadas de la derecha.

Utiliza el plano de coordenadas para los Ejercicios del 7 al 10.

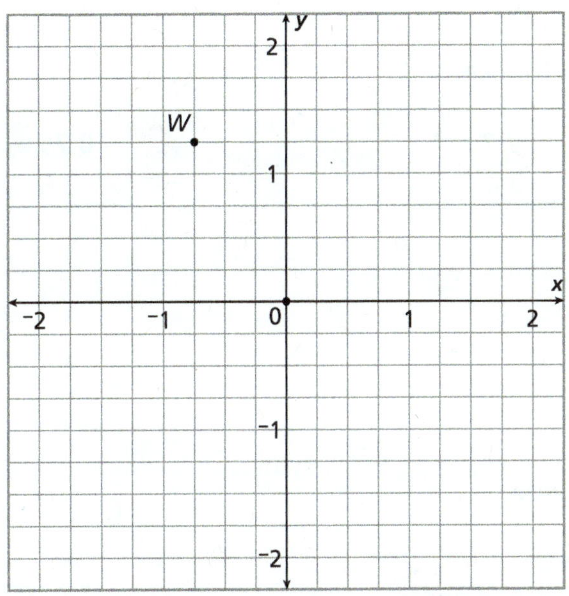

7. El urbanista ubicará una zona boscosa en el punto *W*. Escribe la ubicación del punto *W*.

____

8. La ubicación de un jardín de flores será una reflexión del punto *W* en el eje *x*. Traza y rotula el punto *F* en esa ubicación.

9. La ubicación de una área de pícnic será una reflexión del punto *W* en el eje *x*. Traza y rotula el punto *P* en esa ubicación.

10. Explica cómo el valor absoluto y las coordenadas de los puntos se pueden utilizar para hallar la distancia del punto *W* al punto *F* y del punto *W* al punto *P*. ¿Cómo cambian los signos de las coordenadas cuando un punto se refleja?

____

____

____

____

Comprobar el conocimiento 23

Nombre ______________________ Fecha ____________

Camino al conocimiento

Suma o resta.

1 $4{,}750 - 8.3$

2 $31 + 2.75$

3 $15.67 + 26.54$

4 $\begin{array}{r} \$5.32 \\ -\ \$0.78 \\ \hline \end{array}$

5 $\begin{array}{r} 21.049 \\ +\ 6.583 \\ \hline \end{array}$

6 $\begin{array}{r} 92.56 \\ -\ 3.8 \\ \hline \end{array}$

Multiplica.

7 $\begin{array}{r} 2.7 \\ \times\ 3.4 \\ \hline \end{array}$

8 $\begin{array}{r} 0.75 \\ \times\ 2.6 \\ \hline \end{array}$

9 $\begin{array}{r} 0.14 \\ \times\ 65 \\ \hline \end{array}$

Divide.

10 $6.3\overline{)1{,}386}$

11 $29\overline{)\$1{,}046.90}$

12 $31\overline{)24.18}$

13 $4.5\overline{)325.8}$

14 $87\overline{)20.01}$

15 $1.26\overline{)94.5}$

Nombre ______________________ Fecha ______________

1 Escribe cada número en las fichas del recuadro debajo del término que lo describe.

$^{-}3$	0
0.3	$^{-}3.5$
$\frac{1}{3}$	3

Entero	No entero

2 ¿Cuáles expresiones se simplifican a 6? Selecciona todas las que apliquen.

Ⓐ $^{-}(6)$

Ⓑ $^{-}(^{-}6)$

Ⓒ $^{+}6$

Ⓓ $^{-}|^{-}6|$

Ⓔ $5 + |^{-}1|$

Ⓕ $3^2 + |^{-}3|$

3 Rene identificó los números en cada par de números como opuestos.

1.5 y $^{-}1.5$	4.1 y en 1.4

¿Está Rene en lo correcto? Explica tu respuesta en términos de una recta numérica.

Nombre _________________________ **Fecha** _____________

4 Encierra en un círculo los números que son menores que $^-3$.

$^-7$	0	$^-1$	1	$^-2$	$^-3.5$	2	$^-5\frac{1}{2}$

5 Supón que dos puntos en el plano de coordenadas tienen las mismas coordenadas en *x* pero diferentes coordenadas positivas en *y*. Explica cómo la resta se puede utilizar para hallar la distancia entre los puntos.

6 ¿Cómo podrán las coordenadas *x* y *y* de un punto en el Cuadrante I del plano de coordenadas cambiar si el punto se refleja en el eje *x*?

Nombre ______________________ **Fecha** __________

7 Para los números 7a al 7c, seleccione Verdadero o Falso para cada enunciado.

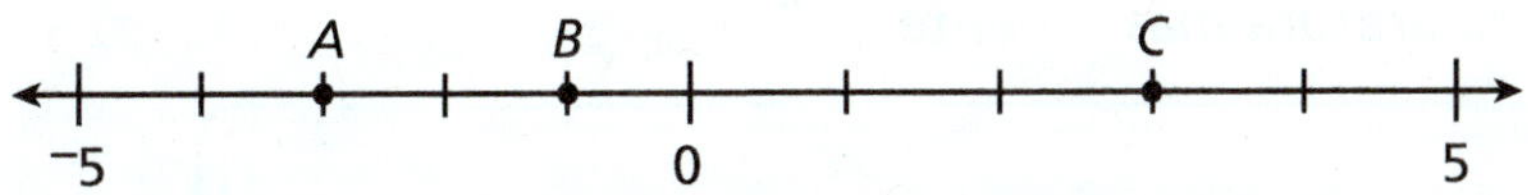

7a. El punto *A* está situado en 7. ○ Verdadero ○ Falso

7b. El punto *B* está situado en $^-1$. ○ Verdadero ○ Falso

7c. El punto *C* está situado en 2. ○ Verdadero ○ Falso

8 ¿Dónde se halla cada número en la recta numérica? Escribe la letra.

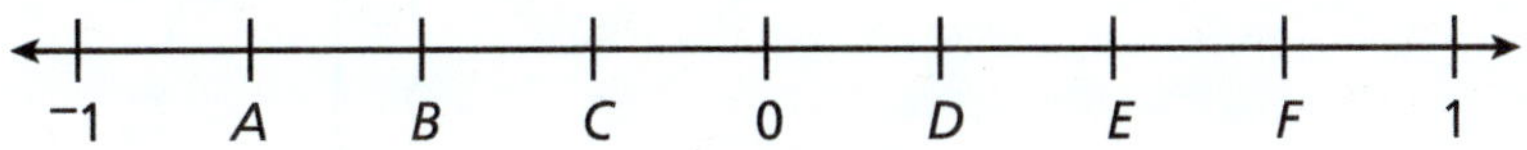

0.25 ____________ $^-\frac{1}{2}$ ____________

0.75 ____________ $^-\frac{3}{4}$ ____________

$^-\frac{1}{4}$ ____________ 0.5 ____________

Para los Ejercicios 9 a 12, selecciona Sí o No para cada pregunta.

9 ¿Es $^-3.1 > {}^-6.8$? ○ Sí ○ No

10 ¿Es $2 > {}^-2$? ○ Sí ○ No

11 ¿Es $^-10 > 114$? ○ Sí ○ No

12 ¿Es $^-(^-5) > {}^-5$? ○ Sí ○ No

Nombre ______________________________ **Fecha** ______________

13 Un termómetro muestra una temperatura de ⁻8.5 °F. Un termómetro cercano muestra una temperatura de ⁻7.5 °F. Explica cómo el valor absoluto se puede utilizar para hallar la temperatura *más caliente*.

14 Supón que los pares ordenados (*p, q*) y (*r, q*) representan dos puntos de coordenadas en el plano, y *p, q* y r representan enteros positivos. Si $p < r$ y $q = 2$, ¿qué expresión representa la distancia entre los dos puntos? Explica tu respuesta.

Nombre _______________ Fecha _______________

Utiliza el plano de coordenadas. Escribe los pares ordenados para los Ejercicios del 15 al 17.

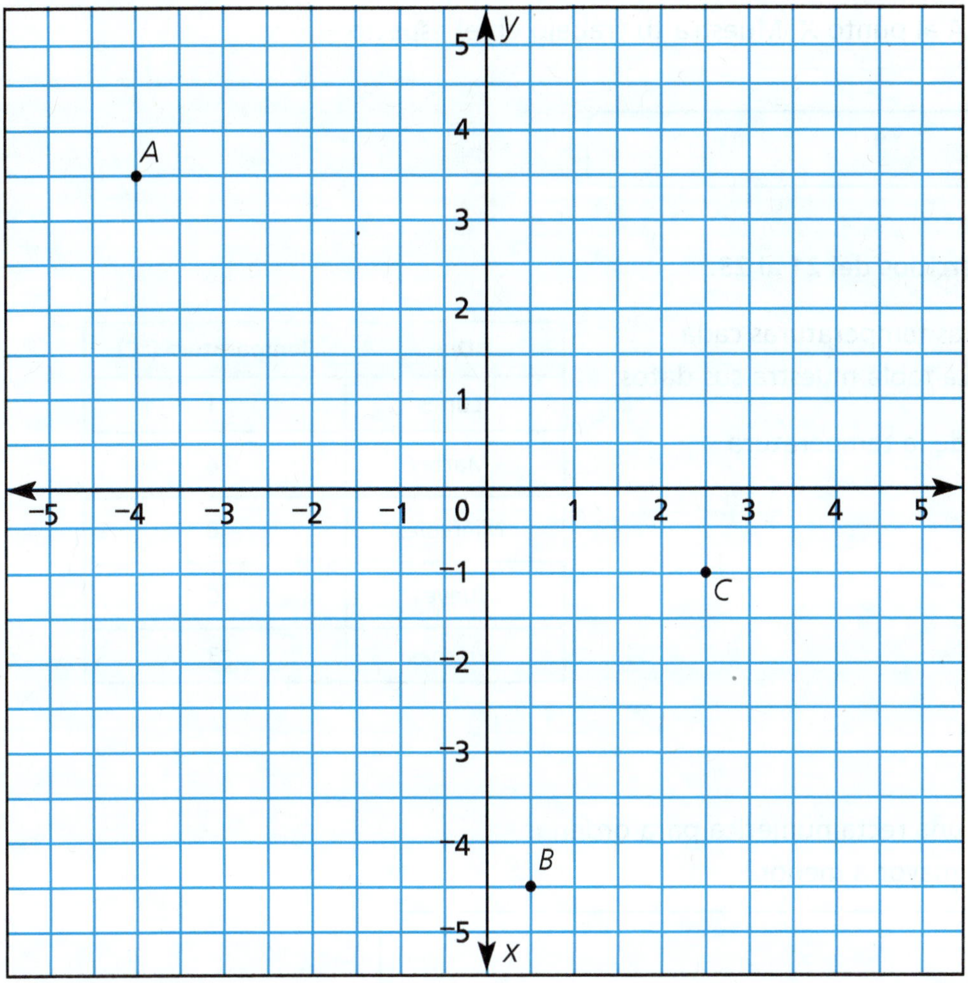

15 Punto *A*

16 Punto *B*

17 Punto *C*

18 Refleja el punto *A* en el eje *x*.
Llámalo punto *X*. Nombra su ubicación.

19 Refleja el punto *A* en el eje *y*.
Llámalo punto *Y*. Nombra su ubicación.

 Nombre ______ **Fecha** ______

20 Mira hacia atrás en el plano de coordenadas para hallar los números del 15 al 19. Utiliza el valor absoluto para hallar la distancia del punto *A* al punto *X*. Muestra tu trabajo en el espacio de abajo.

Use la tabla para los Ejercicios del 21 al 23.

Becca había registrado las temperaturas cada día durante cinco días. La tabla muestra sus datos.

Día	Temperatura (°C)
Lunes	$^{-}1$
Martes	4
Miércoles	8
Jueves	0
Viernes	$^{-}3$

21 ¿Cuál es el opuesto de la temperatura registrada el lunes?

Ⓐ $^{-}1$

Ⓑ 1

Ⓒ $^{-}4$

Ⓓ 4

22 ¿Cómo puedes usar una recta numérica para ordenar las temperaturas de mayor a menor?

23 ¿Cuál lista muestra los días desde el más frío hasta el más cálido?

Ⓐ jueves, lunes, viernes, martes, miércoles

Ⓑ lunes, viernes, jueves, martes, miércoles

Ⓒ viernes, lunes, jueves, martes, miércoles

Ⓓ jueves, viernes, lunes, martes, miércoles

Nombre ______________________ **Fecha** ____________

Elaborar un plan

Brenda está planeando convertir parte de su patio en un huerto rectangular. Utiliza papel de cuadrícula para bosquejar un esquema de su jardín.

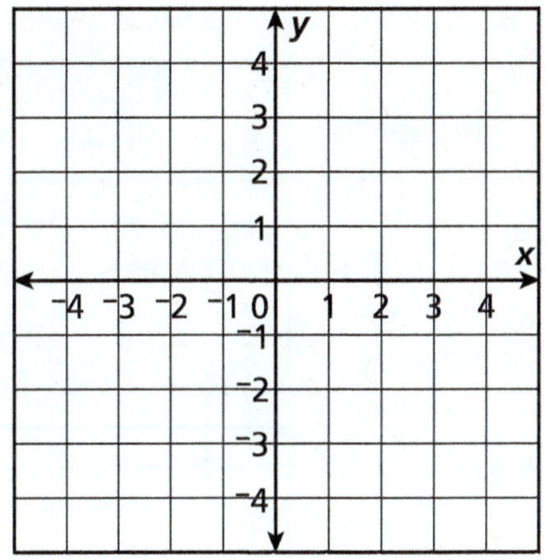

1. Brenda quiere que las esquinas de su jardín se ubiquen en las siguientes coordenadas $(4, 3)$, $(^-3, 3)$, $(^-3, ^-2)$, $(4, ^-2)$. En la cuadrícula de coordenadas, traza y rotula las esquinas del jardín, y luego sombrea la región que cubrirá el jardín. (Nota: En la cuadrícula, 1 unidad es equivalente a 1 pie.)

2. ¿Cuáles son las medidas del jardín de Brenda? Demuestra o explica cómo lo sabes.

3. ¿Cuál es el área del jardín de Brenda? Demuestra o explica cómo lo sabes.

4. En la cuadrícula de coordenadas, bosqueja un jardín rectangular cuya área sea de 40 pies cuadrados. Rotula los vértices de tu rectángulo con sus coordenadas y demuestra o explica cómo sabes cuál es el área.

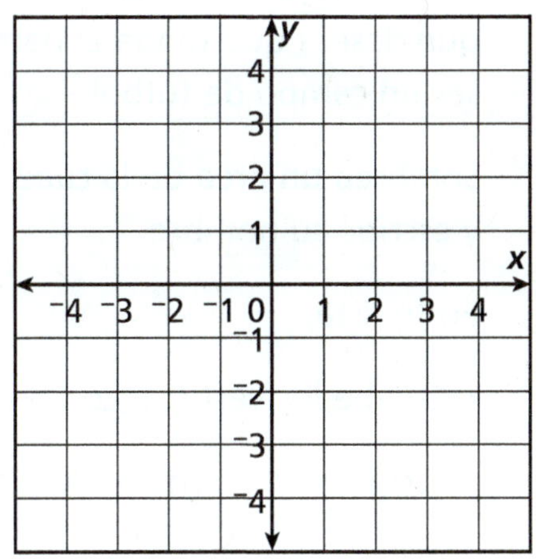

□ = 1 pie cuadrado

5. Si la escala de la cuadricula fuera a cambiar de modo que cada cuadrado represente 4 pies cuadrados, ¿cuál sería el área del jardín rectangular que deberías bosquejar para la pregunta 4? Demuestra o explica cómo lo sabes.

 Nombre ______ Fecha ______

Planificar un parque antes de ser construido ayuda a maximizar el disfrute de los visitantes cuando visitan el parque. Utiliza la cuadrícula de abajo para bosquejar un esquema para el parque.

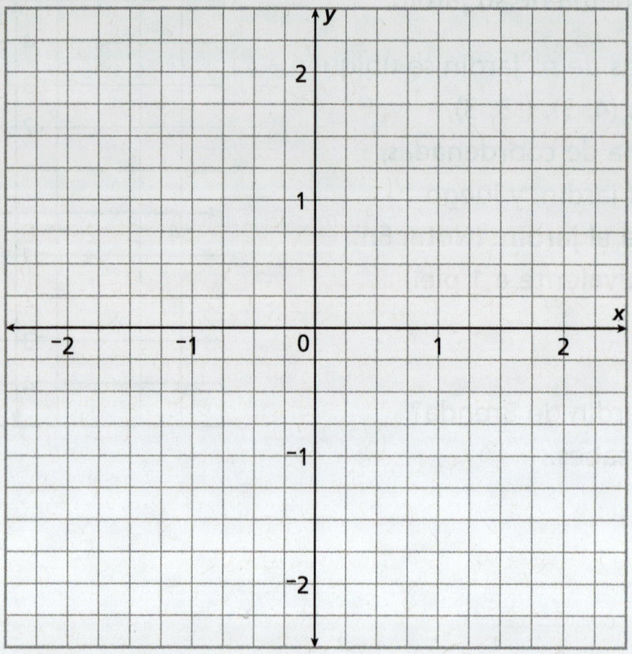

□ = 100 yardas cuadradas

6 En una hoja separada de papel, elabora una lista de cinco características que desees que tenga el parque. Por ejemplo, una característica puede ser un campo de fútbol.

7 Sombrea un área de la cuadrícula para representar cada característica y escribe su nombre.

8 En tu lista,

- Escribe los vértices (como pares ordenados) y el área de cada función.
- Escribe el porcentaje del área del parque que representa cada función.
- Escribe el porcentaje del área del parque que no tiene función.

Tabla de medidas

Métrica	Sistema usual
Longitud/área/volumen	
1 milímetro (mm) = 0.001 metro (m) 1 centímetro (cm) = 0.01 metro 1 decímetro (dm) = 0.1 metro 1 decámetro (dam) = 10 metros 1 hectómetro (hm) = 100 metros 1 kilómetro (km) = 1,000 metros 1 hectárea (ha) = 1,000 metros cuadrados (m^2) 1 centímetro cuadrado = 1 cm^2 Unidad métrica para medir área. Es el área de un cuadrado que tiene un centímetro de cada lado. 1 centímetro cúbico = 1 cm^3 Unidad para medir volumen. Es el volumen de un cubo con cada arista de 1 centímetro de largo.	1 pie = 12 pulgadas (pulg) 1 yarda (yd) = 36 pulgadas 1 yarda = 3 pies 1 milla (mi) = 5,280 pies 1 milla = 1,760 yardas 1 acre = 4,840 yardas cuadradas 1 acre = 43,560 pies cuadrados 1 acre = $\frac{1}{640}$ milla cuadrada 1 pulgada cuadrada = 1 $pulg^2$ Unidad del sistema usual para medir área. Es el área de un cuadrado que mide una pulgada de cada lado. 1 pulgada cúbica = 1 $pulg^3$ Unidad para medir volumen. Es el volumen de un cubo con cada arista de 1 pulgada de largo.
Capacidad	
1 mililitro (mL) = 0.001 litro (L) 1 centilitro (cL) = 0.01 litro 1 decilitro (dL) = 0.1 litro 1 decalitro (daL) = 10 litros 1 hectolitro (hL) = 100 litros 1 kilolitro (kL) = 1,000 litros	1 cucharadita (cdta) = $\frac{1}{6}$ onza fluida (oz fl) 1 cucharada (cda) = $\frac{1}{2}$ onza fluida 1 taza (tz) = 8 onzas fluidas 1 pinta (pt) = 2 tazas 1 cuarto (ct) de galón = 2 pintas 1 galón (gal) = 4 cuartos
Masa	**Peso**
1 miligramo (mg) = 0.001 gramo (g) 1 centigramo (cg) = 0.01 gramo 1 decigramo (dg) = 0.1 gramo 1 decagramo (dag) = 10 gramos 1 hectogramo (hg) = 100 gramos 1 kilogramo (kg) = 1,000 gramos 1 tonelada métrica = 1,000 kilogramos	1 libra (lb) = 16 onzas 1 tonelada (T) = 2,000 libras
Volumen/Capacidad/Masa de agua	
1 centímetro cúbico (cm^3) = 1 milímetro = 1 gramo 1,000 centímetros cúbicos = 1 litro = 1 kilogramo	

Tablas de referencias

Tabla de unidades de tiempo

Tiempo	
1 minuto (min) = 60 segundos (seg)	1 año = 365 días
1 hora (h) = 60 minutos	1 año bisiesto = 366 días
1 día = 24 horas	1 década = 10 años
1 semana = 7 días	1 siglo = 100 años
1 mes, aproximadamente 30 días	1 milenio = 1,000 años
1 año = 12 meses o aproximadamente 52 semanas	

Tabla de fórmulas

Perímetro

Polígono	$P =$ suma de las longitudes de los lados
Rectángulo	$P = 2(l + a)$ o $P = 2l + 2a$
Cuadrado	$P = 4l$

Área		Área de superficie de un polígono
Paralelogramo	$A = bh$	(informal) $SA =$ suma de las áreas de las caras
Polígono	$A = \frac{1}{2}n \cdot s \cdot h$ o $A = \frac{n}{2} \cdot s \cdot h$	
Rectángulo	$A = lw$ o $A = bh$	
Cuadrado	$A = l^2$	
Trapecio	$A = \frac{1}{2}h\,(b_1 + b_2)$	
Triángulo	$A = \frac{1}{2}bh$	

Volumen de un prisma rectangular

$V = lah$ o $V = Bh$

(donde B es el área de la base del prisma)

Fórmula de distancia

$d = rt$

Propiedades de las operaciones

Propiedad asociativa de la suma	
$(a + b) + c = a + (b + c)$	$(2 + 5) + 3 = 2 + (5 + 3)$
Propiedad conmutativa de la suma	
$a + b = b + a$	$4 + 6 = 6 + 4$
Propiedad de identidad de la suma de 0	
$a + 0 = 0 + a = a$	$3 + 0 = 0 + 3 = 3$
Inverso aditivo	
Para cada a hay $-a$, por lo que $a + (-a) = (-a) + a = 0$. Para $a = 5$, $5 + (-5) = (-5) + 5 = 0$	
Propiedad asociativa de la multiplicación	
$(a \cdot b) \cdot c = a \cdot (b \cdot c)$	$(3 \cdot 5) \cdot 7 = 3 \cdot (5 \cdot 7)$
Propiedad conmutativa de la multiplicación	
$a \cdot b = b \cdot a$	$6 \cdot 3 = 3 \cdot 6$
Propiedad de identidad de la multiplicación de 1	
$a \cdot 1 = 1 \cdot a = a$	$8 \cdot 1 = 1 \cdot 8 = 8$
Inverso multiplicativo	
Para cada $a \neq 0$ hay $\frac{1}{a}$ por lo que $a \cdot \frac{1}{a} = \frac{1}{a} \cdot a = 1$. Para $a = 5$, $5 \cdot \frac{1}{5} = \frac{1}{5} \cdot 5 = 1$.	
Propiedad distributiva de la multiplicación sobre la suma	
$a \cdot (b + c) = (a \cdot b) + (a \cdot c)$	$2 \cdot (4 + 3) = (2 \cdot 4) + (2 \cdot 3)$

Propiedades de igualdad

Propiedad reflexiva de la igualdad	Propiedad simétrica de la igualdad
$a = a$	Si $a = b$, entonces $b = a$.
Propiedad transitiva de la igualdad	**Propiedad aditiva de la igualdad**
Si $a = b$ y $b = c$, entonces $a = c$.	Si $a = b$, entonces $a + c = b + c$.
Propiedad sustractiva de la igualdad	**Propiedad multiplicativa de la igualdad**
Si $a = b$, entonces $a - c = b - c$.	Si $a = b$, entonces $a \cdot c = b \cdot c$.
Propiedad divisora de la igualdad	
Si $a = b$ y $c \neq 0$, entonces $a \div c = b \div c$.	

Tipos de problemas de suma y resta

	Resultado desconocido	Cambio desconocido	Inicio desconocido
Sumar a	En una obra de teatro, 536 personas estaban sentadas cuando la obra comenzó. Luego, 28 personas llegaron tarde. ¿Cuántas personas asistieron a la obra? *Ecuación de situación y solución:* $536 + 28 = t$	Cuando comenzó la obra, había 536 personas sentadas. Algunos llegaron tarde. En total, 564 personas asistieron a la obra. ¿Cuántas personas llegaron tarde? *Ecuación de situación:* $536 + s = 564$ *Ecuación de solución:* $564 - 536 = s$	Algunas personas estaban sentadas cuando comenzó la obra. Luego, 28 personas llegaron tarde. En total, 564 personas asistieron a la obra. ¿Cuántas personas estaban sentadas cuando comenzó la obra? *Ecuación de situación:* $p + 28 = 564$ *Ecuación de solución:* $564 - 28 = p$
Restar de	La Sra. Davis tiene 144 teteras en su tienda. Hoy vendió 9. ¿Cuántas teteras quedan en la tienda? *Ecuación de situación y solución:* $144 - 9 = t$	La Sra. Davis tiene 144 teteras en su tienda. Después de vender algunas hoy, hay 135 teteras en la tienda. ¿Cuántas teteras vendió hoy? *Ecuación de situación:* $144 - p = 135$ *Ecuación de solución:* $144 - 135 = p$	La Sra. Davis tiene algunas teteras en su tienda. Después de vender 9 hoy, le quedan 135 teteras en la tienda. ¿Cuántas teteras había en la tienda al comienzo del día? *Ecuación de situación:* $s - 9 = 135$ *Ecuación de solución:* $135 + 9 = s$

Tipos de problemas de suma y resta

	Total desconocido	Sumando desconocido	Otro sumando desconocido
Agrupar/ Separar	Ana tiene dos cuentas de ahorro. Una tiene \$432 y la otra tiene \$597. ¿Cuánto ha ahorrado Ana en ambas cuentas? *Ecuación de situación y solución:* $432 + 597 = t$	Ana tiene dos cuentas de ahorro. Una tiene \$432. Ahorró \$1029 en ambas cuentas. ¿Cuánto dinero hay en la segunda cuenta de Ana? *Ecuación de situación:* $432 + s = 1029$ *Ecuación de solución:* $1029 - 432 = s$	Ana tiene dos cuentas de ahorro. La segunda tiene \$597. Ahorró \$1029 en ambas cuentas. ¿Cuánto dinero hay en la primera cuenta de Ana? *Ecuación de situación:* $f + 597 = 1029$ *Ecuación de solución:* $1029 - 597 = f$
			Ambos sumandos desconocidos
		Ambos sumandos desconocidos son una extensión productiva de esta situación básica. Dichas situaciones de separación pueden usarse para mostrar todas las descomposiciones de un número dado, como una fracción o una expresión. Las ecuaciones asociadas, que muestran el total a la izquierda del signo igual ayudan a los estudiantes a comprender que el signo = no siempre significa *es igual a* o *da como resultado,* sino que siempre significa *es el mismo número que*.	Ana tiene dos cuentas de ahorro con \$1029 en total en ambas cuentas. ¿Cuáles pueden ser los montos en las dos cuentas? *Ecuación de situación y solución:* $1029 = f + s$

Tipos de problemas de suma y resta (continuación)

	Diferencia desconocida	Mayor desconocido	Menor desconocido
Comparar[1]	Aki recoge 98 manzanas. Sofía recoge 144 manzanas. ¿Cuántas manzanas **más** recoge **Sofía** que Aki? *Ecuación de solución:* $98 + a = 144$ o $144 - 98 = a$	**Lenguaje preciso** Aki recoge 98 manzanas. **Sofía** recoge **46** manzanas **más** que Aki. ¿Cuántas manzanas recoge Sofía? *Ecuación de solución:* $98 + 46 = a$	**Lenguaje preciso** Sofía recoge 144 manzanas. **Aki** recoge **46** manzanas **menos** que Sofía. ¿Cuántas manzanas recoge Aki? *Ecuación de solución:* $144 - 46 = a$ o $46 + a = 144$
	Aki recoge 98 manzanas. Sofía recoge 144 manzanas. ¿Cuántas manzanas **menos** recoge **Aki** que Sofía? *Ecuación de solución:* $98 + a = 144$ o $144 - 98 = a$	**Lenguaje engañoso** Aki recoge 98 manzanas. **Aki** recoge **46** manzanas **menos** que Sofía. ¿Cuántas manzanas recoge Sofía? *Ecuación de solución:* $98 + 46 = a$	**Lenguaje engañoso** Sofía recoge 144 manzanas. **Sofía** recoge **46** manzanas **más** que Aki. ¿Cuántas manzanas recoge Aki? *Ecuación de solución:* $144 - 46 = a$ o $46 + a = 144$

[1]Un enunciado comparativo siempre puede expresarse de dos formas: Una de esas formas usa más y la otra usa menos. El lenguaje engañoso sugiere la operación incorrecta. Por ejemplo, dice *Aki* recoge *46 manzanas menos que Sofía*, pero tienes que *sumar 46* a las 98 manzanas de Aki para obtener 144 manzanas.

Tipos de problemas de multiplicación y división

	Producto desconocido	Tamaño del grupo desconocido	Número de grupos desconocido
Grupos iguales	Seth tiene 55 bolsas con 9 manzanas en cada bolsa. ¿Cuántas manzanas tiene Seth en total? *Ecuación de solución:* $55 \cdot 9 = n$	Seth tiene 55 bolsas con el mismo número de manzanas en cada bolsa. En total tiene 495 manzanas. ¿Cuántas manzanas hay en cada bolsa? *Ecuación de situación:* $55 \cdot n = 495$ *Ecuación de solución:* $495 \div 55 = n$	Seth tiene algunas bolsas con manzanas. Cada bolsa tiene 9 manzanas. En total tiene 495 manzanas. ¿Cuántas bolsas con manzanas tiene Seth? *Ecuación de situación:* $n \cdot 9 = 495$ *Ecuación de solución:* $495 \div 9 = n$

Tipos de problemas de multiplicación y división (continuación)

	Producto desconocido	Factor desconocido	Factor desconocido
Matrices[2]	Jenna tiene 2 rollos de estampillas con 100 estampillas en cada rollo. ¿Cuántas estampillas tiene Jenna en total? *Ecuación de solución:* $2 \cdot 100 = s$	Jenna tiene 2 rollos de estampillas con el mismo número de estampillas en cada rollo. Tiene 200 estampillas en total. ¿Cuántas estampillas hay en cada rollo? *Ecuación de solución:* $2 \cdot s = 200$ *Ecuación de solución:* $200 \div 2 = s$	Jenna tiene algunos rollos de estampillas. Hay 100 estampillas en cada rollo. Tiene 200 estampillas en total. ¿Cuántos rollos de estampillas tiene Jenna? *Ecuación de solución:* $r \cdot 100 = 200$ *Ecuación de solución:* $200 \div 100 = r$
Área	Un jardín tiene 12 metros por 15 metros. ¿Cuál es el área del jardín? *Ecuación de solución:* $12 \cdot 15 = a$	La longitud del jardín es de 12 metros. El área del jardín es de 180 metros cuadrados. ¿Cuál es el ancho del jardín? *Ecuación de solución:* $12 \cdot w = 180$ *Ecuación de solución:* $180 \div 12 = w$	El ancho del jardín es de 15 metros. El área del jardín es de 180 metros cuadrados. ¿Cuál es la longitud del jardín? *Ecuación de solución:* $l \cdot 15 = 180$ *Ecuación de solución:* $180 \div 15 = l$
Comparar	Katie recogió $\frac{1}{3}$ veces más flores que Bernardo. Bernardo recogió 21 flores. ¿Cuántas flores recogió Katie? *Ecuación de solución:* $\frac{1}{3} \cdot 21 = k$	Katie recogió $\frac{1}{3}$ veces más flores que Bernardo. Katie recogió 7 flores. ¿Cuántas flores recogió Bernardo? *Ecuación de solución:* $\frac{1}{3} \cdot b = 7$ *Ecuación de solución:* $7 \div \frac{1}{3} = b$	Katie recogió 7 flores. Bernardo recogió 21 flores. ¿Cuántas flores más recogió Katie que Bernardo? *Ecuación de solución:* $m \cdot 21 = 7$ *Ecuación de solución:* $7 \div 21 = m$

[2]Los problemas de matriz también pueden redactarse usando el número de filas y columnas de la matriz: Las manzanas en la ventana de una tienda de alimentos están en 3 filas y 6 columnas. ¿Cuántas manzanas hay?

Nota: Todas las situaciones de división también pueden tener una ecuación de multiplicación como la ecuación de la solución porque se puede resolver la división encontrando el factor desconocido.

El **poder** de las palabras matemáticas

Repaso de palabras

Trabaja con un compañero. Elije una palabra de una unidad actual o una palabra de repaso de una unidad anterior. Usa la palabra para completar una de las actividades que se muestran a la derecha. Luego, pregúntale a tu compañero si tiene alguna modificación que hacerle a tu trabajo o preguntas sobre lo que describiste. Repite la actividad, pero esta vez haz que tu compañero elija una palabra.

Actividades

- Expresa el significado con palabras o gestos.
- Usa la palabra en un enunciado.
- Nombra otra palabra que se relacione de alguna manera con la que elegiste y explica la relación.

Crucigrama

Haz un crucigrama parecido al del ejemplo que se muestra a continuación. Usa palabras de vocabulario de la unidad. También puedes agregar otras palabras relacionadas. Desafía a tu compañero a que resuelva el crucigrama.

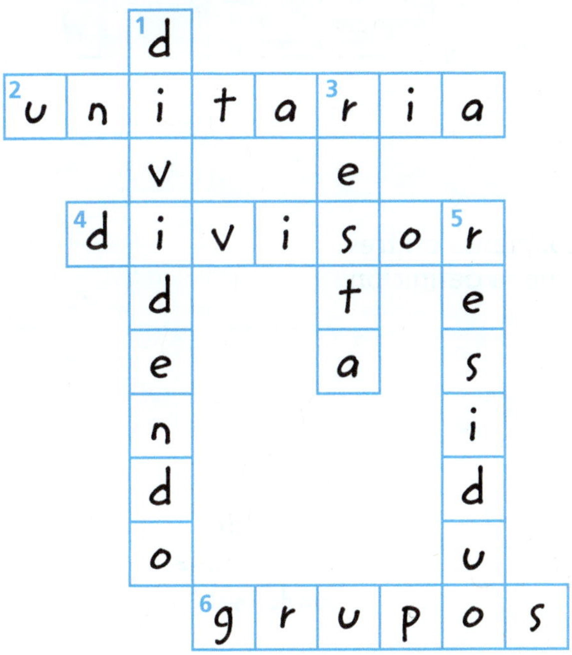

Horizontales

2. Una fracción cuyo numerador es 1 es una fracción _____.
4. Número por el que se divide en una división.
6. Dividir es separar en _____ iguales.

Verticales

1. Número que se divide en una división.
3. Operación usada para hallar la diferencia entre dos números.
5. Parte que queda sin asignar a un grupo en una división.

Actividades de vocabulario

Tablero de palabras

Con el permiso del maestro, armen un tablero de palabras en su salón de clases. A medida que trabajan con cada lección, escriban las palabras del vocabulario matemático en tarjetas y colóquenlas en el tablero de palabras. Pueden trabajar con un compañero o en un grupo pequeño para elegir una palabra y dar su definición.

Red de palabras

Haz una red de palabras para una palabra o palabras que no entiendas en una unidad. Completa la red con palabras o frases que estén relacionadas con la palabra del vocabulario.

multiplicar o dividir por el mismo número

mismo valor

Fracciones equivalentes

se usa para comparar, agregar o restar fracciones

$\frac{2}{3} = \frac{6}{9}$

Reto alfabético

Acepta un reto alfabético. Elije tres letras de alfabeto. Piensa en tres palabras del vocabulario para cada letra. Luego, escribe la definición o dibuja un ejemplo para cada palabra.

A
arista
altura
área

H
histograma
hexágono
hectogramo

L
litro
longitud
lado inclinado

Concentración

Escriban las palabras del vocabulario y palabras relacionadas de una unidad en tarjetas. Escriban las definiciones en tarjetas diferentes. Elijan entre 3 y 6 pares de palabras del vocabulario y definiciones. Mezclen los pares. Luego, coloquen las tarjetas hacia abajo en una mesa. Túrnense para dar vuelta dos tarjetas. Si una de las tarjeta es una palabra y la otra es una definición que coincide con la palabra, tomen el par. Continúen hasta unir todas las palabras con sus definiciones correspondientes.

área		
		La cantidad de superficie cubierta o rodeada por una figura

Diario matemático

A medida que aprendes palabras nuevas, escríbelas en tu Diario matemático. Escribe la definición de la palabra e incluye un dibujo o un ejemplo. A medida que aprendes nueva información sobre la palabra, agrega notas a tu definición.

pirámide octogonal: pirámide con una base que es un octágono y caras triangulares que se juntan en el vértice.

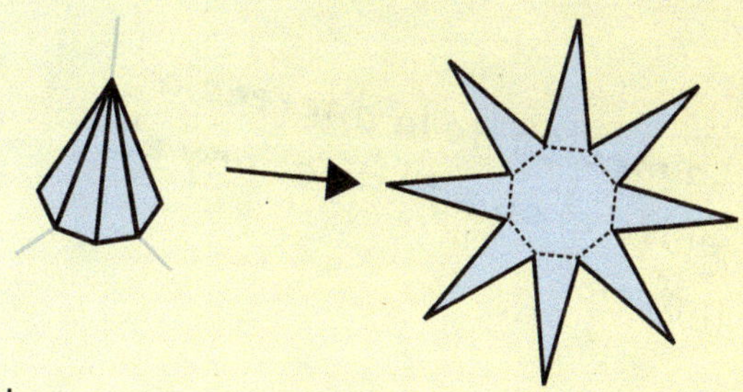

Área de superficie: el área total de todas las caras de un cuerpo geométrico.

¿Cuál es la palabra?

Trabajen juntos para hacer un afiche o una presentación en el tablero de anuncios de las palabras en una unidad. Escriban las definiciones en tarjetas. Mezclen las tarjetas. Trabajen con un compañero y elijan una definición de las tarjetas. Hagan que su compañero señale la palabra en el afiche y que nombre la palabra del vocabulario matemático. Intercambien roles y repitan la actividad.

media	mediana
diagrama de caja	diagrama de puntos
cuartil	brecha
primer cuartil	histograma
tercer cuartil	rango
agrupación	valor atípico
desviación absoluta media	
rango intercuartílico	

A

agrupación
Grupo de valores de datos. Un conjunto de datos puede no tener agrupaciones, una agrupación o más de una agrupación.

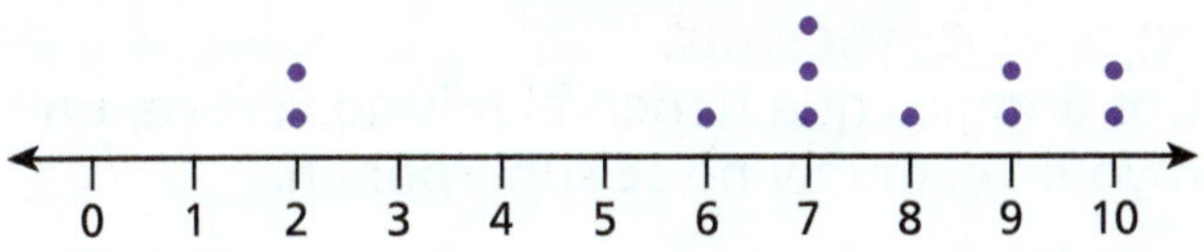

Los datos forman una agrupación del 6 al 10

altura de un paralelogramo
La altura de un paralelogramo es la distancia perpendicular desde la base hasta un vértice que no esté en la base. Para calcular esta distancia quizás se requiera extender la base.

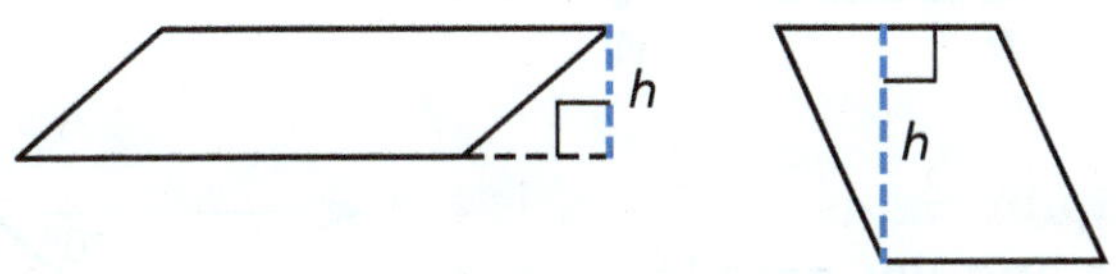

altura de un rectángulo
Cualquier lado de un rectángulo puede ser la altura.

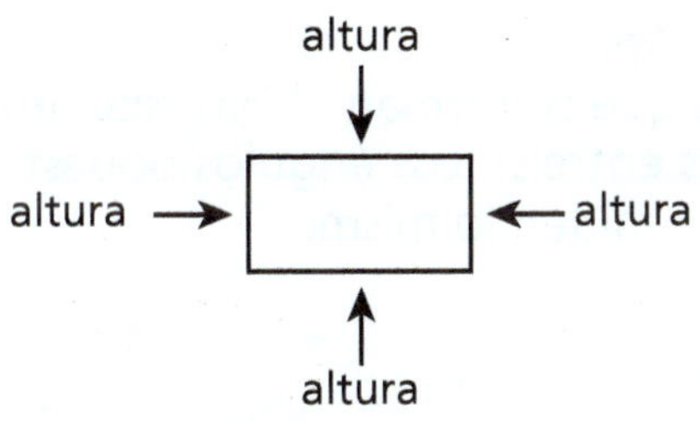

altura de un trapecio
La altura de un trapecio es la distancia perpendicular desde la base hasta un vértice que no esté en la base.

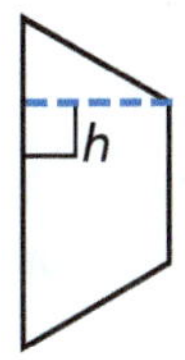

altura de un triángulo
Distancia perpendicular de una base a un vértice que no esté en la base. Para calcular esta distancia quizás se requiera extender la base.

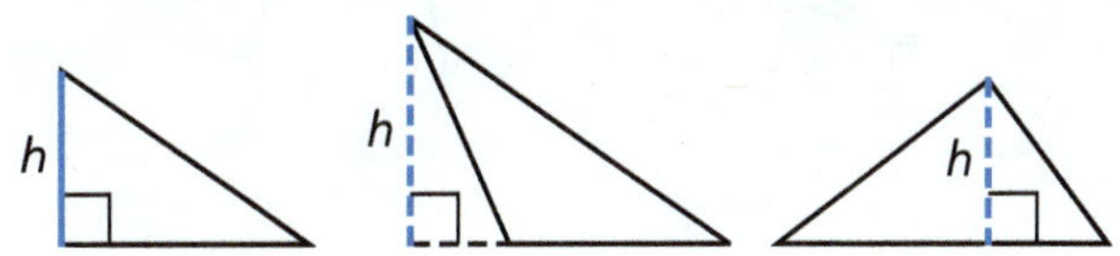

altura oblicua
Altura de una cara triangular de una pirámide.

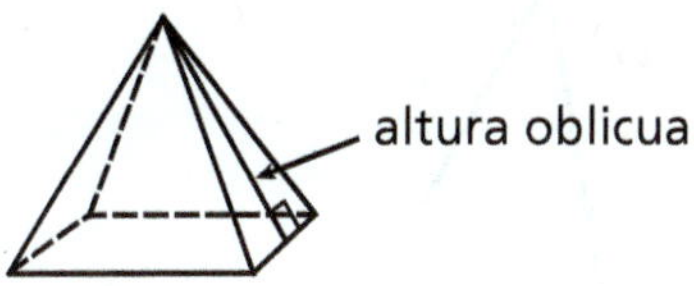

amplificar*
Reescribir una fracción como una fracción equivalente con un numerador y un denominador más grandes.

Ejemplo:
Amplificar $\frac{3}{5}$ multiplicándolo por $\frac{6}{6}$.
$\frac{3}{5} \cdot \frac{6}{6} = \frac{18}{30}$

ángulo
Figura formada por dos rayos con el mismo extremo.

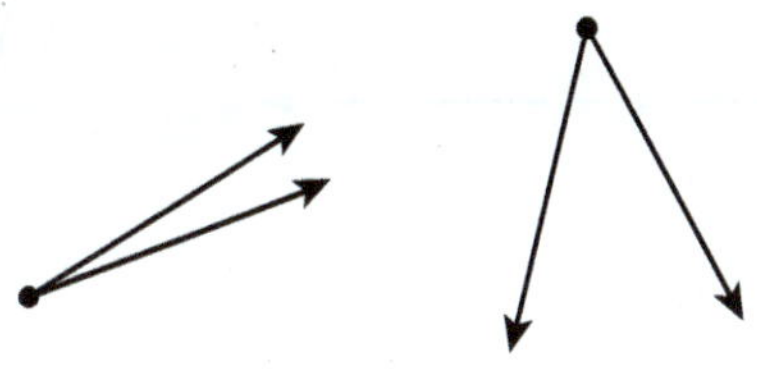

*Término basado en investigaciones escolares desarrollado para *Expresiones en matemáticas*

ángulo agudo
Ángulo que mide menos de 90°.

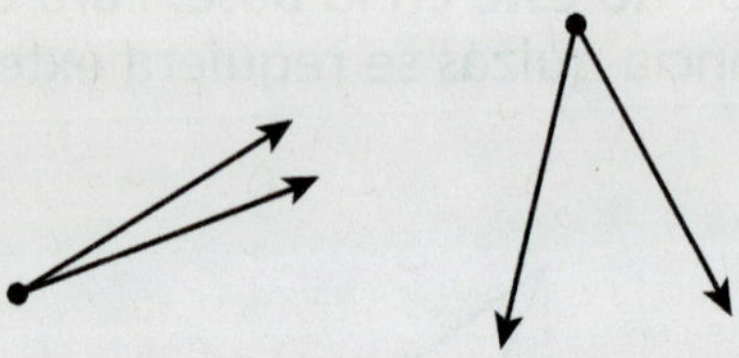

ángulo exterior
Ángulo que se forma por la extensión de uno de los lados de un polígono.

Ejemplo:

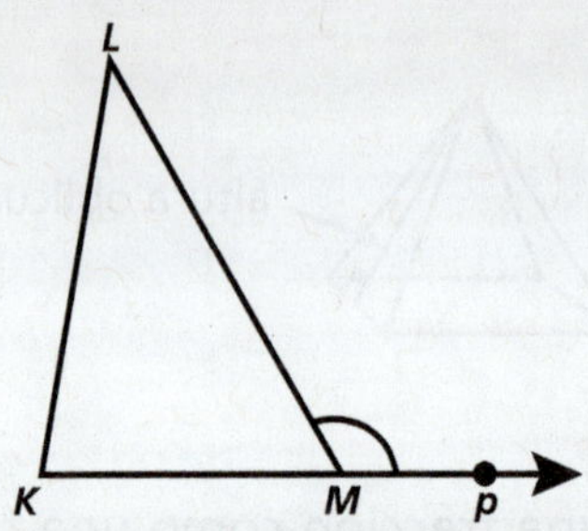

∠*LMP* es un ángulo exterior del triángulo *KLM*.

ángulo interno
Ángulo dentro de un polígono.

∠*K*, ∠*L* y ∠*LMK* son ángulos internos.

ángulo llano
Ángulo que mide 180°. Forma una recta.

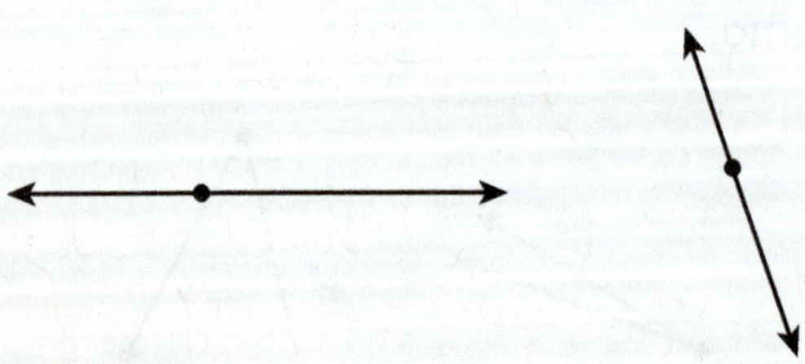

ángulo obtuso
Angulo que mide más de 90° pero menos de 180°.

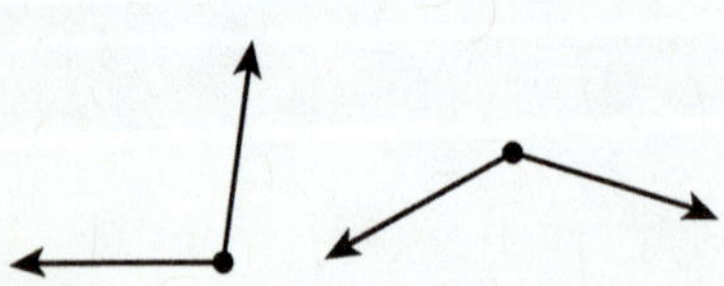

ángulo recto
Ángulo que mide 90°.

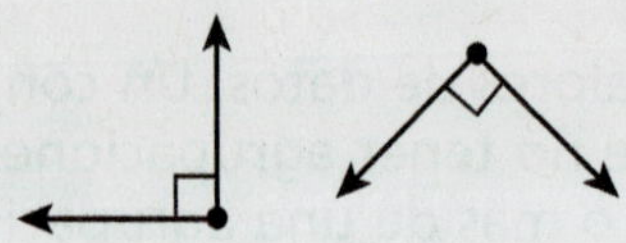

ángulos adyacentes
Dos ángulos que tienen el mismo vértice, un rayo en común y no se superponen.

Ejemplo:

∠*RSW* y ∠*SWT* son ángulos adyacentes.

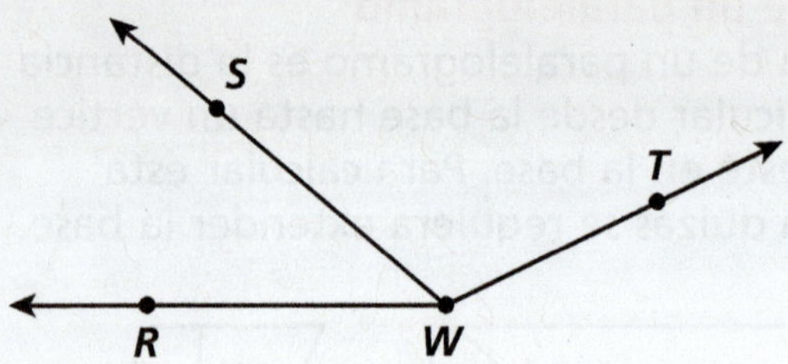

ángulos complementarios
Dos ángulos para los cuales la suma de sus medidas es 90°.

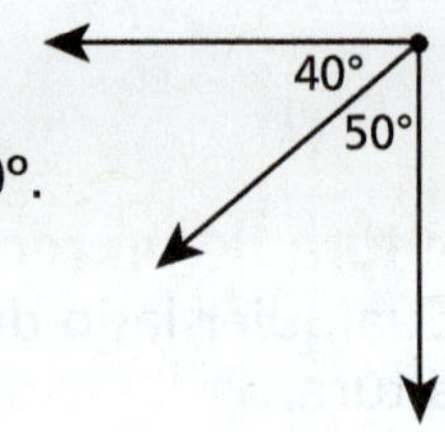

ángulos opuestos por el vértice
Ángulos que se forman al intersectar rectas opuestas entre sí. Los ángulos opuestos por el vértice miden lo mismo.

Ejemplo:

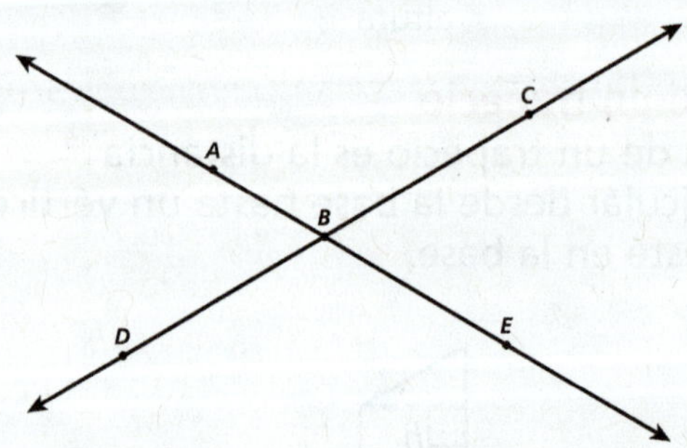

∠*ABC* y ∠*DBE* son ángulos opuestos por el vértice.

ángulos suplementarios
Dos ángulos para los cuales la suma de sus medidas es 180°.

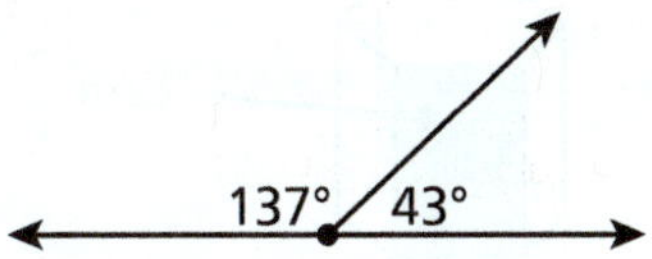

árbol de factores
Manera de escribir los factores de un número para calcular su factorización prima.

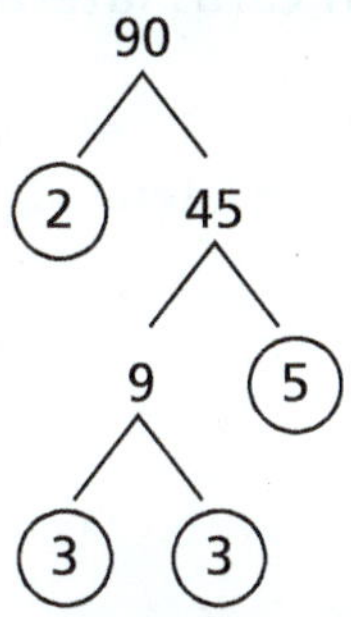

Los factores encerrados están escritos en orden. La factorización prima de 90 es 2 • 3 • 3 • 5.

área
Cantidad de superficie cubierta o rodeada por una figura. El área se mide calculando el número de unidades del mismo tamaño necesarias para cubrir la figura sin brechas ni superposiciones.

área de superficie
El área total de todas las caras de un cuerpo geométrico.

arista
Segmento de recta donde se unen dos caras en una figura tridimensional.

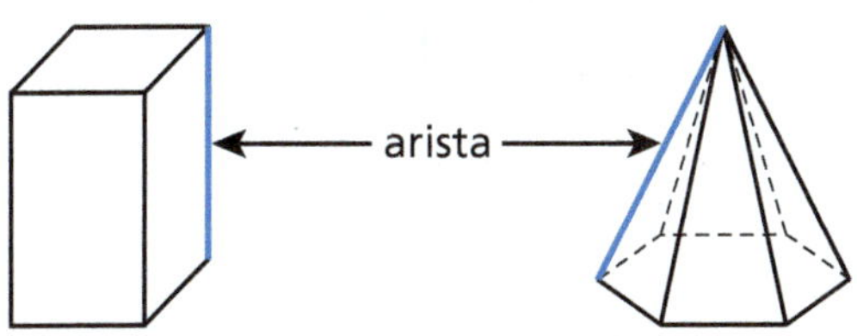

B

base de un paralelogramo
Cualquier lado de un paralelogramo puede ser la base.

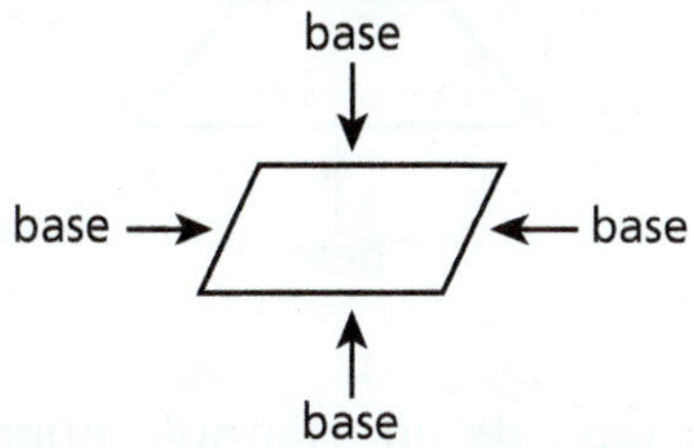

base de una pirámide
La base es la cara que no toca el vértice de la pirámide.

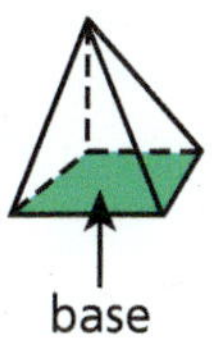

base de un prisma
La base es una de las caras congruentes y paralelas.

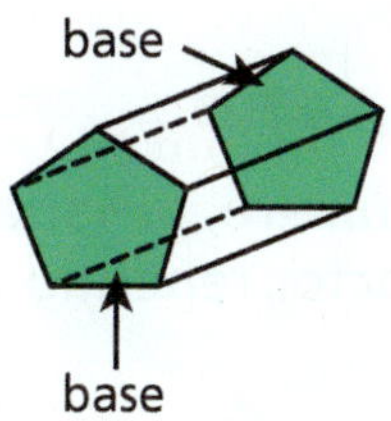

base de un rectángulo
Cualquier lado de un rectángulo puede ser la base.

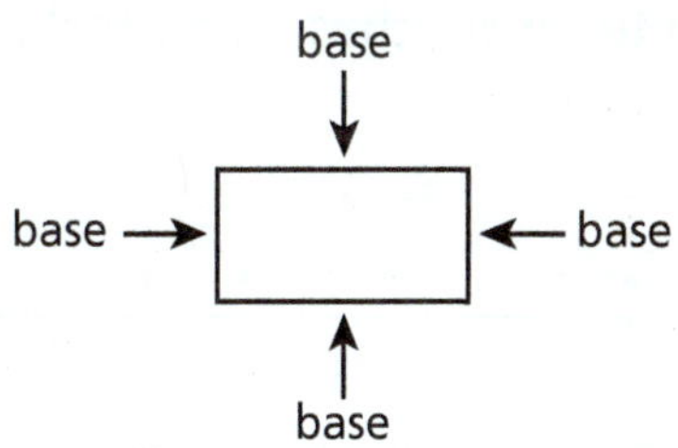

base de un trapecio
Cualquiera de los dos lados paralelos de un trapecio puede ser la base.

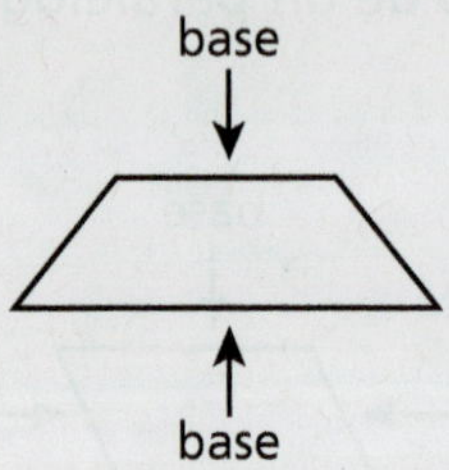

base de un triángulo
Cualquier lado de un triángulo puede ser la base.

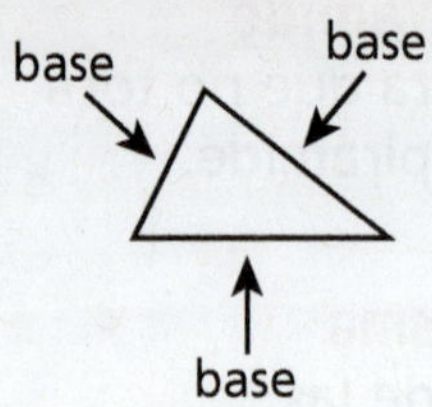

base de una potencia
El número, la variable o la expresión que es el factor repetido de una potencia.

Ejemplos:
4 es la base en la potencia 4^3. a es la base en la potencia a^7.

brecha
Intervalo sin datos. Un conjunto de datos puede no tener brechas, una brecha o más de una brecha.

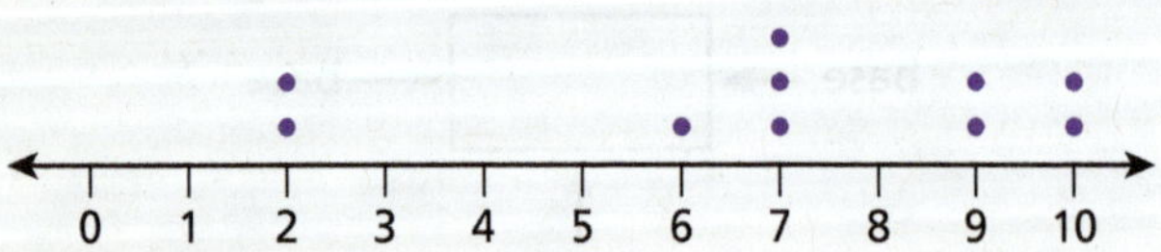

Los datos tienen una brecha de 3 a 5 y a 8.

C

cara de una pirámide
Cualquiera de las superficies planas de una pirámide.

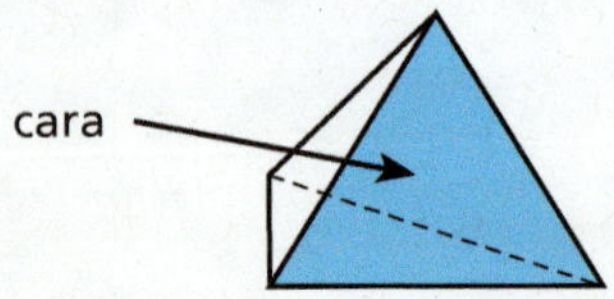

cara de un prisma
Cualquiera de las superficies planas de un prisma.

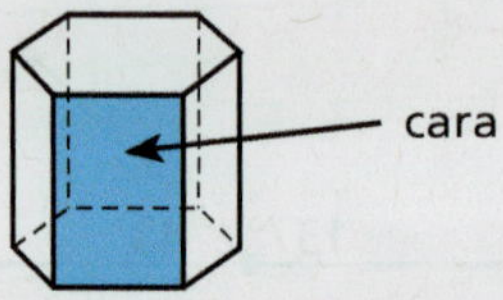

cara lateral
Una cara que no es una base. Los prismas tienen caras laterales rectangulares y las pirámides tienen caras laterales triangulares.

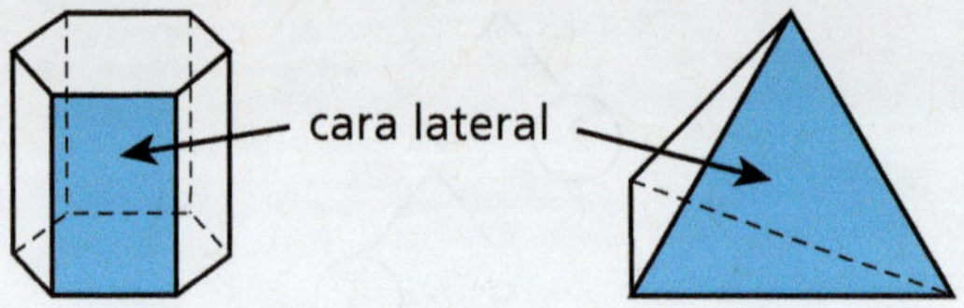

centímetro cuadrado (cm^2)
Unidad de área equivalente al área de un cuadrado con lados que miden un centímetro.

centro de un círculo
El punto que está a la misma distancia desde todos los puntos del círculo.

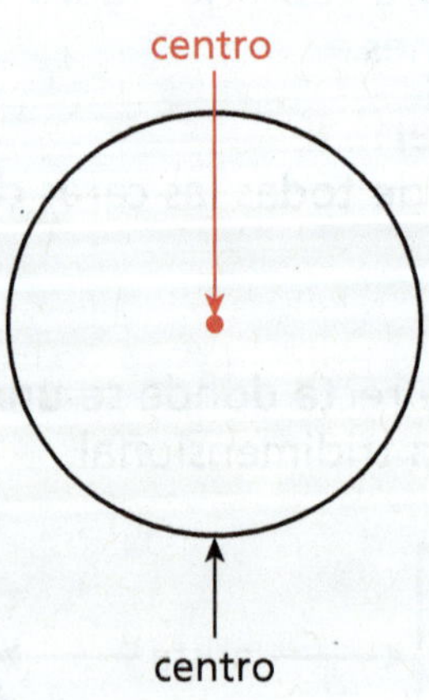

centro de un polígono
Punto dentro de un polígono regular ubicado a la misma distancia desde cada vértice.

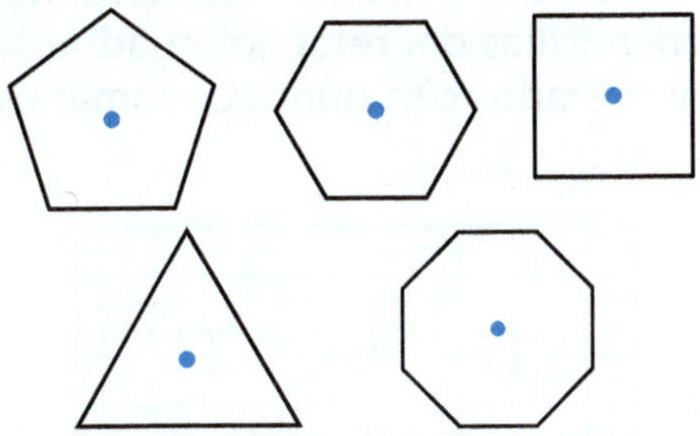

cilindro
Figura tridimensional que tiene dos bases paralelas circulares.

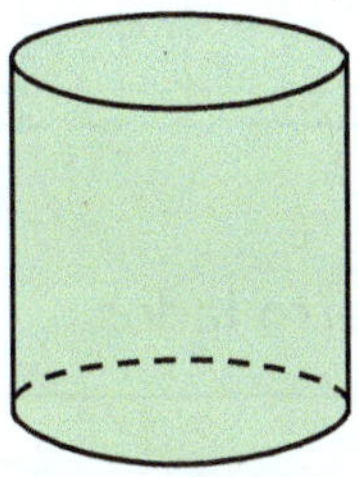

circunferencia
La distancia alrededor de un círculo.

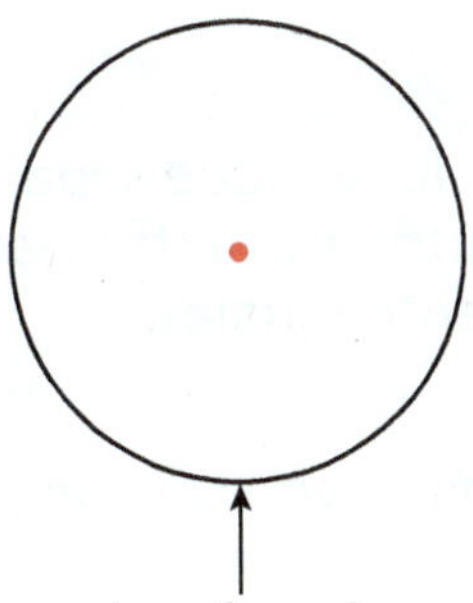

cociente
El resultado de una división.

Ejemplo:

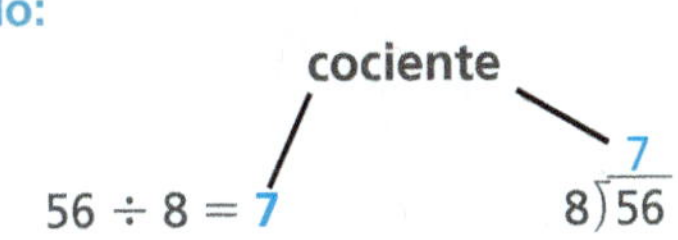

coeficiente
Parte numérica de un término cuando el término es un número multiplicado por una variable o un número multiplicado por un producto de variables.

Ejemplo:
En $5x + 2xy$, 5 es el coeficiente del término $5x$ y 2 es el coeficiente del término $2xy$.

columna
Grupo vertical de celdas en una tabla de datos.

comparación multiplicativa
Forma de comparar dos cantidades usando *determinadas veces la cantidad de* o dos cantidades usando *determinadas veces más*. Una comparación multiplicativa se puede expresar de dos maneras.

Ejemplo:
Cuando se comparan 2 círculos y 6 cuadrados, la comparación puede expresarse de la siguiente manera:

Hay 3 veces la cantidad de cuadrados que de círculos.

o

Hay $\frac{1}{3}$ de veces más círculos que cuadrados.

comparar razones
Para dos razones, establecer si el número en una cantidad de una razón es menor que, mayor que o igual a la misma cantidad en la otra razón cuando el valor de la otra cantidad en las razones es igual.

congruente
Figuras que tienen el mismo tamaño y la misma forma.

Ejemplo:
Las bases de este prisma pentagonal son congruentes.

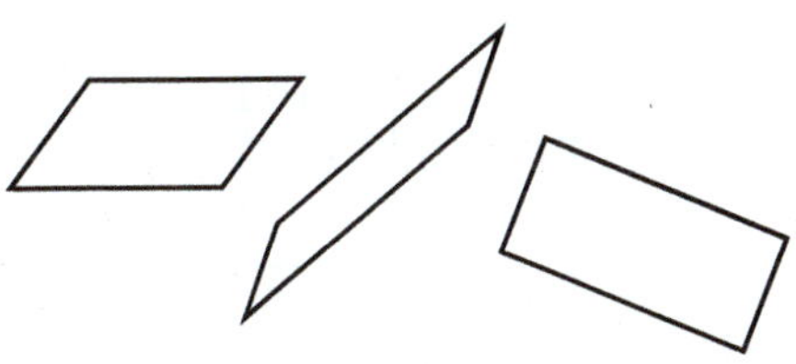

conjunto solución de una igualdad
Conjunto de todas las soluciones de una desigualdad.

Ejemplos:

Esta gráfica muestra el conjunto solución de $x > 3$.

Esta gráfica muestra el conjunto solución de $x \geq 3$.

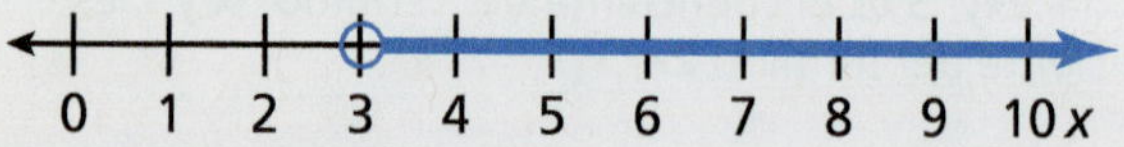

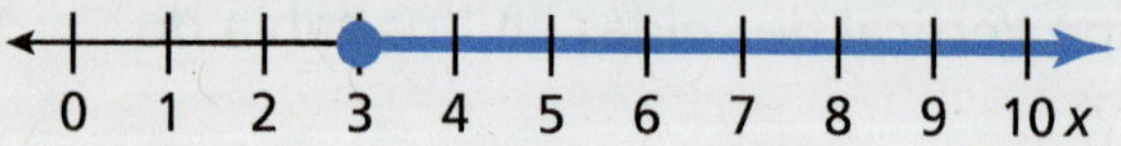

cono
Figura tridimensional que tiene una sola base, que es un círculo.

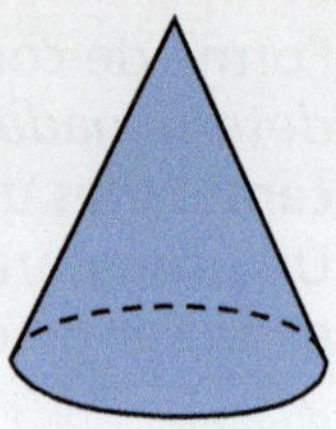

cono

coordenada *x*
Primer número en un par ordenado (x, y).

coordenada *y*
Segundo número en un par ordenado (x, y).

coordenadas
Cada punto del plano de coordenadas corresponde a un par ordenado de números llamados coordenadas.

Ejemplo:

El par ordenado (−7, 3) proporciona las coordenadas que determinan la posición del punto que se muestra en la siguiente gráfica. La primera coordenada, −7, determina la posición horizontal del punto. La segunda coordenada, 3, determina la posición vertical del punto.

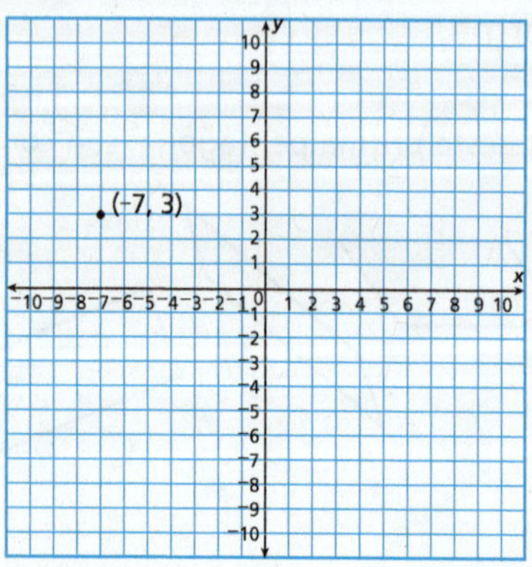

cuadrante
Los ejes *x* e *y* dividen el plano de coordenadas en cuatro regiones llamadas *cuadrantes*. Comenzando en el cuadrante superior derecho *y* moviéndose en sentido de las manecillas del reloj, los cuadrantes están numerados con números romanos I, II, III y IV.

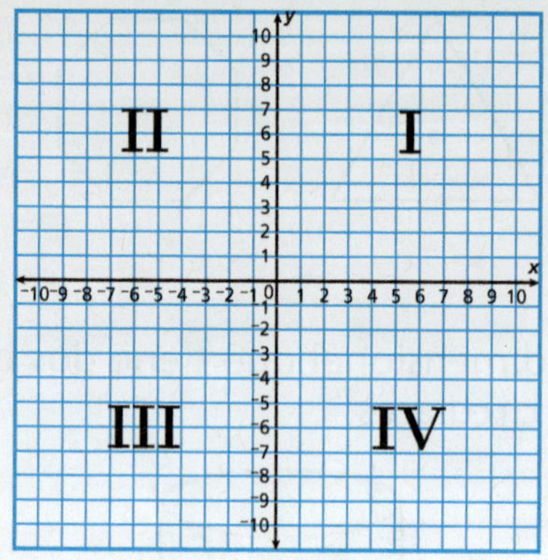

cuadrilátero
Polígono con cuatro lados.

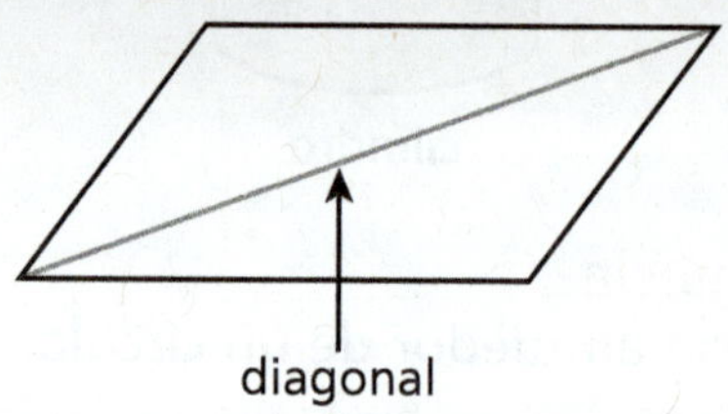

cuartiles
Valores de los puntos que separan un conjunto de datos en cuatro partes aproximadamente iguales.

cubo
Prisma rectangular con seis caras cuadradas congruentes.

cubo de un centímetro
Cubo con aristas de un centímetro.

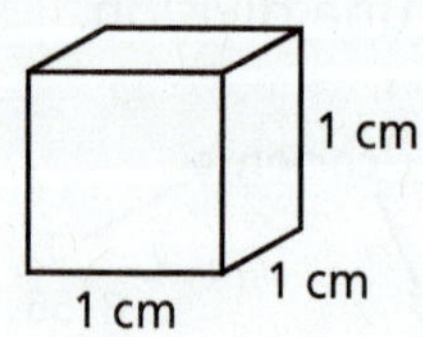

cubo de una pulgada
Cubo con aristas de una pulgada.

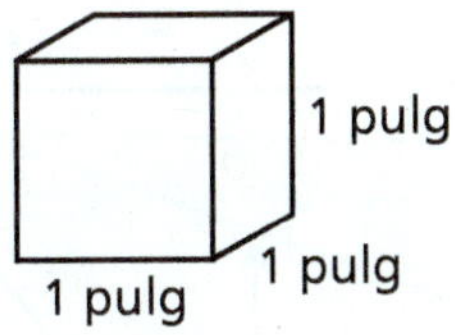

cubo unitario
Cubo con aristas de una unidad.

cuerpo geométrico
Un cuerpo geométrico es una figura tridimensional; no es plano.

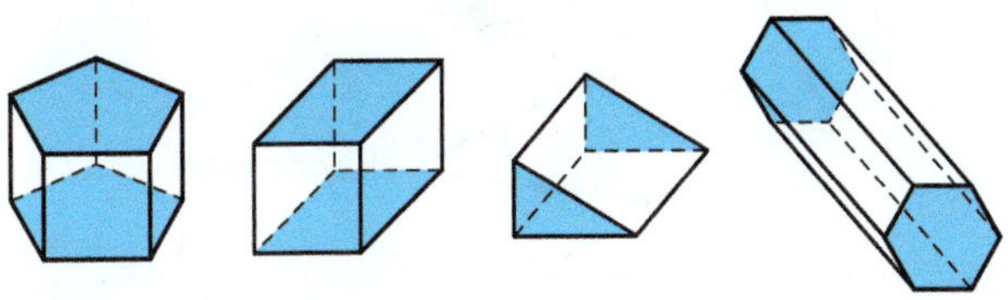

D

datos categóricos
Datos expresados en palabras que representan categorías.

Ejemplo:
Deporte favorito: fútbol americano, fútbol, béisbol, etc.

datos continuos
Datos que representan una acumulación sin interrupciones. Cada punto de datos está relacionado con el punto de datos anterior y posterior a este.

Ejemplo:
Temperatura que se lee durante un período de 24 horas: 45°, 47°, 52°, etc.

datos discretos
En un conjunto de datos discretos, cada número es exacto y no están relacionados entre sí.

Ejemplos:
- El número de personas que visitan la biblioteca todos los días durante un mes.
- El número de libros en cada estantería en la biblioteca.
- El número de estudiantes en cada grado en una escuela.

datos numéricos
Datos que involucran números y cantidades.

Ejemplos:
- El número de estudiantes en cada clase en una escuela.
- La población de una ciudad cada año durante los últimos diez años.

datos simétricos
Distribución de datos que contiene un eje de simetría. La forma de los datos en un lado del eje de simetría es igual a la forma de los datos en el otro lado del eje.

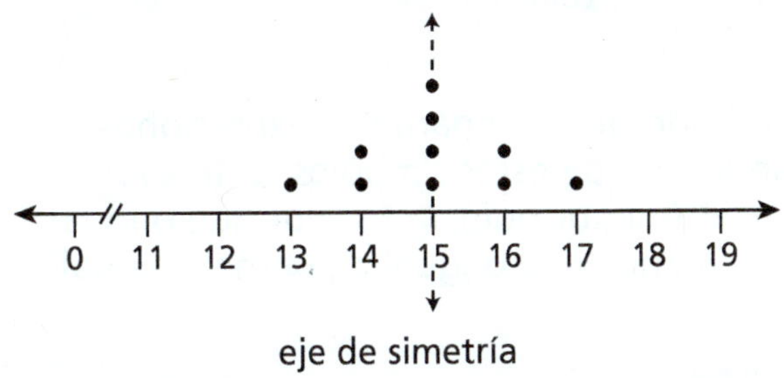

decimal
Número con un punto decimal. Un decimal es otra manera de escribir una fracción. Algunos decimales se llaman fracciones decimales porque representan fracciones con denominadores de 10, 100 y 1,000.

décimos $\frac{1}{10}$ o 0.1

centésimos $\frac{1}{100}$ o 0.01

milésimos $\frac{1}{1,000}$ o 0.001

Ejemplo:
El decimal 9.56 representa $9\frac{56}{100}$.

denominador
Número debajo de la barra en una fracción. Indica el número de fracciones unitarias formadas al dividir el entero en partes iguales.

Ejemplo:
En la fracción $\frac{3}{5}$, el denominador es 5.

$\frac{3}{5}$ ← denominador

Representa las 5 fracciones unitarias (los 5 quintos) formadas al dividir el entero en 5 partes iguales.

denominador común
Múltiplo común de dos o más denominadores.

Ejemplo:
15 es denominador común de $\frac{1}{3}$ y $\frac{2}{5}$.

$\frac{1}{3}=\frac{5}{15}$ $\frac{2}{5}=\frac{6}{15}$

Así que, $\frac{1}{3}+\frac{2}{5}=\frac{5}{15}+\frac{6}{15}=\frac{11}{15}$

densidad
Razón entre la masa de un objeto y su volumen.

$$\text{densidad} = \frac{\text{masa}}{\text{volumen}}$$

desigualdad
Enunciado que compara dos expresiones usando uno de estos símbolos: $>$ (mayor que), $<$ (menor que), $\geq$ (mayor que o igual a), $\leq$ (menor que o igual a), $\neq$ (no es igual a).

Ejemplos:
$4+7>10$
$x-2\leq 8$

desviación absoluta media
Medida de variabilidad que muestra la distancia promedio de los valores de datos a la media en un conjunto.

Ejemplo:
La desviación absoluta media es $(3+2+2+1+6)\div 5=2.8$.

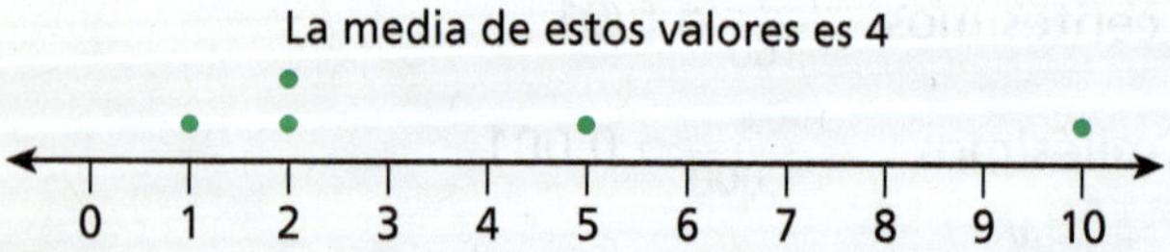

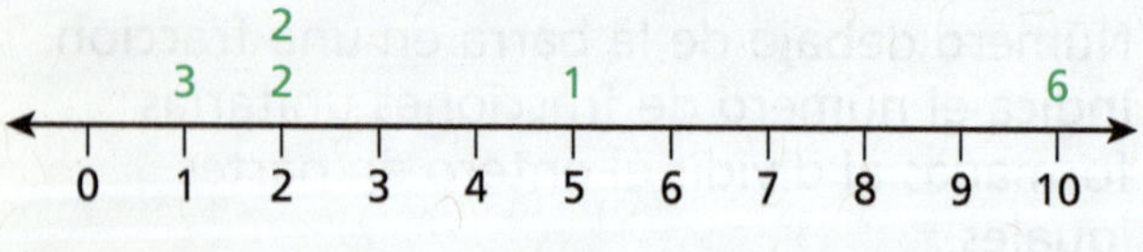

diagonal
Segmento de recta que conecta a dos vértices separados.

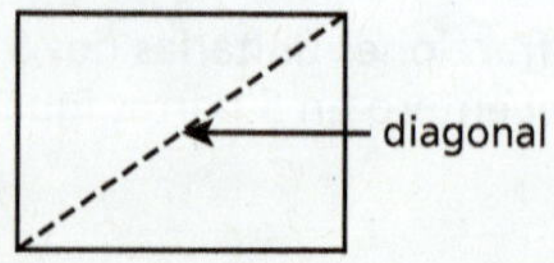

diagonal de un cuadrilátero
Segmento de recta que conecta dos vértices opuestos.

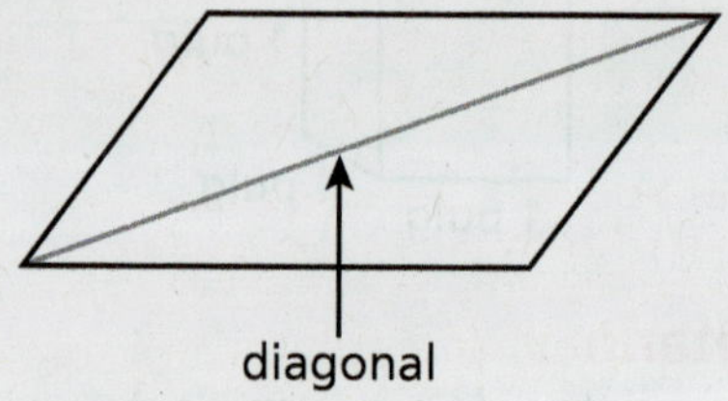

diagonal de un polígono
Segmento de recta que conecta dos vértices de un polígono, pero no es un lado.

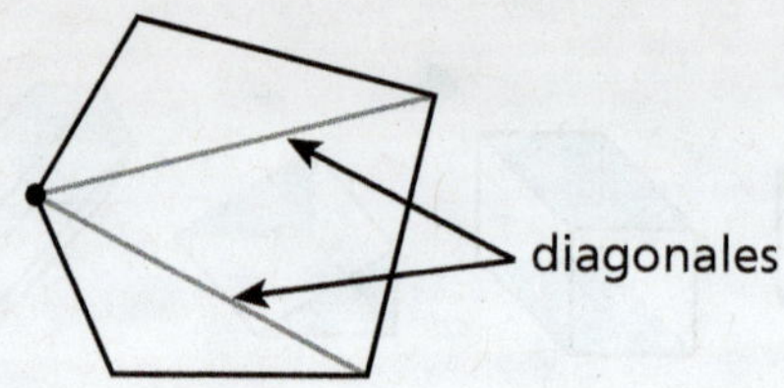

diagrama de caja
Resumen gráfico que muestra la mediana, los cuartiles y los valores máximo y mínimo de un conjunto de datos.

Ejemplo:

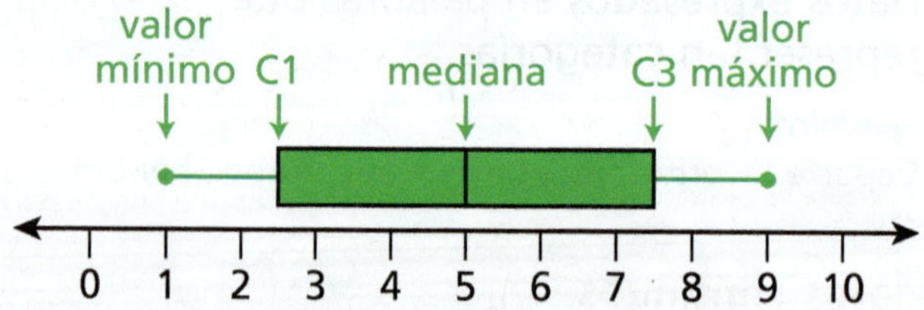

diagrama de cinta
Dibujo que luce como un segmento de cinta usado para ilustrar relaciones numéricas. También se lo llama diagrama de tiras, modelo de barras, tira de fracciones o modelo de longitud.

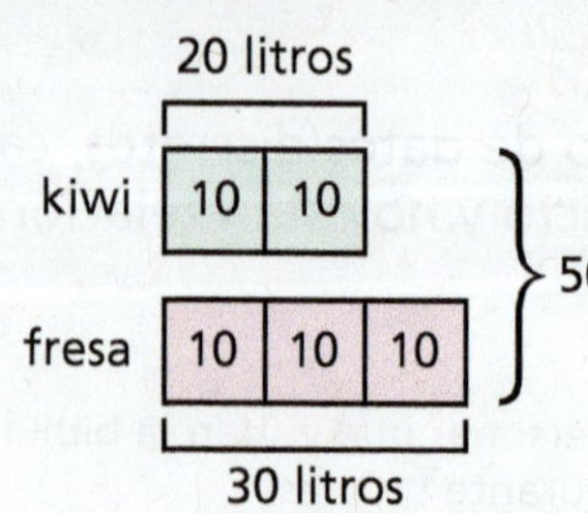

diagrama de puntos

Representación que muestra la frecuencia de datos numéricos. Un diagrama de puntos usa una recta numérica para mostrar con qué frecuencia ocurren los números en un conjunto de datos numéricos.

Ejemplo:

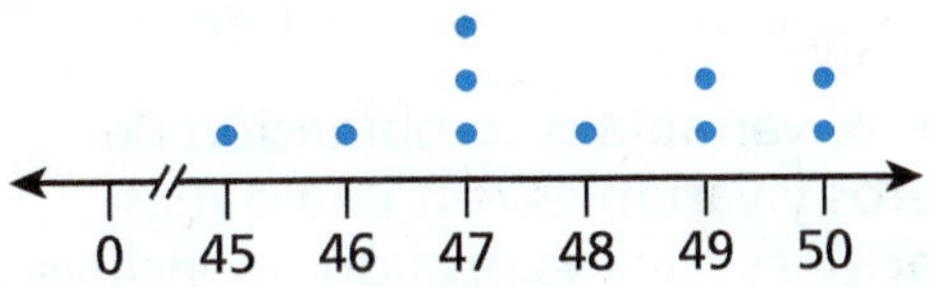

diámetro

La distancia de un círculo a través del centro.

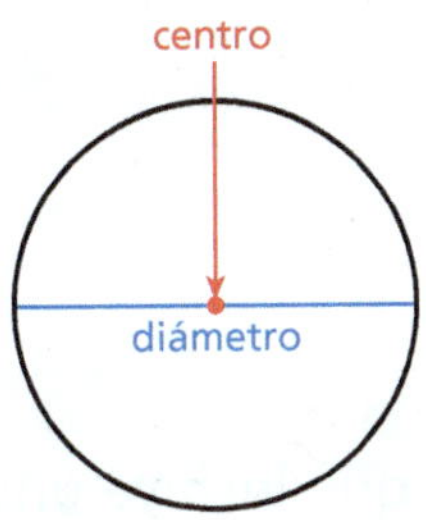

dibujo rápido*

Boceto que resume la situación sin incluir detalles innecesarios.

Ejemplo:

A continuación, se muestra un dibujo rápido del modelo de fichas algebraicas para 3 + 2x.

dimensiones

La altura, la longitud o el ancho de una figura.

Ejemplos:

Un segmento de recta solo tiene longitud, entonces tiene una sola dimensión.

Un rectángulo tiene longitud y ancho, entonces tiene dos dimensiones.

Un cubo tiene longitud, ancho y altura, entonces tiene tres dimensiones.

dividendo

Número que se divide en un problema de división.

Ejemplo:

$56 \div 8 = 7$ $\quad 8\overline{)56}$ (cociente 7)

56 — dividendo

divisor

Número que divide en un problema de división.

Ejemplo:

$56 \div 8 = 7$ $\quad 8\overline{)56}$ (cociente 7)

8 — divisor

E

ecuación

Enunciado que indica que dos o más expresiones son iguales. El signo de igual (=) separa las dos expresiones iguales en una ecuación.

Ejemplos:

$4 \cdot 2 = 8$

$x + 4 = 10$

ecuación lineal

Ecuación con una gráfica que es una recta.

eje de simetría

Recta que, si una figura se dobla por ella, las dos partes coinciden de forma exacta.

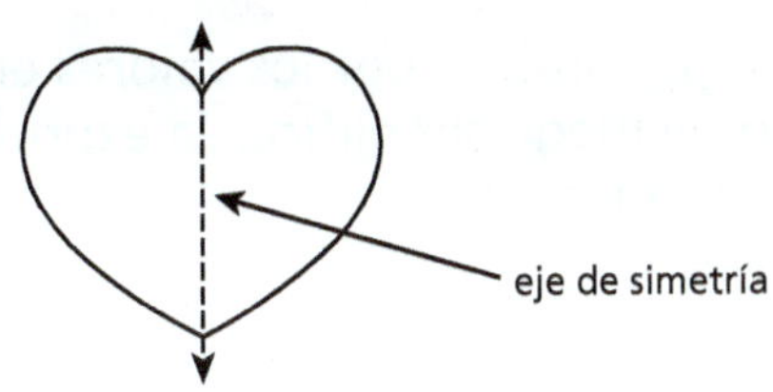

eje *x*

Recta numérica horizontal en el plano de coordenadas.

eje *y*

Recta numérica vertical en el plano de coordenadas.

ensayo

Procedimiento que se puede repetir en un experimento probabilístico.

*Término basado en investigaciones escolares desarrollado para *Expresiones en matemáticas*

enteros
El conjunto de enteros incluye números enteros, sus opuestos y el cero.

equiposible
Todos los resultados de un evento tienen la misma posibilidad de ocurrir.

escala de un modelo
Razón que compara el tamaño del modelo con el tamaño del objeto real.

espacio muestral
Conjunto de todos los resultados posibles de un experimento probabilístico.

estimar
Determinar *aproximadamente* cuántos o *aproximadamente* cuánto, con frecuencia usando redondeo, números compatibles o números de puntos de referencia.

estrategia de tasa unitaria*
Estrategia en la cual se usa una tabla para resolver proporciones.

Ejemplo:
En este ejemplo, la tasa unitaria, $\frac{3}{4}$ o $\frac{3}{4}$ para 1, se usa para resolver la proporción 3:4 = x:5.

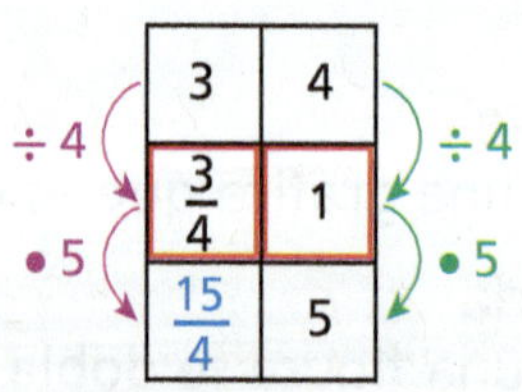

evaluar una expresión algebraica
Sustituir las varables por los valores en una expresión y luego simplificar la expresión numérica resultante.

Ejemplo:
Evaluar $10(b + a)$ cuando $b = 3$ y $a = 4$.
$10(b + a) = 10(3 + 4) = 10 \cdot 7 = 70$

evento
Conjunto de los resultados posibles de un experimento.

experimento
Situación que involucra probabilidad y que produce resultados.

exponente
En una potencia, el número pequeño elevado que indica cuántas veces se usa la base como factor.

Ejemplo:
3 es el exponente en la potencia 4^3.
$4^3 = 4 \cdot 4 \cdot 4 = 64$

expresión
Número, variable o combinación de números y variables con una o más operaciones. Una expresión no incluye un signo de igualdad.

Ejemplos:
n

$x - 9$

$5 \cdot 2^2$

$\frac{1}{2}bh$

expresión algebraica
Una expresión que incluye una o más variables.

Ejemplos:
$10(b + a)$
$7n$
$5x^2 - x$

expresión numérica
Expresión que incluye solo números.

Ejemplos:
$36 - (2 + 9) \cdot 3$
$20 - 8 \div 2$

expresiones equivalentes
Expresiones que siempre tienen el mismo valor.

Ejemplo:
$b + b + b$ y $3b$ son expresiones equivalentes.

F

factor
Uno de dos números o más multiplicados para formar un producto.

Ejemplo:
$12 \cdot 4 = 48$
factor (12) — factor (4)

*Término basado en investigaciones escolares desarrollado para *Expresiones en matemáticas*

factor común
Factor que comparten dos o más números.

Ejemplo:
4 es un factor común de 12 y 20.

factor de un número
Número que se divide en partes iguales en el número.

Ejemplo:
Los factores de 18 son 1, 2, 3, 6, 9 y 18.

factorización prima
Expresión de un número como el producto de números primos.

Ejemplo:
La factorización prima de 90 es 2 • 3 • 3 • 5.

figura compleja
Figura que se forma al combinar figuras geométricas simples, como rectángulos y triángulos.

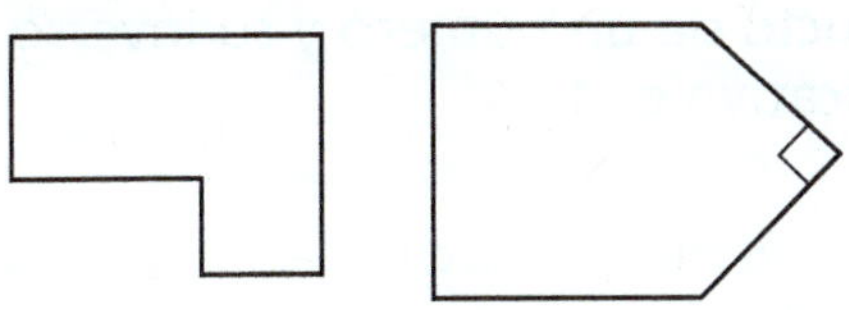

fila
Grupo horizontal de celdas en una tabla de datos.

fórmula de distancia
La distancia (*d*) es el producto de la rapidez (*r*) y el tiempo (*t*).

Ejemplos:
distancia = rapidez • tiempo o $d = rt$

fracción
Número que es la suma de fracciones unitarias Cada una es una parte igual de un conjunto o parte de un entero.

Ejemplo:
$\frac{3}{5} = \frac{1}{5} + \frac{1}{5} + \frac{1}{5}$ o $\frac{3}{5} = 3 \cdot \frac{1}{5}$

fracción impropia
Fracción en la cual el numerador es mayor que o igual al denominador.

Ejemplos:
$\frac{7}{5}$ $\frac{30}{8}$ $\frac{9}{9}$

fracción unitaria
Fracción con 1 en el numerador.

fracciones equivalentes
Fracciones que representan el mismo número.

Ejemplo:
$\frac{1}{2}$ y $\frac{3}{6}$ son fracciones equivalentes.

frecuencia
Número de veces que ocurre un resultado durante un experimento probabilístico.

frecuencia relativa
En un experimento probabilístico, la razón de la frecuencia de un resultado al número total de ensayos.

G

gráfica circular
Gráfica que se usa para representar datos que componen un todo. (También llamada *gráfica de sectores* o *diagrama de torta*).

Postales de Sahil de EE.UU. por región

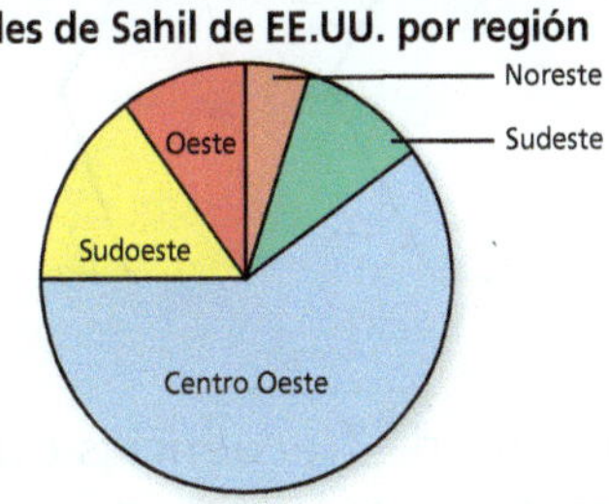

gráfica de barras
Gráfica que usa las longitudes de las barras para representar datos. Las barras pueden ser horizontales o verticales.

Colección de tarjetas deportivas

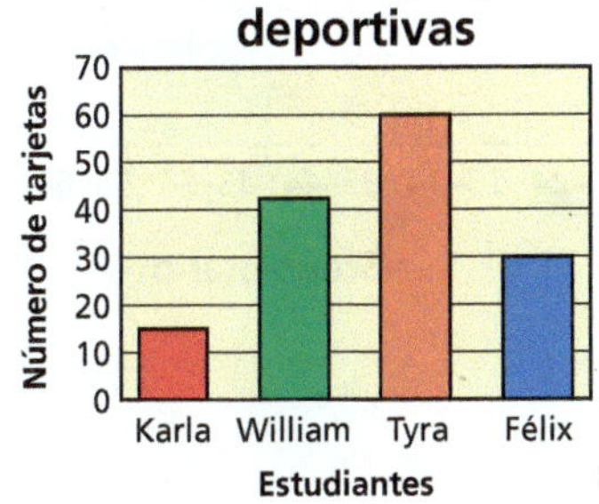

*Término basado en investigaciones escolares desarrollado para *Expresiones en matemáticas*

gráfica lineal
Gráfica que usa una recta para mostrar cambios en los datos.

Población de venados en Midland Park

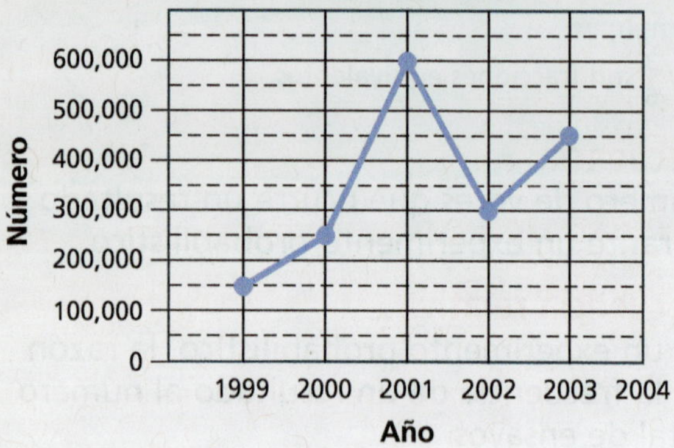

H

hexágono
Polígono con seis lados.

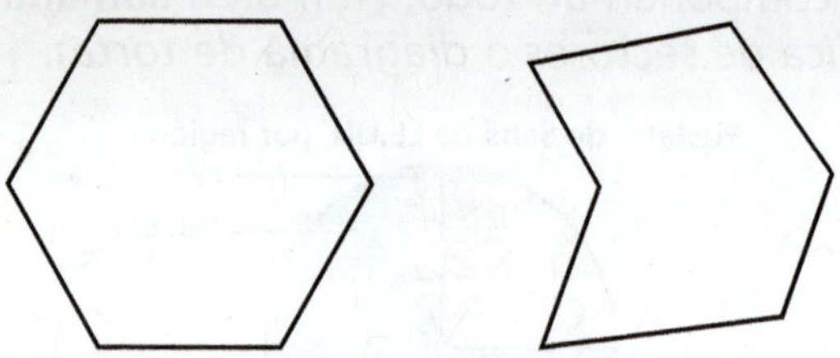

histograma
Representación de frecuencias que usa barras para mostrar la distribución de los datos en un conjunto. Cada barra representa un intervalo o rango de datos.

Población de EE.UU., 2013

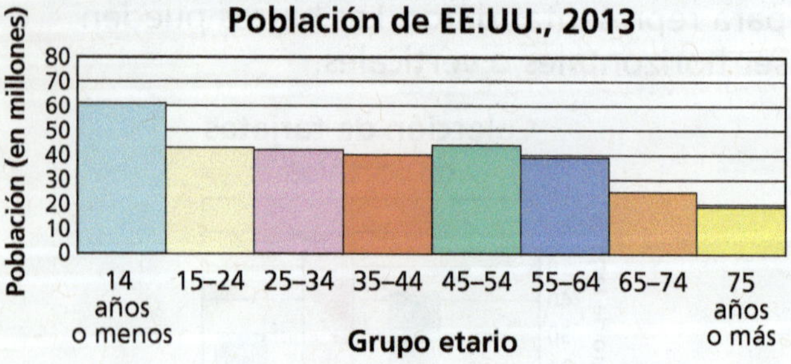

I

infinito
Ilimitado. Un conjunto infinito de números no se puede mostrar en una lista.

Ejemplo:

$x > 3$ tiene un número infinito de soluciones.

intervalo
Rango de números en una representación de frecuencias como un histograma. Algunas veces también se le llama *casilla*.

inverso
El producto de un número y su inverso es 1.

Ejemplo:

$\frac{4}{3}$ es el inverso de $\frac{3}{4}$.

$\frac{3}{4} \cdot \frac{4}{3} = 1$ y $\frac{4}{3} \cdot \frac{3}{4} = 1$

inverso multiplicativo
El producto de un número y su inverso multiplicativo es 1.

Ejemplo:

6 es el inverso multiplicativo de $\frac{1}{6}$.

$6 \cdot \frac{1}{6} = 1$ y $\frac{1}{6} \cdot 6 = 1$.

L

longitud unitaria
Distancia entre las marcas de verificación de una recta numérica.

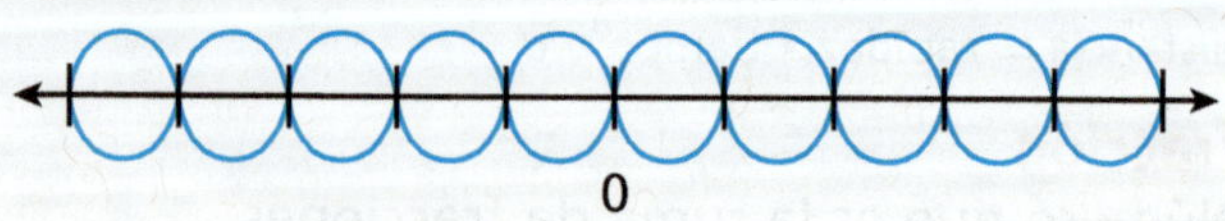

M

masa
Cantidad de materia en un objeto. Las unidades métricas más comunes de masa son kilogramos, gramos y miligramos.

máximo común divisor (MCD)
Mayor de los factores que comparten dos o más números.

Ejemplo:
15 es el MCD de 30 y 45.

media
Número único que resume todos los valores en un conjunto de datos numéricos. La media es una medida de tendencia central que muestra cuál sería el valor común si todos los valores fuesen iguales. La media se calcula al sumar todos los valores de datos y dividir la suma entre el número de valores.

{8 3 1 9 14} ← Un conjunto de datos numéricos.

$8 + 3 + 1 + 9 + 14 = 35$ ← Suma.

$35 \div 5 = 7$ ← Divide. La media de los datos es 7.

mediana
Número único que resume el centro de un conjunto de datos numéricos. La mediana es el número intermedio o la media de los dos números intermedios, cuando los datos se han ordenado de menor a mayor o de mayor a menor. Después de calcular la mediana, una mitad de los números restantes en el conjunto será menor que la mediana y la otra mitad será mayor.

Ejemplos:

2 5 7 11 20 — mediana = 7

39 26 24 3 — mediana = 25

mínimo común múltiplo (mcm)
Número menor que es múltiplo de dos o más números.

Ejemplo:
36 es el mínimo común múltiplo de 9 y 12.

moda
Número o categoría que ocurre con mayor frecuencia en un conjunto de datos. Un conjunto de datos puede no tener modas, tener una moda o más de una moda. La moda suele usarse para describir datos categóricos.

multiplicación cruzada
Método que se usa para resolver proporciones basado en el hecho de que en una proporción los productos cruzados son iguales.

Ejemplo:
$\frac{10}{15} = \frac{18}{27}$ es una proporción. Los productos cruzados son iguales.

$$\frac{10}{15} = \frac{18}{27}$$

$18 \cdot 15 = 10 \cdot 27$

múltiplo
Producto de un número dado y un número de conteo.

Ejemplo:
3, 6, 9, 12 y así sucesivamente son múltiplos de 3.

múltiplo común
Número que es múltiplo de dos o más números.

Ejemplo:
24 es múltiplo común de 8 y 6.

N

numerador
Número sobre la barra en una fracción. Indica el número de fracciones unitarias que representa la fracción.

Ejemplo:
En la fracción $\frac{3}{5}$, el numerador es 3.

$\frac{3}{5}$ ← numerador

El numerador muestra que la fracción representa 3 quintos: $\frac{3}{5} = \frac{1}{5} + \frac{1}{5} + \frac{1}{5}$.

Glosario

número compuesto
Número entero mayor que 1 que tiene factores que no son el 1 y sí mismo.

Ejemplo:
8 es un número compuesto porque sus factores son 1, 2, 4 y 8.

número irracional
Número que no se puede escribir como la razón de dos enteros.

número mixto
Número representado por un número entero y una fracción.

Ejemplo:
$2\frac{1}{5}$ es un número mixto.
Significa $2 + \frac{1}{5}$.

número racional
Cualquier número que se puede expresar como fracción $\frac{a}{b}$, donde a y b son enteros y $b \neq 0$.

números negativos
Los números negativos están a la izquierda del cero en una recta numérica horizontal o debajo del cero en una recta numérica vertical.

números positivos
Los números positivos están a la derecha del cero en una recta numérica horizontal y por encima del cero en una recta numérica vertical.

O

octágono
Polígono con ocho lados.

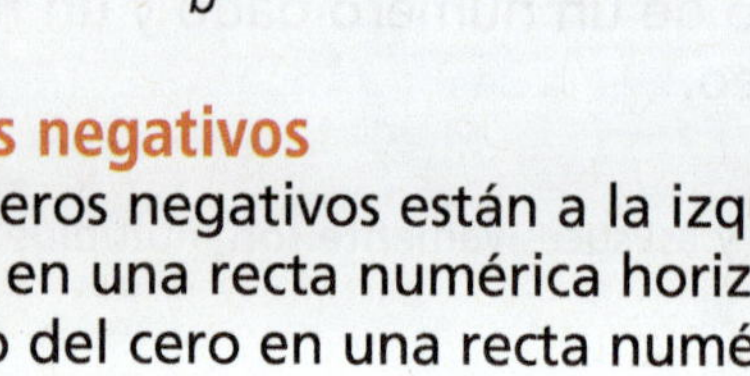

operaciones inversas
Operaciones que se anulan entre sí. La suma y la resta son operaciones inversas. La multiplicación y la división son operaciones inversas.

Ejemplos:
$5 + 9 = 14$, entonces $14 - 9 = 5$. $7 \cdot 9 = 63$, entonces $63 \div 9 = 7$.

opuestos
Dos números son opuestos si están a la misma distancia del cero en una recta numérica, pero en direcciones opuestas.

Ejemplos:
-5 y 5
12 y -12

orden de las operaciones
Regla que establece el orden en el cual se deben realizar las operaciones en una expresión:

1. Realiza las operaciones dentro del paréntesis.
2. Simplifica potencias.
3. Multiplica y divide de izquierda a derecha.
4. Suma y resta de izquierda a derecha.

origen
El origen de una recta numérica es el punto en 0. El punto de intersección de los ejes x e y se llama el origen del plano de coordenadas.

P

par ordenado
(Ver también **coordenadas**) Dos números dentro de un paréntesis con una coma entre ellos. Los pares ordenados pueden representar puntos en el plano de coordenadas y se escriben como (x, y).

Ejemplos:
(5, 3) es un par ordenado, donde $x = 5$ y $y = 3$.

paralelogramo
Un cuadrilátero en el que ambos pares de lados opuestos son paralelos y los ángulos opuestos son congruentes.

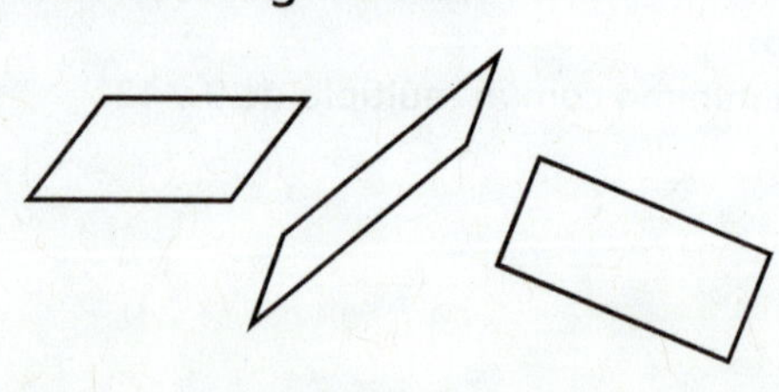

paralelogramo relacionado*

Paralelogramo con la misma base y altura que su rectángulo o triángulo relacionado.

Ejemplos:

rectángulo y paralelogramo relacionado

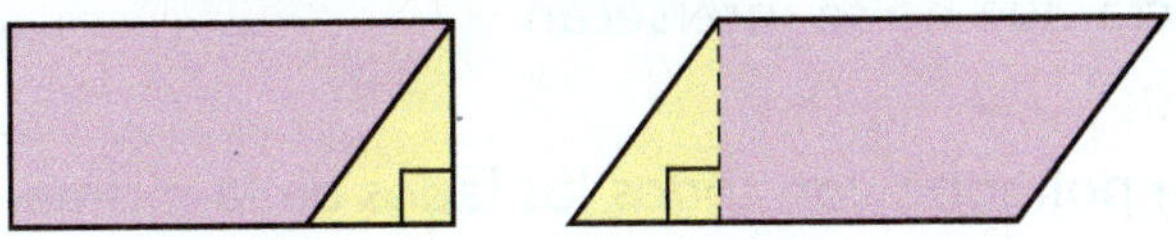

triángulo y paralelogramo relacionado

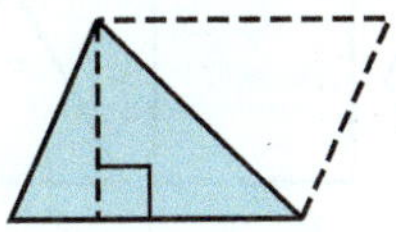

pentágono

Polígono con cinco lados.

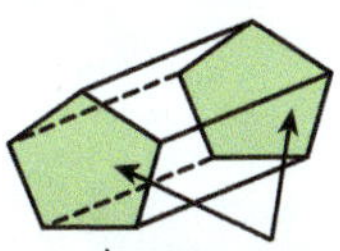

perpendicular

Rectas, segmentos de rectas o rayos son perpendiculares si forman un ángulo recto. Un ángulo recto tiene una medida igual a 90°.

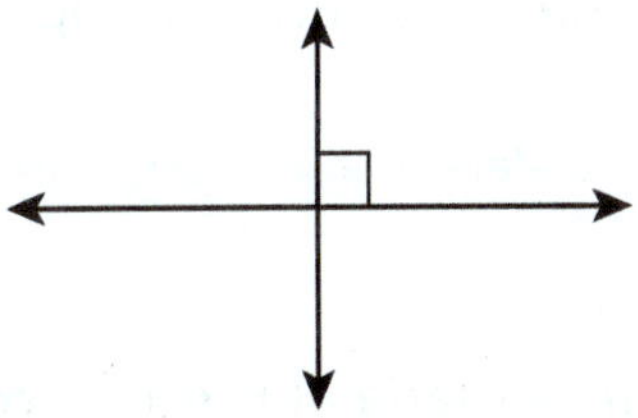

pi (π)

Valor de la razón de la circunferencia de un círculo a su diámetro. Su valor aproximado es 3.14 o $\frac{22}{7}$.

pico

Valor (o valores) que aparecen con mayor frecuencia. Un conjunto de datos puede no tener picos, tener un pico o más de un pico.

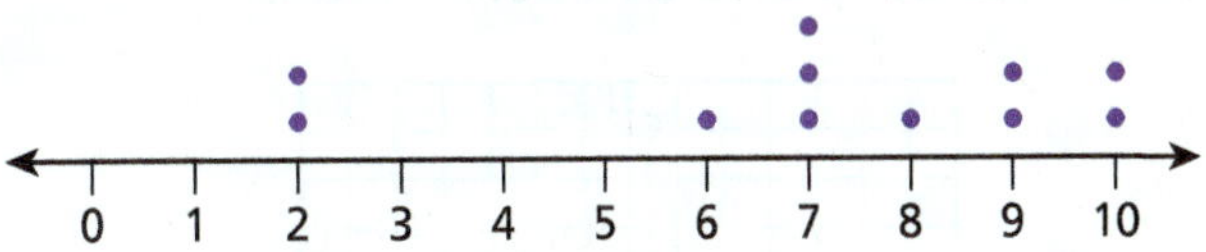

Los datos tienen el pico en 7

pirámide

Cuerpo geométrico con base poligonal cuyos vértices están unidos en un solo punto.

plano de coordenadas (cuatro cuadrantes)

Plano formado por dos rectas numéricas perpendiculares que se intersecan en el 0 de cada recta. El plano de coordenadas está dividido en cuatro cuadrantes por los ejes *x* e *y*.

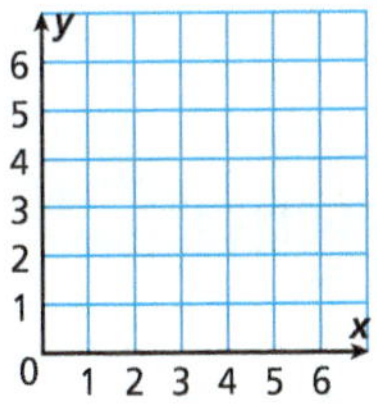

*Término basado en investigaciones escolares desarrollado para *Expresiones en matemáticas*

plano de coordenadas (primer cuadrante) Plano formado por un par de rectas numéricas perpendiculares que se intersecan en el 0 de cada recta numérica. Las rectas numéricas perpendiculares se llaman ejes. El plano de coordenadas está dividido en cuatro cuadrantes por los ejes *x* e *y*.

A continuación, se encuentra el primer cuadrante del plano de coordenadas.

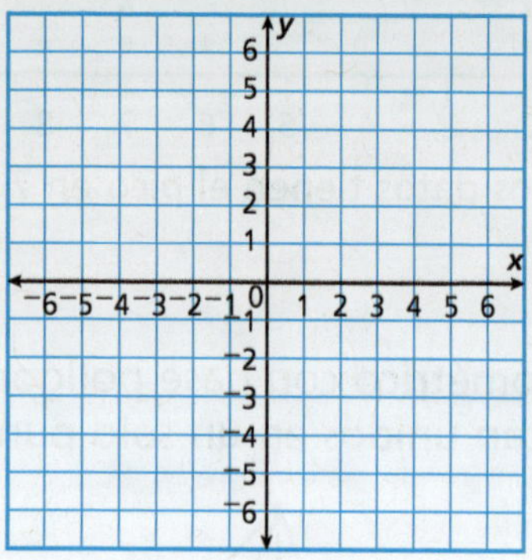

plantilla Patrón plano bidimensional que se puede doblar para formar una figura tridimensional.

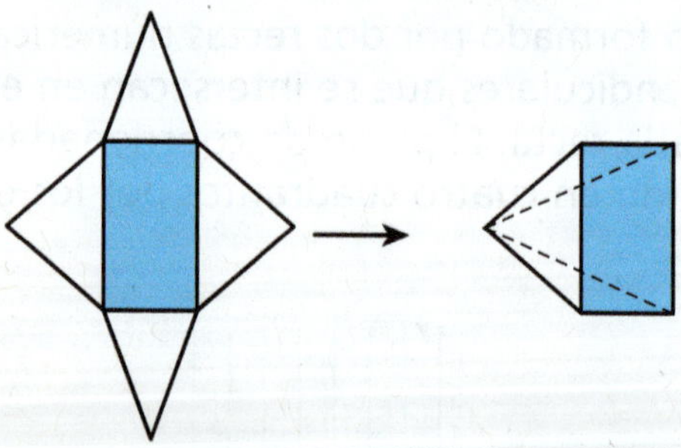

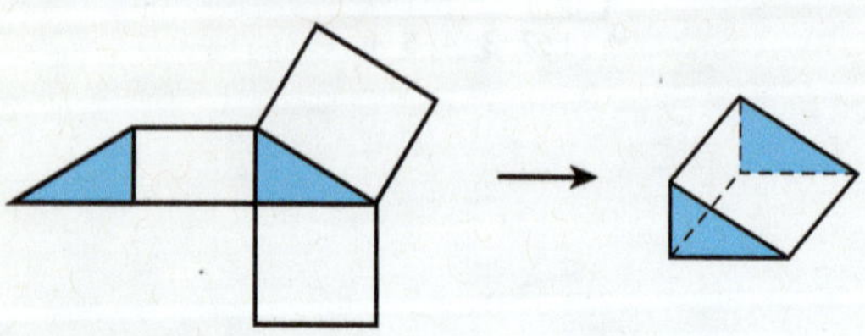

perímetro Distancia alrededor de una figura. Es la cantidad total de unidades de longitud del mismo tamaño necesarias para formar los lados sin brechas ni superposiciones.

poco probable Descripción de un evento que tiene mayor posibilidad de que no ocurra.

polígono Figura cerrada formada por segmentos de recta que no se intersecan.

polígono regular Un polígono con todos los lados de la misma longitud.

porcentaje (%) Cantidad de cada cien o por cien.

Ejemplos:

$34\% = \frac{34}{100}$

$124\% = \frac{124}{100}$

posibilidad Descripción de la posibilidad de que ocurra un evento.

potencia Expresión que incluye un exponente y representa una multiplicación repetida.

Ejemplo:

4^3 (se lee "cuatro elevado a la tercera potencia") y significa $4 \cdot 4 \cdot 4$.

precio unitario Tasa unitaria asociada al precio o costo.

Ejemplo:

4 dólares por libra

primer cuartil (C1) Número intermedio o media de los dos números intermedios de la mitad inferior de un conjunto de datos.

Ejemplo:

1 2 3 4 5 6 7 8 9 10 11 12

Entonces, C1 = 3.5.

primo relativo
Dos números son primos relativos si su máximo común divisor (MCD) es 1.

Ejemplo:
6 y 35 son primos relativos.

prisma
Cuerpo geométrico con dos bases congruentes y paralelas.

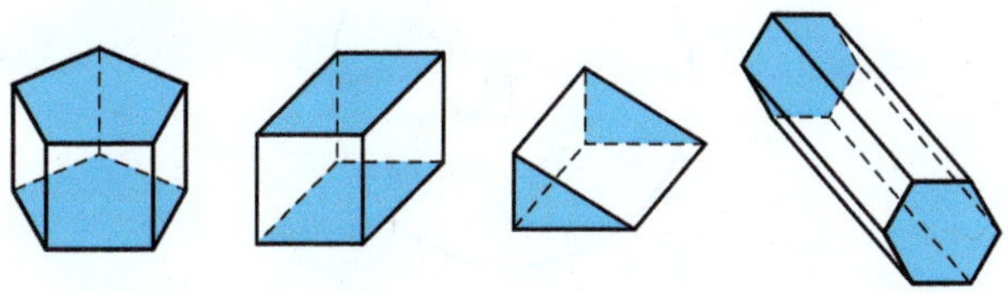

prisma rectangular
Cuerpo geométrico con dos bases rectangulares congruentes y paralelas.

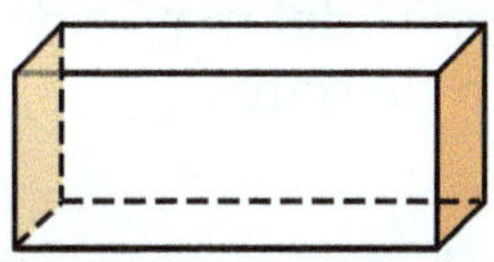

probabilidad
Número del 0 al 1 inclusive que describe la posibilidad de que ocurra un evento.

probabilidad experimental
Frecuencia relativa de un resultado en un experimento probabilístico.

probabilidad teórica
En un experimento probabilístico, la razón del tamaño del evento al tamaño del espacio muestral.

probable
Descripción de un evento que tiene más posibilidad de que sí ocurra.

producto
Resultado de una multiplicación.

Ejemplo:
$12 \cdot 4 = \mathbf{48}$
└── producto

propiedad asociativa de la multiplicación
Propiedad que establece que el cambio de agrupación de los factores no cambia su producto. Para cualquier número *a*, *b* y *c*, $(a \cdot b) \cdot c = a \cdot (b \cdot c)$.

Ejemplo:
$(9 \cdot 15) \cdot 20 = 9 \cdot (15 \cdot 20)$

propiedad asociativa de la suma
Propiedad que establece que el cambio de agrupación de los sumandos no cambia su suma. Para cualquier número *a*, *b* y *c*, $(a + b) + c = a + (b + c)$.

Ejemplo:
$(7 + 8) + 2 = 7 + (8 + 2)$

propiedad conmutativa de la suma
Propiedad que establece que cambiar el orden de los sumandos no altera su suma. Para cualquier número *a* y *b*,
$a + b = b + a$.

Ejemplo:
$18 + 21 = 21 + 18$

propiedad conmutativa de la multiplicación
Propiedad que establece que cambiar el orden de los factores no altera su producto. Para cualquier número *a* y *b*, $a \cdot b = b \cdot a$.

Ejemplo:
$36 \cdot 3 \_ 4 = \frac{3}{4} \cdot 36$

propiedad distributiva
Propiedad que permite distribuir un factor a los términos de una suma o diferencia o extraer un factor común de los términos de una suma o diferencia. Para cualquier número *a*, *b* y *c* $(a \cdot b) \cdot c = a \cdot (b \cdot c)$.

Ejemplos:
Distribuir un factor:

$6(x - 2) = 6 \cdot x - 6 \cdot 2 = 6x - 12$

Extraer un factor:

$4y + 8 = 4 \cdot y + 4 \cdot 2 = 4(y + 2)$

proporción
Ecuación que indica que dos razones son iguales.

punto de referencia
Punto de referencia para realizar cálculos. Los números 0, $\frac{1}{2}$ y 1 son puntos de referencia fraccionarios comunes.

punto reflejado

Un punto dado y su punto reflejado son imágenes especulares sobre el eje *x* o el eje *y* del plano de coordenadas.

Ejemplos:

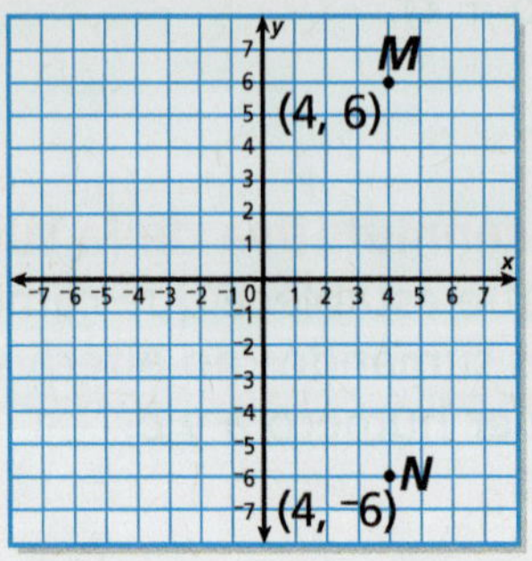

El punto *N* es una reflexión del punto *M* sobre el eje *x*.

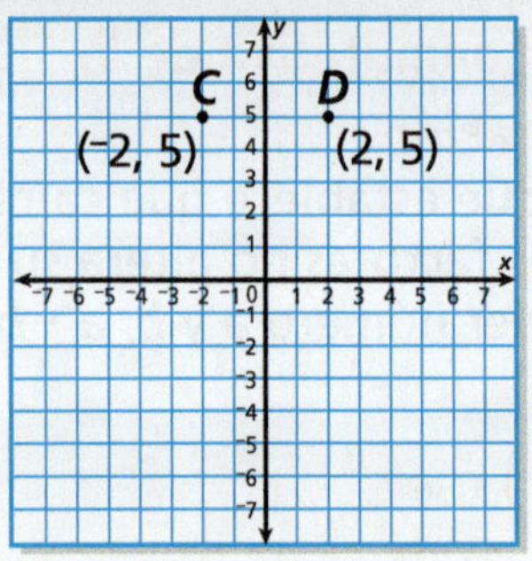

El punto *C* es una reflexión del punto *D* sobre el eje *y*.

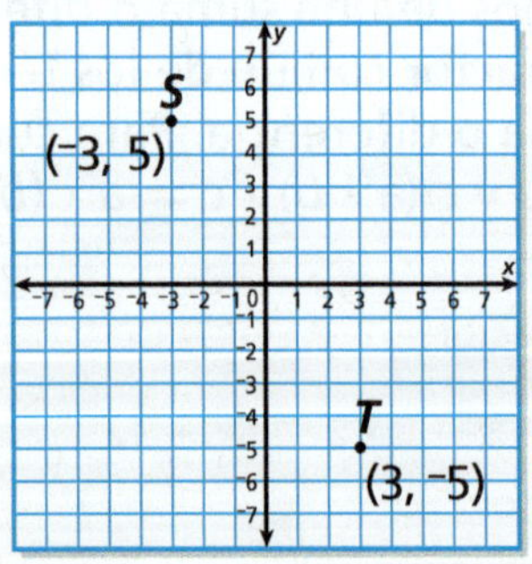

El punto *T* es una reflexión del punto *S* en el eje *y*, y luego en el eje *x*.

R

radio

La distancia desde el centro de un círculo hasta cualquier punto del círculo. El radio de un círculo es un medio de su diámetro.

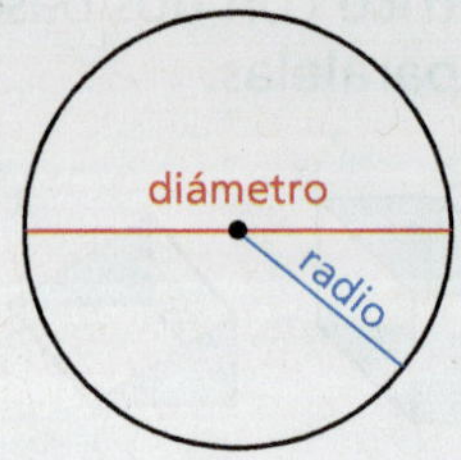

rango

Número único que resume la variabilidad de los datos en un conjunto. El rango se calcula restando el menor del mayor de los números en un conjunto de datos.

Ejemplo:

{5 2 16 10} ← El mayor de los valores en este conjunto es 16. El menor valor es 2.

16 − 2 = 14 ← Resta. El rango de los datos es 14.

rango intercuartílico (RIC)

Medida de la diferencia entre el cuartil superior y el inferior. El RIC es una manera de describir la dispersión o variabilidad de los datos en un conjunto.

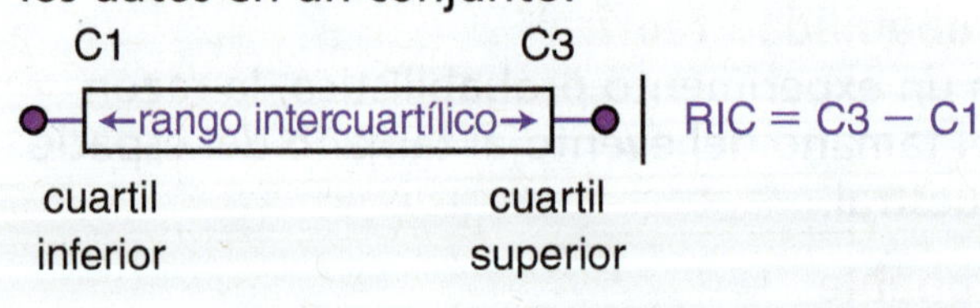

rayo

Parte de una recta que tiene un extremo y se extiende indefinidamente en una dirección. El punto se llama extremo del rayo.

Ejemplo:

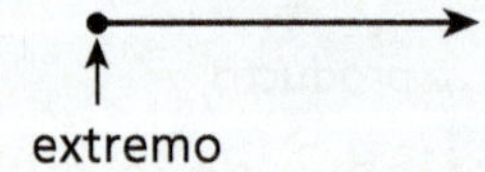

razón
Dos cantidades están en la razón *a* a *b* si por cada unidad *a* de la primera cantidad hay *b* unidades de la segunda.

razón básica
Razón en su mínima expresión.

Ejemplos:

La razón básica para $\frac{25}{30}$ es $\frac{5}{6}$.

La razón básica para $\frac{12}{24}$ es $\frac{1}{2}$.

razones equivalentes
Razones que representan la misma comparación. Las razones equivalentes tienen la misma razón básica.

recta numérica
Recta que usa puntos para representar la distancia y la dirección desde el cero de los enteros y otros números racionales.

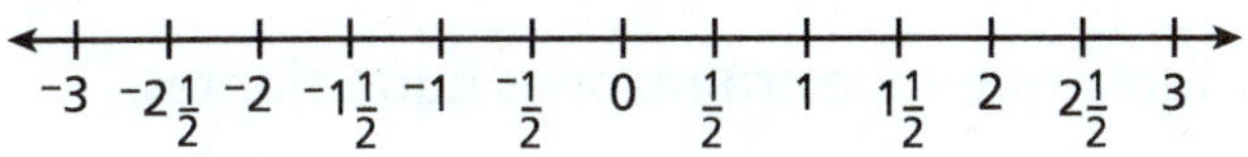

recta numérica doble
Diagrama con dos rectas numéricas que muestra cómo dos cantidades se relacionan entre sí.

Ejemplos:

La siguiente recta numérica doble muestra cómo se relacionan la distancia y el tiempo para una persona que camina a una tasa de 3 pies por segundo.

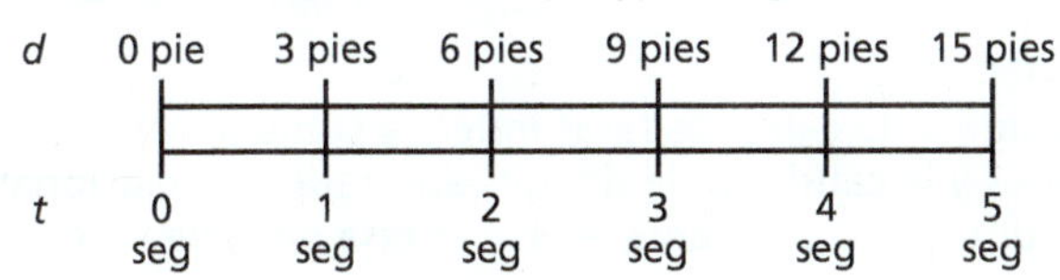

rectángulo relacionado*
Rectángulo con la misma base y altura que su paralelogramo relacionado. Rectángulo con la misma base y altura o la mitad de la altura o la base de su triángulo relacionado.

Ejemplos:

paralelogramo y rectángulos

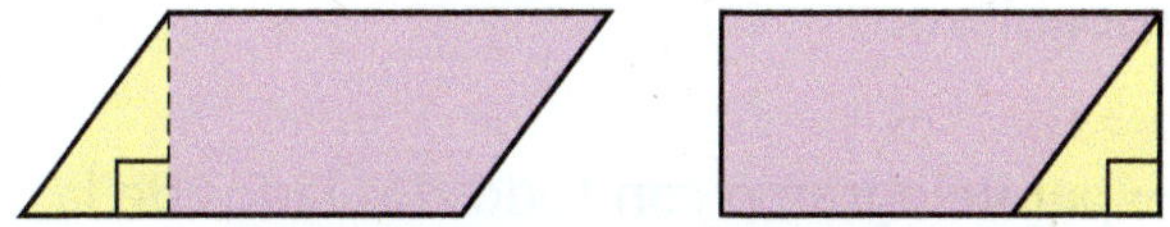

relacionados triángulos y rectángulos relacionados

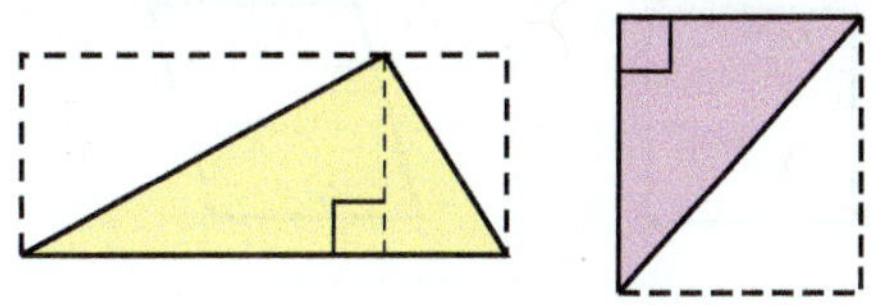

misma base y altura

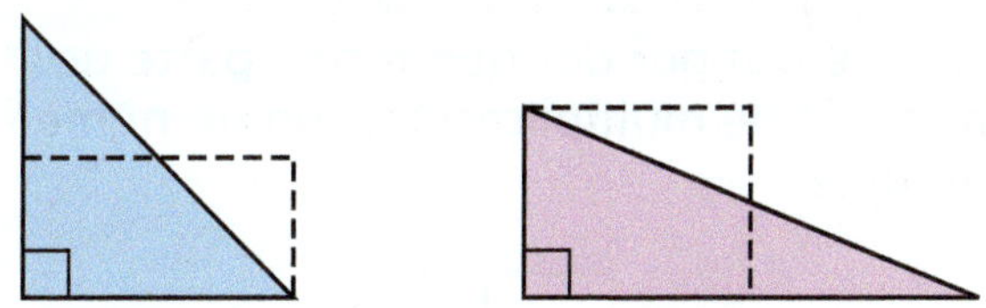

misma base, mitad de la altura

misma altura, mitad de la base

rectas secantes
Dos rectas que se unen en un punto.

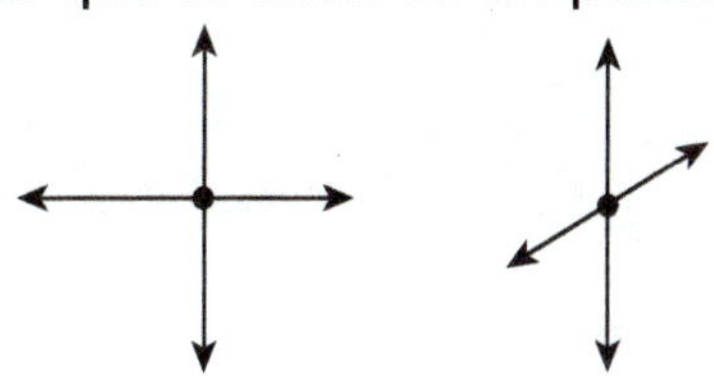

residuo
Número restante después de dividir un número no divisible exactamente entre el divisor.

Ejemplo:

32 ÷ 6 = 5 R2

El residuo es 2.

resolución de una proporción
Calcular el número desconocido en una proporción cuando se desconoce uno de los cuatro números en la proporción.

resolver
Calcular la solución de una ecuación o una desigualdad.

*Término basado en investigaciones escolares desarrollado para *Expresiones en matemáticas*

resultados
Los resultados posibles de un experimento probabilístico.

rombo
Un paralelogramo con todos los lados de la misma longitud.

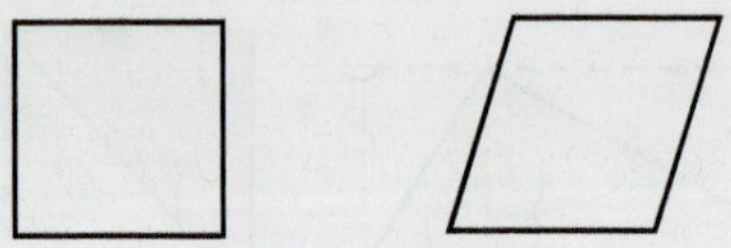

rompecabezas de factores*
Tabla de dos por dos que forma parte de una tabla de multiplicación, con un número que falta.

S

simplificar una expresión
Combinar todos los términos semejantes en la expresión.

Ejemplo:
Simplificar $3x + 5 + x + 2$.

$3x + 5 + x + 2 = 4x + 7$

simplificar una fracción
Dividir el numerador y el denominador entre un factor común para formar una fracción equivalente que está compuesta por menos fracciones unitarias, pero que son más grandes.

Ejemplo:
Simplificar $\frac{5}{10}$ dividiendo el numerador y el denominador entre 5.

$$\frac{5 \div 5}{10 \div 5} = \frac{1}{2}$$

solución de una desigualdad
En una desigualdad con una sola variable, número que puede sustituir a la variable para que el enunciado sea verdadero.

Ejemplo:
$x = 10$ es la solución de

$x + 3 < 20$ porque $10 + 3 < 20$ es verdadero.

solución de una ecuación
En una ecuación con una sola variable, número que puede sustituir a la variable para que el enunciado sea verdadero.

Ejemplo:
$x = 4$ es la solución de

$3x + 1 = 13$ porque $3(4) + 1 = 13$ es verdadero.

T

tabla de razones
Tabla que muestra razones equivalentes.

tabla de tasas
Tabla de dos columnas que muestra la cantidad de unidades de la primera columna y el valor asociado a cada número dado de unidades en la segunda columna. Cuando las unidades se ordenan como números de conteo consecutivo, los valores de la segunda columna mostrarán una diferencia constante; esta diferencia constante es la tasa unitaria.

Ejemplo:
La siguiente tabla de tasas muestra cómo los días unitarios y la cantidad de dólares ahorrados se relacionan. La diferencia constante es 3, y la tasa unitaria es 3 dólares por día.

Cantidad de días	Dólares ahorrados
1	3
2	6
3	9
4	12

*Término basado en investigaciones escolares desarrollado para *Expresiones en matemáticas*.

Tabla de tasas vinculadas*

Dos tablas de tasas vinculadas para formar una tabla de razones.

Días	Noreen	Tim
	3	5
1	3	5
2	6	10
3	9	15
4	12	20
5	15	25
6	18	30
7	21	35

tasa

Razón especial en la cual las cantidades se pueden describir con diferentes unidades (como dólares o libras).

tasa constante

En una tabla de tasas en la cual las unidades son números enteros consecutivos, la diferencia constante de los valores que se muestran en la segunda columna. También es el valor en la segunda columna cuando la cantidad de unidades es igual a 1.

tasa unitaria

Valor asociado con 1 unidad.

Ejemplos:

5 millas por hora

3 dólares por semana

2 manzanas por día

tercer cuartil (C3)

Número intermedio o media de los dos números intermedios de la mitad superior de un conjunto de datos.

Ejemplo:

1 2 3 4 5 6 7 8 9 10 11 12

↑ mediana (entre 6 y 7) ↑ cuartil (entre 9 y 10)

Entonces, C3 = 9.5.

término

Los términos son partes de una expresión que se suman o se restan.

Ejemplo:

4, $3b$ y $b2$ son términos de la expresión $4 + 3b + b2$.

términos semejantes

Términos con las mismas variables elevadas a las mismas potencias. Los términos numéricos son términos semejantes, incluso si no tienen variables.

Ejemplo:

En $6 + 2x + 1 + x$, 6 y 1 son términos semejantes y $2x$ y x son términos semejantes.

teselado

Un patrón de figuras cerradas que cubren por completo una superficie sin brechas ni superposiciones.

Ejemplo:

tiempo transcurrido

Cantidad de tiempo entre un tiempo inicial y un tiempo final.

transportador

Herramienta que se usa para medir ángulos.

trapecio

Un cuadrilátero con exactamente un par de lados paralelos.

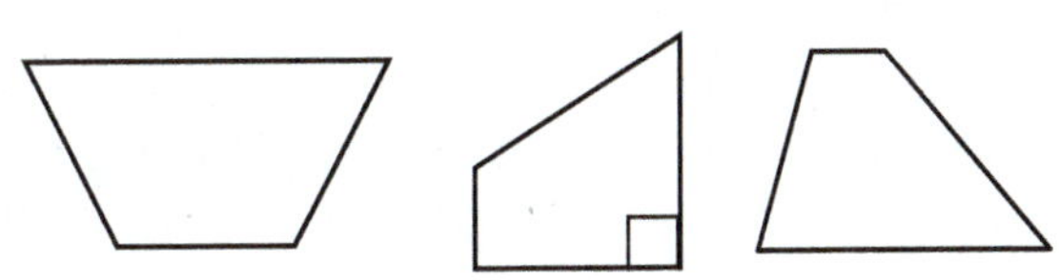

triángulo acutángulo

Triángulo con tres ángulos agudos. Un ángulo agudo tiene una medida mayor que 0° y menor que 90°.

*Término basado en investigaciones escolares desarrollado para *Expresiones en matemáticas*

triángulo de tasa unitaria*

Cuando una situación de tasa se grafica en el plano de coordenadas, el triángulo de tasa unitaria es un triángulo rectángulo con una base igual a 1 y una altura igual a la tasa unitaria. El tercer lado del triángulo es parte de la recta que representa la situación de tasa.

Ejemplo:

En los triángulos de tasa unitaria en esta gráfica, la base es 1 y la altura es 3. La tasa unitaria es 3.

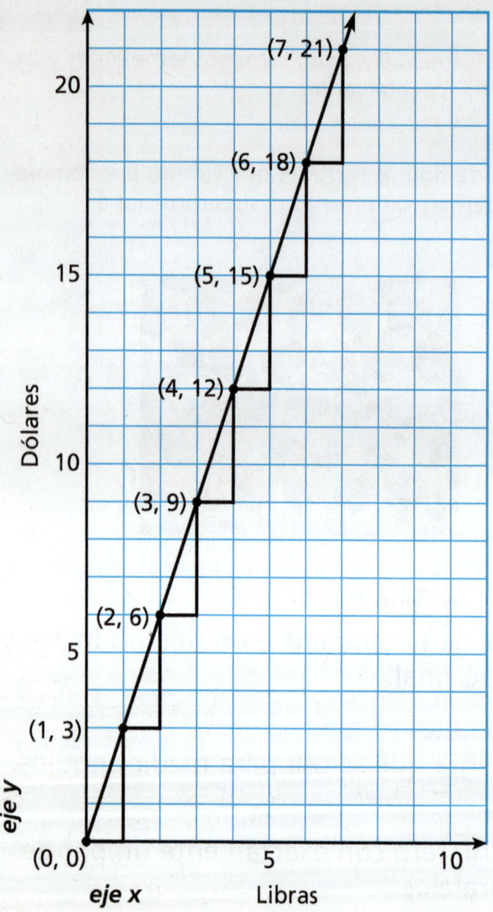

triángulo obtusángulo

Triángulo con un ángulo obtuso. Un ángulo obtuso mide más de 90º pero menos de 180º.

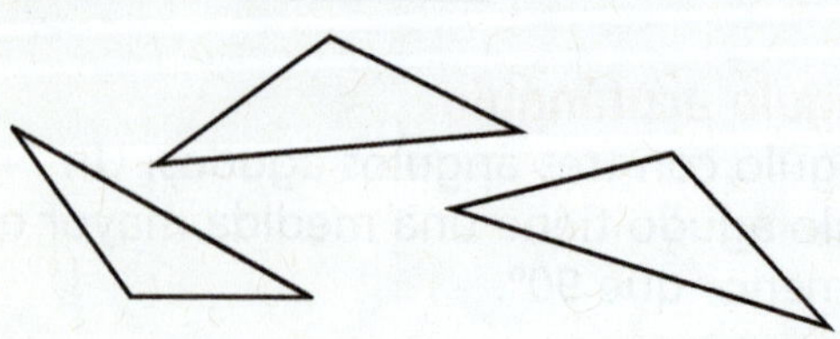

triángulo rectángulo

Triángulo con un ángulo recto. Un ángulo recto tiene una medida igual a 90º.

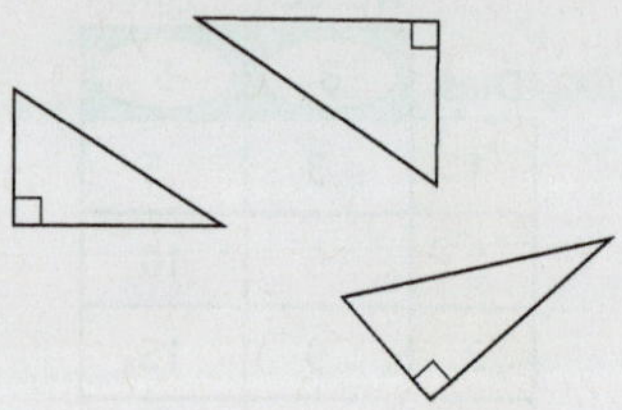

U

unidad cuadrada (unidad²)

Unidad de área igual al área de un cuadrado con lados que miden una unidad.

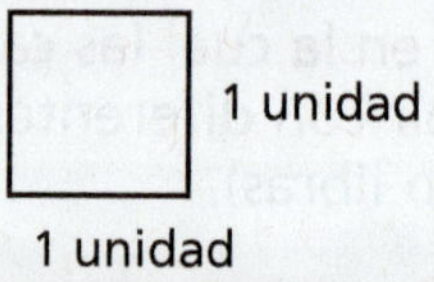

unidad cúbica (unidad³)

Unidad para medir volumen. Es el volumen de un cubo con aristas que miden 1 unidad de largo.

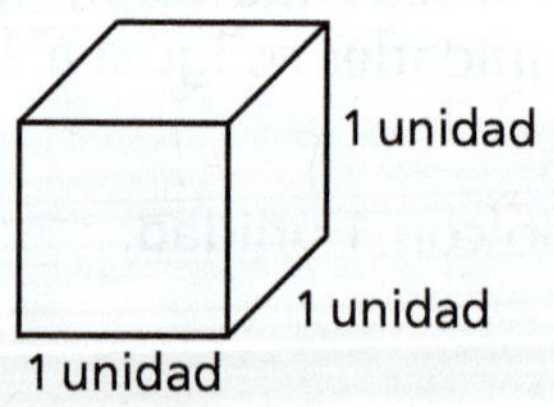

*Término basado en investigaciones escolares desarrollado para *Expresiones en matemáticas*

V

valor absoluto
Medida de la distancia a la que está un número del cero en una recta numérica.

valor atípico
Valor extremo o distante. Un conjunto de datos puede no tener valores atípicos, tener un valor atípico o más de un valor atípico.

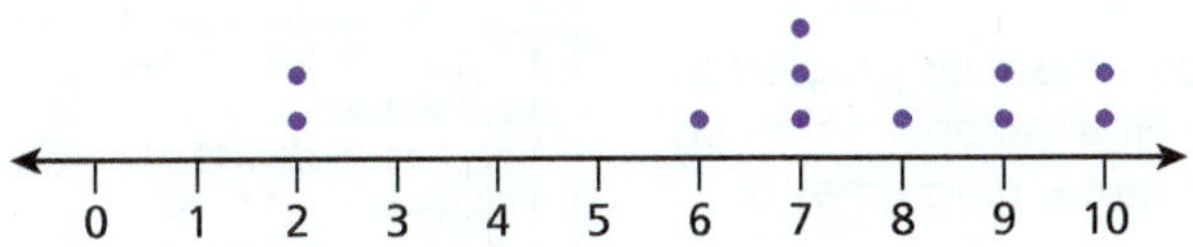

Los valores en 2 son valores atípicos.

variable
Letra o símbolo que se usa para representar un número desconocido o una cantidad que varía.

Ejemplo:

$y = 2x$

x e y son variables.

variable dependiente
Variable cuyo valor depende del valor de la otra variable en una relación entre dos variables.

Ejemplo:

El costo de la gasolina, *c*, depende del número de galones comprados, *g*. El costo, *c*, es la variable dependiente.

variable independiente
Variable cuyo valor influye en los valores de las demás variables en una relación entre dos variables.

Ejemplo:

El costo de la gasolina, *c*, depende del número de galones comprados, *g*. El número de galones comprados, *g*, es la variable independiente.

vértice
Punto común a dos lados de un ángulo o polígono o tres aristas de un cuerpo geométrico. El punto de una pirámide.

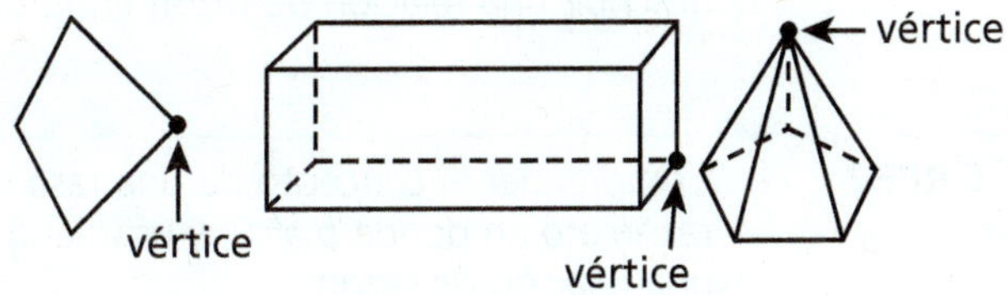

vértice de un ángulo
Extremo que comparten los dos rayos que forman un ángulo.

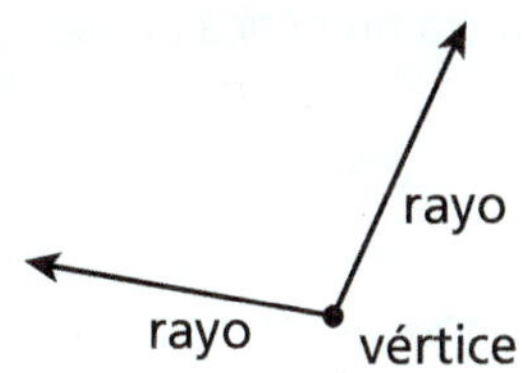

volumen
Cantidad de espacio ocupado por un cuerpo geométrico. El volumen se mide en unidades cúbicas.

volumen líquido
Medida de cuánto puede contener un envase. También se llama *capacidad*.

6.RPP Razón, proporción y porcentaje		
6.RPP.1	Comprender el concepto de una razón y usar lenguaje de razón para describir una relación de razón entre dos cantidades.	1-8, 1-9, 1-10, 1-11, 1-12, 1-13, 1-14, 1-15, 7-1, 7-2, 7-3, 7-5, 7-6, 7-7, 7-14
6.RPP.2	Comprender el concepto de una tasa unitaria *a*/*b* asociada con una razón *a*:*b* en donde $b \neq 0$, y usar lenguaje de razón en el contexto de una relación de razón.	1-3, 1-4, 1-5, 1-6, 1.7, 1-8, 7-2, 7-3, 7-6
6.RPP.3	Usar el razonamiento sobre razones y tasas para resolver problemas del mundo real y problemas matemáticos, p. ej. al razonar sobre las tablas de razones equivalentes, diagramas de cinta, diagramas de recta numérica doble o ecuaciones.	1-1, 1-2, 1-3, 1-4, 1-5, 1-6, 1-7, 1-8, 1-9, 1-10, 1-11, 1-12, 1-13, 1-14, 1-15, 7-1, 7-2, 7-3, 7-4, 7-5, 7-6, 7-7, 7-8, 7-9, 7-10, 7-11, 7-12, 7-13 , 8-14, 8-15, 8-16
6.RPP.3.a	Hacer tablas de razones equivalentes relacionando cantidades con medidas de número entero, encontrar valores que faltan en las tablas y graficar los pares de valores en un plano de coordenadas. Usar tablas para comparar razones.	1-1, 1-2, 1-3, 1-4, 1-5, 1-6, 1-7, 1-8, 1-9, 1-10, 1-11, 1-12, 1-13, 1-14, 1-15, 7-1, 7-2, 7-3, 7-7
6.RPP.3.b	Resolver problemas de tasa unitaria incluidos aquellos con precio unitario y velocidad constante.	1-6, 1-7, 7-2, 7-3, 7-4, 7-5, 7-6, 7-7
6.RPP.3.c	Encontrar un porcentaje de una cantidad como una tasa por 100 (p. ej. 30% de una cantidad significa 30/100 veces la cantidad); resolver problemas que impliquen encontrar un entero partiendo de una parte y un porcentaje.	7-8, 7-9, 7-10, 7-11, 7-12, 7-14
6.RPP.3.d	Utilizar el razonamiento sobre razones para convertir unidades de medida; manipular y transformar unidades apropiadamente cuando se multiplican o dividen cantidades.	7-12, 7-13
6.RPP.4	Resolver problemas sobre densidad, la masa de un objeto por unidad de volumen.	6-1

6. NEF Números enteros y fracciones

6.WFI.1	Interpretar y encontrar cocientes de fracciones (ejemplo: interpretar cocientes como proporción o como medida). Resolver problemas que impliquen dividir una fracción por una fracción y usar modelos de fracción y ecuaciones para representar la situación.	3-10, 3-11, 3-12, 3-13, 3-14, 3-15, 3-16, 3-17, 3-18
6.WFI.2	Dividir correctamente números de varios dígitos con el algoritmo estándar.	3-1, 3-2
6.WFI.3	Sumar, restar, multiplicar y dividir correctamente decimales de varios dígitos con el algoritmo estándar para cada operación.	3-3, 3-4, 3-5, 3-6, 3-7, 3-8, 3-9, 3-10, 3-11, 3-12, 3-13, 3-14, 3-15, 3-16, 3-17, 3-18
6.WFI.4	Encontrar el máximo común divisor de dos números enteros menores o iguales a 100 y el mínimo común múltiplo de dos números enteros menores o iguales a 12. Utilizar la propiedad distributiva para expresar una suma de dos números enteros del 1 al 100 con un factor común como múltiplo de una suma de dos números enteros sin factor común.	1-13, 3-7, 3-8, 3-9, 3-10, 5-8, 5-9 , 5-19, 5-20
6.WFI.4.a	Expresar un número entero usando la factorización prima con y sin exponentes.	5-19, 5-20
6.WFI.4.b	Usar la factorización prima para encontrar el máximo común divisor de dos números enteros y el mínimo común múltiplo de dos números enteros.	5-19, 5-20
6.WFI.4.c	Aplicar los conceptos de la teoría numérica, incluida la factorización prima y los números primos entre sí a la solución de problemas.	5-19, 5-20
6.WFI.5	Reconocer que los números positivos y negativos se pueden usar en conjunto para representar cantidades con valores opuestos o que están en direcciones opuestas (ejemplo: la distancia por encima o por debajo del nivel del mar, las temperaturas por encima o por debajo de 0, una carga eléctrica positiva o negativa, o crédito y débito). Dadas ciertas cantidades en contextos del mundo real, representarlas con números positivos y negativos, y explicar el significado de cero en cada contexto.	9-1, 9-3, 9-7, 9-8
6.WFI.6	Reconocer un número racional como un punto en una recta numérica. Usar números negativos para representar puntos en una recta numérica y pares ordenados (con coordenadas negativas) para representar puntos en un plano de coordenadas basándose en el conocimiento de grados anteriores.	9-2, 9-3, 9-4, 9-5, 9-6
6.WFI.6.a	Understand Entender que los números con signos opuestos son números que están en lados opuestos del cero en la recta numérica y comprender que el opuesto del opuesto de un *número* es ese número (ejemplo: $-(-5) = 5$) y que el opuesto de 0 es 0 (es su propio opuesto).	9-2, 9-3, 9-5

6.WFI.6.b	Reconocer que los signos de los números en un par ordenado representan una ubicación en el plano de coordenadas; dados dos pares ordenados, comprender que, si la única diferencia está en los signos, las ubicaciones de los puntos representan las reflexiones en uno o ambos ejes.	9-4, 9-7, 9-8
6.WFI.6.c	Buscar y localizar números enteros y otros números racionales en una recta numérica vertical u horizontal y buscar y localizar números enteros y otros números racionales en los cuatro cuadrantes del plano de coordenadas.	1-15, 2-9, 9-2, 9-3, 9-4, 9-5, 9-7, 9-8
6.WFI.7	Saber ordenar los números racionales y entender el significado del *valor absoluto* de un número racional.	9-3, 9-6, 9-8
6.WFI.7.a	Interpretar las desigualdades como la posición relativa de dos valores en una recta numérica (ejemplo: $5 > -6$ porque 5 se ubica a la derecha de -6 en una recta numérica).	9-3, 9-6
6.WFI.7.b	Dados ciertos enunciados de orden para números racionales en situaciones del mundo real, escribir, interpretar y explicar los enunciados.	9-3, 9-6
6.WFI.7.c	Reconocer que el valor absoluto de un número racional es su distancia con respecto al cero en una recta numérica. Dado un número positivo o negativo en una situación del mundo real, comprender que el valor absoluto de un número puede interpretarse como la magnitud del número.	9-3, 9-6
6.WFI.7.d	Comprender la diferencia entre las comparaciones de un valor absoluto y los enunciados sobre el orden.	9-3, 9-6
6.WFI.8	Graficar los puntos en los cuatro cuadrantes del plano de coordenadas para resolver problemas del mundo real y otros problemas matemáticos. Usar el valor absoluto y las coordenadas para averiguar la distancia que hay entre puntos que comparten la misma primera coordenada o la misma segunda coordenada.	9-4, 9-7, 9-8
6.WFI.9	Estimar soluciones a problemas con números enteros, fracciones y decimales y usar las estimaciones para evaluar la razonabilidad de los resultados en el contexto del problema.	3-17

6.AQR Álgebra y razonamiento cuantitativo

6.AQR.1	Evaluar expresiones numéricas, incluidas aquellas con valor absoluto y exponentes de números enteros.	5-2, 5-4, 5-7, 5-9
6.AQR.2	Escribir, leer y evaluar expresiones (que pueden incluir valores absolutos) en las que las letras representan números.	2-1, 2-2, 2-3, 2-4, 2-5, 2-6, 2-7, 2-8, 2-9, 2-10, 4-1, 4-2, 4-3, 4-5, 4-6, 5-1, 5-2, 5-3, 5-4, 5-5, 5-6, 5-7, 5-8, 5-9, 5-16, 5-17, 6-1, 6-2, 6-3, 6-4, 6-5, 6-6
6.AQR.2.a	Escribir expresiones que describan operaciones numéricas usando letras que representen cantidades desconocidas.	5-2, 5-3, 5-8, 5-9, 5-14
6.AQR.2.b	Usar vocabulario matemático para identificar partes de una expresión (ejemplo: suma, producto, cociente, factor, término, coeficiente); comprender que una o más partes de una expresión pueden representarse como una sola entidad (ejemplo: 27 ÷ 7 es una sola entidad y el cociente de dos términos).	5-1, 5-3, 5-4, 5-5, 5-6, 5-7, 5-8
6.AQR.2.c	Dados ciertos valores para variables, evaluar las expresiones que contengan esas variables, incluidas las expresiones que derivan de fórmulas que se aplican a problemas del mundo real. Usar el *orden de las operaciones* para cálculos, incluidas las operaciones con exponentes de números enteros, que no usan paréntesis para indicar un orden específico.	2-1, 2-2, 2-3, 2-4, 2-5, 2-6, 2-7, 2-8, 2-9, 2-10, 4-1, 4-2, 4-3, 4-5, 4-6, 5-1, 5-2, 5-4, 5-9, 6-1, 6-2, 6-3, 6-4, 6-5, 6-6
6.AQR.3	Escribir expresiones equivalentes usando las propiedades de las operaciones.	2-6, 5-7, 5-8, 5-9, 5-16, 5-17
6.AQR.4	Identificar dos expresiones como equivalentes si nombran al mismo número sin importan qué valores se sustituyan en las expresiones.	2-6, 5-4, 5-6, 5-7, 5-8, 5-9
6.AQR.5	Reconocer que responder a la pregunta *¿Qué valores de un conjunto dado de valores (si los hay) hacen que una ecuación o desigualdad sea verdadera?* es un proceso dentro de la resolución de una ecuación o desigualdad. Sustituir valores por variables para decidir qué números en un conjunto particular hacen que una ecuación o desigualdad sea verdadera.	5-15, 5-16, 5-17
6.AQR.6	Resolver problemas del mundo real u otros problemas matemáticos escribiendo expresiones en las que se utilizan variables para representar números. Reconocer que las variables pueden representar números desconocidos o cualquier número de un grupo particular dependiendo del contexto.	1-6, 2-10, 4-6, 5-9, 5-10, 5-11, 5-12, 5-13, 5-14, 5-15, 5-16, 5-17, 5-18, 7-2, 7-4, 7-5, 7-9, 7-10, 7-11, 7-12, 7-13, 7-14
6.AQR.7	Resolver problemas del mundo real u otros problemas matemáticos mediante la resolución de ecuaciones de una variable (de tipo $x + p = q$ y $px = q$) y desigualdades.	5-16, 5-17, 5-18, 7-4, 7-5, 7-9, 7-10, 7-11, 7-12, 7-13, 7-14

6.AQR Álgebra y razonamiento cuantitativo		
6.AQR.8	Usar desigualdades del tipo $x > c$ o $x < c$ para representar una restricción o condición en los problemas del mundo real y los problemas matemáticos. Comprender que hay infinitas soluciones a las desigualdades del tipo $x > c$ o $x < c$ y representar soluciones de esas desigualdades en rectas numéricas.	5-14, 5-15, 5-16, 5-17
6.AQR.9	Representar dos cantidades de una situación del mundo real que cambien una en relación con la otra usando variables. Escribir una ecuación que describa una cantidad, que es la variable dependiente, en términos de otra cantidad, que es la variable independiente. Usar gráficos y tablas para interpretar la relación entre las variables dependiente e independiente y relacionar las partes de las gráficas o tablas con las partes de la ecuación.	5-10, 5-11, 5-12, 5-13, 5-18, 7-14

6.GAV Geometría, área y volumen		
6.GAV.1	Buscar el área de triángulos rectángulos, otros triángulos, cuadriláteros especiales y polígonos formando rectángulos o descomponiendo en triángulos y otros cuadriláteros especiales; aplicar estas técnicas en el contexto de la resolución de problemas del mundo real y matemáticos. Explorar los números cuadrados a través del área.	2-1, 2-2, 2-3, 2-4, 2-5, 2-6, 2-7, 2-8, 2-9, 2-10, 4-1, 4-2, 4-3, 4-4, 4-5, 4-6, 5-5, 6-1, 6-3, 6-4, 6-5, 6-6, 7-12
6.GAV.2	Averiguar el volumen de un prisma rectangular recto con longitudes de arista fraccionarias al llenarlo de cubos unitarios de las longitudes de arista fraccionarias correspondientes y demostrar que el volumen es igual al que se obtendría al multiplicar las longitudes de las aristas del prisma. Aplicar las fórmulas $V = lah$ y $V = Bh$ para averiguar los volúmenes de prismas rectos rectangulares con longitudes de arista fraccionarias en el contexto de la resolución de problemas del mundo real y matemáticos. Explorar los números cúbicos mediante el volumen.	6-1, 6-2, 6-3, 6-4, 6-5, 6-6
6.GAV.3	Una vez dadas las coordenadas de los vértices del polígono, dibujar esos polígonos en el plano de coordenadas. Encontrar la longitud de un lado del polígono que une puntos con la misma primera coordenada o la misma segunda coordenada. Usar estas habilidades para resolver problemas del mundo real y problemas matemáticos.	2-9, 9-7
6.GAV.4	Representar figuras tridimensionales (prismas, pirámides, cilindros y conos) con plantillas. Utilizar plantillas de prismas y pirámides para buscar el área de superficie de estas figuras. Aplicar estas técnicas en el contexto de la resolución de problemas del mundo real y matemáticos.	4-1, 4-2, 4-4, 4-5, 4-6, 5-5, 6-1, 6-5, 6-13, 6-14, 7-12
6.GAV.5	Calcular el perímetro y el área de figuras irregulares en una cuadrícula cuando no pueden descomponerse en figuras comunes y usar las unidades correctas, como cm y cm^2.	2-9
6.GAV.6	Calcular pesos, capacidades y medidas geométricas usando puntos de referencia en los sistemas métricos con unidades apropiadas.	7-13
6.GAV.7	Usar las relaciones entre el radio, el diámetro, y el centro de un círculo para encontrar su circunferencia y área.	6-11, 6-12, 6-13, 6-14, 8-13
6.GAV.8	Resolver problemas del mundo real y problemas matemáticos que tengan medidas de círculos.	6-11, 6-12, 6-13, 6-14
6.GAV.9	Leer e interpretar gráficas circulares.	6-10, 6-11
6.GAV.10	Resolver problemas usando las relaciones entre los ángulos formados por rectas secantes.	6-7
6.GAV.11	Determinar la medida desconocida del ángulo en un triángulo usando el hecho de que la suma de los ángulos internos de un triángulo es 180°. Usar modelos de triángulos para ilustrar este hecho.	6-8
6.GAV.12	Desarrollar y usar fórmulas para las sumas de los ángulos internos de los polígonos al descomponerlos en triángulos.	6-9

6.DAP Análisis de datos y probabilidad

6.DAP.1	Comprender que una pregunta estadística anticipa y espera variabilidad en la recolección de datos para responder a la pregunta.	8-1, 8-11, 8-12
6.DAP.2	Reconocer que la distribución de un conjunto de datos obtenidos como respuesta a una pregunta estadística puede describirse por su centro, su distribución y su forma general.	8-3, 8-4, 8-5, 8-6, 8-7, 8-8, 8-9, 8-10, 8-11, 8-12
6.DAP.3	Entender que una medida del centro es un número único que describe un conjunto de datos numéricos al resumir todos sus valores, mientras que una medida de la variación de un conjunto de datos numéricos es un número único que describe la forma en que varían los valores en un conjunto.	8-3, 8-4, 8-5, 8-6, 8-7, 8-8, 8-9, 8-10, 8-11, 8-12
6.DAP.4	Usar diagramas en una recta numérica, como diagramas de puntos, histogramas y diagramas de caja, para representar y mostrar datos numéricos.	8-1, 8-2, 8-5, 8-6, 8-7, 8-8, 8-9, 8-10, 8-11, 8-12
6.DAP.5	Usar procesos estadísticos para resumir conjuntos de datos numéricos.	8-1, 8-2, 8-3, 8-4, 8-5, 8-6, 8-7, 8-8, 8-9, 8-10, 8-11, 8-12
6.DAP.5.a	Contar y registrar el número de observaciones.	8-1, 8-2, 8-11, 8-12
6.DAP.5.b	Describir el atributo que es el tema de la encuesta, diciendo el método y las unidades de medida.	8-12
6.DAP.5.c	Determinar las medidas cuantitativas del centro (mediana y/o media) y la variabilidad (rango intercuartílico y/o desviación absoluta media) e informar y explicar cualquier patrón general en los datos y cualquier desviación llamativa del patrón general según la naturaleza y el método de la encuesta.	8-3, 8-4, 8-5, 8-6, 8-7, 8-8, 8-9, 8-10, 8-11, 8-12
6.DAP.5.d	Interpretar los datos y el método de recolección de datos para describir qué medidas del centro y variabilidad describen mejor la forma de los datos.	8-6, 8-10, 8-11, 8-12
6.DAP.6	Comparar la media, la mediana, la moda y el rango de dos conjuntos de datos.	8-4, 8-6, 8-7
6.DAP.7	Determinar el espacio muestral (conjunto de resultados posibles) para un experimento dado y determinar qué miembros del mismo espacio muestral se relacionan con ciertos eventos. El espacio muestral puede determinarse por el uso de diagramas de árbol, tablas o representaciones pictóricas.	8-13, 8-16
6.DAP.8	Determinar la probabilidad de un evento usando la razón entre el tamaño del evento y el tamaño del espacio muestral; representar las probabilidades como porcentajes, fracciones y decimales entre 0 y 1 inclusive. Comprender que las probabilidades miden la posibilidad.	8-14, 8-15, 8-16

6.GAV Geometría, área y volumen		
6.DAP.9	Realizar experimentos para situaciones en las que se conocen las probabilidades, comparar las frecuencias relativas resultantes con las probabilidades conocidas; saber que puede haber diferencias.	8-15, 8-16
6.DAP.10	Calcular probabilidades experimentales de experimentos; representarlas como porcentajes, fracciones y decimales entre 0 y 1 inclusive. Usar probabilidades experimentales para hacer predicciones cuando no se conocen las probabilidades reales.	8-16

PPM1	
Resolución de problemas	1-1, 1-3, 1-6, 1-7, 1-10, 1-11, 1-15, 2-1, 2-2, 2-3, 2-5, 2-6, 2-7, 2-9, 2-10, 3-1, 3-2, 3-3, 3-5, 3-7, 3-9, 3-10, 3-12, 3-13, 3-15, 3-16, 3-17, 3-18, 4-1, 4-2, 4-4, 4-6, 5-3, 5-5, 5-6, 5-7, 5-8, 5-9, 5-10, 5-11, 5-12, 5-13, 5-14, 5-15, 5-16, 5-17, 5-18, 5-19, 5-20, 6-1, 6-2, 6-3, 6-4, 6-5, 6-9, 6-10, 6-11, 6-12, 7-1, 7-2, 7-3, 7-4, 7-5, 7-6, 7-7, 7-8, 7-9, 7-10, 7-12, 7-13, 7-14, 8-1, 8-4, 8-6, 8-7, 8-8, 8-9, 8-12, 8-13, 8-16, 9-3, 9-4, 9-6, 9-7, 9-8
PPM2	
Razonamiento abstracto y cuantitativo	1-3, 1-4, 1-9, 1-10, 1-11, 1-12, 1-15, 2-1, 2-9, 2-10, 3-1, 3-2, 3-3, 3-4, 3-5, 3-6, 3-9, 3-10, 3-13, 3-14, 3-16, 3-17, 3-18, 4-5, 4-6, 5-1, 5-2, 5-3, 5-4, 5-5, 5-6, 5-7, 5-8, 5-9, 5-10, 5-11, 5-14, 5-15, 5-16, 5-17, 5-18, 6-1, 6-2, 6-6, 7-2, 7-3, 7-6, 7-8, 7-10, 7-14, 8-2, 8-4, 8-5, 8-8, 8-9, 8-10, 8-12, 8-13, 8-14, 8-15, 9-1, 9-2, 9-4, 9-5, 9-8
PPM3	
Usar y evaluar el razonamiento lógico	1-1, 1-2, 1-3, 1-4, 1-5, 1-6, 1-7, 1-8, 1-9, 1-10, 1-11, 1-12, 1-13, 1-14, 1-15, 2-1, 2-2, 2-3, 2-4, 2-5, 2-6, 2-7, 2-8, 2-9, 2-10, 3-1, 3-2, 3-3, 3-4, 3-5, 3-6, 3-7, 3-8, 3-9, 3-10, 3-11, 3-12, 3-13, 3-14, 3-15, 3-16, 3-17, 3-18, 4-1, 4-2, 4-3, 4-4, 4-5, 4-6, 5-1, 5-2, 5-3, 5-4, 5-5, 5-6, 5-7, 5-8, 5-9, 5-10, 5-11, 5-12, 5-13, 5-14, 5-15, 5-16, 5-17, 5-18, 5-19, 5-20, 6-1, 6-2, 6-3, 6-4, 6-5, 6-6, 6-7, 6-8, 6-9, 6-10, 6-11, 6-12, 6-13, 6-14, 7-1, 7-2, 7-3, 7-4, 7-5, 7-6, 7-7, 7-8, 7-9, 7-10, 7-11, 7-12, 7-13, 7-14, 8-1, 8-2, 8-3, 8-4, 8-5, 8-6, 8-7, 8-8, 8-9, 8-10, 8-11, 8-12, 8-13, 8-14, 8-15, 8-16, 9-1, 9-2, 9-3, 9-4, 9-5, 9-6, 9-7, 9-8
PPM4	
Modelos matemáticos	1-5, 1-6, 1-7, 1-8, 1-9, 1-10, 1-12, 1-15, 2-1, 2-2, 2-3, 2-4, 2-5, 2-6, 2-7, 2-8, 2-9, 2-10, 3-1, 3-5, 3-7, 3-10, 3-13, 3-18, 4-1, 4-2, 4-4, 4-6, 5-2, 5-3, 5-4, 5-5, 5-6, 5-7, 5-8, 5-9, 5-11, 5-12, 5-13, 5-14, 5-15, 5-16, 5-17, 5-18, 5-19, 6-1, 6-2, 6-3, 6-4, 6-5, 6-6, 6-7, 6-8, 6-9, 6-13, 6-14, 7-1, 7-3, 7-4, 7-5, 7-8, 7-9, 7-10, 7-12, 7-14, 8-2, 8-3, 8-5, 8-6, 8-7, 8-8, 8-9, 8-10, 8-11, 8-12, 8-13, 8-15, 8-16, 9-2, 9-3, 9-4, 9-5, 9-6, 9-7, 9-8

PPM5	
Usar herramientas matemáticas	1-1, 1-3, 1-6, 1-7, 1-9, 1-10, 1-15, 2-1, 2-2, 2-3, 2-4, 2-5, 2-6, 2-7, 2-8, 2-9, 2-10, 3-1, 3-7, 3-18, 4-1, 4-2, 4-4, 4-6, 5-2, 5-4, 5-13, 5-16, 5-17, 5-18, 6-1, 6-2, 6-3, 6-6, 6-7, 6-11, 7-1, 7-3, 7-14, 8-2, 8-3, 8-8, 8-11, 8-12, 8-13, 8-14, 8-15, 8-16, 9-3, 9-4, 9-5, 9-6, 9-7, 9-8
PPM6	
Usar lenguaje matemático preciso	1-1, 1-2, 1-3, 1-4, 1-5, 1-6, 1-7, 1-8, 1-9, 1-10, 1-11, 1-12, 1-13, 1-14, 1-15, 2-1, 2-2, 2-3, 2-4, 2-5, 2-6, 2-7, 2-8, 2-9, 2-10, 3-1, 3-2, 3-3, 3-4, 3-5, 3-6, 3-7, 3-8, 3-9, 3-10, 3-11, 3-12, 3-13, 3-14, 3-15, 3-16, 3-17, 3-18, 4-1, 4-2, 4-3, 4-4, 4-5, 4-6, 5-1, 5-2, 5-3, 5-4, 5-5, 5-7, 5-8, 5-9, 5-10, 5-11, 5-12, 5-13, 5-14, 5-15, 5-16, 5-17, 5-18, 5-19, 5-20, 6-1, 6-2, 6-3, 6-4, 6-5, 6-6, 6-7, 6-8, 6-9, 6-10, 6-11, 6-12, 6-13, 6-14, 7-1, 7-2, 7-3, 7-4, 7-5, 7-6, 7-7, 7-8, 7-9, 7-10, 7-11, 7-12, 7-13, 7-14, 8-1, 8-2, 8-3, 8-4, 8-5, 8-6, 8-7, 8-8, 8-9, 8-10, 8-11, 8-12, 8-13, 8-14, 8-15, 8-16, 9-1, 9-2, 9-3, 9-4, 9-5, 9-6, 9-7, 9-8
PPM7	
Ver estructura	1-1, 1-3, 1-4, 1-6, 1-7, 1-8, 1-10, 1-11, 1-15, 2-1, 2-2, 2-3, 2-6, 2-8, 2-9, 2-10, 3-4, 3-10, 3-13, 3-17, 3-18, 4-4, 4-6, 5-1, 5-4, 5-5, 5-8, 5-9, 5-13, 5-14, 5-16, 5-17, 5-18, 6-1, 6-2, 6-6, 6-7, 6-8, 6-9, 6-10, 6-11, 6-13, 6-14, 7-1, 7-2, 7-3, 7-4, 7-6, 7-11, 7-14, 8-6, 8-8, 8-12, 8-13, 8-14, 8-15, 8-16, 9-1, 9-3, 9-7, 9-8
PPM8	
Generalizar	1-1, 1-3, 1-4, 1-15, 2-1, 2-2, 2-3, 2-4, 2-6, 2-8, 2-9, 2-10, 3-1, 3-3, 3-4, 3-5, 3-6, 3-10, 3-11, 3-12, 3-14, 3-15, 3-16, 3-18, 4-2, 4-4, 4-6, 5-5, 5-7, 5-8, 5-11, 5-16, 5-17, 5-18, 6-2, 6-6, 6-7, 6-8, 6-9, 6-11, 7-1, 7-2, 7-8, 7-10, 7-11, 7-12, 7-14, 8-1, 8-2, 8-3, 8-6, 8-8, 8-9, 8-11, 8-12, 8-13, 8-14, 8-15, 9-3, 9-4, 9-5, 9-6, 9-7, 9-8

Índice

D